Les Industries lithiques taillées de Franchthi (Argolide, Grèce)

Excavations at Franchthi Cave, Greece

T.W. Jacobsen, General Editor

FASCICLE 3

Les Industries lithiques taillées de Franchthi (Argolide, Grèce)

TOME I
PRÉSENTATION GÉNÉRALE ET INDUSTRIES PALÉOLITHIQUES

CATHERINE PERLÈS

INDIANA UNIVERSITY PRESS

Bloomington & Indianapolis

Published with the assistance of the J. Paul Getty Trust

Manufactured in the United States of America

**Library of Congress Cataloging-in-
Publication Data**

Perlès, Catherine
Les Industries lithiques taillées de Franchthi (Argolide,
Grèce)

(Excavations at Franchthi Cave, Greece; fasc. 3)
Contents: v. 1. Présentation générale et industries
paléolithiques.
1. Franchthi Cave Site (Greece) 2. Quarries and
quarrying, prehistoric—Greece. 3. Excavations
(Archaeology)—Greece. 4. Greece—Antiquities.
I. Title. II. Series.
GN816.F73P47   1987   938   86-46039
ISBN 0-253-31971-4 (set)

1 2 3 4 92 91 90 89 88

FOREWORD

With the appearance of this report we are pleased to present the third volume in the initial installment of fascicles in the Level One series of final publications of our excavations at Franchthi Cave. (The results of the Franchthi excavations are being presented in a tripartite format. Level One is intended for a specialist audience. The proposed Level Two publications will be more synthetic in nature and are intended for the "general" archaeologist. A brief synthesis in a single small volume written for the student and informed layman represents the third level of publication. For more on the "levels" of publication, see Jacobsen and Farrand 1987; Jacobsen, forthcoming.) This volume is also the first in a suite of three comprehensive reports on the flaked stone industries from the site. The provisional titles of the others, now in preparation, are: *Les Industries lithiques taillées de Franchthi* : Tome II, *Mésolithique et Néolithique initial*, and Tome III, *Néolithique céramique*.

Unlike the rest of the series, this and the companion fascicles by Dr. Perlès are in French, the author's native language. While some liberties have been taken with the format of the volume in comparison with others in the series, we have tried to keep editorial intrusions to a minimum by maintaining as much as possible the conventions of French publications and the author's organizational preferences. The reader should be aware of certain exceptions to general practices adopted in the English-language publications in the series. Perhaps most obvious among them are the spelling of modern place-names (e.g., Koilada for Kiladha) and the representation of trench designations (e.g., H/H-1 for HH1). Please note that all section drawings referred to in this fascicle are to be found in Jacobsen and Farrand (1987).

The general editor would like to acknowledge with gratitude the considerable help in preparing this fascicle for publication of Dr. Tracey Cullen, Ms. Frances Huber, and Ms. Mary Ann Weddle. We also greatly appreciate the splendid cooperation of the Indiana University Press and, especially, its director, Mr. John Gallman, and his colleagues, Ms. Harriet Curry, Ms. Roberta Diehl and Ms. Natalie Wrubel. Not least, we must acknowledge the National Endowment for the Humanities, the Indiana University Foundation (Edward A. Schrader Endowment), and the J. Paul Getty Trust for their generous support toward the preparation and printing of this manuscript.

T. W. JACOBSEN

AVANT-PROPOS

Lorsque le professeur Jacobsen me proposa, en 1971, d'entreprendre l'étude des industries lithiques taillées de Franchthi, la suggestion s'avérait pleine de promesses : le Paléolithique et le Mésolithique grecs étaient alors pratiquement inconnus, la succession des industries lithiques restait à établir, et la richesse archéologique du site offrait un cadre scientifique exceptionnel pour de telles recherches. Toutefois, les méthodes de fouille et les conditions de travail étaient fort différentes de celles pour lesquelles j'avais été formée, rendant du même coup l'entreprise particulièrement difficile.

C'est aux encouragements du doyen Balout, qui percevait clairement l'importance fondamentale de ce site, que je dois d'avoir accepté. Par la suite, Marie-Claire Cauvin, qui suivit ce travail au long des nombreuses années que je dus lui consacrer, me fit profiter de son expérience des industries lithiques, tant en France qu'au Proche-Orient. Parallèlement, les recherches de technologie lithique conduites dans le cadre de l'URA 28 du CNRS, dirigée par J. Tixier, déterminaient le cadre scientifique dans lequel se construisait mon approche.

Trois tomes seront dévolus aux industries lithiques taillées de Franchthi, dans le cadre des fascicules dits de "premier niveau", destinés aux spécialistes des mêmes domaines. Les limites fixées à chacun d'entre eux (fin du Paléolithique, du Néolithique précéramique et du Néolithique céramique) traduisent, pour Franchthi, des ruptures majeures dans la place de l'industrie lithique vis-à-vis du système technologique en général.

Les industries lithiques taillées y seront envisagées de façon aussi large que possible, depuis l'acquisition des matières premières jusqu'à la nature des outils rejetés après usage, en passant par les conceptions du débitage et les modalités de transformation des supports bruts. Cependant mon travail ne couvre pas l'ensemble des analyses auxquelles a été soumis ce matériel. D'autres spécialistes ont apporté leur contribution : P. Vaughan, qui a effectué des analyses tracéologiques (sous microscope à fort grossissement) ; C. Renfrew et ses collaborateurs, qui ont déterminé l'origine d'échantillons d'obsidienne ; D. Van Horn, qui a initié une recherche sur la provenance exacte des matières premières locales ; A. Grimanis et S. Fillipakis enfin, qui tentent de préciser l'origine de certains silex employés au Néolithique et considérés comme exogènes.

Les résultats des analyses de P. Vaughan paraîtront pour partie dans le tome consacré au Mésolithique, pour partie dans celui consacré au Néolithique céramique. En revanche, l'ensemble du rapport sur l'obsidienne sera publié dans le second tome (Mésolithique et Néolithique précéramique), tandis que l'étude des silex exogènes trouvera sa place dans le troisième tome (Néolithique céramique). Les recherches conduites par D. Van Horn n'ayant pu être achevées, leurs résultats préliminaires seront intégrés dans le corps de l'étude technologique. Signalons enfin que l'industrie lithique polie et le matériel de broyage font l'objet d'un fascicule indépendant, publié par S. Diamant.

Par ailleurs, l'étude des industries lithiques de Franchthi ne peut être envisagée de façon isolée. Elle est issue de quinze années de recherches, conçues dès l'origine comme collectives et pluridisciplinaires.

Réunis chaque été sur le terrain, puis lors de deux symposiums organisés par T. W. Jacobsen, responsable des fouilles de Franchthi, les différents spécialistes et collaborateurs ont pu fréquemment échanger observations et suggestions, dans une tentative de compréhension synthétique des occupations préhistoriques de Franchthi. Les discussions furent vives, parfois prématurées, mais toujours enrichissantes ! Les arguments avancés par les uns ou les autres nous ont souvent obligés à renouveler notre approche, à interroger notre matériel selon une nouvelle perspective. Toutefois, si j'ai cru nécessaire de faire appel, dès cette publication de "premier niveau", à d'autres catégories de vestiges pour mieux interpréter les traits essentiels des industries lithiques et de leurs transformations dans le temps, cette décision m'est personnelle, comme le sont les hypothèses sur lesquelles je m'appuie et les conclusions auxquelles j'aboutis. La responsabilité de mes collègues n'est nulle part engagée, et je me dois d'assumer seule les défauts et erreurs de ce travail.

Il est en effet certain qu'à l'issue de l'analyse de leur propre matériel, d'autres collègues aboutiront à des conclusions différentes, peut-être même opposées aux miennes. Lorsque chacun des spécialistes aura achevé son étude, il sera alors temps de nous réunir à nouveau, de confronter hypothèses, données et interprétations, pour tenter d'élaborer une synthèse collective. C'est ce à quoi la publication dite de "deuxième niveau" tentera d'aboutir.

En attendant, je tiens à remercier tous ceux, trop nombreux pour être cités individuellement, qui m'ont aidée à un titre ou un autre dans la réalisation de ce travail et notamment : mes collègues de Franchthi, ceux du département d'ethnologie de l'université de Paris X, de l'URA 28 du CNRS et du département de préhistoire du Musée de l'Homme. Je veux remercier tout particulièrement T. W. Jacobsen et M.-Cl. Cauvin pour la confiance qu'ils m'ont manifestée, leur soutien constant et leurs critiques pertinentes. Les observations de F. Audouze, M.-L. Inizan et R. Whallon ont été également particulièrement stimulantes.

Je souhaite aussi remercier L. Manolakakis, M. Reduron (qui a mis au propre toutes les planches d'industrie lithique taillée) et T. Cullen pour leur aide dans la préparation du manuscrit ; et enfin, Annick Miquel, qui a assumé, avec une indéfectible sérénité, les multiples fonctions de critique, correcteur et éditeur de mon manuscrit. Ma dette à son égard est considérable, comme l'est ma reconnaissance.

INTRODUCTION

Dès l'abord, la séquence de Franchthi offre une gageure : comment reconstituer les chaînes opératoires du travail de la pierre, sur quelle périodisation s'appuyer, quand les industries lithiques se distribuent de façon continue au long de huit à dix mètres de dépôts et qu'il n'existe aucun cadre de référence ? Que comparer à quoi, quand la plupart des niveaux individualisés à la fouille livrent moins de dix pièces retouchées ?

En d'autres termes, comment établir les changements pertinents dans cette séquence, comment effacer les variations aléatoires de trop petits échantillons, comment identifier des ensembles homogènes, de statut comparable à celui des grandes "industries" du reste de l'Europe ?

Car, même en des termes très généraux, les grands ensembles lithiques, caractéristiques de chaque période, restent encore à définir. La Grèce demeure en effet, sur le plan des industries lithiques, un élément presque blanc sur la carte de l'Europe. La mort prématurée de E. Higgs a interrompu les premières recherches d'envergure sur le Paléolithique avant qu'elles ne puissent être menées à leur terme. Plus grave encore est la situation pour le Mésolithique, encore très mal connu en Grèce. Hormis deux sites fouillés anciennement et publiés de façon succincte, Franchthi est le seul gisement où l'on puisse étudier la double transition fondamentale du Paléolithique au Mésolithique et du Mésolithique au Néolithique. Quant à ce dernier, s'il est connu par de fort nombreux gisements, il l'est en fait par ses caractéristiques architecturales ou céramiques : l'industrie lithique taillée ne fait généralement l'objet que d'une brève mention, confirmant tout au plus son existence !

On conçoit, dans ces conditions, l'importance que pouvait revêtir un site comme Franchthi, présentant non seulement une séquence temporelle exceptionnelle, mais aussi un cadre scientifique unique en Grèce : à une excellente préservation des restes environnementaux (macrofaune et microfaune, mollusques terrestres et marins, graines de végétaux carbonisées) répond l'utilisation systématique du tamisage à l'eau, pour la première fois ainsi pratiqué en Grèce. Nous sommes donc, *a priori*, dans des conditions très privilégiées pour établir un premier schéma chronologique des industries lithiques dans cette région, et mettre en relation leurs caractères principaux avec les données environnementales et économiques.

Mais le matériel de Franchthi, nous l'avons dit, se présentait de façon telle qu'aucune réponse rapide ne pouvait être apportée aux multiples questions posées. Son étude imposait l'élaboration de méthodes originales dès l'étape première de la recherche, celle de périodisation des industries : mise en évidence de types chronologiques pertinents pour cette séquence, mise en évidence des phases lithiques représentées. Ce problème initial, dont l'apparente simplicité ne doit pas faire illusion, entraînait nécessairement une réflexion critique sur la notion même de "type", son rapport avec les industries elles-mêmes, et donc sur la nature des industries lithiques en général.

De la position que je soutiendrai à ce propos, en envisageant les industries lithiques comme un système technologique ouvert, dérive logiquement le caractère inéluctable du changement dans ces industries, en même temps que la diversité de ses causes potentielles. A partir de ce moment là, la mise en évidence initiale du changement s'ouvre sur un deuxième volet de la recherche : essayer d'interpréter, cas par cas, les transformations observées.

L'essentiel de ce travail se présente donc, conceptuellement, comme une investigation sur deux aspects du changement temporel ou, pour reprendre une expression plus actuelle, de la variabilité diachronique : recherche d'outils méthodologiques permettant de la mettre en évidence (sans référence externe), recherche de modèles permettant de l'interpréter.

L'interprétation de la variabilité des industries lithiques a fait l'objet de travaux assez nombreux, théoriques ou de terrain, au cours de ces dernières années. Le problème soulevé n'est donc pas neuf. Mais, parce que dans la logique d'une conception systémique des industries lithiques, je refuserai de privilégier un modèle explicatif fondé sur un quelconque facteur de changement et un seul, la démarche sera plus originale. Ainsi, plus qu'à démontrer la plausibilité d'une unique explication, nous nous attacherons à considérer à chaque fois les multiples facteurs qui peuvent être à l'origine d'une transformation des industries lithiques. Et la véritable difficulté consistera alors à discriminer, parmi tous ces facteurs, celui ou ceux qui rendent au mieux compte des phénomènes observés.

Une discussion, à la fin de l'étude de chaque phase, posera les premiers jalons de cette analyse en essayant de dégager les traits principaux de l'industrie concernée et la nature des oppositions avec les phases antérieures. Mais cette perspective sera essentiellement développée dans les chapitres d'analyse diachronique. Là, tirant profit de la longueur de la séquence temporelle de Franchthi et de la qualité des informations sur l'exploitation de l'environnement naturel (même si certaines données ne sont que préliminaires), nous nous appuierons sur les variations concomitantes de l'ensemble des catégories de vestiges pour tenter de préciser le rôle des industries lithiques dans le système technologique de chaque période et isoler les facteurs qui peuvent rendre compte des changements observés.

Pour de multiples raisons (et en particulier parce qu'une corrélation n'implique pas une relation causale), ces analyses ne peuvent aboutir qu'à de simples hypothèses. Aucune explication, au sens scientifique du terme, ne peut provenir d'une séquence unique d'événements ou de phénomènes de longue durée.

La répétition des phénomènes, dans d'autres ensembles, est condition *sine qua non* pour établir des relations causales générales. D'où l'articulation possible, dans le domaine archéologique, entre analyse diachronique et comparaison synchronique, l'une apportant à l'autre l'élargissement nécessaire, la répétition des conditions, la possibilité de mettre à l'épreuve les hypothèses initiales. Dans ce présent travail, les comparaisons régionales et interrégionales seront donc conçues comme une première possibilité de tester les hypothèses émises à l'issue de l'analyse de la séquence de Franchthi. De ce fait, ces comparaisons seront délibérément orientées, tant dans le choix des aires géographiques que des critères de comparaison (voir particulièrement Perlès, à paraître *c*).

L'approche comparative ne diffère pas, à cet égard, du reste de ce travail, orienté tant par les postulats sur lesquels il s'appuie que par les objectifs qui lui ont été fixés.

Il importe donc, dans ces conditions, d'élaborer et d'expliciter au mieux la conception des industries lithiques qui sous-tend ce travail, les principes sur lesquels repose l'établissement de la typologie, la mise en évidence des phases, l'étude technologique du matériel et l'interprétation du changement. Ces considérations ont une portée générale : les démarches proposées peuvent être mises en oeuvre sur d'autres documents, lithiques ou non, dans des gisements présentant des problèmes analogues. C'est pourquoi, après

une présentation du site et des fouilles de Franchthi, l'essentiel de la première partie du tome premier leur est consacré.

Mais il importe tout autant, sinon plus, qu'une description détaillée du matériel de Franchthi permette de mettre à l'épreuve le cadre chronologique proposé et l'interprétation du matériel. En l'absence de typologie de référence, la présentation descriptive du matériel, phase par phase, sera donc plus longue que de coutume. Elle reposera sur un essai de mise en évidence des choix techniques opérés successivement par les artisans préhistoriques, tout au long des chaînes opératoires d'acquisition, de production et de transformation de l'outillage de pierre taillée. L'analyse de la phase VI du Paléolithique particulièrement riche à bien des égards, peut être proposée comme un bon exemple de notre démarche dans ces études synchroniques. Aussi répétitives soient-elles, ces dernières sont nécessaires en outre pour apporter aux spécialistes des régions les plus proches les données comparatives dont ils pourraient avoir besoin. Elles doivent enfin permettre des manipulations ultérieures des données de base, pour répondre à des problématiques autres que celle qui sous-tend ce travail.

Il ne fait pas de doute en effet que celui-ci n'épuise pas la richesse scientifique d'un site tel que Franchthi : ce travail n'est qu'un défrichage préliminaire de phénomènes complexes, destiné à offrir un premier cadre de réflexion pour de futures recherches, mais destiné, du même coup, à être remanié et remis en question.

PREMIÈRE PARTIE

Présentation et modalités d'étude des industries lithiques

CHAPITRE PREMIER
Présentation du cadre naturel et archéologique

A. LE CONTEXTE REGIONAL

Il ne nous appartient pas, dans une étude centrée sur les industries lithiques, d'examiner en détail le site de Franchthi dans son environnement actuel et les divers paléoenvironnements qu'il a connu. D'une part, des présentations préliminaires ont déjà été publiées à diverses reprises (voir notamment Jacobsen 1981 ; Hansen 1980 ; Shackleton et van Andel 1980), d'autre part des études approfondies sont encore en cours et apparaîtront lors de la publication finale des recherches sur Franchthi.

Toutefois, si l'on veut tenter de comprendre un peu les différents choix humains dont témoignent ces industries, il importe de disposer néanmoins d'un minimum d'informations sur le contexte géologique, géographique et économique qui a déterminé d'une part les besoins auxquels devaient répondre ces industries, d'autre part les contraintes qui limitaient les réponses possibles. C'est dans cette optique que nous dégagerons les caractéristiques essentielles du cadre naturel de Franchthi, dans la limite des données actuellement disponibles [1]. Faute de publications à ce sujet, je ne présenterai d'ailleurs pas de synthèse paléoclimatique, me contentant de donner à quelques éléments dans l'étude phase par phase. Le contexte scientifique (historique des recherches, méthodes de fouille et présentation de la séquence archéologique) aidera à préciser ensuite le cadre dans lequel a pris place cette étude.

1. Situation géographique

A l'extrémité d'un promontoire élevé de calcaire massif, la grotte de Franchthi surplombe la baie de Koilada [2], qui s'ouvre sur la rive orientale du Golfe d'Argos, dans le Péloponnèse (fig. 1 et 2). Administrativement, elle est située dans la commune de Koilada, petit village de pêcheurs situé juste de l'autre côté de la baie, et qui relève de l'éparchie d'Hermioni. Très visible depuis le village, la grotte en est aisément accessible par bateau, tandis qu'aucun sentier véritable n'y mène directement sur la rive nord de la baie.

2. Le paysage

Extrémité sud de l'Argolide, l'Hermionide est une petite péninsule aux côtes profondément découpées et aux reliefs variés. La moitié nord consiste en collines et montagnes relativement élevées, culminant à plus de 1100m (1113m pour le mont Megalovouni), aux pentes abruptes et peu entaillées. Deux bassins intérieurs (Didimi et Iliokastro) en marquent la limite méridionale, au contact de chaînes moins élevées, s'étendant en direction est-ouest, et ne dépassant pas 300 à 400m à la latitude de Franchthi. Entre ces chaînes s'étendent de larges vallées au sol couvert d'alluvions, dont les bassins de Fournoi au nord et de Koilada au sud, qui encadrent le promontoire de Franchthi et ont permis, de tous temps, une exploitation aisée de l'arrière-pays par les occupants de la grotte.

Vers le sud de la péninsule, les altitudes s'abaissent encore, et le paysage devient constitué de collines molles, de 20 à 60m d'altitude, découpées par des rivières étroites (fig. 3 et 4). La côte ouest de la péninsule, où se trouve Franchthi, est de nos jours essentiellement rocheuse, les collines s'avançant directement jusqu'à la mer. On y trouve quelques petites plages de galets ou de sable au débouché des ruisseaux, les plages plus étendues de Koilada et Fournoi, de part et d'autre de Franchthi, constituant une exception notable.

Les recherches en cours sur les paléoenvironnements semblent témoigner d'une grande stabilité des paysages et des unités pédologiques au cours du Quaternaire récent : les collines de l'arrière-pays devaient être aussi rocailleuses qu'aujourd'hui, recouvertes d'un sol maigre et argileux. Il n'y a guère d'indications d'un lessivage important des pentes ni d'alluvionnement substantiel au fond des vallées. Celles-ci étaient recouvertes d'alluvions pour l'essentiel antérieures à la période qui nous intéresse, et qui constituent encore une part importante de la topographie actuelle. En effet une longue phase de stabilité, comprise entre 40 ou 50.000 B.P. et l'Helladique ancien III (IIIème millénaire B.C.), c'est-à-dire toute la période couverte par la séquence de Franchthi, a permis la formation et la préservation d'un sol très puissant sur la formation alluviale dite de Loutro III (Pope et van Andel 1984). La reprise de l'érosion et de l'alluvionnement est tardive, peut-être en liaison directe avec les activités agricoles et pastorales (fig. 5).

Ces observations ont une incidence directe en ce qui concerne notre étude. En effet, les gîtes de matières premières

Figure 1 : Carte de la Grèce et situation de l'Argolide.
Cf. figures suivantes pour les détails de cette région.

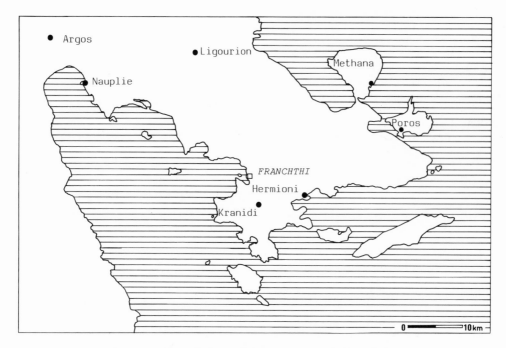

Figure 2 : Carte de l'Argolide et situation de Franchthi.

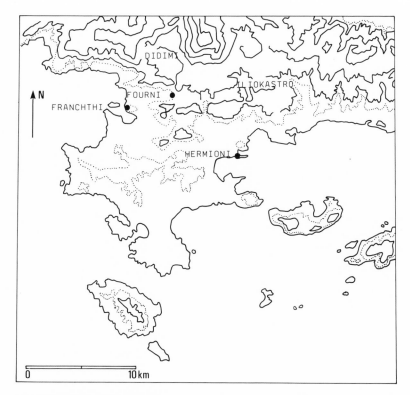

Figure 3 : Topographie de l'Hermionide. En pointillé : courbe de 50m ; en trait plein : courbes de 200m et plus (d'après Hansen 1980).

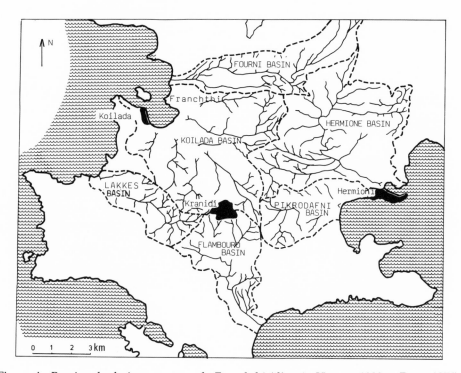

Figure 4 : Bassins de drainage autour de Franchthi (d'après Hansen 1980 et Drost 1974).

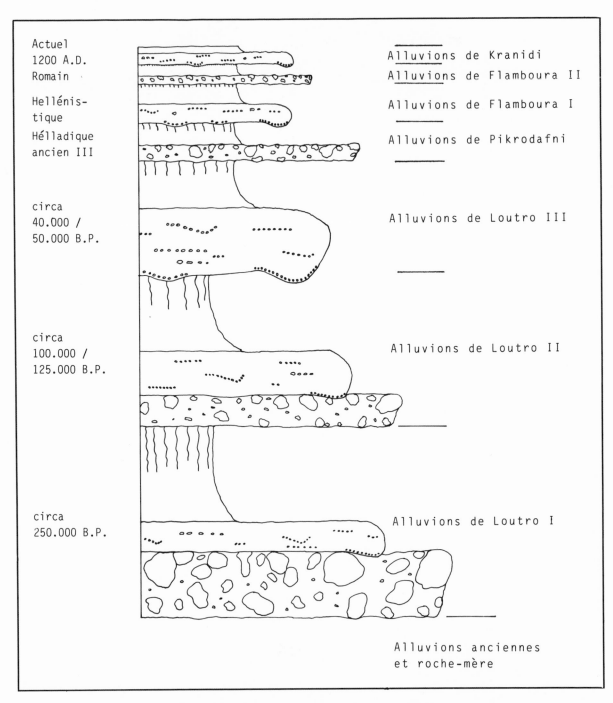

Figure 5 : Diagramme composite des alluvions et sols de l'Argolide méridionale. L'axe vertical représente l'épaisseur relative des unités stratigraphiques, l'axe horizontal la granulométrie relative des faciès. Les lignes verticales ondulantes indiquent le degré de pédogénèse (d'après Pope et van Andel 1984).

mis au jour par l'érosion n'ont pas été progressivement renouvelés tout au long de la période d'occupation de Franchthi, ce qui peut expliquer l'impression d'une détérioration progressive de la qualité des matières premières locales, du Paléolithique supérieur à la fin du Néolithique.

De fait, la région est de nos jours très sèche, la plupart des rivières étant asséchées ou ne coulant que de façon intermittente. On ne connaît d'ailleurs pas encore avec certitude le régime fluviatile de ces cours d'eau dans les temps préhistoriques ; cependant, Tj. van Andel (*in litt.*, 3/83) estime que les débits ne devaient pas être supérieurs à ce que l'on connaît aujourd'hui, sauf, peut-être, entre 12.000 et 8.000 B.P., période pendant laquelle une remontée vers le nord de la mousson aurait pu provoquer des écoulements torrentiels périodiques au cours de l'été [3].

Il existe toutefois aujourd'hui des sources d'eau fraîche toutes proches de la grotte [4] : plusieurs sources surgissent en effet au pied même de la grotte, à 1m environ sous le niveau de la mer (cf. fig. 6). Etaient-elles alors émergées, au risque de créer des marécages sur le fond plat de la baie actuelle, comme le pensent K. Pope et Tj. van Andel, ou sont-elles en fait liées au niveau de la nappe phréatique, comme le suggère S. Payne (informations inédites) ? Dans ce dernier cas, les sources se seraient alors trouvées à plusieurs kilomètres du site au Paléolithique, en raison de la baisse des niveaux marins lors du Pléistocène.

Ce dernier problème conduit à évoquer le paysage au-devant de la grotte, et non plus dans l'arrière-pays. Contrairement à ce dernier, le, ou plutôt les paysages devant la grotte ont connu des transformations très importantes pendant la période d'occupation préhistorique du site. La grotte s'ouvre en effet à une dizaine de mètres seulement au-dessus de la baie de Koilada, baie fort peu profonde, et qui constituait en fait une petite plaine côtière jusqu'à une époque très récente.

Les contours bathymétriques des surfaces aujourd'hui immergées et recouvertes de sédiments ont été étudiés par sonar et réflexion sismique de haute résolution lors des campagnes géophysiques entamées en août 1979 par Tj. van Andel, J. B. Jolly et N. Lianos (van Andel *et al.* 1980). En confrontant ces données aux courbes de fluctuation des niveaux marins pour le Pléistocène récent et l'Holocène (celles-ci sont discutées dans l'article cité), il a été possible de reconstituer avec une assez grande précision la position du rivage à différents moments de la séquence d'occupation du site. Ainsi, tandis qu'aujourd'hui le rivage n'est qu'à 50m environ du porche de la grotte, la distance à vol d'oiseau est estimée à 5km environ vers 18.000 B.P. (sur la base d'un niveau marin à −95m sous l'actuel) (fig. 6).

La conséquence immédiate de cette situation est l'augmentation notable de "basses terres", en légère pente, dans l'environnement immédiat de la grotte.

Avec la remontée du niveau marin à partir de 18.000 B.P., le rivage se rapproche sensiblement de la grotte [5]. A la fin du Paléolithique, vers 10.000 B.P., la distance à vol d'oiseau ne devait plus être que de 3km environ, réduisant ainsi l'importance de la zone côtière. Toutefois, Franchthi n'est pas encore, loin s'en faut, un site de bord de mer ; ceci rend d'autant plus intéressante l'exploitation des ressources marines attestée à cette époque (cf. chapitre XIII).

Quoique s'amenuisant encore, de façon progressive, au cours du Mésolithique et du Néolithique, la plaine côtière restera émergée partiellement jusqu'à une phase avancée de la période historique (fig. 7). Au Néolithique, elle fournira encore des terres arables en quantité bien suffisante pour une petite communauté paysanne [6].

En se fondant sur un territoire de 8km autour de la grotte, on arrive aux estimations suivantes :

	Surface totale du territoire	Collines et montagnes	Plaines et vallées	% de plaines et vallées
Présent	123.2km²	98.2km²	25km²	20%
18.000 B.P.	170.8km²	98.2km²	72.6km²	42.5%
9.000 B.P.	137km²	98.2km²	38.6km²	28.3%

Tableau I : Valeurs et proportion des grandes unités morphologiques autour de Franchthi (d'après van Andel et Shackleton 1982), estimées en fonction des variations du niveau marin.

Le paysage végétal devait être alors assez proche de ce que l'on connaît aujourd'hui, conditionné par un climat typiquement méditerranéen : étés chauds et très secs, hivers humides et doux (moyenne annuelle de pluviométrie à Nauplie : 495mm) [7]. Sur les collines poussent les arbustes caractéristiques des garrigues calcaires : genévriers, chênes kermès, lentisques, oliviers sauvages, etc. Quelques pins d'Alep sont les seuls arbres véritables (Sheehan et Sheehan 1982). Le fond des vallées est intensément cultivé : céréales, vignes, oliviers, agrumes, qui nécessitent l'emploi de l'irrigation.

L'évolution précise de la végétation dans les 30 derniers millénaires n'est pas connue avec précision pour cette région : les sédiments de Franchthi se sont révélés trop pauvres en pollens pour être exploités valablement (Sheehan et Whitehead 1973 ; Sheehan 1979) et il n'existe aucune autre séquence pollinique en Argolide pour le Pléistocène. On connaît certes en Grèce trois grandes séquences, de gisements non archéologiques : celles de Ioannina (Bottema 1974), de Tenaghi Philippon (Wijmstra 1969) et Xinias (Bottema 1979). Mais ces gisements (Grèce centrale, Epire et Macédoine) sont éloignés de l'Argolide et les différences climatiques que l'on observe actuellement avec cette dernière n'autorisent pas une généralisation des résultats. Toutefois, ces diagrammes indiquent une longue période sèche et froide dans la première partie du Paléolithique supérieur, interdisant le développement d'un couvert forestier (fig. 8), et qui paraît également attestée à Franchthi d'après l'étude des macrorestes végétaux.

A défaut de pollens, Franchthi a en effet livré une séquence exceptionnelle de macrorestes végétaux : graines, charbons de bois et fragments de noyaux carbonisés, qui totalisent près de 100.000 spécimens. Les graines ont déjà été étudiées (Hansen 1980) et fournissent des indications sur les espèces végétales exploitées par les occupants du site, mais aussi, de manière plus indirecte, sur l'évolution du paysage végétal.

Ainsi est confirmée une phase sèche, de 27.000 à 17.000 B.P., au cours de laquelle le site était environné d'une végétation ouverte, steppique et froide, à *Lithospermum*

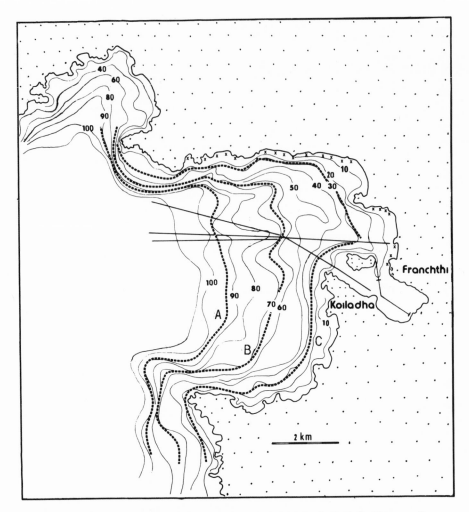

Figure 6 : Contours bathymétriques au large de la baie de Koilada. Les courbes de profondeur sont indiquées en mètres, et les lignes de rivage anciennes figurées en tiretés :
- A : XVIIème millénaire B.P.
- B : XIIème millénaire B.P.
- C : VIIIème millénaire B.P.

Les tracés rectilignes indiquent l'emplacement des transects sismiques effectués et les petites croix le long du rivage marquent l'emplacement de sources d'eau douce (d'après van Andel *et al.* 1980).

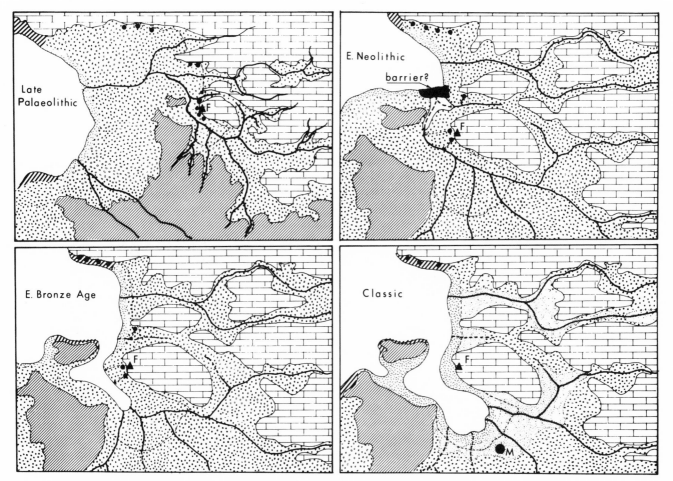

Figure 7 : Croquis schématiques de la région Franchthi-Kranidi-Fournoi lors de quatre périodes de la fin du Pléistocène et de l'Holocène. Les dates correspondent approximativement à 17.000 - 15.000 B.P., 8.000 ± 1.000 B.P., 5.000 ± 500 B.P. et 2.500 B.P. environ. F : grotte de Franchthi, M : principal site post-néolithique (d'après van Andel *et al*. 1980).

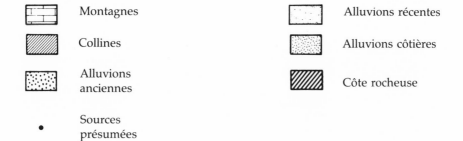

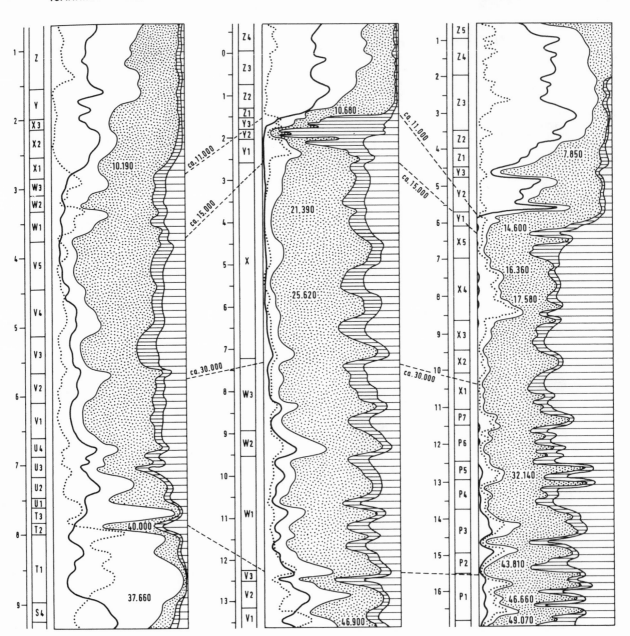

Figure 8 : Diagrammes polliniques schématiques de Ioannina, Xinias et Tenaghi Philippon, montrant la courbe du chêne et du pin, la proportion AP/NAP, les *Artemisia*, *chenopodiaceae* et autres herbacées (d'après Bottema 1979).

arvense, *Anchusa* sp. et *Alkanna* sp. (Hansen 1980), parmi laquelle évoluent *Equus hydruntinus* et quelques cervidés (Payne 1975 et 1982). Une amélioration climatique est sensible à partir du XIIIème millénaire avec l'importance de *Bos* dans la macrofaune et de *Microtus* cf. *arvalis/socialis* dans la microfaune. Le paysage, arbustif ouvert, comprend des pistachiers, des amandiers, des poiriers, accompagnés de légumineuses et de céréales sauvages. L'augmentation de la température et de la pluviosité se poursuit au cours de l'Holocène, quoique la prépondérance des graines de céréales domestiquées au Néolithique rende alors difficile l'estimation de l'environnement végétal naturel. Il est probable toutefois que le caractère très dénudé des montagnes et collines est assez récent et que les préhistoriques ont connu un environnement plus boisé, au moins dans les vallées et les bassins bien arrosés. Ceci ajoute encore à la diversité des niches écologiques exploitables dans le territoire immédiat du site.

La position du site de Franchthi apparaît en effet comme très privilégiée : dans un rayon d'une dizaine de kilomètres autour du site, soit à moins de deux heures de marche, se rencontrent des niches écologiques contrastées et complémentaires tant pour la faune que pour la flore. Les collines où poussaient les plantes du maquis étaient le terrain privilégié des capridés sauvages puis domestiques, tandis que la plaine côtière et les vallées offraient un terrain favorable aux troupeaux de ruminants puis à l'agriculture. La côte elle-même, tantôt rocheuse tantôt sableuse, permettait la pêche et la récolte de mollusques variés. Il est d'ailleurs intéressant de noter que la vocation ''maritime'' de Franchthi n'est pas en relation directe avec la proximité de la côte. L'exploitation des ressources marines commence en effet vers le XIIIème millénaire B.P., quand la côte est encore éloignée de plusieurs kilomètres, et atteint un maximum au IXème millénaire, bien avant que le rivage ne se soit stabilisé au plus près de la grotte.

On observe ainsi non seulement une diversité des niches écologiques exploitables, mais aussi de celles dont on a privilégié l'exploitation à chaque époque. Aux changements de l'environnement dus à des facteurs climatiques s'ajoutent donc des transformations dans le mode d'exploitation de cet environnement. Les uns comme les autres ont eu nécessairement des répercussions sur l'outillage lithique produit et utilisé : sommes-nous aujourd'hui en mesure de les identifier ? Sans prétendre apporter de solution définitive, c'est néanmoins un problème qui sous-tendra mon étude de l'industrie lithique.

3. Géologie et ressources en matières premières

La diversité écologique du territoire qui entoure le site de Franchthi est dans une large mesure un reflet de la diversité structurale de cette région. La géologie du sud de l'Argolide est en effet très complexe, mais mal connue et d'interprétation encore très controversée. De surcroît, les rares études sont pour la plupart inédites, limitées géographiquement, et difficiles à mettre en relation les unes par rapport aux autres. La carte géologique au 1/50.000ème du ''National Institute of Geological and Mineral Researchs''

qui comprendra Franchthi (feuille de Spetsai) n'est pas encore établie et celles des régions avoisinantes ne sont pas encore publiées.

Dans ces conditions, je n'ai nulle prétention à pouvoir offrir une vision synthétique de l'histoire géologique de cette région, et ne l'évoque que parce qu'elle conditionne l'accès aux sources de matières premières et leurs qualités à la taille. En outre, les hypothèses d'importation de matières premières, qui seront invoquées dès la fin du Paléolithique, n'auraient pas de sens sans une connaissance minimale des données régionales.

Les documents existants sont d'une part des études locales sur la vallée de Fournoi (Verheye et Lootens-de Muynck 1974) et le ''Sud-Hermionide'' (Forney 1971), d'autre part les données encore inédites des recherches de C. Vitaliano à l'occasion des fouilles de Franchthi et de Tj. van Andel dans le cadre de la prospection archéologique du sud de l'Argolide conduite par l'université de Stanford, U.S.A. (*infra*, note 1). La présentation qui suit s'appuiera essentiellement sur les documents que m'a communiqués ce dernier et la synthèse des premières sources (inaccessibles en France) qu'a présentée J. Hansen en 1980 (Hansen 1980).

La complexité géologique de la région est imputable à sa situation même, dans la zone de collision entre les plaques continentales africaine, européenne et anatolienne. A l'origine fosse océanique profonde (la Téthys), parsemée d'îles et de récifs, tout cet ensemble subit d'intenses plissements qui atteignirent un paroxysme au Cénozoïque ancien, avec la surrection des chaînes montagneuses tertiaires. Chacun de ces épisodes a laissé des traces dans la géologie de l'Hermionide, que Tj. van Andel résume ainsi :

> The three principal rock complexes of the Tethyan Sea, the basaltic and peridotitic rocks of the ocean crust with their associated oceanic sediments, such as thin limestones and radiolarites or cherts, the sandstones and shales of terrigenous derivation which once surrounded land masses, and the massive to bedded shallow water limestones of the platforms, together make up the older terrain. Their structure came into place during the early Cenozoic mountain building phases, and the subsequent period of relative quiescence saw the deposition in shallow water on the southern peninsula of the erosion debris from the mountains in the north (Jameson, Runnels et van Andel, à paraître).

L'âge exact de chacun de ces dépôts reste encore controversé (cf. tableau II), de même que leurs relations stratigraphiques actuelles, en raison d'injections tectoniques et de chevauchements postérieurs à la mise en place originelle (fig. 10).

Quoi qu'il en soit, la carte géologique (fig. 9) donne une idée de la répartition actuelle de ces ensembles lithostratigraphiques, et permet d'aborder le problème qui nous intéresse : les ressources en matières premières susceptibles d'être taillées dans les environs de Franchthi. Or celles-ci s'avèrent nombreuses et variées, grâce à des gisements de trois ordres :

Marnes, schistes argileux, conglomérats, grès rouges conglomératiques	Pléistocène ancien ?
Hiatus	40 - 10 M.A. ?
Flysch véritable : grès calcaires gris-verts, schistes argileux, marnes	Crétacé supérieur à Eocène selon les auteurs
Flysch : Calcaires lités de faible épaisseur, marnes, chailles, schistes argileux	Crétacé inférieur à Cénozoïque ancien selon les auteurs
Ophiolites : basalte, serpentine et autres roches ignées, calcaires pourpres et verts, schistes argileux, chailles	Jurassique ou Crétacé selon les auteurs
Calcaires de Franchthi, massifs et fracturés	Trias ou Jurassique selon les auteurs

Tableau II : Principales unités géologiques du sud de l'Hermionide (d'après van Andel in : Jameson, Runnels et van Andel, à paraître).

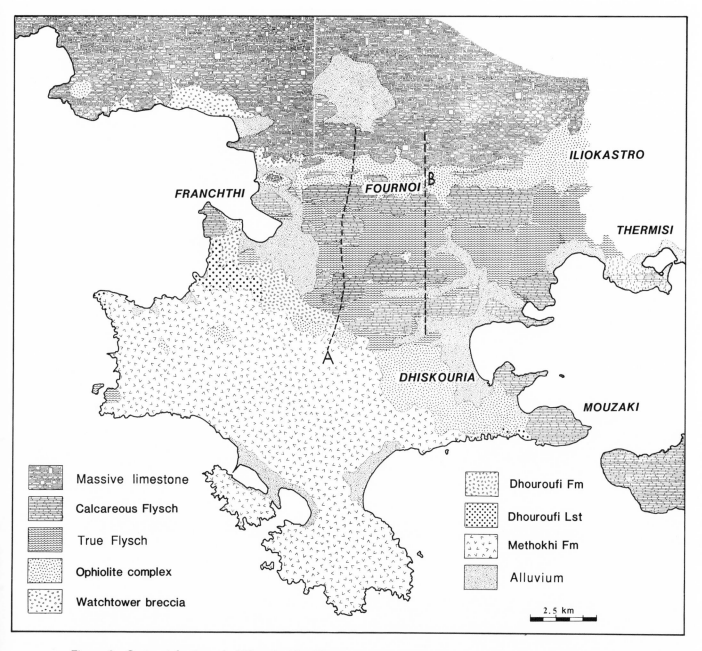

Figure 9 : Carte géologique de l'Hermionide (d'après Jameson, Runnels et van Andel, à paraître). A, B : voir Figure 10.

Legend:

- Massive limestone
- Calcareous Flysch
- True Flysch
- Ophiolite complex
- Watchtower breccia
- Dhouroufi Fm
- Dhouroufi Lst
- Methokhi Fm
- Alluvium

Labels on map: FRANCHTHI, FOURNOI, ILIOKASTRO, THERMISI, DHISKOURIA, MOUZAKI

2.5 km

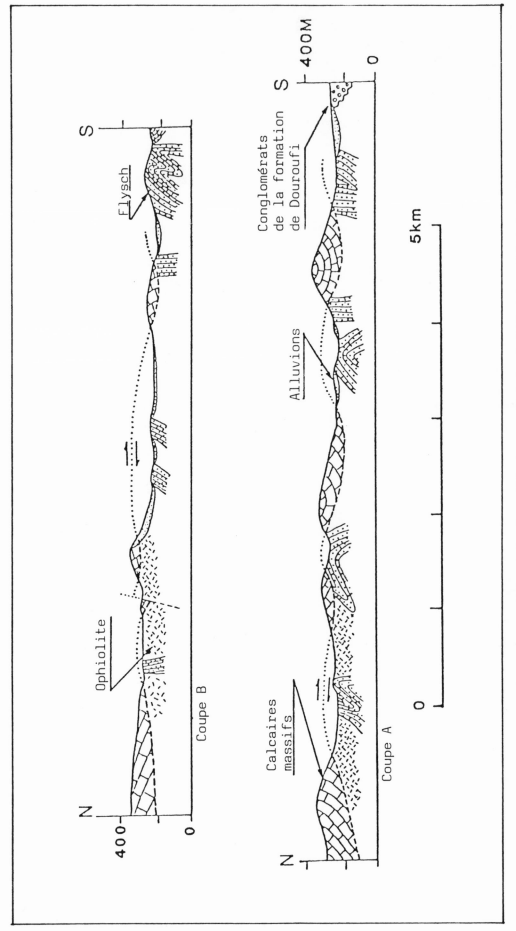

Figure 10 : Coupes transversales nord-sud parallèles à travers la chaîne de Didimi, jusqu'à la latitude de Kranidi (d'après van Andel, in : Jameson, Runnels et van Andel, à paraître). L'emplacement des coupes est indiqué sur la figure précédente.

a) gisements primaires

- *Les ophiolites*. Les ophiolites ont été injectées tectoniquement dans les flysch, en particulier les flysch les plus anciens. Affleurant largement dans la vallée de Fournoi, donc tout près de Franchthi, elles sont riches en éléments susceptibles d'être taillés : roches siliceuses d'une part (radiolarites, chailles brunes, rouges et grises) mais aussi roches d'origine calcaire, comme les calcaires manganésiques pourpres, violacés et bruns, qui ne se distinguent pas toujours à l'oeil nu des chailles mais présentent encore une faible réactivité à l'acide chlorhydrique. On y trouve également des gabbros et des basaltes, altérés en épidotes et amphibolites.

Largement exploitées par les occupants de Franchthi, les roches de cette série sont néanmoins très déformées tectoniquement et altérées chimiquement. Aussi les blocs de matière première sont souvent faillés en tous sens et ils éclatent alors à la percussion selon des plans de clivage naturels. De nos jours, il est très difficile de trouver des blocs qui puissent être taillés correctement. Nous avons souligné en effet la grande stabilité des formes du relief depuis plus de 40.000 ans : incisions fluviatiles et érosion des pentes ont été très faibles tout au long de l'occupation préhistorique de Franchthi, et les affleurements de matières premières n'étaient pas ravivés. Dans ces conditions, une exhaustion assez rapide des meilleures matières premières est prévisible ; c'est effectivement l'impression que l'on ressent à travers l'étude de la séquence de Franchthi, avec, du Paléolithique au Néolithique, des blocs de plus en plus petits, de plus en plus clivés, et de grain de plus en plus grossier.

- *Les calcaires massifs*. Ces calcaires, dits de Franchthi, sont de couleur grise, et très fracturés. Quoique plus anciens, ils ont été projetés au-dessus des flysch. On y trouve de rares accidents siliceux, sous forme de plaquettes dont provient le "silex bleu", ainsi que le "silex rouge" largement exploité au Néolithique. Lors de la prospection effectuée pour déterminer l'origine des matières premières utilisées à Franchthi, D. Van Horn a localisé un bon gisement de "silex bleu" au sommet de la colline de Paliokastro, qui domine la vallée de Fournoi, à 2km au nord-est de la grotte (Jacobsen et Van Horn 1974).

Ici encore, les accidents tectoniques ont déformé les roches, et les plaquettes sont très clivées. On peut à cet égard faire les mêmes observations que précédemment, à ceci près que le caractère très clivé des "silex rouges" a été exploité intentionnellement au Néolithique pour la production d'instruments spécifiques.

En théorie, on devrait également pouvoir trouver dans ces calcaires des silex blonds (les "silex miel" du Néolithique) (Vitaliano, comm. orale, 7/79) ; en pratique, aucun échantillon n'en a jamais été repéré, et nous développerons les raisons qui font considérer cette matière première comme exogène [8].

b) gisements secondaires

Ce sont les conglomérats de la formation de Douroufi, très largement répandus au sud de Franchthi, et qui livrent en abondance tous les matériaux précités. Il est d'ailleurs très difficile dans certains cas de déterminer si les blocs de matière première ont été prélevés dans leur gisement d'origine ou dans les conglomérats.

c) gisements tertiaires : fluviatiles et côtiers

On y retrouve, bien entendu, l'ensemble des matériaux décrits précédemment. En dépit des chocs supplémentaires introduits par le transport, les habitants de Franchthi ont largement exploité ces deux sources de matières premières. T. W. Jacobsen et D. Van Horn ont d'ailleurs suggéré que l'augmentation relative du "silex bleu" au Mésolithique serait en fait une conséquence indirecte de l'exploitation accrue des ressources marines : explorant la côte au débouché de la vallée de Fournoi, les Mésolithiques en auraient profité pour ramasser des plaquettes de silex bleu, apportées là par la rivière.

L'approvisionnement en matières premières ne posait donc aucun problème quantitatif aux occupants de Franchthi, et l'aire d'approvisionnement n'avait pas à dépasser quelques kilomètres autour du site. En revanche, la mauvaise qualité à la taille et la petite dimension des blocs ont constitué une contrainte majeure et une source de problèmes auxquels se sont constamment heurtés les occupants préhistoriques de Franchthi [9].

Ceci mis à part, l'ensemble des données sur l'environnement de Franchthi et ses ressources souligne le caractère privilégié de l'emplacement de ce site, dans une région par ailleurs assez difficile pour l'habitat humain. C'est certainement l'une des explications à la fois de l'absence d'autres sites que l'on puisse rapporter au Paléolithique supérieur et au Mésolithique dans le sud de l'Hermionide [10], et de la très longue occupation humaine dont témoigne Franchthi. Toutefois, les caractéristiques mêmes du site en sont sans doute une autre raison. C'est de celles-ci, et de cette longue occupation préhistorique, qu'il nous faut maintenant rendre compte.

B. LE SITE ET LES FOUILLES ARCHEOLOGIQUES

1. Présentation du site

La grotte de Franchthi est une très vaste cavité karstique, développée dans les calcaires mésozoïques. Son porche, de plus de 30m de large, s'ouvre actuellement vers le nord-ouest, en face de la petite île de Koronis, à douze mètres environ au-dessus du niveau de la mer qui est éloignée d'une cinquantaine de mètres. En bas de la pente qui conduit du porche vers la mer, ont été recouvrés d'importants vestiges néolithiques, aujourd'hui attaqués et en partie détruits par l'érosion marine.

La grotte elle-même s'est développée selon un axe nord-ouest/sud-est, sur plus de 150m de long, mais son sol est largement masqué par de très gros effondrements : effondrements du porche d'une part, mais surtout, effondrement du plafond à 30m environ en arrière du porche (fig. 11). Cet énorme effondrement a ouvert une "fenêtre" de 20m de diamètre dans la voûte du plafond, tandis que les blocs effondrés se sont répandus jusqu'au fond de la grotte, là où apparaît un petit lac d'eau douce alimenté par la nappe phréatique (à 1m au-dessus du niveau actuel de

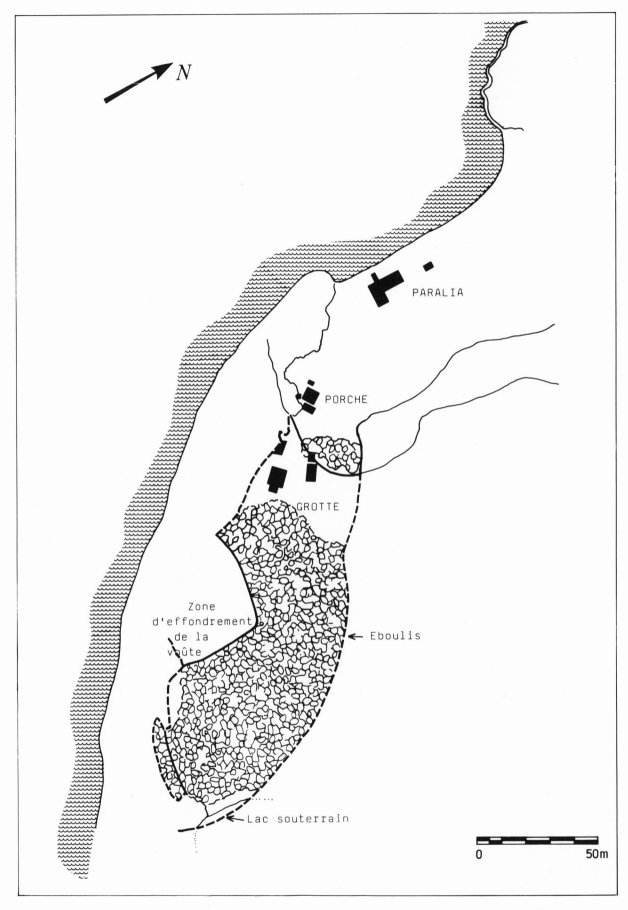

Figure 11 : Plan du site de Franchthi, et indication des secteurs de fouille (d'après Jacobsen 1979).

la mer). La seule partie de la grotte qui a pu être véritablement explorée archéologiquement est donc celle qui est située entre le porche et l'effondrement, ce qui ne représente qu'un cinquième au plus de la superficie totale. Il semble que cet effondrement soit assez récent : fin du Néolithique, ou début de l'Age du Bronze (Jacobsen 1979:279), et il pourrait recouvrir d'importants niveaux d'occupation antérieurs [11].

Les fouilles de Franchthi furent conduites sous la direction du Prof. T. W. Jacobsen, de l'université d'Indiana, pendant sept campagnes de plusieurs semaines chacune en 1967, 1968, 1969, 1971, 1973, 1974 et 1976. Une ultime campagne de vérifications stratigraphiques fut organisé en 1979. Entre les campagnes de fouille et à la suite de celles-ci prirent place des saisons d'étude du matériel, à Koilada et au Musée de Nauplie, puisque la loi grecque interdit l'exportation, même temporaire, du matériel archéologique [12].

C'est en 1971 que le Prof. T. W. Jacobsen m'a demandé de me joindre à son équipe, et de me charger de l'étude du matériel lithique taillé, confié au préalable à P. Mellars. Après une première saison de fouilles et la publication d'un rapport préliminaire sur les industries des tranchées G, F/F-l et A (Mellars 1969), celui-ci avait en effet renoncé à poursuivre l'étude. La proposition de reprendre celle-ci m'a alors été faite par T. W. Jacobsen, à la suite d'une brève visite lors de la campagne de 1971 dans le but de comparer le matériel néolithique de Franchthi à celui que j'étudiais alors dans la grotte de Kitsos, en Attique (Perlès 1981).

Après une première prise de contact, en 1972, mon étude véritable du matériel de Franchthi n'a débuté qu'en 1975. Elle s'est poursuivie chaque été, de 1975 à 1983, de façon continue, pendant plusieurs semaines ; mais elle n'aurait jamais pu aboutir sans la collaboration efficace de plusieurs assistants : A. Moundrea-Agrafioti, E. de Croisset, A. Ohannessian, J. Wickens, D. Pullen, M. Rose et mon frère Christophe.

L'achèvement de l'étude a été déterminé dans toute la mesure du possible par des critères scientifiques, indépendamment des problèmes financiers rencontrés. Il convient toutefois de préciser que j'entends ici achèvement dans un sens restreint : étude du matériel nécessaire à la solution des problèmes posés, et selon les critères qui découlent de ces derniers (cf. chapitres II à IV). Je n'ai donc étudié ni la totalité du matériel mis au jour, ni l'ensemble des caractères de celui-ci : mais ce travail représente néanmoins l'étude de plus de 1600 unités de décapage (les *units*), dont le détail est présenté dans les documents I.1 et I.2 [13].

2. Méthodes et techniques de fouille

On peut situer les fouilles de Franchthi dans une approche essentiellement diachronique.

C'est l'établissement d'une séquence archéologique aussi précise que possible, et intégrée dans son paléoenvironnement, qui a prévalu tout au long des fouilles et explique les choix opérés. Notamment, c'est ce qui explique la conduite des fouilles en tranchées de superficie restreinte mais fort profondes, situées en divers points du site de manière à fournir des séquences complémentaires et

contribuer à une meilleure connaissance d'ensemble de la succession des occupations humaines dans le site.

Différents sondages furent d'abord effectués dans des secteurs variés, afin de reconnaître la nature et la puissance des couches archéologiques. A partir de ces premières reconnaissances, les fouilles furent étendues dans les tranchées les plus importantes. Au bord de la mer, sur la Paralia c'est une approche inspirée de la méthode Wheeler qui fut appliquée, les tranchées étant insérées dans un carroyage orienté géographiquement, et séparées par des bermes d'un mètre. La découverte de structures construites a conduit à supprimer par la suite ces témoins, et raccorder entre elles la plupart des tranchées.

L'étude préliminaire du matériel s'est poursuivie parallèlement, et l'importance croissante accordée aux problèmes de reconstitution de l'environnement a conduit à effectuer, en même temps que la fouille, toute une série d'études approfondies du territoire qui entoure la grotte : étude systématique de la végétation, des mollusques terrestres et marins, récolte d'éléments de comparaison pour la microfaune, recherche des gisements de matières premières, études et sondages dans la baie.

La chronologie absolue a fait elle-même l'objet d'efforts importants. Les dates ^{14}C sont nombreuses (près de 60), et d'autres approches ont été tentées : hydratation de l'obsidienne, thermoluminescence, racémisation des acides aminés. L'ensemble de ces recherches n'a, à ce jour, aucun équivalent en Grèce.

Quant aux techniques de fouille, elles se sont progressivement transformées et affinées pour répondre à la problématique posée : l'introduction successive de la fouille en *units*, du tamisage à sec puis à l'eau, de la flottation des fractions légères a contribué à une représentativité de plus en plus grande du matériel recueilli. Il conviendra cependant d'établir une pondération entre les différentes tranchées, selon, justement, la date à laquelle et les techniques par lesquelles elles ont été fouillées (cf. chapitre IV).

De véritables sols d'occupation, clairement différenciés, n'apparaissant pas à la fouille (la sédimentation est sans doute trop continue pour que se forment de véritables sols d'habitat), on eut recours au système des ''*units*'' [14]. Le principe de la subdivision en *units* est de respecter toute variation observée lors de la fouille, qu'elle soit d'ordre archéologique (nature, densité, distribution des vestiges) ou sédimentologique (nature, couleur, densité du sédiment). De temps en temps, si aucune variation de ce genre n'apparaissait sur une profondeur jugée importante (plus de 10cm environ), les niveaux étaient également subdivisés en *units*, mais sur des bases artificielles cette fois [15].

Cette subdivision en *units* s'effectue tant selon l'axe vertical que selon l'axe horizontal, en plan : dans des secteurs complexes ou perturbés, surtout pour le Néolithique, un décapage à un niveau donné peut être subdivisé horizontalement en cinq ou six *units* différentes, à la même ondeur.

Il ne s'agit donc pas d'un système de fouilles en niveaux artificiels, à quelques exceptions près. Tout au contraire, lorsque la fouille est bien conduite, tous les changements de faciès, qu'ils soient archéologiques ou géologiques, sont respectés. Mais c'est un système qui tend, à l'inverse, à multiplier les subdivisions et pose de ce fait certains problèmes au moment de l'analyse du matériel (cf. chapitre IV). Néanmoins, il convient de préciser qu'il a permis une stratigraphie beaucoup plus fine que celle d'aucun autre site préhistorique fouillé et publié en Grèce.

Les modalités précises de récupération et de traitement du matériel se sont améliorées au cours des années. Je décrirai ici plus particulièrement les procédures mises en oeuvre lors des dernières campagnes et qui intéressent les tranchées que j'ai effectivement utilisées pour cette étude.

Lors de la fouille elle-même, les vestiges de grande dimension, ou facilement repérés pour quelque autre cause, étaient laissés en place jusqu'à l'établissement du plan de décapage et les relevés altimétriques. Quelques éléments jugés particulièrement importants étaient eux-mêmes portés sur le plan, mais c'était rarement le cas de pièces lithiques taillées. Aussi, les pièces mises au jour au moment même de la fouille étaient regroupées, par *unit*, dans un sac libellé ''tranchée'' (*trench bag*) et numéroté [16].

L'ensemble des sédiments était ensuite tamisé. Plusieurs types de tamis ont été successivement et simultanément utilisés sur le site (Diamant 1979; Jacobsen, à paraître). En 1967 et 1968 il s'agissait de tamis à sec grossiers, à mailles de 1.5cm de côté. Trié directement dans le tamis, l'essentiel de l'industrie lithique était alors perdu. Dès 1968, deux tamis à plateaux emboîtés furent construits, l'un de 2.7cm, 1cm et 0.7cm de mailles, l'autre de 1/2 pouce (environ 1.2cm), 1/4 de pouce (environ 0.6cm) et 1/8ème de pouce (environ 0.3cm). Ce dernier tamis restait le seul utilisé à la fin de la campagne de 1968, mais la plus petite maille ne l'était pas toujours. De toute façon, le taux de récupération de l'industrie lithique par ce procédé reste assez faible. Ce tamis est resté en usage (au complet) jusqu'à la fin des fouilles pour certaines tranchées, notamment la plupart des tranchées de la Paralia, le tamisage à l'eau mis en oeuvre par la suite ne permettant pas de traiter l'ensemble des sédiments.

Les premiers essais de tamisage à l'eau eurent lieu en 1969, mais ce n'est qu'en 1971, lors de la campagne suivante, que le système fut définitivement mis au point et utilisé de manière systématique. Les sédiments étaient plongés dans un tamis à l'eau courante (de l'eau douce prélevée dans une source sous-marine), sur un filet de 1.5mm de maille. Le matériel léger, restes carbonisés pour l'essentiel, était d'abord récupéré par flottation sur un filet de gaze, sans adjonction de liqueur pour augmenter la densité. Les éléments plus lourds, retenus par le tamis, étaient alors séchés lentement à l'ombre de la grotte, puis retamisés, à sec cette fois, par mailles successives de 10mm, 5mm et 2.8mm. L'ensemble des éléments (y compris la fraction de moins de 2.8mm) était alors mis en sac par *unit* et maille de tamis.

Le tri de ces résidus était en suite effectué en laboratoire, ce qui garantit un taux élevé de récupération. Toutefois, les volumes à trier étaient considérables (plusieurs mètres cubes au total, les résidus comprenant de très nombreux débris de calcaire et graviers), et le temps nécessaire extrêmement long : il fallait séparer microfaune, fragments de macrofaune, mollusques terrestres, mollusques marins, industrie lithique, tessons, éléments de parure, etc. De ce fait, il a été impossible de trier la totalité des résidus de tamisage à l'eau, et la limite du tri systématique a été fixée aux tamis de 5mm et plus. En d'autres termes, tous les résidus provenant des tamis de 5 et 10mm ont été triés et conservés séparément, tandis que les résidus des tamis de 2.8mm et <2.8mm ne l'ont été que pour certaines *units* ou par échantillonnage sur certaines séquences. Même si, ici encore, la pratique du tamisage (et surtout la coexistence de plusieurs systèmes) soulève certains problèmes lors de l'étude du matériel (cf. chapitre IV), la richesse des informations ainsi exploitables est considérable.

Stratigraphie fine, tamisage et flottation des sédiments, importance des études sur l'environnement du site font de la séquence de Franchthi un témoignage de première importance sur la préhistoire de la Méditerranée égéenne.

3. L'occupation humaine du site de Franchthi

Le sol rocheux n'a été atteint nulle part, tant en raison de gros blocs d'effondrement à la base de certaines tranchées (qui n'ont pu être dégagés même à la dynamite) que de la remontée de la nappe phréatique, atteinte au fond de la tranchée F/A. Il n'est pas impossible que ces niveaux les plus profonds datent du Paléolithique moyen [17].

Toutefois, ce n'est qu'à partir du Paléolithique supérieur [18] que nous disposons de témoignages certains d'une occupation préhistorique. Dans un premier temps, de 30.000 à 20.000 B.P. environ, les vestiges d'occupation humaine sont sporadiques, et consistent essentiellement en restes lithiques et osseux. Les graines et les mollusques qui leur sont associés ont sans doute une origine naturelle. La grotte ne paraît jamais avoir été occupée de façon intense tout au long de cette période. Après un hiatus de plusieurs millénaires (dont on ne sait pas encore s'il s'agit d'une phase d'érosion des dépôts, ou d'un véritable hiatus sédimentaire et archéologique), les témoignages d'occupation humaine reprennent à partir du XIIIème millénaire B.P. et de façon beaucoup plus intense. Aux vestiges lithiques et osseux s'ajoutent alors des graines carbonisées, apportées et consommées par l'homme. Au XIIème millénaire B.P., la collecte des mollusques marins et surtout des mollusques terrestres, prend une importance extrême, aboutissant à la formation de véritables couches à hélicidés qui se poursuivent au long du XIème millénaire. Avoine et orge sauvages, pour la première fois reconnues en Grèce, sont aussi collectées à cette époque en même temps que des fruits et des légumineuses. Les ressources de la côte commencent à être exploitées bien que celle-ci soit encore éloignée de plusieurs kilomètres, et c'est à ce moment qu'apparaît aussi l'obsidienne, qui atteste des déplacements maritimes dès la fin du Paléolithique. Il est curieux de noter, à l'inverse, la quasi-absence d'industrie osseuse ou de témoignages artistiques tout au long du Paléolithique.

Au Xème millénaire B.P. se font jour d'importantes modifications dans la faune : les espèces pléistocènes disparaissent (cheval et capridés), le cerf domine largement. Toutefois, les modalités d'exploitation des ressources naturelles ne diffèrent pas qualitativement par rapport aux périodes précédentes : les occupants de Franchthi vivent toujours de la chasse aux grands mammifères, de la collecte des mollusques terrestres et marins, de la pêche aux petits poissons et de l'exploitation des ressources végétales sauvages. C'est au cours de cette phase, que nous appellerons le Mésolithique inférieur, qu'apparaissent en nombre les premiers témoignages d'industrie osseuse, de matériel de broyage et d'éléments de parure.

Le Mésolithique supérieur, au IXème millénaire, marque une nouvelle rupture, mais cette fois d'origine essentiellement humaine : la pêche aux thonidés devient une activité majeure, et une ressource alimentaire essentielle. Au même moment, la proportion d'obsidienne dans l'industrie lithique augmente et les microlithes réapparaissent en abondance.

Une sépulture, mise au jour dans les niveaux mésolithiques, constitue la plus ancienne inhumation connue en Grèce. Il s'agissait d'un jeune homme, dont on ignore encore la cause de décès : malaria, coups portés sur le front, ou toute autre cause (Jacobsen 1976:81-82).

C'est au tout début du VIIIème millénaire B.P. (vers 6000 B.C.) qu'apparaissent les ovicapridés domestiques. La pêche aux thons disparait provisoirement et la chasse ne constitue plus qu'une activité d'appoint. La très grande rareté ou l'absence de céramique dans ces premiers niveaux néolithiques conduit à envisager la possibilité d'une Néolithique acéramique ou précéramique. Mais cette mutation économique est-elle le fait de groupes nouveaux, ou des anciens occupants du Mésolithique ? C'est vers la solution de ce problème, bien entendu, que s'orientera notre étude des industries lithiques de cette période.

L'introduction des céréales cultivées et de la céramique, peu après, s'accompagne de changements importants : dans le lithique d'une part (matières premières, techniques de débitage, outillage), dans le mode d'occupation du site d'autre part. C'est du Néolithique ancien à céramique que datent les premières traces d'activités à l'extérieur de la grotte, en avant du porche, mais surtout, le long de la plage actuelle (la Paralia). Ce Néolithique ancien est très riche : céramique, industrie osseuse, industrie lithique polie, matériel de broyage, parures, etc., y abondent. Plusieurs sépultures y sont également rapportées, dont des sépultures d'enfants accompagnées d'offrandes (Jacobsen et Cullen 1981). Des aires d'activités spécialisées se font jour, notamment pour la fabrication de perles plates en coquilles de *Cardium*, attestée dans certains secteurs de la Paralia, mais jamais dans la grotte elle-même.

Cette séquence néolithique se poursuit jusqu'à la fin du Vème millénaire B.P., enregistrant des variations stylistiques et techniques importantes dans les différentes catégories de vestiges archéologiques. L'un des points les plus importants à souligner est la variabilité dans le mode d'occupation du site : au Néolithique ancien et moyen, l'occupation est intense tant sur la Paralia que dans la grotte elle-même. Au contraire, au Néolithique récent, toute trace d'activité disparaît de la Paralia, et seule la grotte semble occupée, comme dans les périodes anté-néolithiques. Le Néolithique final (fin du Vème millénaire B.P.) voit à nouveau une occupation simultanée de la grotte et de la Paralia, mais il semble que sur cette dernière n'aient eu lieu que des activités très spécialisées, dont l'interprétation pose encore problème.

L'intensité d'occupation décroît brutalement à la fin du Néolithique, peut-être en relation avec les effondrements du porche et de la voûte, mais aussi avec les transformations socio-économiques dont témoignent nombre de sites helléniques à cette époque (Treuil 1983).

Sans être totalement absents, les vestiges de l'Helladique, des périodes Classique, Hellénistique et Byzantine ne se rencontrent qu'en faible quantité et exclusivement dans des niveaux remaniés. Mais la grotte aujourd'hui continue d'être régulièrement habitée, par des pasteurs transhumants qui y séjournent avec leurs troupeaux de chèvres, et dont la paix fut troublée, durant de longues années, par les fouilles archéologiques qui s'y déroulaient chaque été.

NOTES

[1] Documents publiés au 1/12/83. [See now Tj. H. van Andel and Susan B. Sutton, *Landscape and People of the Franchthi Region*, Excavations at Franchthi Cave, Greece, T. W. Jacobsen, general editor (Bloomington and Indianapolis: Indiana University Press, 1987).—EDITOR.]

[2] Pour les noms de villes et les toponymes courants, j'ai gardé la forme française habituelle. Les noms de sites et toponymes locaux ont été directement translittérés du grec. La forme ''Franchthi'', qui vient d'un nom d'origine sans doute albanaise, est celle sous laquelle le site a toujours été publié (cf. Jacobsen, à paraître).

[3] Les données faunistiques confirment un environnement plus humide à cette époque : cf. Payne 1982:133.

[4] Sans compter l'actuel petit lac d'eau douce au fond de la grotte.

[5] Comme mé l'a fait remarquer S. Payne, ceci a pu être un autre facteur d'appauvrissement des ressources en matières premières lithiques.

[6] Etude détaillée dans Jameson, Runnels et van Andel, à paraître.

[7] Le sud de l'Argolide, pour lequel nous manquons de données, paraît encore plus sec.

[8] Cf. fascicule consacré aux industries lithiques néolithiques (Perlès, à paraître *d*).

[9] Et aussi, il faut l'avouer, le préhistorien chargé de les étudier ! Il m'a fallu plusieurs années pour me familiariser complètement avec ces matières premières.

[10] Lors de la prospection systématique du sud de l'Hermionide, on a découvert quelques pièces qui pourraient dater de ces périodes mais aucun site assuré (Jameson, Runnels et van Andel, à paraître).

[11] Ceci pose, bien évidemment, le problème de la représentativité des vestiges exhumés et étudiés. A l'instar de tous mes collègues, je n'ai pu que prendre le pari d'une représentativité correcte, sous peine de devoir limiter l'étude du matériel à un catalogue descriptif.

[12] Cf. Jacobsen, à paraître.

[13] Tous les documents (Troisième Partie) portent en tête le numéro du chapitre, suivi d'un numéro d'ordre à l'intérieur d'un chapitre donné. Ils sont regroupés à la fin de cet ouvrage.

[14] N'ayant à ce jour trouvé de traduction fidèle pour le terme anglais *unit* tel qu'il est utilisé pour les fouilles de Franchthi, je l'ai gardé tel quel dans le texte.

[15] Cf. Jacobsen, à paraître.

[16] Cf. Jacobsen, à paraître.

[17] Voir discussion à ce sujet dans le chapitre V.

[18] L'utilisation des termes Paléolithique et Mésolithique est discutée dans le chapitre V.

CHAPITRE II

Les fondements de l'étude et la problématique

1. Introduction : une problématique, pour quoi faire?

Dans l'étude d'industries lithiques taillées, la définition *a priori* d'une problématique, n'est pas la règle générale. L'analyse des industries lithiques semble découler naturellement de la mise au jour des documents et de la nécessité scientifique de les faire connaître. Elle est donc avant tout descriptive. Mais cette simple description répond en fait à une problématique implicite : caractériser la série, de façon à pouvoir la comparer avec d'autres. En général, cette comparaison vise à situer l'ensemble lithique dans le temps et identifier le groupe culturel qui en est responsable (en admettant implicitement par cela que la composition d'un outillage permet un diagnostic culturel). Le choix des caractères pertinents dans cette optique repose le plus souvent sur l'usage : caractères ou combinaisons de caractères dont on a déjà reconnu la valeur heuristique à ce propos. L'utilisation des listes typologiques en est l'illustration la plus fréquente.

Les limites de cette approche ont déjà été soulignées, tant en ce qui concerne ses ambitions que ses effets :

- Ses ambitions sont limitées, par l'importance même que prend la phase descriptive de l'étude. La classification du matériel est pratiquement une fin en soi, même si elle est assortie de comparaisons diachroniques et synchroniques. Prudente, cette approche ne cherche pas à interpréter la structure du matériel observée, ni les différences mises en évidence par les comparaisons. De manière générale, c'est d'ailleurs une approche qui privilégie les ressemblances plus que les différences.

- D'autre part, la problématique étant largement implicite, les postulats sur lesquels elle repose, de même que les raisons du choix des critères descriptifs, restent pour l'essentiel ignorés des lecteurs. Les uns comme les autres échappent ainsi à toute tentative de réfutation de la proposition théorique, dans le sens donné par K. Popper à ce terme (Popper 1972) [1].

Toutefois, la validité d'une problématique explicite, posée au départ de l'étude, est loin de faire l'unanimité [2]. On reproche à cette seconde démarche d'orienter le choix du matériel étudié et les critères d'analyse en vue de la stricte résolution du problème posé, ignorant par là même d'autres "faits" et problèmes aussi dignes d'intérêt. Plus grave encore

(car cette première critique est en fait tout aussi valable lorsque la problématique est implicite), on lui reproche d'orienter les choix vers une solution prédéterminée du problème, au détriment d'hypothèses alternatives [3].

À ceci je répondrai deux choses : d'une part, qu'il ne faut pas confondre, au moins en théorie, problématique et modèle, le modèle étant en effet une solution virtuelle au problème posé. S'il est vrai que souvent récolte et analyse des documents tendent exclusivement à confirmer un modèle lorsqu'il s'en trouve un posé à l'origine de l'étude, une véritable problématique ne préjuge pas des solutions aux problèmes. Elle se contente de les soulever.

En second lieu, il me paraît souhaitable de distinguer problématique de terrain (avec ses conséquences éventuelles sur la collecte des documents archéologiques), et problématique d'étude du matériel. Si cette dernière entraîne des choix et des omissions dans l'analyse des documents, ceux-ci ne sont pas détruits pour autant : le matériel reste disponible (en principe) à tout chercheur qui se situerait dans une problématique différente et souhaiterait l'analyser sous un angle différent. Contrairement à la fouille, l'analyse peut être répétée autant de fois que nécessaire.

En effet, l'archéologie n'est jamais qu'un mode d'appréhension du passé, ou plus exactement une façon de recueillir des documents à cet effet. Les problèmes que l'on peut alors soulever à propos de ces documents sont infinis : travaillant sur les sociétés du passé, il est possible de poser (à défaut de résoudre) autant de questions que s'en posent l'ensemble des sciences humaines du présent.

Loin de moi une telle ambition ! Il importe donc de définir clairement quelle fut ma problématique dans l'étude de Franchthi, quels sont les problèmes que j'ai renoncé à aborder, et sur quels postulats repose cette approche.

2. Le contexte scientifique

Le contexte même dans lequel se situe cette étude fixe un certain nombre de limites. Celles-ci constituent le cadre scientifique qui détermine déjà partiellement les modalités de définition de notre problématique. Rappelons-en brièvement les principaux éléments :

a) Les conditions de fouille rendent illusoire toute tentative d'étude approfondie de la structuration de l'espace et de la répartition des activités techniques dans le site. Elles interdisent également de fonder notre analyse sur l'étude directe des chaînes technologiques par des remontages.

b) L'absence presque totale d'études approfondies sur le matériel lithique taillé en Grèce limite par ailleurs considérablement la portée d'études comparatives. De ce fait, sont exclues toutes problématiques liées aux variations régionales, économiques ou écologiques entre sites différents.

Il résulte de ces deux points que la problématique la plus appropriée dans le cas de Franchthi est une problématique fondée sur la diachronie : la longue séquence temporelle offre la possibilité de mettre en évidence des changements lithiques à travers le temps, tandis que la qualité des études sur l'environnement et l'économie peut être l'occasion privilégiée d'aborder les problèmes d'interprétation de ces changements.

A cette fin, nous disposons d'un important matériel taillé. Mais la manière de l'interroger et d'interpréter les résultats est étroitement conditionnée par nos conceptions sur la nature des industries lithiques. Ces conceptions sont en fait des postulats : elles n'ont pas fait l'objet de démonstrations. Sans prétendre m'appuyer sur des conceptions particulièrement originales, il m'a paru nécessaire de les exposer précisément, puisque c'est d'elles que sont issues et la problématique et la méthodologie de cette étude. En outre, la validité des interprétations proposées est étroitement liée à celle des postulats sur lesquels elles s'appuient.

3. Quelques postulats

3.1. La technologie : un système

L. Binford a clairement exposé les conséquences importantes, pour l'interprétation des documents archéologiques, des deux conceptions des sociétés humaines qui sous-tendent le plus généralement les études archéologiques. Il désigne la plus courante sous le nom de "normative" : on considère que les activités d'un groupe humain répondent à des normes culturelles, et qu'elles sont largement indépendantes les unes des autres (chaque domaine d'activités ayant sa propre dynamique de changement).

A cette conception classique, Binford propose de substituer une conception systémique, inspirée de L. White, dans laquelle les activités humaines constituent des réponses adaptatives aux problèmes posés par l'environnement naturel et social, et où chacun des domaines d'activités est en interaction constante avec les autres. Toute transformation dans l'une des composantes du système social, que ce soit le symbolique, l'économique, le technique, etc., ayant alors potentiellement des répercussions dans les autres domaines [4].

Sans prendre parti dans le problème de la définition de ce que sont les sociétés humaines, j'admettrai en tout cas, à la suite des anthropologues qui s'intéressent plus particulièrement à la technologie, que celle-ci peut être analysée en termes d'un système (voir par exemple Cresswell 1983, Gast 1983, et Lemonnier 1983). Même si ceci ne doit être considéré que comme une métaphore, elle se révèle heuristique sur le plan scientifique. Ce système technologique est considéré comme ouvert, en interaction avec les domaines économiques, sociaux et symboliques. Ceci implique que la technologie (telle que l'a définie, par exemple, A. Leroi-Gourhan (1943 et 1945) : ensemble du savoir et des pratiques relatives aux techniques d'acquisition, de fabrication et de consommation), peut être modifiée sous l'effet de transformations de l'environnement, des structures socio-économiques et de bien d'autres facteurs. Même si, pour l'archéologue, les facteurs de changement économiques sont sans doute les plus faciles à saisir, l'existence d'autres causes de transformation du système technologique ne peut être oubliée (J. Cauvin 1978).

Relevant de la technologie, l'industrie lithique peut en être considérée comme un sous-système, présentant des caractéristiques analogues.

3.2. L'industrie lithique : un sous-système de la technologie

L'industrie lithique sera donc elle-même analysée en termes d'un système ouvert, qui peut être exprimé en mettant en évidence ses composantes et ses structures, c'est-à-dire l'ensemble des relations entre ses éléments d'une part, entre ce sous-système et les autres composantes du système technologique d'autre part. Cette conception du système lithique conduit à admettre notamment que des transformations dans un secteur quelconque de la technologie (travail du bois ou de l'os, par exemple) peuvent avoir des répercussions sur le travail de la pierre taillée. Cette conception n'est pas originale, mais elle est rarement mise à l'épreuve des faits.

Elle pose, de surcroît, un problème encore plus rarement abordé : quelles sont les limites de ce que l'on entend par système (ou sous-système) *lithique* [5] ?

1) Tout l'outillage de pierre relève-t-il du même système ? Faut-il analyser de manière intégrée non seulement l'outillage taillé, mais aussi l'outillage poli et le matériel de broyage ?

On peut admettre que le matériel de broyage relève en fait d'un système différent : les roches utilisées sont pour l'essentiel des roches non clastiques, travaillées par des techniques différentes de celles de l'industrie lithique taillée. De plus, ce matériel diffère par sa fonction : à de rares exceptions près, un outil de pierre taillé n'est pas interchangeable avec un élément du matériel de broyage.

Le problème est autre pour l'industrie lithique polie : elle peut être manufacturée sur les mêmes roches que l'industrie taillée, et la taille fait en réalité souvent partie de leur mise en forme (même si ce n'est pas le cas en Grèce). Par ailleurs les matériaux travaillés sont souvent identiques : outillage poli et outillage taillé sont potentiellement interchangeables, même si leur efficacité n'est pas la même. Ces raisons conduisent à considérer qu'outillage taillé et poli appartiennent au même système technologique. Toutefois, à Franchthi, c'est le caractère poli (ou bouchardé), c'est-à-dire le mode de fabrication de l'outil, qui a prévalu dans la répartition du matériel entre spécialistes [6]. Mon étude de l'industrie sera donc amputée d'une partie de ses composants, au moins pour le Mésolithique et le Néolithique.

2) Inversement, faut-il limiter le système lithique à ses composants de pierre taillée ou polie ? La réponse ici est

claire : il serait préjudiciable d'isoler, au moins conceptuellement, les différents éléments d'un outil, même s'ils ne sont pas tous en pierre. Manches, glues, résines et liens font bien partie du "système lithique" dès lors qu'ils contribuent à un instrument dont la partie agissante est en pierre. Leur disparition dans le sol ne saurait faire oublier leur existence et leur importance éventuelle pour comprendre la nature et les transformations de l'outillage de pierre taillée.

Ce dernier est donc une des composantes seulement d'un système plus vaste, qu'il ne transcrit que partiellement. Séparée de l'outillage poli et dépourvue de tout élément d'information sur la partie organique des outils, notre étude du système lithique à Franchthi est donc doublement limitée. Ces restrictions à notre cadre d'étude devront être gardées à l'esprit lorsque nous chercherons à interpréter structures et transformations observées.

3.3. Un système qui répond à des besoins

Conçue comme un système, la technologie (et plus spécifiquement le lithique) sera en outre définie comme un système qui répond à des besoins ; en d'autres termes, je la définis comme un système cybernétique, c'est-à-dire orienté vers un but [7]. De façon générale, ce but peut être présenté comme une réponse satisfaisante aux problèmes créés par l'exploitation de l'environnement naturel et le maintien d'un réseau de relations sociales.

Ainsi posée, cette proposition paraît certainement relever de l'évidence ! Pourtant, c'est sans doute à cet égard que mon approche, à l'instar de celle présentée dans plusieurs études récentes, se dissocie le plus de travaux de grande notoriété. Prenons comme exemple certaines des nombreuses recherches sur la circulation des matières premières, en particulier de l'obsidienne : des études régionales approfondies mettent en relation l'abondance relative de l'obsidienne dans le matériel et la distance des sites archéologiques par rapport aux gisements de matières premières. Les courbes qui en résultent sont présumées refléter différents systèmes d'échange, et les variations diachroniques observées interprétées comme des transformations du système d'approvisionnement (Renfrew 1977). Mais il n'est nulle part fait allusion au fait que l'importation d'obsidienne pourrait répondre à des besoins précis, et que les variations quantitatives de celle-ci pourraient, dans certains cas, refléter des transformations des besoins en matières premières (Perlès 1984a).

De façon analogue, je refuserai d'accepter, sans autre démonstration, que les variations dans les grandes classes technologiques (éclats, lames, lamelles) soient représentatives de différences culturelles, tant qu'il n'aura pas été établi que les besoins techniques auxquelles elles répondaient n'ont pas varié.

Si l'on postule le caractère cybernétique du système lithique, il s'ensuit logiquement que les gestes techniques afférents sont la réalisation d'un projet, projet qui s'inscrit matériellement dans une *chaîne opératoire*. La chaîne opératoire peut être définie ainsi : enchaînement des opérations mentales et des gestes techniques visant à satisfaire un besoin (immédiat ou non), selon un projet qui préexiste. La finalité des chaînes opératoires peut être fort variée : production de supports, production d'un type d'outil

déterminé, production d'un ensemble varié d'outils, reprise de supports, etc. Les différentes étapes techniques de la chaîne opératoire en seront d'autant modifiées.

En effet, la chaîne opératoire s'oppose à la simple succession, puisque l'on pose comme hypothèse que les premières opérations techniques influencent les suivantes et réciproquement [8].

Toutefois, dans une chaîne opératoire, certains enchaînements peuvent être optionnels, d'autres imposés par les premiers choix : c'est l'un des rôles fondamentaux de l'expérimentation que de distinguer les uns des autres. De même, certaines chaînes opératoires peuvent être discontinues (dans l'espace, donc dans le temps), tandis que d'autres sont nécessairement continues. Mais ces notions sont surtout nécessaires pour des problématiques qui ne sont pas la nôtre ici, telle l'analyse de la structuration des activités dans un site. La chaîne opératoire sera donc envisagée dans ce travail de façon abstraite, sans ses composantes temporelles et spatiales réelles. Cependant, parce qu'elle se déroule de toute façon linéairement, et parce qu'elle possède un début et une fin, elle permet d'aborder de manière simple l'ensemble complexe que constitue une industrie lithique. Elle offre en effet un cadre chronologique à l'étude des opérations techniques : choix des matières premières, mise en forme des nucléus, techniques de débitage et produits de débitage, choix de supports pour le matériel retouché, techniques de transformation des supports, rejet, etc.

La chaîne opératoire sera donc le *concept opérationnel* par lequel nous chercherons à exprimer le caractère cybernétique du système lithique. Mais c'est là que l'absence de remontages imposera des limites contraignantes : loin de pouvoir s'appuyer sur l'observation directe des chaînes opératoires, il nous faudra tenter de les reconstituer par l'étude des différents produits techniques.

3.4. Un système culturel

Cependant, postuler que les chaînes opératoires répondent à des besoins (et sont donc en partie déterminées par ceux-ci), n'entraîne pas la négation de variations proprement culturelles. Tout au contraire : je poserai comme dernier postulat [9] qu'il existe toujours plusieurs solutions satisfaisantes pour la résolution d'un problème technique ou la satisfaction d'un besoin. Que le "choix" entre différentes chaînes opératoires possibles s'effectue en fonction d'un savoir technique, qui constitue la tradition technique du groupe (elle-même un des éléments de la tradition culturelle) [10]. La mise en oeuvre de ces solutions alternatives, répondant à des besoins analogues, est ce qui permet un diagnostic culturel.

Toutefois, cette notion de "choix" est quelque peu ambiguë, surtout dans sa relation avec celle de tradition culturelle : dans un groupe préhistorique donné, le tailleur ne dispose en fait que d'options limitées.

A chaque étape d'une chaîne opératoire, le tailleur devra en effet prendre une décision sur la manière de poursuivre son travail. Mais, tandis que le préhistorien dispose, grâce à ses connaissances archéologiques et aux résultats de l'expérimentation, d'une gamme très vaste de solutions qu'il sait appropriées, le tailleur préhistorique n'optera, la plupart du temps, que parmi celles qui appartiennent déjà à la tradition technique de son groupe. En ce sens, la tradition fixe donc des limites strictes aux choix qu'aurait théoriquement pu faire le tailleur.

C'est entre plusieurs groupes culturels que se dessinent alors des "choix techniques". Mais le terme est peu approprié puisque ces "choix" ne résultent pas nécessairement de véritables décisions ; ils seront, bien plus souvent, le résultat de processus historiques d'origine variée et complexe.

Il faut donc distinguer deux niveaux : d'une part celui des choix conscients — mais limités — du tailleur qui opte pour telle ou telle chaîne opératoire en vue de la solution d'un problème précis ; d'autre part, la constitution d'un savoir technique, au niveau du groupe, qui relève de phénomènes historiques et nous permet de le distinguer d'autres groupes de traditions techniques différentes.

Or si l'on admet qu'aussi bien à l'échelle individuelle que collective, la mise en oeuvre de telle ou telle solution n'avait pas caractère de nécessité, que d'autres options étaient théoriquement envisageables, il devient possible de décrire l'ensemble des décisions prises au long des chaînes opératoires en termes de stratégies. Stratégies collectives, émanant du groupe lui-même, qui concernent la conception générale de l'industrie lithique et sa place dans les systèmes économique et technique ; stratégies individuelles, lors de la mise en oeuvre de telle ou telle chaîne opératoire face à un problème donné [11].

Si la chaîne opératoire est donc le concept qui fonde notre approche analytique du matériel lithique, permettant de reconnaître les options successives, le concept de stratégie sera celui qui nous permettra de décrire, de manière synthétique, l'ensemble des décisions et des chaînes opératoires effectivement mises en oeuvre dans un contexte culturel donné. Pour des raisons pratiques, mais quelque peu arbitraires, ces stratégies peuvent être regroupées selon qu'elles concernent : la place de l'industrie lithique dans le système technologique (faisant ici référence exclusivement à l'industrie lithique taillée, pour des raisons déjà explicitées), l'acquisition des matières premières, le débitage et enfin la production, l'utilisation et le rejet des outils proprement dits.

La notion de stratégie dérive donc directement du postulat selon lequel il existait théoriquement, pour chaque problème, un éventail de solutions possibles. On peut dès lors s'intéresser à l'explication de ces choix : pourquoi tel groupe ou tel individu a-t-il opté pour telle stratégie plutôt que telle autre ? Nous abordons ici le domaine de l'interprétation des phénomènes observés, et préciserons maintenant le cadre théorique dans lequel nous nous situerons à cet égard.

4. Le cadre d'interprétation

Les possibilités d'interprétation des stratégies concernant l'industrie lithique restent, à ce jour, assez limitées en raison du développement très récent seulement de cette problématique et des recherches afférentes. Je ne chercherai pas, dans le cadre de ce travail sur Franchthi, à explorer les possibilités théoriques de ce domaine : les documents dont nous disposons sont encore trop partiels pour prétendre à une véritable explication des phénomènes observés.

Je limiterai donc mon analyse à une approche préliminaire, suffisamment générale pour se prêter ultérieurement à une relecture selon des théories explicatives plus générales, telles que les théories d'optimisation de la gestion des ressources, du temps et de l'énergie (Torrence 1983).

Cette analyse sera fondée sur les concepts d'économie des matières premières, d'économie du débitage et d'économie de l'outillage retouché. Ces concepts seront posés comme des hypothèses, susceptibles d'offrir un premier niveau d'interprétation des phénomènes observés, mais également susceptibles de se révéler invalides dans tel ou tel contexte. A une "économie" de l'industrie lithique, entendue ici comme une gestion différentielle des ressources et des produits, peuvent être en effet opposées des stratégies opportunistes, où l'occasion crée l'événement.

4.1. Economie des matières premières

Le concept d'économie des matières premières fut peut-être utilisé pour la première fois sous cette forme lors d'un colloque en 1979 [12], dans une acception parfois plus large que celle qui est proposée ici : il recouvrait, le cas échéant, toute forme d'exploitation des matières premières dans un site donné. J'en réserverai l'emploi ici aux situations où l'on rencontre une gestion différentielle, raisonnée, de matières premières d'origines diverses, pour approcher d'un peu plus près le sens classique d' "économie". Même ainsi limité, le concept d'économie des matières premières répond à une problématique riche, et qui s'est vite avérée fructueuse [13]. Il pose en effet les questions suivantes : quelles furent les différentes matières premières utilisées, d'où proviennent-elles, sous quelle forme étaient-elles introduites dans le site, à quelles fins étaient-elles apportées ? Il s'agit donc d'interpréter les différentes stratégies mises en oeuvre dans l'exploitation de matières premières variées en fonction des difficultés d'approvisionnement, de leur qualité à la taille et de l'utilisation à laquelle on les destine.

Si cette approche se révèlera peu fructueuse pour le Paléolithique, les matières premières étant essentiellement locales et les stratégies d'acquisition opportunistes, elle s'avèrera en revanche plus riche pour le Mésolithique, et surtout le Néolithique : acquisition et utilisation des matières premières y apparaissent à la fois complexes et variées selon les différentes phases du Néolithique (Perlès et Vaughan 1983).

4.2. L'économie du débitage

Le concept d'économie du débitage fut introduit en 1976 par M.-L. Inizan, dans son travail sur des industries capsiennes d'Afrique du Nord, où elle démontrait qu'aux différents stades de débitage d'un nucléus correspondait la production de supports différents, utilisés pour la fabrication d'outils spécifiques (Inizan 1976). C'est à partir de ce concept qu'ont été forgés en fait les concepts complémentaires d'économie du débitage et d'économie de l'outillage.

L'économie du débitage vise, à travers l'étude des chaînes opératoires, à mettre en évidence une utilisation différentielle des produits de chaque stade technique. Dans certains cas, cela suppose de disposer d'analyses fonctionnelles du matériel, car les produits utilisés ne sont pas forcément retouchés (Audouze *et al.* 1981 ; Beyries et Boëda 1983). Dans le cas d'outils retouchés, cette approche exige de toute façon que soient reconstituées les chaînes opératoires, et que soient identifiables les supports d'origine du matériel retouché. Ces conditions étant rarement remplies à Franchthi, le concept d'économie du débitage nous sera de peu d'utilité pour interpréter le matériel de ce site.

4.3. L'économie de l'outillage

C'est l'étude d'une partie de l'outillage néolithique, en collaboration avec P. Vaughan pour l'étude microscopique des traces d'utilisation, qui m'a conduite à introduire ce concept, complémentaire des deux précédents. Nous avons pu montrer, en effet, que selon la nature du support et de la matière première, des outils de même fonction initiale pouvaient connaître des cycles d'utilisation, de transformation et de rejet extrêmement différents (Perlès et Vaughan 1983). Ainsi est apparue la notion d'une gestion différentielle de l'outillage retouché, appuyée sur la nature (et sans doute les difficultés d'obtention) des matières premières sur lesquelles il était réalisé. Une telle notion n'a pu être testée que grâce aux études fonctionnelles microscopiques. C'est pourquoi elle ne pourra guère être introduite pour interpréter les chaînes opératoires du Paléolithique et du Mésolithique, où la fonction de l'outillage reste inconnue. Pour certaines catégories au moins d'outils néolithiques, il sera possible en revanche de démontrer une véritable économie de l'utilisation, étroitement dépendante de la rareté des matières premières sur lesquelles ils étaient manufacturés.

Il importe de rappeler en effet que ces notions d'économie des matières premières, du débitage et de l'outillage ne constituent qu'un cadre d'interprétation, c'est-à-dire des hypothèses visant à expliquer les phénomènes observés. Or la nature des données ne permet pas forcément d'aborder ce stade de la recherche, ou peut conduire au contraire à rejeter ces hypothèses. Selon les périodes étudiées, les stratégies concernant l'industrie lithique se sont en effet profondément transformées, soulevant un ultime problème d'interprétation : celui même du changement.

4.4 La nécessité d'expliquer le changement

Dès lors que les chaînes opératoires et les différentes stratégies qu'elles expriment sont conçues comme l'expression d'un système lithique, à la fois reflet de traditions culturelles et mode d'adaptation à l'environnement, on admet qu'il existe de nombreux facteurs potentiels de transformation dans l'industrie lithique : modification des besoins liée aux transformations de l'environnement ou de l'économie, innovations dans d'autres domaines technologiques, changement de contexte culturel, etc. Il s'ensuit que le changement ne peut être tenu comme ''allant de soi'', ni simplement ''expliqué'' par le fait que le temps s'écoule : il faut tenter d'en saisir les causes exactes, tenter de véritablement l'expliquer. C'est pourquoi je préfère éviter d'utiliser l'expression combien courante d' ''évolution'' des industries lithiques, expression dangereuse puisqu'elle porte bien souvent en elle-même une acceptation implicite du changement comme un phénomène ''naturel'' [14].

Or en dépit d'innombrables travaux consacrés à la mise en évidence de changements diachroniques dans des industries lithiques, il est difficile de trouver un cadre conceptuel satisfaisant pour aborder le problème de leur interprétation [15]. Si la plupart des travaux n'y font même pas allusion, ceux qui traitent effectivement de variabilité des industries lithiques s'intéressent le plus souvent à la variabilité synchronique (le célèbre débat entre L. Binford et F. Bordes en étant un excellent exemple). De plus, bien des recherches à ce sujet se contentent d'envisager un facteur de changement, et de montrer qu'il fournit une interprétation satisfaisante des phénomènes observés. Or il n'y a aucune raison de supposer *a priori* que toutes les transformations observées dans les industries lithiques de Franchthi trouvent leur origine dans un seul et même facteur de changement. C'est pourquoi j'ai été conduite à proposer un cadre d'interprétation des changements lithiques fondé sur la confrontation de plusieurs modèles envisageant diverses causes de changement, et des données de Franchthi. Ces causes renvoient aux besoins techniques auxquels répond l'industrie lithique, à l'accessibilité des ressources en matières premières, à la dynamique propre du système technologique et du sous-système lithique, au contexte culturel. Mais, dans la mesure où nous ne disposons pas encore de toutes les données nécessaires, et que la discrimination entre plusieurs modèles s'avère en soi très difficile, je ne pourrai aboutir qu'à suggérer quelques causes possibles pour chaque épisode de changement (cf. chapitre XIV).

5. Conclusion

Les paragraphes qui précèdent ont permis de préciser progressivement les postulats sur lesquels repose mon approche des industries lithiques, et les problèmes scientifiques qu'ils conduisent à aborder. Ces derniers peuvent être résumés de la façon suivante :

- Etablir la séquence chronologique des industries lithiques de Franchthi ; déterminer les phases de stabilité et les moments de changement dans un cadre chronologique précis. Cette séquence doit être établie de manière suffisamment explicite qu'elle puisse permettre des comparaisons précises et aisées avec les sites qui seront fouillés à l'avenir, tout en posant les conditions de validité de telles comparaisons.

- Définir, pour chaque phase mise en évidence, les caractéristiques du système lithique, en partant de la reconstitution des chaînes opératoires.

- Voir s'il est possible d'interpréter celles-ci en termes d'économie de l'industrie lithique, ou de l'une de ses trois composantes.

- Dégager, point par point, les éléments de ces chaînes opératoires qui manifestent des transformations à travers le temps.

- Analyser la structure de la variabilité diachronique ainsi mise en évidence, c'est-à-dire rechercher comment elle se manifeste au long des chaînes opératoires. Quels en sont les éléments stables, et les éléments susceptibles de variations ?

- Intégrer, pour chaque phase, le matériel lithique dans son contexte (vestiges archéologiques de nature autre, données sur l'économie et l'environnement), de manière à essayer de comprendre la place de l'industrie lithique dans le système adaptatif et culturel.

- Mettre en relation les transformations du système lithique et les autres données, afin de saisir des variations concomitantes, et rechercher des liens de causalité éventuels.

- Comparer les résultats et les interprétations proposées du matériel de Franchthi à ceux d'autres gisements helléniques pour lesquels on dispose de données. Etablir ce qui est commun et ce qui est propre à Franchthi, voir dans quelle mesure il est possible d'interpréter les différences observées.

Bien entendu, l'ensemble de ces problèmes ne constitue qu'un objectif, un but qui oriente nos recherches, sans que l'on puisse présumer l'atteindre. La problématique générale devra être adaptée à la nature des données dont on dispose dans le matériel étudié. Selon les périodes, en fonction de la quantité du matériel et des informations qu'il est susceptible de livrer, l'accent sera donc mis sur différents problèmes, même si le cadre général de l'approche reste identique.

J'accorderai par exemple beaucoup plus d'importance à l'interprétation des variations quantitatives dans les grandes classes technologiques au Paléolithique et au Mésolithique qu'au Néolithique, estimant que dans ce dernier cas, les chiffres absolus n'ont guère de sens (Perlès 1984*a*). Inversement, l'étude de l'exploitation des matières premières fera l'objet de plus longs développements au Néolithique que pour les périodes précédentes, car les matières premières y sont d'origine plus variée.

Dans l'ensemble d'ailleurs, l'axe principal de l'étude ne sera pas le même pour le Paléolithique et le Mésolithique d'une part, le Néolithique d'autre part, car la nature et le potentiel d'informations livrées par les échantillons de ces deux périodes ne sont pas comparables. Pour le Paléolithique et le Mésolithique, les échantillons de chaque phase lithique sont comparables en termes de représentativité et possibilités d'étude. La phase lithique constituera donc l'unité de base de l'étude, chaque phase faisant l'objet de comparaisons point par point avec celles qui précèdent et qui suivent pour aboutir à une tentative de synthèse des changements observés, appuyée sur l'ensemble des données de l'industrie lithique.

Au contraire, pour le Néolithique, le matériel des différentes tranchées et différentes phases n'est pas toujours directement comparable, que ce soit en termes quantitatifs ou qualitatifs. La reconstitution des chaînes opératoires pour chaque phase sera plus brève, et l'analyse diachronique portera surtout sur quelques éléments privilégiés : économie de la matière première, outils de travail des plantes, outils perforants, armatures, etc. Au Néolithique en effet, nous disposons, outre les données technologiques, de données fonctionnelles observables macroscopiquement, et que je n'ai pas voulu ignorer. La méthodologie de l'étude des industries néolithiques différera donc sur certains points de celle de l'étude des industries plus anciennes, différence que justifie, entre autres choses, la place nouvelle que tient

l'industrie lithique dans le système technologique (J. Cauvin 1983).

NOTES

[1] ''Traditional archaeological methodology has not developed this final link in scientific procedure (testing hypotheses). For this reason, reconstruction of lifeways has remained an art which could be evaluated only by judging the competence and honesty of the person offering the reconstruction'' (L. Binford 1968:14).

[2] ''L'idée qu'une problématique strictement définie doive précéder toute recherche, idée reçue s'il en fut actuellement, est d'autant plus étrange que notre époque a vu se multiplier partout dans le monde des opérations archéologiques très importantes, richement financées et qui ne succèdent à aucune problématique préalablement définie, du moins de façon précise'' (Courbin 1982:167).

[3] Voir discussion à ce sujet dans Courbin 1982:162-167.

[4] ''A cultural system is a set of constant or cyclically repetitive articulations between the social, technological, and ideological extrasomatic, adaptive means available to a human population'' (L. Binford 1972:136).

Ce qui explique pourquoi, dans cette optique, aucun domaine des activités humaines n'échappe, *a priori*, à l'investigation archéologique, même s'il ne s'inscrit pas directement dans des vestiges matériels : on peut envisager d'en retrouver les effets en étudiant un autre domaine, plus facilement accessible.

[5] Pour une exception notable, voir M.-C. Cauvin 1983.

[6] Matériel poli et matériel de broyage sont étudiés par S. Diamant.

[7] ''As the word implies, a cybernetic system, whether in the biological realms or in human organizations, involves a dynamic set of processes organized and internally directed towards certain goals or end states'' (Coming 1983:6).

[8] ''All types in a technological typology are mutually dependent: the first products removed from a core predetermine the nature of subsequent products, and so on'' (Clark et Lee 1982:5).

[9] En accord avec le résultat des expérimentations lithiques, et à la différence d'approches systémiques plus déterministes.

[10] ''Une certaine liberté de choix de l'Homme préhistorique me paraît indéniable. Son outillage ne peut être le reflet d'un comportement imposé par des niches écologiques que nous connaissons fort mal'' (Tixier 1978:6-7).

[11] Mais pas forcément des stratégies d'optimisation.

[12] Préhistoire et Technologie lithique, I, Valbonne 1979.

[13] Voir notamment les actes du colloque précité (Collectif 1980).

[14] Voir critiques en ce sens dans Sackett 1968 et S. Binford 1968.

[15] ''The interpretation of artefact data in terms of behaviour is much less advanced in comparison with faunal studies, partly because general concepts about the cause of artefact variability have been little developed, and partly because the middle-range theory that would allow the transformation of artefact variability into patterns of behaviour is still poorly understood'' (Bailey 1983*a*:8).

CHAPITRE III
Méthodologie

1. De l'étude de l'outil à la reconstitution des chaînes opératoires

L'étude des industries lithiques s'est longtemps limitée à celle des outils finis, dans tous les sens de ce terme : outil achevé, outil dans son dernier état de transformation, outil rejeté. Utilisé individuellement, comme "fossile directeur", ou intégré à un ensemble dans le cadre d'une liste typologique, l'outil est alors conçu primordialement comme un marqueur chronologique ou culturel, ce qui, dans les deux cas, revient à souligner sa valeur comme témoin culturel.

Trois ordres de critiques ont été adressés à cette approche :

- L'interprétation en termes exclusivement culturels des différences typologiques n'est pas satisfaisante : il faut envisager également des différences fonctionnelles. Relevant du cadre d'interprétation, ce point a déjà été soulevé, et nous n'y reviendrons pas.

- Elle n'est pas satisfaisante en termes de rigueur scientifique, car les listes typologiques manquent de cohérence interne. Ne souscrivant pas à cette critique, je développerai, au cours de ce chapitre, les arguments qui me conduisent à la rejeter.

- C'est une approche réductionniste : en ne considérant que l'outil fini d'une part, et en résumant celui-ci aux quelques caractères qui fondent la définition du type d'autre part, une grande quantité d'informations est perdue : choix de la matière première, choix du support, modalités de retouche, etc. *A fortiori* en est-il alors de même pour toutes les catégories du matériel lithique qui ne sont pas prises en compte : nucléus, pièces techniques, débitage, etc.

Pour répondre à cette dernière objection, une approche plus analytique s'est progressivement substituée à la précédente, de façon à mettre en évidence les choix techniques successifs depuis l'acquisition des matières premières jusqu'à l'outil rejeté. C'est ainsi, par exemple, que F. Bordes a défini un certain nombre d'indices techniques qui interviennent dans l'identification des faciès du Moustérien (Bordes 1950). Implicitement ou explicitement, cette approche admet que les contraintes techniques sont minimales, et que les options mises en évidence à chaque étape de la transformation des matières premières reflètent une intention du tailleur, laquelle est source potentielle d'informations culturelles. Dans une très large mesure, c'est l'optique qui prévaudra ici, dans les limites que nous avons indiquées dans le chapitre précédent.

Mais si l'on analyse les publications qui suivent cette démarche analytique, et elles sont de nos jours fort nombreuses, on s'aperçoit que, dans la grande majorité des cas, chaque étape de la chaîne de transformation est traitée comme une variable indépendante. Ceci se traduit dans les publications par la succession d'études concernant les matières premières, le débitage et l'outillage, sans renvois des uns aux autres, et traités comme si chacun, à soi seul, était signifiant. Les études comparatives répondent à la même conception : comparaison de pourcentages de classes de talons, pourcentages de lames et éclats, etc. Ainsi est accepté implicitement le postulat selon lequel le choix technique de l'artisan à chaque étape de son travail n'influence pas les étapes suivantes, et vice versa.

Sous sa forme la plus simple, l'approche analytique ne rend donc pas compte de la notion de chaîne opératoire, posée dans le chapitre précédent comme fondement de cette étude. Il convient, pour ce faire, de voir comment chaque étape de la chaîne de transformation peut être expliquée par le projet d'ensemble :

- Le choix des matières premières répond-il au besoin d'outils spécifiques ?

- Les techniques de débitage mises en oeuvre sont-elles propres à la matière première utilisée, ou à la nature des supports que l'on cherche à obtenir ?

- La production des supports est-elle elle-même régie par la nature de l'outillage retouché que l'on veut utiliser ?

- Dans quelle mesure techniques de retouche et de transformation dépendent-elles des matières premières et du type d'outil ?

De telles questions n'ont théoriquement de sens que dans un cadre temporel très restreint : la chaîne opératoire est avant tout l'intention d'un tailleur et la réponse à ses besoins. Mais, dans la mesure où il était impossible, à Franchthi, d'identifier des chaînes opératoires individuelles, nous admettrons que les chaînes opératoires se répètent de façon suffisamment homogène dans un cadre culturel donné pour pouvoir être appréhendées de manière plus globale, à travers l'ensemble du matériel produit par tous les tailleurs d'un groupe culturel donné.

Ceci suppose qu'avant d'étudier les chaînes opératoires, et, dans un second temps, de les comparer entre elles, nous ayions reconnu des "phases lithiques", homogènes, issues des activités d'un ou plusieurs groupes humains partageant les mêmes traditions techniques. Mon travail sur le matériel de Franchthi procède donc en deux étapes disjointes, de propos et de méthodes différents :

- une étape préalable, consistant à définir les phases lithiques,

- en second lieu l'étude proprement dite, phase par phase.

Or l'élaboration d'une méthode pour définir les phases lithiques a sans doute été le problème le plus difficile à résoudre dans l'étude de Franchthi. La suite de ce chapitre sera donc consacrée à la discussion de ce problème.

2. Un préalable : définir les phases lithiques

Le gisement de Franchthi présentait en effet une triple difficulté.

Il offre, en premier lieu, une séquence archéologique pratiquement continue : il n'y a pas de dépôts qui soient véritablement stériles du point de vue archéologique, permettant d'isoler des périodes d'occupation discrètes. En plus ou moins grande quantité, les vestiges archéologiques sont présents dans chacune des *units* de fouille. Il était donc impossible d'utiliser des discontinuités dans la répartition stratigraphique des vestiges pour définir des ensembles lithiques plus restreints chronologiquement que la séquence complète [1].

En second lieu, cette séquence archéologique continue a été subdivisée dans chaque tranchée en de nombreuses unités de fouille, les *units*, souvent trop pauvres en matériel lithique pour servir de base à l'étude : étudier les variations typologiques ou l'économie de l'industrie lithique sur un échantillon total de 30, ou même de 100 pièces, n'aurait eu strictement aucun sens ! Il fallait donc nécessairement procéder au regroupement du matériel de plusieurs *units* pour mettre en oeuvre la méthode d'approche préconisée.

Or il n'existe pas en Grèce de cadre de référence concernant l'industrie lithique, qui aurait permis de déterminer, par comparaison, quelles étaient les phases lithiques représentées à Franchthi. Nos connaissances en ce domaine pouvaient se résumer ainsi : à Asprochaliko, il y a des lamelles à bord abattu dans tout le Paléolithique supérieur, mais des microlithes géométriques seulement dans les ''niveaux supérieurs'' ; à Kastritsa en revanche, on trouve des niveaux à pointes à cran, mais sans microlithes (cf. chapitre XV). Quant au Mésolithique et au Néolithique, aucune séquence typologique n'en était connue.

Sur quelles bases, dans ces conditions, identifier des ensembles homogènes, définir changements et ruptures dans les industries de Franchthi ? Mes recherches bibliographiques n'ont apporté aucune réponse à ces questions, puisque les chercheurs disposent en général soit de phases d'occupation bien différenciées, soit d'un matériel suffisamment riche pour procéder directement à l'analyse niveau par niveau.

J'ai tenté alors de partir des phases que pouvaient suggérer d'autres catégories de vestiges dans le site de Franchthi, notamment la sédimentologie et la céramique. Mais, outre le fait que ces études n'étaient encore que préliminaires (la définition des phases changeant constamment), l'invalidité même de cette approche m'est heureusement apparue : il n'y avait aucune raison, *a priori*, pour que l'industrie lithique connaisse les mêmes phases de stabilité et les mêmes périodes de changement que la céramique ! Il n'y avait pas non plus de raison de supposer que l'industrie lithique est nécessairement homogène à travers un dépôt sédimentologique représentant une longue période de temps. L'expérience ultérieure a d'ailleurs parfaitement démontré que ce n'était pas le cas : au Paléolithique, il arrive que l'industrie lithique connaisse des transformations importantes sans que la nature des dépôts géologiques n'apparaisse différente ; au Néolithique, les phases lithiques et céramiques coïncident parfois, mais pas de manière systématique.

En fait, c'est en termes lithiques, et en termes lithiques seulement, que doivent être déterminées les phases lithiques. Les rapprochements avec les résultats obtenus sur d'autres catégories de vestiges sont une étape ultérieure du travail.

Encore faut-il définir ce que l'on entend par ''phase''. Pendant plusieurs années, j'ai considéré qu'une phase était l'ensemble des niveaux compris entre deux périodes de changement : la phase était alors définie par ses limites. En pratique, cela posait des problèmes énormes, car, quels que soient les critères de changement utilisés, il était rare que ce dernier survienne brutalement d'une *unit* à l'autre. Dans la plupart des cas, et c'est normal, les changements affectent en réalité plusieurs unités de fouille, et les limites de phase ne pouvaient être définies clairement. J'ai donc choisi de m'appuyer sur une définition inverse des phases : constitueront une phase lithique une série de *units* en continuité stratigraphique (horizontale et verticale) qui présentent des caractères lithiques homogènes [2]. Les *units* témoignant, le cas échéant, de caractères mixtes par rapport aux deux phases qui les encadrent seront considérées comme des ''interphases''. Chaque interphase devra alors être discutée individuellement quant à sa signification : période de transition, erreur de fouille ayant recoupé deux phases, niveaux contaminés, etc.

Cette définition des phases, qui rejoint d'ailleurs de très près celle qui avait été proposée par M.-L. Inizan et J. Tixier lorsqu'ils ont repris la fouille de Ksar'Aqil au Liban [3], fixe une contrainte majeure : la phase ne peut être définie qu'à partir d'une seule tranchée, pour que le principe de la continuité stratigraphique soit respecté. C'est ensuite, par comparaison, que des séquences d'autres tranchées pourront être rapportées à la même phase, ces comparaisons s'appuyant sur :

- l'analogie des caractères lithiques par rapport à ceux qui ont permis de définir la phase,

- l'analogie des autres catégories de données (sédimentologie, faune, flore, matériel archéologique, etc.). Ces dernières sont introduites pour étayer les corrélations proposées sur la base du lithique, et non pour les établir.

Cette conception des phases s'est avérée, dans la pratique, bien plus satisfaisante que la première, une fois établis ces fameux ''caractères homogènes'' qui en fondent la définition. Là encore, deux possibilités se présentaient :

1) La première consistait à s'appuyer sur les techniques de taille et de retouche pour définir les caractères de l'industrie et cerner les changements à cet égard. La difficulté de cette approche réside en ce que les changements techniques sont bien plus souvent d'ordre quantitatif que qualitatif. Or, pour traiter des variations quantitatives, il faut, à Franchthi, regrouper le matériel de plusieurs *units*, de manière à effacer les variations aléatoires dues à de trop faibles échantillons. On se retrouve donc au point de départ, puisqu'une base de regroupement valide est précisément

ce que l'on cherche ! Il faut en fait travailler sur des caractères qualitatifs, qui puissent être traités en présence/absence : nature des talons, par exemple. Mais il n'y a guère de variations techniques de cet ordre dans le Paléolithique et le Mésolithique de Franchthi ; seule la présence de lamelles torses ou celle de la technique du microburin sont pertinentes à cet égard. Les autres variations sont d'ordre strictement quantitatives. Il en est de même au Néolithique, où quelques caractères techniques seulement présentent une répartition discontinue dans le temps. Dans l'un et l'autre cas, des phases définies sur la présence ou l'absence de caractères techniques s'avéraient beaucoup trop vastes pour être vraiment utiles.

2) La seconde possibilité consistait donc à s'appuyer sur le matériel retouché, qui, quoique moins abondant que le débitage, se prête mieux à une analyse qualitative (en présence/absence), dès lors qu'il est rapporté à un certain nombre de "types". Une telle approche n'interdit pas d'ailleurs d'utiliser également les proportions entre différents types pour confirmer ou affiner les phases mises en évidence par la seule présence de … fossiles directeurs ! Je n'ignore pas combien une approche fondée sur la présence de fossiles directeurs peut paraître rétrograde, après qu'ait été amplement démontrée la pertinence des variations quantitatives de l'outillage retouché. Je n'aurai donc pour seule défense que de souligner à quel point nous sommes, effectivement, en Grèce, à un stade rétrograde de la recherche préhistorique : le problème consiste bien à construire un cadre chronologique élémentaire, comme l'ont fait il y a très longtemps en France l'abbé Breuil ou D. Peyrony. Toutefois, à la différence de ces premières études, la définition des phases chronologiques ne constitue ici que l'étape préliminaire de notre travail.

Mais même les types d'outils restaient à déterminer.

Les premières analyses que j'ai faites sur Franchthi, en 1972, étaient appuyées sur la liste typologique du Paléolithique supérieur créée par D. de Sonneville-Bordes et J. Perrot (1954-1956). Les phases ainsi mises en évidence (Perlès 1973) étaient assez grossières : les catégories typologiques offertes par cette liste rendent en fait mal compte des variations d'une industrie en fait très différente de celles du Paléolithique supérieur français. Les burins, par exemple, qui sont un des fondements de l'étude du Paléolithique supérieur français, sont quasiment absents à Franchthi. Les grattoirs, peu nombreux, se prêtent mal au détail des catégories typologiques proposées. A l'inverse, les éléments à bord abattu, extrêmement abondants dans le Paléolithique supérieur de Grèce, n'étaient pas suffisamment différenciés dans cette liste. C'est le problème, me semble-t-il, qu'ont rencontré les chercheurs qui ont repris l'étude et la publication des sites paléolithiques de l'Epire (Kastritsa et Asprochaliko) : en utilisant comme base de leur étude des groupes typologiques issus de cette liste, ils ne mettent pratiquement pas en évidence de changements dans l'industrie lithique à travers plus de quinze millénaires (Bailey *et al.* 1983b). Si l'on analyse les outils par groupe, on aboutit d'ailleurs à un résultat analogue à Franchthi : seule la phase la plus ancienne se distingue franchement, par sa structure d'ensemble, des autres phases paléolithiques (fig. 12).

A certains égards, les listes typologiques proposées pour le Proche-Orient (Hours *et al.* 1973) ou l'Afrique du Nord (Tixier 1963) auraient pu paraître plus appropriées. Mais les utiliser reviendrait à admettre également une parenté entre les industries grecques et celles de ces régions, parenté que rien n'autorise à supposer *a priori*.

Pour rendre compte des changements dans le matériel de Franchthi sans introduire de biais de cette nature, il était donc nécessaire de créer une typologie directement issue de ce matériel et capable d'en saisir les caractères spécifiques [4].

3. Construction de la typologie

Le titre de cette section indique d'emblée que je me situe dans le cadre des "typologies construites" (Gardin 1979:115) et non des typologies "découvertes" (Bordes 1961:1 ; Spaulding 1953) : je ne considère pas que les "types" existent intrinsèquement dans le matériel, mais qu'ils sont, au contraire, définis par le chercheur.

J'entends en effet par typologie un instrument heuristique, créé afin de résoudre des problèmes spécifiques. Dans le cas qui nous occupe, le problème posé est celui de la mise en évidence de changements diachroniques. Il nous faut donc créer une typologie *chronologique*, appuyée sur les caractéristiques de l'outillage qui sont discriminantes à cet égard. Aussi, cette typologie chronologique ne recouvrira-t-elle pas nécessairement des typologies construites pour résoudre des problèmes différents : comparaison entre sites contemporains, structure fonctionnelle de l'outillage, etc.

La recherche des caractères pertinents du point de vue de la variabilité diachronique s'appuiera sur une analyse préalable du matériel reposant sur des classifications. Contrairement à d'autres chercheurs, je n'estime pas, en effet, que typologies et classifications doivent être confondues en une même opération [5]. Les classes sont, par définition, *mutuellement exclusives*. A l'inverse, la recherche de caractères discriminants du point de vue chronologique (ou autre) dans la constitution des types conduit à hiérarchiser les caractères d'une pièce. De ce fait, dans une typologie, l'industrie est répartie en ensembles (les types) qui *ne sont plus mutuellement exclusifs*. C'est un cas fréquent dans les typologies classiques : prenons comme exemple les types "grattoir caréné" et "grattoir sur éclat retouché". En présence d'un grattoir caréné sur éclat retouché, on privilégiera le caractère "caréné" pour l'attribution typologique. Mais il s'agit pourtant, aussi, d'un grattoir sur éclat retouché. Les deux types ne sont donc pas mutuellement exclusifs, et les caractères ont été implicitement hiérarchisés (de même, un "grattoir sur éclat retouché" peut être également "court", etc.).

Si je reprends à mon compte cette hiérarchisation des caractères dans la typologie en fonction du problème à résoudre, les modalités d'élaboration de la typologie de Franchthi diffèrent de celles des typologies classiques. Il convient donc d'expliciter ces démarches classificatoire et typologique.

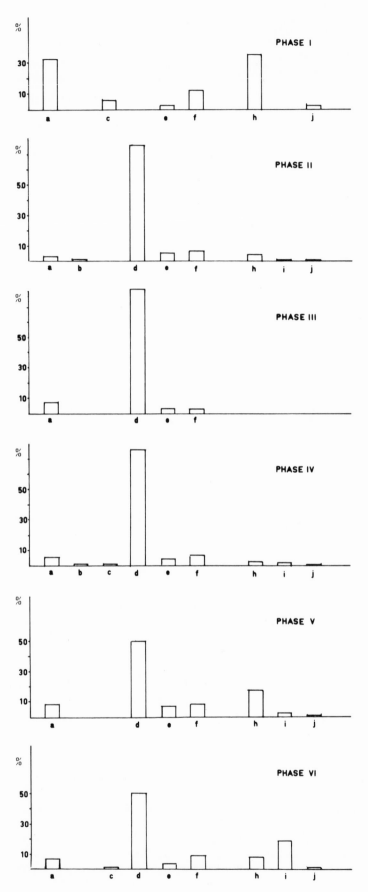

Figure 12 : Proportion des groupes d'outils dans le Paléolithique de Franchthi, d'après la liste typologique du Paléolithique supérieur français. Les pourcentages ont été calculés sans les microburins, et les outils composites omis en raison de leur absence.

a : grattoirs
b : burins
c : becs et perçoirs
d : outillage à bord
    abattu
e : pièces tronquées
f : retouches latérales
g : outils solutréens
h : coches et denticulés
i : microlithes
    géométriques
j : divers

3.1. Les classifications

Nous entendrons ici par classifications les diverses opérations permettant de répartir les individus étudiés en classes, en fonction de propriétés *intrinsèques* de ceux-ci. L'ensemble des classifications permet de décrire, ou d'exprimer de manière quantifiée la structure de ce matériel (Watson *et al.* 1971:125).

Si l'on distribue le matériel en classes sur la base d'une ou deux variables simultanément (la longueur, la longueur et la largeur, le module et le talon, par exemple), on aboutit à des classifications au sens strict, ou "partitions" : tous les individus de l'ensemble étudié peuvent être assignés à une classe et une seule ; tous les individus d'une classe sont identiques au regard des critères qui définissent la classe [6]. Nous utiliserons, au cours de ce travail, plusieurs modes de partition : partitions selon des échelles nominales, ordinales ou d'intervalles [7].

En revanche, que les limites de classes soient artificielles (définies arbitrairement à l'avance), ou naturelles (reflétant des discontinuités effectives dans la distribution des valeurs), ne change rien au principe de la partition. En théorie, des classes naturelles sont plus satisfaisantes, car elles fournissent une meilleure description de la structure du matériel. En pratique toutefois, à des fins de comparaisons systématiques (de phase à phase notamment), il est souvent plus simple d'utiliser des classes artificielles dont les limites sont alors identiques pour chaque ensemble étudié.

L'analyse du matériel à partir de partitions simples sera donc la première étape de notre étude, à la fois comme base descriptive pour l'étude de chaque phase, mais aussi, au préalable, pour tester l'intérêt chronologique des variables observées.

Toutefois, la mise en évidence de structures stables dans le matériel impose souvent que l'on fasse appel à des regroupements en classes complexes, définies non plus à partir d'une ou deux variables, mais de plusieurs variables, voire même de l'ensemble des variables utilisées dans l'analyse de chaque pièce. Il devient impossible alors de se plier aux règles des partitions : dans des industries où chaque pièce est individuellement manufacturée, chaque pièce est différente des autres, et constitue, à la limite, une classe à elle seule. Même sans en arriver jusque-là, si l'on prend en compte simultanément huit ou dix variables, le nombre de classes potentielles est extrêmement élevé, et le nombre de pièces, dans chaque classe effectivement représentée, devient trop faible pour être utile. En d'autres termes, une partition selon un nombre élevé de critères aboutirait à faire éclater le matériel en un très grand nombre de classes, ce qui serait contraire au but recherché : la structure d'ensemble du matériel ne pourrait pas être mise en évidence.

Aussi a-t-on recours, dans ces cas-là, à des classifications dans un sens plus large, où ne figure plus l'exigence que toutes les pièces d'une même classe soient strictement identiques selon les critères de définition de la classe : on se contente de regrouper les pièces présentant un maximum de valeurs identiques pour les variables considérées. Ces classifications complexes sont difficilement réalisables sans l'aide d'un ordinateur, et les difficultés d'accès à des machines suffisamment puissantes m'ont conduite à limiter les tentatives de cet ordre aux groupes d'outils dont j'estimais

la structure trop complexe pour être correctement mise en évidence par des partitions simples : lamelles à bord abattu du Paléolithique, armatures perçantes et lames lustrées du Néolithique [8].

Toutefois, l'intérêt heuristique des classifications dépend, dans une large mesure, du choix des variables émanant du chercheur lui-même. Or, pour décrire un objet ou une industrie, le nombre de variables envisageables est théoriquement illimité. Un choix s'impose, il n'y a pas d' "objectivité" concevable. Pour l'étude du matériel de Franchthi, le choix des variables [9] a été dicté par deux considérations contradictoires :

1) Compenser le fait que nos échantillons ne nous permettent guère de travailler de façon quantitative, en utilisant au maximum des variables qualitatives. En d'autres termes, relever, pour chaque pièce, un maximum d'informations sur les techniques de fabrication et de retouche, sur la morphologie, etc. Ce système a en outre l'avantage de permettre d'inclure dans certaines analyses des pièces fragmentaires.

2) Limiter toutefois le nombre de variables étudiées, dans la mesure, notamment, où mon temps de travail sur le matériel lui-même ne pouvait être aisément allongé, et où je savais ne pas disposer d'ordinateur pour traiter de l'ensemble du matériel.

Dans ces conditions, j'ai limité le nombre de variables étudiées à celles dont j'estimai, *a priori*, qu'elles permettaient de répondre directement aux problèmes posés en préalable de l'étude. Ce choix s'appuyait donc sur une expérience personnelle, qui s'est avérée satisfaisante dans l'ensemble, à quelques exceptions près. A l'inverse, certains chercheurs intéressés par des questions que je n'ai pas soulevées risquent de ne pas trouver d'éléments de réponse à celles-ci : macrotraces d'utilisation, détail des fractures, détail des variations de matières premières, pour n'en citer que quelques exemples.

Telles sont les limites dans lesquelles se situera l'étude descriptive et l'analyse des structures du matériel dans chaque phase. Mais toutes les classifications n'aboutiront pas à mettre en évidence de structure intéressante [10]. *A fortiori* est-ce le cas lorsque l'on cherche, plus précisément, à mettre en évidence les transformations de ces structures à travers le temps. C'est là qu'intervient la typologie, outil de travail plus approprié à résoudre ce dernier problème.

3.2. La typologie

En effet, la typologie sera ici conçue comme un instrument de travail créé par le chercheur, en sélectionnant les caractères qui permettent de répondre au problème posé au préalable. On peut, bien sûr, utiliser directement les classifications pour chercher des variations chronologiques, et c'est pratique courante : mais pourquoi s'embarrasser, dans des opérations qui risquent d'être très lourdes, de toutes les variables qui ont été choisies pour décrire le matériel, alors que certaines d'entre elles ne présentent aucune variation chronologique (ou autre, si la typologie a une autre finalité) ? Pourquoi prendre en compte des variables dont la distribution chronologique est aléatoire ? Autant elles me paraissent utiles dans les classifications, puisqu'elles décrivent effectivement le matériel, autant il me semble utile d'alléger la construction typologique en sélectionnant les caractères qui répondent directement au problème soulevé [11].

C'est pourquoi, je définirai dans ce travail comme ''types chronologiques'', les ensembles de pièces possédant un caractère ou une combinaison de caractères qui se révèlent être, à l'analyse diachronique (appuyée sur la stratigraphie), pertinents du point de vue chronologique, et ce, quelle que soit la nature de ce caractère (tantôt l'angle des retouches, tantôt la latéralisation, tantôt la forme, etc.). En pratique, les tableaux analytiques regroupant toutes les partitions techniques et morphologiques pour chaque groupe d'outils ont été ordonnés *unit* par *unit*, selon l'axe stratigraphique, de manière à rechercher pour chaque variable et combinaison de variables l'existence ou non de changements diachroniques.

Cependant, n'ont pas été considérées comme ''types chronologiques'' absolument toutes les variables ou combinaisons de variables qui présentaient une répartition stratigraphique discontinue :

- Il fallait que cette répartition soit discontinue, mais aussi séquentielle : les caractères qui présentaient une répartition discontinue mais sporadique, occasionnelle, n'ont pas été érigés en types.

- Il fallait en outre que le nombre de pièces concernées ne soit pas trop petit, et la répartition stratigraphique trop limitée.

En effet, il est toujours possible, sur un effectif restreint notamment, que les discontinuités observées soient un effet du hasard. C'est pourquoi, j'ai, dans tous les cas, effectué des tests statistiques pour calculer la probabilité d'obtenir la distribution observée par une répartition aléatoire, due au hasard ; je n'ai conservé comme types chronologiques que les caractères pour lesquels cette hypothèse pouvait être rejetée au seuil de 0.05 (soit une probabilité inférieure à 5% que la répartition soit due au hasard).

En conséquence, certaines combinaisons de caractères, de répartition très concentrée mais sur des effectifs très restreints, n'ont pu être démontrées comme significatives du point de vue chronologique. Mais leur élimination est due à des règles statistiques : il reste possible qu'elles soient archéologiquement significatives, même si cela ne peut être démontré statistiquement. Si de telles combinaisons de caractères s'avèrent par la suite avoir une distribution chronologique limitée à une ou deux phases lithiques, elles pourront servir, le cas échéant, à préciser les caractéristiques de ces phases, à défaut d'avoir servi à les définir. Le cas sera en fait fréquent : il y a donc certainement en fait plus de types chronologiques que je n'en ai utilisés pour la définition des phases, mais j'ai préféré établir une liste par défaut plutôt que par excès. La perte d'informations est de toute façon minime, puisque l'on retrouvera ces pièces dans la description du matériel de la phase concernée [12].

La typologie chronologique ainsi élaborée présente certaines caractéristiques qu'il importe d'avoir présentes à l'esprit :

1) C'est une typologie chronologique ''minimale''. Toutes les combinaisons de variables n'ont pas pu être testées.

2) C'est une typologie construite pour résoudre un problème propre au site de Franchthi. Sa valeur heuristique dans d'autres sites de Grèce reste à démontrer (et elle ne serait, de toute façon, que partielle : il y manque, en effet, les types chronologiques caractéristiques de périodes non représentées dans notre séquence).

3) C'est une typologie résolument orientée, puisque, dans la construction des types, j'ai choisi de privilégier les caractères qui me paraissaient les plus à même de répondre à la question posée.

4) A l'inverse, c'est une typologie relativement objective, puisque la validité des types en regard du problème posé, c'est-à-dire la discrimination chronologique, a été à chaque fois vérifiée sur les plans archéologique et statistique.

5) C'est une typologie qui admet la notion d' ''atypique'', dès lors que le type est défini à partir d'une combinaison complexe d'attributs : est ''atypique'' une pièce qui présente plus de caractères en commun avec la classe qui définit le type qu'avec toute autre, mais n'en partage pas l'ensemble des caractères.

Une pièce est donc atypique par rapport au système de référence construit pour analyser le matériel, c'est-à-dire par rapport au système de référence du préhistorien. Cela ne préjuge en rien de son caractère atypique par rapport au système de référence du préhistorique.

A ce titre, la proportion de pièces atypiques dans une typologie ainsi construite doit permettre de juger de la valeur heuristique du système créé. Une typologie qui admettrait trop de pièces atypiques est sans doute un système mal adapté au matériel étudié [13].

6) Enfin, c'est une typologie, qui, à la différence des classifications sur lesquelles elle s'appuie, n'a aucune cohérence interne : on trouvera comme ''types'' aussi bien des groupes d'outils (par exemple, les denticulés au Paléolithique), que des classes morphométriques (dans les grattoirs paléolithiques, les armatures tranchantes néolithiques, etc.), ou des classes purement techniques (dans les grattoirs ou les outils perforants des diverses périodes, par exemple).

Le caractère apparemment incohérent d'une telle typologie découle en fait logiquement de sa fonction et de la conception de l'industrie lithique qui a été posée comme postulat : cette typologie cherche à mettre en évidence le changement, et l'industrie lithique, sous-système de la technologie, est susceptible de se transformer sous l'effet de causes très variées, tant externes au système qu'internes à celui-ci. En conséquence, selon les facteurs de changement, les effets sur l'industrie lithique seront variés. Et, pour peu que les causes de changement diffèrent d'une phase à l'autre, il n'y a aucune cohérence à attendre de la typologie qui exprime ces transformations.

On retrouve là, comme je l'ai déjà signalé, un trait fréquent des typologies classiques. La typologie que je propose s'en éloigne néanmoins sur deux plans au moins : elle est, en premier lieu, orientée vers la solution d'un problème unique et posé en préalable à son élaboration. En second lieu, elle ignore, en raison des procédés mêmes d'élaboration, le véritable ''fossile directeur'', dans le sens d'une pièce qui, même unique, suffit à caractériser chronologiquement un ensemble lithique.

Une fois établie la liste des types chronologiques pour chaque grande période de la séquence de Franchthi (Paléolithique, Mésolithique, Néolithique), il devient possible de revenir au problème initial, la mise en évidence des phases lithiques. Les distributions stratigraphiques de chaque type chronologique ont été établies pour chacune des séquences dont nous disposons, puis regroupées en un tableau général comprenant l'ensemble des types. Les matrices obtenues ont ensuite été réorganisées manuellement, en intervertissant les types (puisque leur ordre est aléatoire), de manière à obtenir une matrice diagonalisée selon l'axe chronologique (apparition et disparition successive des différents types) : voir tableaux XXIII à XXV.

Lorsque je disposais de deux séquences raccordables stratigraphiquement (H1-A et H1-B, par exemple), elles ont été regroupées pour vérifier les divisions proposées sur chacune d'entre elles. Comme nous l'avons indiqué précédemment, ont alors été définies comme phases lithiques les séquences de *units* présentant des caractères homogènes, c'est-à-dire les mêmes types chronologiques.

Ces phases ont donc été définies essentiellement sur la base de la présence ou de l'absence répétée de types chronologiques et non sur la base de la fréquence des types dans chaque phase. Le degré de résolution chronologique ainsi obtenu est assurément moindre que si l'on avait pu utiliser la fréquence relative des types : mais seul le groupe des lamelles à bord abattu, au Paléolithique, a livré des échantillons suffisamment importants pour que cette approche ait pu être envisagée. Le cadre chronologique obtenu est donc encore relativement grossier, et seules des fouilles à venir permettront de l'affiner. L'importance de l'échantillon détermine en effet à la fois le degré de finesse que l'on peut atteindre dans la constitution des types chronologiques, et la nature du traitement que l'on peut ensuite leur appliquer. Importance quantitative de l'échantillon et degré de résolution chronologique sont donc doublement liés.

Je ne peux qu'espérer, toutefois, que ces phases sont néanmoins suffisamment fines pour justifier d'être considérées comme homogènes du point de vue des traditions techniques, et, plus généralement parlant, du point du vue culturel. Toute la suite de l'étude dépend en effet de ceci : validité de la reconstitution des chaînes opératoires, validité de l'interprétation en termes d'économie de l'industrie lithique, validité des comparaisons entre les industries des différentes phases.

NOTES

[1] Ce qui est vrai pour le lithique l'est aussi, bien évidemment, pour toutes les autres catégories de vestiges archéologiques, et chacun des spécialistes s'est trouvé confronté au même problème. Mais les solutions apportées sont susceptibles de différer selon les rapports, en fonction de la problématique de chacun et de la nature du matériel étudié.

[2] Approche qui rejoint celle mise en oeuvre pour l'étude de la faune : voir Payne 1975, par exemple.

[3] "Il nous est apparu que plusieurs ensembles lithiques […] étaient extrêmement voisins par les fréquences des groupes et des types et par la présence de types de débitage ou de types d'outils caractéristiques […] et qu'ils occupaient une place bien définie dans la stratigraphie. Nous avons alors parlé de phases" (Tixier et Inizan 1981:357).

[4] En réalité, pour que cette typologie ne soit point trop lourde, j'ai traité séparément le matériel des trois grandes périodes représentées à Franchthi : Paléolithique, Mésolithique et Néolithique.

[5] Parmi les chercheurs qui assimilent implicitement typologie et classification, on peut citer D. L. Clarke : "As a tentative attempt along these lines, it may be suggested that an artefact-type is an homogeneous population of artefacts which share a consistently recurrent range of attribute states within a given polythetic set" (Clarke 1978:208-209). La plupart des auteurs de l'ouvrage *Essays on Archaeological Typology* ont une position analogue, bien qu'ils divergent sur les modalités de construction de ces classifications/typologies (Whallon et Brown 1982).

[6] "Classe : ensemble d'objets définis par le fait qu'ils possèdent tous et possèdent seuls un ou plusieurs caractères communs" (Lalande 1947:140).

[7] Dans les partitions selon des échelles nominales, les critères de définition des classes sont d'ordre qualitatif, et leur ordre indifférent (talons lisses, dièdres ou corticaux, retouche directe, inverse ou croisée, etc.).

Dans les partitions selon des échelles ordinales (plus grand que, plus petit que, partiellement cortical ou complètement cortical, etc.), l'ordre des classes est déterminant, mais la distance entre chaque classe n'est pas spécifiée. Ces partitions ordinales seront peu utilisées dans cette étude.

Dans les partitions selon des échelles d'intervalle (0-1cm, 1.1-2cm, 2.1-3cm, etc.), l'ordre des classes est déterminant, et la distance entre chacune d'entre elles connue.

Il importe de distinguer ces trois modes de partition, puisque les tests statistiques utilisables pour procéder à des inférences à partir des échantillons ainsi traités ne sont pas toujours les mêmes (cf. Siegel 1956:22-30).

[8] L'analyse des lamelles et des armatures a pu être faite grâce à la collaboration de D. Ambroise (Paris VI), celle des lames lustrées de J.-P. Decaestecker (Paris X). Je les en remercie vivement.

[9] Le détail de ces variables sera exposé dans les chapitres suivants.

[10] Toutes ces classifications ont pour but de mettre en évidence les structures dans le matériel, telles les relations existant entre différentes modalités d'une même variable ou de plusieurs variables considérées simultanément. Mais ce but n'est pas toujours atteint ; considérons par exemple une partition sur une variable qui donnerait les résultats suivants :

Modalités de la variable x	A	B	C	D	E	F
Nombre d'individus	18	16	19	17	15	16

ou bien une partition selon deux variables, de ce genre :

Variable A	A1	A2
Variable B		
B1	10	8
B2	9	11

Aucune structure particulière n'est mise en évidence (les distributions pourraient aussi bien relever du hasard), et il n'y a, dans le second exemple, manifestement pas de relation privilégiée entre les modalités des variables prises deux à deux. Toutefois, et je crois qu'il faut insister là-dessus puisque c'est la caractéristique même d'une classification par opposition à une typologie, même si ces partitions ne sont guère heuristiques, elles n'en sont pas moins une description fidèle de la manière dont se répartit le matériel en fonction des variables considérées. La classification est toujours un certain reflet de la réalité, même si celle-ci, en l'occurrence, ne nous apprend rien d'intéressant à un moment donné de l'analyse. Une fois définies les variables, la distribution observée est indépendante de l'observateur, et fondée uniquement sur des propriétés intrinsèques du matériel (Gardin 1979:116). C'est pourquoi les classifications sont le fondement privilégié de la description du matériel et des comparaisons avec d'autres séries.

[11] "[…] il apparaît clairement que le propre des constructions typologiques est qu'elles font appel, dans la présentation classificatoire des matériaux, à des attributs - ou plus précisément des attributions - qui ne font pas partie de la représentation initiale (par exemple le Temps, le Lieu ou la Fonction)" (Gardin 1979:119).

[12] Ce dernier point touche aux limites mêmes de la méthode utilisée pour élaborer la typologie de Franchthi. Le problème majeur, en effet, était l'impossibilité pratique de traiter l'ensemble des données sur ordinateur. De ce fait, je n'ai pas pu tester la valeur chronologique de toutes les combinaisons de variables prises 2 à 2, 3 à 3, etc. Ceci aurait peut-être permis de raffiner la typologie, en subdivisant certains types, mais de façon limitée seulement : pour qu'une combinaison présente une distribution significative du point de vue chronologique il faut déjà qu'une des variables, considérée individuellement, présente elle-même une telle distribution (Spaulding 1953). Or celle-ci aura de toute façon été repérée dans l'analyse individuelle des variables.

[13] Reproche que l'on peut sans doute faire par exemple à ma typologie des grattoirs paléolithiques. C'est que je n'en ai pas alors trouvé de plus opérante.

CHAPITRE IV
Techniques d'études
Procédures classiques et particularités

Les modalités de prise de données sur notre matériel sont classiques, et ne seront donc que brièvement évoquées. En revanche, lors de l'exploitation de ces données, la nature des fouilles de Franchthi a soulevé des problèmes plus originaux, dont nous traiterons par la suite.

1. Phase descriptive

1.1. Tri du matériel

La difficulté majeure rencontrée dans l'étude du matériel, et qui explique quelques différences par rapport aux procédures classiques, est la très mauvaise qualité de la plupart des matières premières locales. Celles-ci ont été en effet déformées et clivées sous l'effet des mouvements tectoniques, et les blocs de matière première sont très souvent diaclasés ou fissurés. Il en résulte que, sous l'effet de la percussion, une partie du bloc peut éclater selon des plans de clivage naturels et ne porte pas alors de stigmates de taille intentionnelle. Les débris obtenus ainsi sont indiscernables de débris purement accidentels, non liés au débitage : petits blocs ramassés tels quels, blocs cassés au cours d'autres activités, blocs éclatés sous l'effet d'une chauffe modérée. Les ''débris'' lithiques sont donc pour partie témoins des activités de taille, pour partie d'autres activités.

Par ailleurs, la structure de ces matières premières est souvent hétérogène ; sur quelques centimètres, la texture ou la composition chimique peuvent varier considérablement (il y a des éclats qui réagissent violemment à l'acide chlorhydrique à une extrémité, et pas du tout à l'autre). Cette hétérogénéité physique et chimique entraîne souvent une mauvaise réaction à la taille : les ondes diffusent mal, rejoignent souvent des plans de clivage naturels, les bulbes de percussion sont mal développés. En conséquence, il est souvent très difficile de reconnaître les stigmates de taille intentionnelle sur une pièce, surtout si l'on est habitué à travailler sur des silex de bonne qualité. Progressivement, l'oeil se fait à de telles matières premières, et l'on reconnaît plus aisément les stigmates de taille, même s'ils sont fort différents du modèle classique ! Cette accoutumance progressive est certes un bien en soi, mais elle a l'inconvénient de rendre peu fiables les décomptes effectués

dans les premières années. La reprise de séries déjà triées m'a effectivement montré qu'un nombre non négligeable d'éclats n'avaient pas été identifiés comme tels, ou que certains nucléus avaient été classés comme débris. C'est ce qui m'a conduite à distinguer un ''tri préliminaire'' et un ''tri définitif'', et les traiter de manière différente.

1.1.1. Le tri préliminaire

Le tri préliminaire, effectué sur la totalité des *units* étudiées visait d'une part à reconnaître les pièces retouchées, d'autre part à obtenir un décompte global des grandes catégories technologiques.

Une grande attention a porté sur le premier point, puisqu'il s'agissait, à cet égard, du seul tri que j'envisageais de faire, le matériel retouché étant étudié au fur et à mesure. Force est de reconnaître qu'en dépit du soin apporté à ce tri, certaines pièces retouchées m'ont échappé. Lorsque j'ai repris l'étude de certaines *units*, soit pour des vérifications, soit pour l'étude technologique approfondie, j'ai effectivement retrouvé des pièces retouchées. Les conditions d'éclairage, toujours mauvaises, parfois même très mauvaises certaines années (selon l'endroit où je pouvais travailler dans l' ''apotheke'' du Musée) en sont certainement en partie responsables de même que la fatigue au long de journées d'études qui dépassaient souvent dix heures. D'après les sondages que j'ai pu faire, en reprenant donc certaines *units*, je ne pense pas que ces défauts dans le tri du matériel retouché introduisent de facteurs de distortion importants : les pièces recouvrées lors d'un second tri correspondaient toujours à des classes déjà reconnues dans le matériel de cette phase.

Le décompte des grandes catégories technologiques a été effectué selon les catégories détaillées dans le tableau III. Il a été plus rapide, à la fois parce que cela correspondait à l'orientation initiale de mon étude (plus orientée vers le matériel retouché les premières années) mais aussi parce qu'il eût été impossible de faire autrement dans le temps dont je pouvais disposer. En conséquence, ce tri préliminaire est entaché d'un certain nombre d'erreurs, qui me paraissent devoir être soulignées :

- Comme je l'ai déjà indiqué, l'accoutumance progressive au matériel a entraîné une meilleure reconnaissance des éclats et nucléus en matières premières locales, sans qu'il

GRAVIERS   : petits éléments naturels, souvent roulés. Ils n'ont
              pas été décomptés de façon systématique (et leur pré-
              sence dans le matériel lithique taillé est sans doute
              due à des facteurs aléatoires).

DEBRIS DE CALCAIRE INFERIEURS A 1cm : fragments de calcaire ne por-
              tant pas traces de travail intentionnel. Sans doute en
              grande partie liés à des combustions de faible intensité.

DEBRIS DE CALCAIRE SUPERIEURS A 1cm : mêmes remarques, aux dimensions
              près.

DEBRIS DE SILEX INFERIEURS A 1cm : silex pris ici dans un sens très
              large, et inexact ; ce terme regroupera ici toutes les
              roches siliceuses ou considérées comme telles. Les débris
              proviennent soit de la combustion, soit de l'éclatement
              des blocs par divers facteurs.

DEBRIS DE SILEX SUPERIEURS A 1cm : mêmes remarques que précédemment,
              à la dimension près.

NUCLEUS ET FRAGMENTS : tous blocs de matières premières présentant
              des traces de percussion intentionnelle.

ECLATS DE SILEX INFERIEURS A 1cm : petits éclats, fragments d'éclats
              et esquilles, présentant des stigmates de taille inten-
              tionnelle. Silex pris au sens large. Les esquilles pro-
              venant du tamis de 2.8 à 5mm n'ont pas été décomptées de
              façon systématique : la limite inférieure du décompte
              systématique est donc en pratique de 5mm.

ECLATS DE SILEX SUPERIEURS A 1cm : éclats et fragments d'éclats de
              plus grande dimension portant des stigmates de taille
              intentionnelle.

LAMES :   produits de débitage dont la largeur est supérieure à 1.1cm
              et la longueur au moins égale au double de la largeur.
              Le seuil arbitraire de 1.1cm a été utilisé dans les décomp-
              tes uniquement et non dans l'étude technologique.

LAMELLES :   produits de débitage dont la largeur est inférieure à
              1.1cm, et la longueur au moins égale au double de la lar-
              geur. Le seuil arbitraire de 1.1cm n'a été utilisé que
              dans les décomptes. Comme pour les lames, le parallélis-
              me des bords et des nervures a servi à déterminer les frag-
              ments.

ECLATS DE CALCAIRE INFERIEURS A 1cm : petits éclats et fragments por-
              tant des stigmates de débitage intentionnel.

ECLATS DE CALCAIRE SUPERIEURS A 1cm : même définition, à la dimension
              près.

ECLATS DE REDEBITAGE (Néolithique uniquement) : éclats ou esquilles
              provenant du redébitage d'une lame ou d'un éclat.

LAMELLES DE REDEBITAGE (Néolithique uniquement) : même définition, à
              la morphologie près.

PIECES RETOUCHEES : matériel portant des traces de retouche interpré-
              tée comme retouche intentionnelle (ceci exclut la retou-
              che d'utilisation).

Tableau III : Définition des classes utilisées dans les tris technologiques.

ait été possible de reprendre l'ensemble des décomptes anciens.

- La limite de 1cm, fixée pour les deux classes d'éclats et de débris, n'était pas mesurée mais évaluée à l'oeil. J'ai pu constater des dérives autour de cette valeur selon la dimension moyenne du matériel en cours de tri (de 0.9 à 1.2cm environ).

- De plus, la classe des éclats de longueur inférieure à 1cm comprend, et c'est une erreur, aussi bien de petits éclats ou esquilles intacts que des fragments.

- Enfin, les classes concernant le matériel en calcaire posent un double problème. D'une part, le calcaire aisément reconnaissable comme tel n'a pas été systématiquement inclu dans le matériel lithique lors du tri des résidus : il a parfois été traité (à tort ou à raison) comme "matériel lithique taillé", parfois comme "vestige géologique". L'échantillon de calcaire taillé dont nous disposons n'est donc pas très fiable.

Par ailleurs, j'ai moi-même commis plusieurs erreurs concernant ce matériel : dans les décomptes, je n'ai pas distingué le calcaire analogue à celui de la roche encaissante des autres variétés de calcaire, n'ayant pas immédiatement pris conscience du fait que l'interprétation de ces deux catégories en termes d'exploitation des matières premières ne pouvait être identique. De plus, je n'ai pas reconnu, pendant longtemps, la nature calcaire de blocs ou d'éclats de couleur foncée, qui sont en fait des calcaires à forte teneur en manganèse et très altérés, et qui proviennent des ophiolites. Cette dernière erreur est sans doute la moins grave, dans la mesure où la présence de calcaire de cette nature dans le débitage relève de la même exploitation des matières premières que celle des autres roches ophiolitiques avec lesquelles ils ont été confondus.

C'est pour l'ensemble de ces raisons que ces tris préliminaires ne sont qu'approximatifs, et que j'ai préféré ne pas les publier tels quels : la précision des chiffres n'aurait pas été en relation avec la précision du tri lui-même. C'est pourquoi je fournirai, pour chaque *unit* étudiée, non pas un décompte du matériel, mais un tableau où chaque classe technologique sera représentée par une fourchette quantitative : moins de 10 pièces, 10 à 19 pièces, 20 à 49, 50 à 99, plus de 100 pièces. Pour que l'on puisse quand même se faire une idée de l'abondance globale du matériel, je donnerai en outre le total minimal du nombre de pièces assurément travaillées, fondé sur ce tri préliminaire. C'est un chiffre qui, pour les raisons précédemment exposées, est dans l'ensemble inférieur à la réalité.

Toutefois, l'exigence d'une étude technologique plus approfondie, permettant de resituer l'outillage retouché dans l'ensemble des chaînes opératoires, m'a conduite à reprendre le tri et l'étude technologique d'un certain nombre d'ensembles.

1.1.2. Tri définitif

Pour des questions de temps, ce tri définitif ne pouvait en effet porter que sur un nombre plus restreint de *units*. Le choix de ces ensembles de référence a été effectué de manière différente pour le Paléolithique et le Mésolithique d'une part, le Néolithique d'autre part.

En ce qui concerne la première période, où les *units* sont dans l'ensemble assez riches en débitage, j'ai attendu que les phases lithiques fussent déterminées sur des bases typologiques, et procédé ensuite par échantillonnage dans chaque phase. Bien qu'il soit souvent recommandé de procéder par échantillonnage aléatoire (Mueller 1975 ; Cherry *et al*. 1978), ce n'est pas l'approche que j'ai suivie : un échantillonnage aléatoire sur l'ensemble du matériel d'une phase aurait demandé un temps considérable, puisqu'il aurait fallu au préalable numéroter l'ensemble du matériel. Par ailleurs, j'ai craint qu'en procédant à un échantillonnage par *units*, une trop forte fréquence d'*units* moyennement riches en matériel n'entraîne une mauvaise représentation de pièces techniques peut-être rares, mais très importantes pour la compréhension des chaînes opératoires. C'est pourquoi j'ai préféré étudier systématiquement dans chaque phase la ou les *units* les plus riches, en fixant un seuil minimal de 400 pièces par phase [1]. Si ce seuil ne pouvait être atteint avec une seule *unit*, j'en ai étudié une seconde, et ainsi de suite jusqu'à ce qu'il le soit. Le fait d'étudier plusieurs *units* dans chaque phase permettait alors de contrôler la validité de l'échantillon (stabilité des résultats obtenus pour chaque *unit*) et m'a parfois conduite à augmenter celui-ci.

Le tri de ces niveaux de référence a été effectué selon les mêmes catégories que le tri préliminaire, mais l'étude proprement dite du matériel (dont les résultats chiffrés sont publiés dans l'étude de chaque phase) ne tient plus compte des distinctions arbitraires selon la dimension : ainsi, tous les éclats jusqu'à 5mm ont été décomptés, mesurés, classés en fonction du cortex et de la nature du talon.

En revanche, pour le Néolithique, où le matériel est dans l'ensemble beaucoup plus pauvre, j'ai pu étudier systématiquement le débitage des trois tranchées tamisées à l'eau, sans procéder à un échantillonnage.

C'est donc sur ce second tri qu'est fondée l'étude technologique du matériel.

1.2. Etude technologique

L'analyse des nucléus des niveaux de référence fondera l'étude des chaînes opératoires de débitage. S'il s'est vite avéré qu'une classification "classique" des nucléus était inopérante, il m'a fallu longtemps avant de concevoir une approche à même de rendre compte correctement de ce matériel. En effet, les nucléus en matières premières locales présentent la particularité d'être manufacturés sur des blocs parallélépipèdiques (plaquettes) ou des galets. Or la taille elle-même est organisée en fonction de ces modules, utilisant de façon variée les faces des parallélépipèdes ou leur épaisseur, selon des directions de frappe multiples, orthogonales. J'ai donc fondé la classification des nucléus d'une part sur la nature du bloc d'origine (galet, plaquette ou indéterminable), d'autre part sur l'organisation du débitage (1 direction, 2 opposées, 2 orthogonales, 3 orthogonales, centripète, etc.).

Aucun vocabulaire descriptif simple n'existait pour rendre compte d'une telle organisation du débitage. Il aurait fallu avoir recours à de longues périphrases : nucléus sur plaquette à deux directions de frappe orthogonales sur des faces non adjacentes, nucléus sur plaquette à trois directions de frappe orthogonales dont deux sur faces adjacentes et la troisième sur une face non adjacente, etc. Dans ces conditions, j'ai

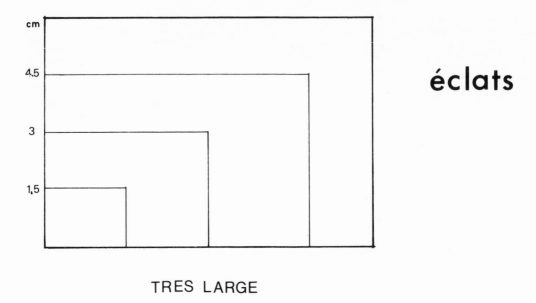

TRES LARGE

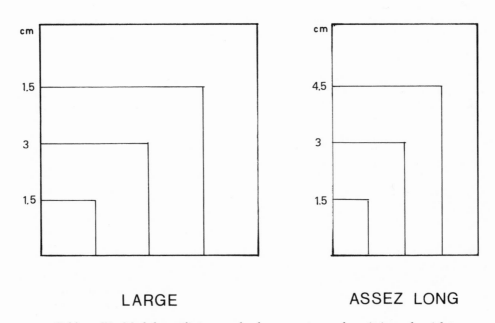

LARGE   ASSEZ LONG

Tableau IV : Modules utilisés pour le classement morphométrique des éclats.

produits laminaires

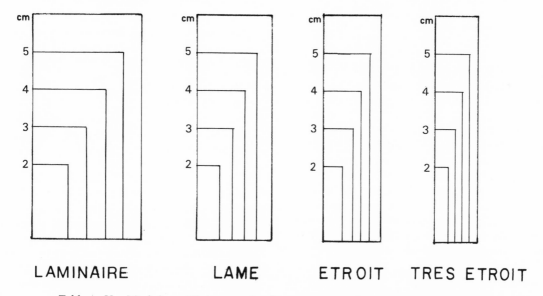

LAMINAIRE   LAME   ETROIT   TRES ETROIT

Tableau V : Modules utilisés pour le classement morphométrique des produits laminaires.

préféré avoir recours à des tableaux classificatoires, illustrés de croquis schématiques des nucléus. Ces tableaux permettent de saisir directement les modalités d'organisation du débitage dans chaque phase, et d'émettre un certain nombre de prédictions sur la nature des produits de débitage que l'on doit retrouver si l'échantillon des nucléus est bien représentatif : forme et dimensions des produits de débitage, abondance des produits corticaux, nature des talons, etc. Ces prédictions sont alors testées sur les produits de débitage eux-mêmes, et permettent de vérifier la validité de l'échantillon de nucléus étudié et des schémas de débitage reconstitués.

Cette étude a été effectuée, pour le Paléolithique et le Mésolithique, à l'aide de modules et de tableaux croisés car la mensuration et la description individuelle de chaque pièce aurait, pour ces périodes, exigé un temps de travail dont je ne disposais pas.

a) Les modules : ils sont inspirés de ceux qui avaient été utilisés pour l'étude du matériel du site de Pincevent (Leroi-Gourhan et Brézillon 1966). Ils permettent de déterminer rapidement le rapport entre la longueur (prise selon l'axe de débitage) et la largeur (dimension maximale selon un axe perpendiculaire à l'axe de débitage), et d'inscrire ce rapport dans des classes dimensionnelles par intervalles (tableaux IV et V). Toute pièce est ainsi définie par ses proportions et sa longueur. Malheureusement, ces modules avaient été déterminés à l'avance, et non après l'étude d'une partie du matériel ; aussi les limites des classes ne sont-elles pas forcément celles qui exprimeraient le mieux la distribution réelle du matériel. Mais comme il aurait fallu pour cela rechercher les classes naturelles pour chacune des phases étudiées, le gain de temps aurait en fait été nul ; or, gagner du temps était la raison même de l'utilisation de modules !

b) Tableaux croisés longueurs-cortex-talons : pour essayer d'obtenir des indications sur les corrélations possibles entre ces trois variables, les talons ont été enregistrés sur des tableaux différents selon l'importance du cortex de chaque pièce (pas de cortex, plage corticale partielle, plage corticale supérieure aux deux tiers de la face supérieure) et directement croisés avec la longueur des pièces. Le choix de ces trois variables venait d'une étude précédente (Perlès 1981), où il s'était avéré qu'elles présentaient d'intéressantes variations concomitantes. Malheureusement, ce qui était vrai sur le matériel néolithique d'un site ne l'était pas nécessairement pour du matériel paléolithique ou mésolithique d'un autre gisement ! Aucune corrélation n'est apparue entre la longueur des pièces et la nature des talons, alors qu'il y en avait sans doute une entre le talon et la largeur. En revanche, la relation entre l'importance du cortex, les longueurs et les talons, se sont avérées plus intéressantes.

Ces analyses ont permis d'étudier les chaînes opératoires de débitage selon les matières premières utilisées, les modalités de débitage, la nature des produits de débitage et leurs caractéristiques techniques principales. La finalité de ces chaînes opératoires est alors recherchée, en confrontant les caractéristiques des produits bruts de débitage à celles des supports sélectionnés en vue de la fabrication d'outils retouchés.

Toutes les pièces retouchées ont été individuellement décrites et dessinées, avec un enregistrement des caractères habituellement utilisés pour rendre compte de ces pièces : matière première, support, latéralisation, position, angle et nature de la retouche, morphométrie de l'outil fini. C'est en fonction de ces différentes variables qu'est recherchée la structure de chaque groupe d'outils et les relations entre celles-ci. Les groupes d'outils qui constituent la base de cette analyse seront différents selon les périodes étudiées, et précisés dans l'analyse typologique en tête de chaque section chronologique.

1.3. Vocabulaire descriptif et formalisation

La nécessité d'un langage descriptif formalisé a été soulignée à de nombreuses reprises, notamment dans les travaux de J.-Cl. Gardin (Gardin 1979). Pour des raisons de préférence personnelle, le langage utilisé dans cette étude utilisera principalement des termes "littéraires", et plus rarement des codes numériques. L'utilisation de termes littéraires n'enlève rien à l'aspect formalisé de ce vocabulaire : les termes employés n'ont pas leur valeur sémantique d'origine, mais répondent à une définition précise et sont utilisés de manière systématique à travers toute l'étude. D'une classification à l'autre, d'une description à l'autre, chaque terme garde exactement le même sens. On peut donc qualifier ce vocabulaire de "langage documentaire", selon l'expression de J.-Cl. Gardin [2].

Ce vocabulaire présente en outre l'avantage d'être facilement compris par les chercheurs francophones travaillant sur les industries lithiques : pour la technologie, il correspond à peu de choses près à celui qu'utilisent les spécialistes du Proche-Orient (M.-C. Cauvin 1978 ; Hours *et al.* 1973) ou de la France (à partir des travaux de F. Bordes et D. de Sonneville-Bordes notamment) [3].

De façon plus précise, j'ai suivi les recommandations du premier volume de la *Préhistoire de la pierre taillée*, intitulé *Terminologie et technologie*, et auquel on pourra se référer pour la définition des termes employés dans cette étude (Tixier, Inizan et Roche 1980).

Le vocabulaire typologique est également classique, reprenant les termes communs aux typologies du Paléolithique supérieur français (Sonneville-Bordes et Perrot 1954-1956), du Proche-orient (Hours *et al.* 1973) et de l'Afrique du Nord (Tixier 1963). En ce qui concerne plus spécifiquement le Mésolithique, les recommandations du G.E.E.M. (G.E.E.M. 1969 et 1972) ont été suivies dans une certaine mesure, mais le matériel s'y prêtait assez mal. Des codes numériques ont été substitués aux noms dans la description de la morphologie et de la technique de l'extrémité distale des lamelles à bord abattu, en l'absence de vocabulaire standard pour en rendre compte. J'ai évité, en effet, d'utiliser des termes ayant une référence géographique trop précise (pointe de la Mouillah, par exemple) et préféré utiliser une périphrase descriptive ou un code numérique.

La terminologie néolithique est, elle, moins fixée, et le choix s'offrait souvent entre plusieurs termes ; j'ai alors utilisé des termes courants, en en rappelant la définition.

1.4. Tests et inférences statistiques

Tant pour la description du matériel que pour la mise en évidence des structures internes de ce dernier, il sera fait appel, dans cette étude, aux statistiques descriptives et inférentielles : détermination des paramètres principaux qui définissent une population (ensemble d'outils, d'éclats ou de lamelles, par exemple), propositions inférentielles sur la signification des caractères observés (comparaisons de fréquences, comparaisons de distributions, etc.) et la structure de la population dont provient l'échantillon étudié [4]. Or, ces échantillons présentent, à Franchthi (et souvent en préhistoire), deux caractéristiques essentielles :

- D'une part, on ne connaît pas la structure de la population dont ils proviennent. En particulier, on ignore si, pour les paramètres étudiés, celle-ci présente une distribution gaussienne ou assimilable à une distribution gaussienne ;

- D'autre part, ce sont souvent de très petits échantillons, qui n'autorisent pas l'utilisation légitime des tests statistiques les plus couramment utilisés dans les études archéologiques (comparaisons de moyennes par le test de Student, par exemple).

Ces deux caractéristiques conduisent à rejeter l'utilisation de statistiques paramétriques, qui supposent, comme leur nom l'indique, que soient connus certains paramètres de la distribution de la population d'origine, et qui sont d'autant moins puissants (au sens statistique du terme) que l'échantillon est plus petit. L'utilisation de statistiques non paramétriques apparaîtra donc plus appropriée, et sera le cas le plus fréquent tout au long de cette étude [5].

2. Phase analytique : problèmes induits par les techniques de fouille

Sur tout chantier, méthodes et techniques de fouille orientent et limitent les possibilités d'interprétation du matériel. Tout en apportant une richesse de documents rarement égalée dans ces régions, les fouilles de Franchthi n'échappent pas à cette règle. Ce sont ces problèmes, et les solutions que j'ai choisies, que j'évoquerai dans les lignes qui suivent.

2.1. Représentativité du matériel de chaque tranchée

La multiplicité des tranchées, jointe à leurs dimensions restreintes, pose dès l'abord un double problème : faiblesse numérique des échantillons qui en proviennent, représentativité de chacun d'entre eux.

Etudier chaque tranchée individuellement, et proposer pour chacune d'entre elles un découpage chronologique interne, fondé sur la variabilité observée dans cette tranchée (Hansen 1980 ; S. Payne 1975 ; Perlès 1973), revient à poser en postulat que le matériel issu d'une tranchée et les variations observées peuvent être représentatifs de l'ensemble du matériel déposé dans la grotte pour les périodes concernées.

Deux arguments m'ont conduite à refuser ce postulat comme règle générale :

- d'une part, la variabilité quantitative observée dans le matériel provenant de *units* en continuité stratigraphique verticale ;

- d'autre part, la variabilité quantitative (et parfois qualitative) observée dans des *units* en continuité stratigraphique horizontale (*units* provenant par exemple de deux moitiés d'une même tranchée, et raccordées sur les coupes).

Refusant de considérer qu'une telle variabilité puisse être structurelle, j'ai donc, dans cette étude, posé le postulat inverse : le matériel issu d'une seule tranchée (ou moitié de tranchée) ne peut être tenu pour représentatif à lui seul du matériel de chaque phase, ni de la succession des phases chronologiques rencontrées dans la grotte, car la faiblesse numérique des échantillons dans la plupart des *units* introduit des variations aléatoires ; en outre, l'hypothèse d'une variabilité spatiale, à un moment d'occupation donné, ne peut jamais être éliminée.

Il était certes nécessaire de commencer par étudier chaque tranchée individuellement. Mais j'ai tenu à étudier, pour chaque période, du matériel issu de plusieurs tranchées, qui, regroupé après l'étude préliminaire de chacune d'entre elles, permet d'obtenir une vision plus équilibrée du matériel lithique de chaque phase. Cette approche, si elle résout les problèmes évoqués ci-dessus, soulève, bien entendu, celui des raccords entre différentes tranchées.

2.2 Raccords stratigraphiques et chronologiques entre différentes tranchées

2.2.1. Tranchées de l'intérieur de la grotte

Deux situations différentes se rencontrent dans la grotte elle-même : il y a d'une part les tranchées qui ont été subdivisées en moitiés ou quadrants pendant la fouille (comme F/A-N et F/A-S), d'autre part les ensembles disjoints (F/A et H1, par exemple).

Dans le premier cas, les coupes géologiques et les diagrammes schématiques (qui donnent la position relative des différentes *units* d'une tranchée) permettent un raccord stratigraphique direct entre les différents secteurs de fouille. Dans ce cas, le matériel a d'abord été analysé par secteur, puis regroupé d'après la stratigraphie, les analyses préliminaires permettant un contrôle de la validité de ces raccords.

Dans le second cas, les raccords chronologiques sont entièrement fondés sur des analogies, mais celles-ci ne relèvent pas seulement de l'analyse lithique (ce qui serait, à la limite, tautologique) : j'ai toujours tenu compte, dans les raccords proposés, de l'ensemble des données disponibles. Or celles-ci sont de nature variée : sédiments d'origine naturelle, apports anthropiques (macrofaune), apports animaux (rongeurs), objets manufacturés (céramique, parure, industrie lithique), sans compter les datations radiométriques. C'est la concordance des observations faites sur ces diverses données qui étaye les regroupements proposés (dans l'ensemble d'ailleurs, la concordance s'est avérée très bonne). Certes, une démarche fondée sur l'analogie n'a pas valeur de preuve : mais y a-t-il jamais preuve absolue de contemporanéité entre deux ensembles préhistoriques ? Je pense avoir pris toutes les précautions pour que les regroupements proposés soient valides ; la concordance parfaite entre les raccords que j'ai pu établir sur la base de l'industrie lithique et ceux que

W. Farrand a proposé indépendamment d'après la sédimentologie entre F/A-S et H1-B me paraît en témoigner.

2.2.2. La Paralia

La plupart des tranchées de la Paralia ont été raccordées par la fouille des bermes, mais la complexité des séquences archéologiques (qui peuvent varier d'un mètre à l'autre en raison des creusements, des construction de murs, desremaniements préhistoriques) interdisait des raccords stratigraphiques directs. La présence de lentilles remaniées, parfois difficilement repérables, interdisait également de s'appuyer sur l'analyse d'une seule catégorie de matériel pour proposer les raccords. C'est pourquoi, l'interprétation des séquences et les raccords chronostratigraphiques sur la Paralia ont été faits, une fois le matériel de chaque tranchée étudié, sur la base de la stratigraphie, la sédimentologie, le matériel lithique et céramique, à l'issue de longues discussions entre T. J. Wilkinson, K. D. Vitelli et moi-même. A ce jour, les autres données (faune, graines, industrie osseuse et parure) ne sont pas disponibles et le schéma proposé n'est pas encore testé et vérifié.

Toutefois, même à l'issue des regroupements effectués, le problème de la validité du matériel étudié reste posé. Car il reste les tranchées non étudiées, et surtout, toutes les parties de la grotte non fouillées. Ce problème se serait d'ailleurs posé de façon identique si l'on avait conduit une grande fouille, au lieu d'explorer plusieurs tranchées (qu'y a-t-il, notamment, sous le grand effondrement de la voûte ?). En fait, l'ouverture de tranchées en différents secteurs de la grotte permet dans une certaine mesure de contrôler la variabilité spatiale, au moins dans la zone où ont été effectuées les fouilles. Ceci a permis de constater que les différentes périodes d'occupation n'étaient pas représentées dans chaque tranchée, mais que par ailleurs, lorsqu'une phase d'occupation est représentée dans plusieurs tranchées, elle l'est de façon sinon identique, du moins comparable dans chacune d'entre elles. Je crois donc possible qu'existent, dans les zones non fouillées, des phases d'occupations non représentées dans les tranchées fouillées. En revanche, force nous est d'estimer (et rien ne suggère le contraire), que le matériel de chaque phase étudiée est bien représentatif de l'ensemble de celui qui fut abandonné dans ce secteur de la grotte à l'époque (quite à revoir ce cadre de référence lors de recherches ultérieures).

2.3. Problèmes posés par la fouille en *units*

Bien qu'elle respecte aussi fidèlement que possible l'essentiel des variations observées lors de la fouille, la fouille en *units* pose, au moment de l'étude, des problèmes dont la solution est loin d'être aisée : problèmes stratigraphiques, problèmes d'échantillons trop pauvres.

1) La pertinence archéologique de chaque *unit* n'est pas assurée. Chacun sait qu'il existe des variations latérales de faciès, par exemple, dans des sédiments contemporains d'une même grotte. De même, des différences dans la nature ou la densité des vestiges archéologiques peuvent refléter une différentiation spatiale des activités humaines au cours d'une phase d'occupation unique, et non plusieurs phases d'occupation.

Corrélativement, ce sont les unités véritablement pertinentes qui échappent ou peuvent échapper : sol d'occupation, phase d'occupation homogène, unité lithostratigraphique. Celles-ci doivent en effet être reconstituées après la fouille, à l'analyse du matériel et l'examen des coupes, avec les risques et les limites inhérents que cela comporte.

2) Dans le cas de *units* juxtaposées, à une même profondeur absolue, la relation chronostratigraphique réelle est difficile à préciser : sont-elles contemporaines, ou s'agit-il de dépôts lenticulaires interstratifiés ? Dans ce dernier cas, quel est le plus ancien ? Là encore, si la réponse n'a pas été apportée au moment de la fouille, il est parfois difficile de se faire une idée d'après les documents écrits.

3) La reconstitution précise des séquences stratigraphiques dans chaque tranchée (les plus complexes comprenant jusqu'à 230 *units*) est donc souvent problématique, et ce d'autant plus que certaines *units* n'apparaissent pas dans les coupes. Les diagrammes stratigraphiques (que l'on peut, si l'on veut, appeler "matrices de Harris" (Harris 1979)) ont été en pratique établis à partir des coupes et des carnets de fouille, et sont d'autant plus fiables que les *units* s'étendaient effectivement jusqu'aux coupes.

En ce qui concerne ces problèmes stratigraphiques, j'ai été conduite à prendre les décisions suivantes :

- travailler sur les coupes stratigraphiques provisoires si les coupes définitives n'étaient pas réalisées ;
- éliminer de l'étude les *units* dont la situation stratigraphique était incertaine (c'est pourquoi, sur la Paralia par exemple, je n'ai étudié que les *units* figurant sur les coupes) ;
- appuyer mon travail sur une division chronologique plus large que les *units*, à savoir les phases lithiques, regroupant plusieurs *units* en continuité stratigraphique et de caractère homogène du point de vue lithique.

En réalité, cette dernière décision relève tout autant du second problème évoqué que du premier, à savoir la faiblesse numérique des échantillons lithiques dans la plupart des *units*. En effet, la subdivision en *units* de tranchées déjà restreintes en superficie aboutit à des échantillons très variables quantitativement, mais en général très pauvres : le tableau suivant, établi pour l'ensemble des *units* du Paléolithique (à l'exception de celles des interphases) en donnera une idée. Encore faut-il préciser que les *units* paléolithiques sont dans l'ensemble plus riches que celles du Néolithique.

Nombre de pièces retouchées par *unit*	0	1-10	11-20	21-30	31-40	41-50	50
Nombre de *units*	27	76	19	12	6	1	3

Tableau VI : Nombre de pièces retouchées dans les *units* du Paléolithique.

Ceci aboutit, nous l'avons dit, à une forte variabilité de *unit* à *unit*, surtout sur le plan typologique. Dans l'analyse de celles-ci, j'ai donc été conduite à accorder beaucoup plus de poids aux présences qu'aux absences. Ainsi, j'ai par exemple regroupé dans une même phase lithique des *units* en continuité stratigraphique sur la base de la présence continue des types chronologiques numériquement dominants, sans attacher d'importance à l'absence éventuelle de types plus rares dans certaines *units*. Je n'ai tenu pour significatives les absences que lorsqu'elles se répétaient systématiquement au long d'une séquence, et qu'elles étaient confirmées dans les séquences équivalentes des autres tranchées. Enfin, lorsque des études quantitatives ont été jugées utiles, j'ai eu recours aux tests statistiques non paramétriques, mieux adaptés à des échantillons numériquement peu importants (*supra*, p. 41).

2.4. Problèmes liés au tamisage

Il est certain que la pratique systématique du tamisage à l'eau est l'un des éléments les plus positifs de la fouille de Franchthi, et les plus nouveaux dans le cadre des fouilles archéologiques en Grèce. Toutefois, la pratique du tamisage à l'eau n'a pas été sans introduire elle-même certaines difficultés d'étude.

En premier lieu, le taux de récupération à la fouille paraît avoir baissé après l'introduction du tamisage à l'eau. Or, du point de vue de l'analyste, le matériel issu directement de la fouille est toujours plus fiable que celui qui est récupéré au tamisage. Outre les erreurs que peuvent entraîner les nombreuses manipulations supplémentaires liées au tamisage, il y a toujours le risque de retrouver au tamisage des pièces tombées des coupes. Je prendrai comme exemple les petits fragments d'obsidienne des niveaux paléolithiques, que j'ai longtemps soupçonné provenir accidentellement des niveaux mésolithiques ou néolithiques. C'est d'ailleurs sans doute le cas pour les plus profonds d'entre eux, puisque l'on retrouve également dans ces niveaux des clous ou autres éléments intrusifs. En revanche, la découverte d'un éclat d'obsidienne directement à la fouille, dans la phase lithique VI (cf. chapitre XIII), revêt une valeur toute différente et permet de prendre en compte les autres éléments découverts au tamisage dans la même phase. N'eût été cet éclat j'estime que le doute aurait toujours subsisté.

Par ailleurs, les différences de taux de récupération au tamisage à sec ou à l'eau interdisent toute comparaison quantitative entre tranchées soumises à des modalités de tamisage différentes. Aussi ai-je établi les séquences et défini les caractéristiques, quantitatives et qualitatives, de chaque phase lithique exclusivement d'après le matériel de tranchées tamisées à l'eau. J'ai eu ensuite recours éventuellement aux autres tranchées pour préciser les caractéristiques d'une phase, mais sur le plan qualitatif seulement (techniques de taille, variabilité typologique, etc.).

Le problème devient plus aigu encore lorsqu'il s'agit de comparer le matériel de Franchthi avec celui d'autres sites, non tamisés ou tamisés de manière différente : à savoir, pratiquement la totalité des autres sites préhistoriques de Grèce. Ce problème est pratiquement insoluble, sauf à s'en tenir à la comparaison des types lithiques de plus grande dimension (lames lustrées et armatures pour le Néolithique, puisque c'est là surtout que le problème se pose).

2.5. Absence de cotation tridimensionnelle des pièces

Restent enfin quelques problèmes induits par l'absence de relevés planimétriques avec cotes individuelles des pièces, l'absence de numérotation individuelle des pièces et la conservation en sacs selon les mailles de tamisage.

On se trouve en effet de ce fait privé de toute possibilité d'analyse de répartition spatiale fine, mais aussi de toute velléité d'essayer de faire des remontages : les quelques tentatives que j'ai faites en ce sens n'ont d'ailleurs pas été couronnées de succès et, devant les difficultés pratiques que cela créait, j'y ai renoncé.

L'absence de remontages a des conséquences sur l'analyse lithique elle-même : la reconstitution des chaînes opératoires doit alors s'appuyer sur des analyses indirectes (étude des nucléus, présence de cortex, morphométrie des produits de débitage, etc.), toujours moins fiable qu'une lecture directe de la succession des gestes sur les remontages. Par ailleurs, les tests d'indépendance stratigraphique (Binder 1980) deviennent impossibles. Ce dernier point n'était cependant sans doute pas trop grave, dans la mesure où je suis en fait partie de l'hypothèse inverse : je n'ai pas postulé d'indépendance entre *units* successives jusqu'à démonstration d'un changement (cf. chapitre III).

Ce sont les différents problèmes qui viennent d'être évoqués qui m'ont conduite, plus encore que les contraintes de temps, à sélectionner ou privilégier dans mon étude certaines seulement des tranchées qui furent fouillées.

3. Bilan : tranchées fouillées, tranchées étudiées

3.1. Les tranchées de la grotte et de l'avant du porche

En 1967 furent ouverts sept sondages, appelés tranchées, de 1 à 15m² de superficie, en différents points de la grotte et sur la terrasse au-devant du porche. Dénommés A, B, ... G, dans l'ordre de leur ouverture, ils visaient à cerner l'étendue du gisement et la nature des couches archéologiques (fig. 13).

Les tranchées extérieures (B, C, D et E) atteignirent très vite de gros blocs d'effondrement (effondrement du porche ?), situés à moins d'un mètre sous le sol actuel, et qui empêchèrent la poursuite des fouilles. De plus, tout le matériel qui en provenait était remanié et mélangé (Néolithique, Classique et Post-Classique) (Jacobsen 1969). Je n'ai pas étudié ce matériel, et n'y ferai référence que très exceptionnellement et uniquement dans l'étude du Néolithique. Seule la tranchée B/E a livré du matériel néolithique en place, et sera considérée dans ce cadre.

A l'intérieur de la grotte, les tranchées A, F et G, puis en 1968, H, ont révélé au contraire, sous une épaisse couche de sédiments remaniés, des dépôts en place très puissants. Ces premiers sondages ont été à l'origine de toutes les recherches ultérieures dans la grotte, chacun d'entre eux ayant été à la fois agrandi et subdivisé. Les dénominations qui en résultent risquent de paraître confuses sans quelques précisions (fig. 13).

a) La tranchée G : accolée à la paroi est de la grotte, près du porche, elle a été fouillée en 1967 et agrandie en 1968. Cette seconde moitié de la tranchée a été appelée G1.

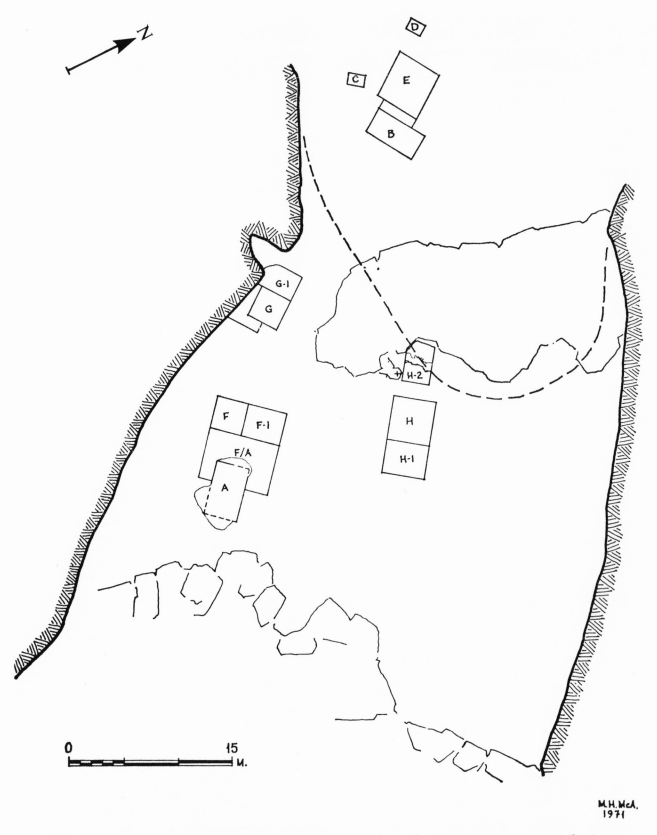

Figure 13 : Emplacement des tranchées dans la grotte et devant le porche en 1971 (certaines ont été élargies lors des fouilles ultérieures), d'après Jacobsen 1973.

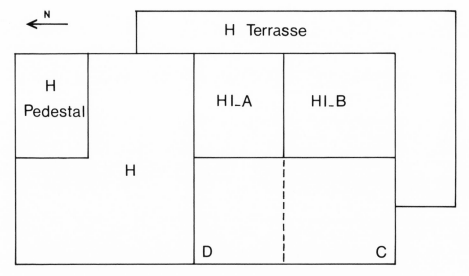

Figure 14 : Croquis schématique des secteurs de fouille en H et H1. La longueur totale est d'environ 10m, la largeur 5.5m.

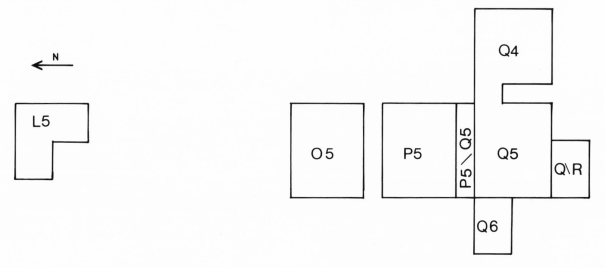

Figure 15 : Croquis schématique des tranchées de la Paralia. O5 et Q5 mesurent 4m sur 5m.

Néolithique, Mésolithique et Paléolithique ont été mis au jour en G et G1. Toutefois, l'absence de tamisage à l'eau et les mélanges introduits dans le matériel lors des premières études les ont rendues inexploitables pour mon propos.

b) La tranchée A : située bien plus en arrière dans la grotte, elle a été également fouillée en 1967, atteignant le Néolithique et le Mésolithique. En raison des fouilles rapides et de l'absence de tamisage à l'eau, j'ai renoncé à l'étudier.

c) La tranchée F : fouillée en 1967, je ne l'ai pas étudiée pour les mêmes raisons que précédemment. En 1968, la superficie de la tranchée fut doublée, cette seconde moitié étant dénommée F-1. L'intérêt du matériel néolithique de cette dernière m'a conduite à l'exploiter dans toute la mesure du possible, l'absence de tamisage à l'eau constituant une gêne moindre pour le Néolithique que pour les périodes plus anciennes.

d) La tranchée F/A : en 1969 furent entamées les fouilles du secteur compris entre les tranchées A et F, englobant en même temps une partie des côtés de A. Cette nouvelle tranchée, qui se raccordait donc à F, F-1 et A, fut appelée F/A. La partie superficielle, en grande partie remaniée, a été fouillée d'un seul tenant, sous ce nom. Elle n'a atteint que le Néolithique. En 1971, F/A, qui couvrait environ 8m² fut subdivisée en un secteur nord et un secteur sud, dénommés respectivement F/A-N et F/A-S et qui furent fouillés en alternance jusqu'au niveau de la nappe phréatique, à 9m de profondeur. Pratiquement intégralement tamisées à l'eau, les tranchées F/A-N et F/A-S, qui sont raccordées entre elles stratigraphiquement, constituent l'un des fondements de mon étude.

e) La tranchée H : ouverte en 1968 au centre de la grotte, fouillée en 1968 et 1969, elle a atteint des niveaux paléolithiques. En l'absence de tamisage à l'eau, je n'y ferai référence que pour des secteurs très précis (H pedestal notamment), à propos du Mésolithique et du Néolithique ancien.

La superficie de H fut doublée en 1969, le nouveau secteur, de 12m², étant dénommé H1. H1 sera ensuite subdivisé en H1-A et H1-B, deux moitiés de la tranchée qui se raccordent stratigraphiquement. Tamisés à l'eau à partir de 1971, H1-A et H1-B serviront de base à mon étude du Paléolithique et du Mésolithique (fig. 14).

H2 est une autre extension de H, mais en direction du porche, et séparée de la tranchée princeps par un témoin de 1.50m (il n'y a donc pas de raccord stratigraphique direct). Egalement subdivisée en H2-A et H2-B, cette tranchée n'a pas atteint le Paléolithique, mais j'y ferai référence à propos du Mésolithique et du Néolithique.

Le dernier secteur ouvert autour de H, H-terrasse, n'a pas été poursuivi au-delà des niveaux remaniés.

3.2. Les tranchées de la Paralia

A partir de 1971 les fouilles furent étendues au secteur qui borde le rivage actuel (Paralia signifie rivage en grec). Celui-ci a livré de riches vestiges du Néolithique, mais ils reposent directement sur des sédiments stériles. Le secteur fut carroyé en bandes nord/sud et est/ouest de 5m de large

et fouillé selon ces axes (fig. 15). La discussion individuelle des tranchées sera reprise dans le volume consacré au Néolithique.

NOTES

[1] Dans la pratique, ce seuil a été atteint partout, à deux exception près (les phases lithiques III et IX). En revanche, il a souvent été dépassé pour les phases les plus riches (500 à 800 pièces examinées).

[2] C'est-à-dire : "[...] un système de signes autonomes, même si par commodité l'on fait encore appel au vocabulaire d'une langue naturelle particulière pour en nommer les éléments et les relations" (Gardin 1979:83).

[3] En revanche, notre vocabulaire présente des différences avec celui de la typologie analytique crée par G. Laplace, même si notre démarche générale n'en est pas très éloignée (Laplace 1966).

[4] "Fruitful archaeological research will always begin by generating samples, and culminate by generalizing about the population from which the samples were drawn. Archaeological fieldwork should not be aimed at recovering populations and archaeological analysis should not be aimed at generalizations about samples" (Thomas 1978:232).

[5] Siegel résume ainsi les avantages des statistiques non paramétriques :

1. Probability statements obtained from most nonparametric statistical tests are exact probabilities (except in the case of large samples, where excellent approximations are available), regardless of the shape of the population from which the random sample is drawn. [...]
2. If sample sizes as small as $n = 6$ are used, there is no alternative to using a nonparametric statistical test unless the nature of the population distribution is *known exactly*.
3. There are suitable nonparametric statistical tests for treating samples made up of observations from several different populations. None of the parametric tests can handle such data without requiring us to make seemingly unrealistic assumptions.
4. Nonparametric statistical tests are available to treat data which are inherently in ranks as well as data whose seemingly numerical scores have the strength of ranks. [...]
5. Nonparametric methods are available to treat data which are simply classificatory, i.e., are measured in a nominal scale. No parametric technique applies to such data.
6. Nonparametric statistical tests are typically much easier to learn and to apply than are parametric tests (Siegel 1956:32-33).

On se convaincra aisément de la véracité de cette dernière proposition en constatant la fréquence de l'usage du test du χ^2 (qui est bien un test non paramétrique) dans les études préhistoriques en général, et celle-ci en particulier !

DEUXIÈME PARTIE

Les industries paléolithiques

CHAPITRE V
Introduction
Quel Paléolithique ?

1. Paléolithique, Epipaléolithique ou Mésolithique ?

La validité de l'emploi des termes Paléolithique et Mésolithique, pour décrire la séquence ancienne de Franchthi, a fait l'objet de quelques discussions lors des deux symposiums qui se sont tenus à Bloomington. Les inconvénients qu'ils pouvaient présenter ont été soulevés, sans qu'une décision n'ait été prise de leur substituer d'autres termes. Ils ont donc été jusqu'à présent les seuls utilisés dans les publications sur Franchthi, et je n'ai pas jugé souhaitable d'en employer d'autres.

Le terme de Paléolithique est donc utilisé ici pour désigner les niveaux compris entre la base de la séquence fouillée et la fin du XIème millénaire B.P. en termes de chronologie absolue. Cette limite supérieure, qui correspond à celle utilisée en Europe occidentale, est effectivement marquée dans les industries lithiques de Franchthi par une rupture majeure. Cette dernière se présente, il est vrai, à l'inverse de ce que l'on attendrait, puisque l'outillage microlithique (lamelles à bord abattu et géométriques) disparaît à la fin du XIème millénaire en même temps que cesse d'être utilisée, et de façon définitive, la technique du microburin. Les industries qui lui font suite, désignées sous le terme de Mésolithiques, relèvent donc d'une conception technologique différente, même lorsqu'elles s'enrichissent à nouveau de microlithes, au IXème millénaire. Cette rupture typologique et technologique est l'une des plus marquées, sinon la plus marquée, de la séquence de Franchthi. A cet égard, l'emploi de termes différents se justifie amplement. De surcroît, cette limite correspond également à la limite reconnue entre le Pléistocène et l'Holocène. Or là encore, nous disposons à Franchthi d'éléments en faveur de son maintien : les industries paléolithiques sont en effet associées à une faune qui comprend des genres aujourd'hui disparus de Grèce (*Bos* et *Equus*, pour ne citer que la macrofaune). Or on ne retrouve plus ces espèces dans notre séquence après le XIème millénaire B.P. (S. Payne 1975).

La validité de la distinction, entre les vestiges qui précèdent et qui suivent le XIème millénaire à Franchthi, ne peut donc guère être remise en cause. Toutefois, il convient de garder aux termes utilisés pour les désigner un sens essentiellement chronologique.

En effet, et pour en revenir plus précisément aux industries lithiques, le terme de Paléolithique n'a guère ici de valeur descriptive. Il ne renvoie pas à un contenu typologique. Riches en microburins dès le XIIIème millénaire B.P. et en microlithes géométriques aux XIIème et XIème millénaires, ces industries de Franchthi peuvent aisément être comparées typologiquement à des industries "mésolithiques" si l'on se réfère à l'Europe occidentale, ou à des industries "épipaléolithiques" si l'on se réfère au Proche-Orient. Mais ni dans un cas ni dans l'autre n'y a-t-il concordance exacte, soit typologique, soit chronologique, avec les ensembles ainsi dénommés. L'emploi de ces termes à Franchthi n'aiderait donc pas à clarifier ce problème, au demeurant fort général en préhistoire où cadre chronologique et contenu technologique sont souvent confondus. A défaut de solution plus adaptée, l'usage des termes Paléolithique et Mésolithique, définis chronologiquement, n'entraînera pas, je l'espère, de confusion trop grave.

2. Le Paléolithique moyen

Les fouilles n'ayant jamais atteint le plancher de la grotte, la présence éventuelle de Paléolithique moyen n'a jamais pu être vérifiée stratigraphiquement. Or, le Paléolithique moyen est connu en Grèce par de nombreuses découvertes (Perlès, à paraître *a*), dont certaines dans la région même de l'Hermionide (Pope, Runnels et Ku 1984 ; Jameson, Runnels et van Andel, à paraître).

En fait, la question peut être soulevée à propos du niveau le plus profond de F/A-S (F/A-S 227) qui a livré, dans un ensemble extrêmement pauvre, deux éclats à talon facetté (fig. 16 n° 3 et 6). Or cette technique, courante au Paléolithique moyen, est virtuellement absente dans les niveaux sus-jacents de Franchthi.

Certes, ces éclats ne suffisent pas à affirmer que cette *unit* remonte bien au Paléolithique moyen, mais d'autres indices laissent soupçonner sa présence dans la grotte ou dans les environs immédiats. D'une part, la faune de ces niveaux les plus profonds de F/A comprend des espèces que l'on ne retrouvera pas par la suite [1]. D'autre part, quelques pièces provenant des phases I à IV présentent des caractères qui tranchent avec ceux des ensembles dont elles proviennent : éclats à talons facettés "en chapeau de gendarme", éclats à profonde patine blanche, éclats à double patine (cf. document V.1). P. Mellars avait fait une constatation

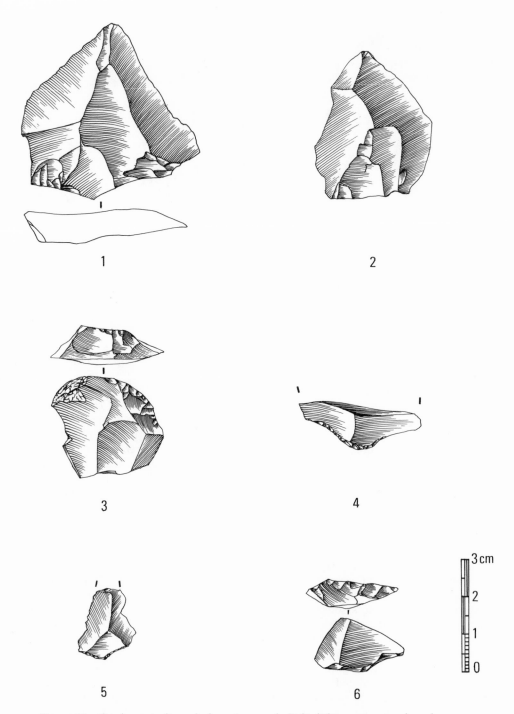

Figure 16 : Quelques indices de la présence de Paléolithique moyen dans la grotte. 1-2 : éclats Levallois (H1-Terrasse, niveaux supérieurs remaniés). 3,6 : éclats à talon facetté de F/A-S 227. 4 : éclat à talon facetté ''en chapeau de gendarme'' (H1-B 210). 5 : éclat à talon facetté et patine blanche (H1-A 195).

analogue en étudiant le matériel de la tranchée G1, à la base de laquelle il avait trouvé un éclat à talon facetté et un nucléus discoïde qui lui paraissaient d'allure très moustérienne (Mellars 1969:356-358). A ces indices provenant du matériel en stratigraphie s'ajoutent, dans le matériel de surface ou remanié, quelques pièces de technique levallois (deux éclats et un nucléus) ainsi qu'une pointe de type moustérien (fig. 16 n° 1 et 2, pl. I).

En fait, je n'ai pas étudié ce matériel remanié, et ces quelques pièces ont été découvertes par hasard, en cherchant des échantillons pour des analyses de matières premières. C'est dire qu'il pourrait y en avoir bien d'autres dans ces niveaux superficiels. La présence de vestiges d'un éventuel Paléolithique moyen dans les niveaux remaniés, au-dessus du Néolithique, a de quoi paraître étrange. En réalité, ce problème ne se pose pas spécifiquement pour le Paléolithique moyen mais pour tout le Paléolithique : sur toute l'étendue de la partie fouillée de la grotte, les niveaux les plus superficiels sont extrêmement riches en outillage et en faune du Paléolithique supérieur, avec de nombreux éléments parfaitement caractéristiques, et qui ne laissent aucun doute sur leur âge réel. Il y a eu manifestement des remaniements très importants, aboutissant à une sorte d'inversion stratigraphique. Curieusement, la présence de Mésolithique, qu'on attendrait logiquement dans ce cas, n'apparaît clairement ni dans la faune ni dans l'industrie lithique. L'emplacement des zones remaniées est inconnu, comme le sont la nature et l'âge de ces remaniements (ils sont en tout cas postérieurs au Néolithique). Mais la présence de pièces de technique Levallois dans ces niveaux superficiels pourrait s'expliquer en supposant que ces remaniements ont atteint des niveaux plus anciens que la fouille elle-même.

Aussi, s'il est impossible d'affirmer la présence de Paléolithique moyen en stratigraphie, à la base des tranchées fouillées, nous disposons quand même d'un faisceau d'indices en ce sens, intéressants pour l'histoire de l'occupation du site et du peuplement de l'Argolide.

3. Les niveaux du Paléolithique supérieur

Le Paléolithique supérieur a été mis au jour en stratigraphie dans quatre secteurs de la grotte, et de la grotte uniquement : aucun indice n'en a été décelé à l'extérieur, sous le porche, ou plus avant, sur la Paralia. Sous le porche ancien, la tranchée B/E a rapidement atteint un sol rocheux, tandis que sur la Paralia les niveaux néolithiques reposent directement sur des sédiments rubéfiés dits "Basal Red", sans doute plus anciens que le Paléolithique supérieur, et apparemment stériles.

Dans la grotte elle-même, le Paléolithique a été atteint dans toutes les tranchées les plus profondes, mais à des profondeurs absolues variables en raison d'un pendage général des couches depuis le porche vers le fond de la grotte. Ainsi, le niveau repère de cendres volcaniques (cf. chapitres VII et VIII) est à 3m environ au-dessus du niveau actuel de la mer en H1, mais à 0.50m seulement en F/A. C'est ce qui explique que la nappe phréatique n'ait été atteinte que dans cette dernière tranchée, la plus reculée, où elle a interdit la poursuite des fouilles. En H1-B, ce sont de gros blocs d'effondrement qui ont constitué un obstacle dirimant, mais la puissance totale des niveaux paléolithiques mis au jour dans ces deux tranchées atteint quand même trois mètres d'épaisseur.

Toutefois, c'est dans les tranchées G1 (*units* 66 et 67) et H (*units* 57-67A et 70-71B) que le Paléolithique avait été reconnu le plus anciennement, dès 1968 et 1969. Mais ces tranchées se sont avérées très pauvres : P. Mellars, qui étudiait alors le matériel lithique, n'a décompté que 74 pièces pour ces deux tranchées (Mellars 1969). Or il ne s'agit pas d'un simple effet de surface fouillée : celle-ci est en fait comparable à celle des tranchées F/A et H1. Dans ces conditions, il faut ou bien admettre une baisse considérable de la densité d'occupation dans ces secteurs, ou bien, ce qui est plus probable, une déficience du système de tri des résidus de tamisage (cf. chapitre IV). Dans ces conditions, je n'ai pas pu utiliser ces deux tranchées dans l'analyse du Paléolithique, et il n'y sera plus fait référence dans la suite de cette étude. C'est d'autant plus regrettable que la plus ancienne des deux dates ^{14}C obtenues sur ces niveaux (H 59A1 : 11.093 ± 260 B.P., P-1520 ; et H 71B2-3 : 11.930 ± 168 B.P., P-1668) suggère que l'on trouvait là une partie de la séquence sans doute absente en H1, et certainement absente en F/A [2].

Nous devrons pourtant nous contenter de l'étude de ces deux dernières tranchées, fouillées plus récemment et tamisées à l'eau, et dont la richesse est sans commune mesure avec celle des deux premières : plusieurs dizaines de milliers de pièces y ont été recouvrées. Une analyse critique de la valeur des échantillons pour chaque phase sera présentée dans l'étude qui suit. Mais, de manière globale, leur richesse, la qualité de la fouille et surtout du tamisage, permettent d'envisager avec confiance la représentativité des industries qu'elles ont livrées.

NOTES

[1] S. Payne, comm. orale. L'étude de ce matériel n'est pas achevée au moment de la rédaction de ce texte.

[2] Toutes les dates ^{14}C sont établies selon une demi-vie de 5568 ans. [For a list of all radiocarbon dates from Franchthi, see Jacobsen and Farrand 1987:Plate 71—EDITOR.]

CHAPITRE VI

Typologie et chronologie des industries paléolithiques de Franchthi

1. Rappels de procédure

La nécessité de définir des phases lithiques avant d'entreprendre l'étude proprement dite du matériel a déjà été exposée, de même que la démarche d'ensemble que nous comptions mettre en oeuvre à cette fin. Le présent chapitre ne constitue donc pas l'étude proprement dite du matériel, mais une mise en évidence de la variabilité diachronique du matériel retouché afin de définir les types chronologiques et les phases lithiques.

Au départ de cette analyse figurent quelques choix arbitraires. En premier lieu, celui de traiter de façon indépendante le matériel paléolithique, plutôt que l'ensemble de la séquence de Franchthi. Les raisons à cela sont de simple commodité et bon sens : l'examen préalable du matériel, lors des descriptions individuelles, avait fait apparaître deux césures évidentes, l'une à la fin des niveaux attribués au Paléolithique, l'autre à la fin des niveaux attribués au Mésolithique et au Néolithique acéramique. Ne disposant pas de possibilités de traitement informatisé pour la totalité du matériel de Franchthi, il était plus simple de le diviser en ensembles plus homogènes et de dimensions plus restreintes.

Pour des raisons similaires, j'ai choisi d'aborder le matériel paléolithique à partir de groupes définis au préalable, plutôt que de rassembler en une même grille d'analyse les quelque 1400 pièces retouchées qu'il comprend. A nouveau, ceci permet une économie des variables étudiées, en ne retenant, pour chaque groupe, que celles qui sont pertinentes. Le choix des groupes est classique : comme cette analyse venait après l'étude descriptive du matériel, pièce par pièce, il était inutile de prétendre ignorer que l'on y retrouvait, pour l'essentiel, la plupart des grands groupes d'outils reconnus dans toutes les industries du Paléolithique supérieur : grattoirs, coches et denticulés, pièces à retouche latérale, pièces à bord abattu, troncatures simples et géométriques (outils perforants et burins étant, eux, excessivement rares). En fait, certains groupes ont même été immédiatement subdivisés, toujours pour faciliter l'analyse : trois sous-

groupes dans les pièces à bord abattu (lamelles à un bord abattu, lamelles à deux bords abattus et éclats à bord abattu), trois sous-groupes également dans les géométriques (triangles, segments et microlithes divers). A ces groupes d'outils proprement dits, nous ajouterons également celui des microburins (tableau VII).

C'est donc à partir de ces groupes et sous-groupes que sera conduite l'analyse de la variabilité diachronique. Par définition, cette analyse a été faite dans sa totalité avant l'étude du matériel phase par phase. L'une des conséquences gênantes de cette manière de procéder, au demeurant inévitable à Franchthi, est que le matériel de chaque groupe a été, dans cette première analyse, étudié sans tenir compte de son contexte c'est-à-dire de ses relations avec le reste de l'outillage issu des mêmes niveaux et de la même phase lithique. J'ignorais donc à ce stade quelles étaient les caractéristiques générales du matériel de chaque phase, quelle était sa structure, les relations entre les groupes et classes d'outils, etc. C'était, en quelque sorte, une analyse "aveugle" du matériel. En conséquence, un certain nombre de pièces limites, "atypiques" ou d'interprétation difficile, n'ont pu être véritablement comprises et correctement interprétées que lors de l'étude de l'ensemble du matériel de la phase lithique dont elles provenaient. C'est le cas, en particulier, de fragments, ou de pièces qui sont à la limite de variabilité de deux classes d'outils. Il est donc arrivé qu'au moment de l'étude définitive, phase par phase, j'ai été conduite, grâce à une meilleure vue d'ensemble de l'industrie, à revoir l'attribution de certaines pièces à tel ou tel groupe ou sous-groupe d'outils. C'est pourquoi les grilles d'analyses figurant dans ce chapitre offrent quelques différences avec les classifications et les décomptes définitifs présentés dans les chapitres qui suivent [1]. Je n'ai pas cherché à masquer ces différences en reprenant, a posteriori, les grilles d'analyse diachronique. En effet, ce mouvement de va-et-vient entre le matériel et les analyses fait partie intégrante de la recherche, et il n'y a pas lieu de nier des erreurs initiales ou des changements d'interprétation. De surcroît, ces différences sont mineures et n'affectent en rien la définition des phases lithiques, qui est ici notre propos.

GROUPE	SOUS-GROUPE
Pièces à retouche linéaires latérales (ou distales)	
Pièces à bord abattu	Eclat(s) à bord(s) abattu(s) Lamelles à 1 bord abattu Lamelles à 2 bords abattus
Coches	
Denticulés	
Grattoirs	
Troncatures simples	
Microlithes géométriques	Triangles Segments Autres géométriques*
Burins *	
Outils perforants *	
Microburins	

Tableau VII : Groupes et sous-groupes d'outils du Paléolithique. Les groupes ou sous-groupes marqués d'un astérisque ne figureront pas dans les analyses diachroniques de ce chapitre parce que trop faiblement représentés. L'ordre de présentation n'est pas pertinent.

L'établissement des grilles d'analyse et le choix des variables ont été faits en tenant compte des principes exposés dans les chapitres précédents : 1) chaque pièce doit être analysée en tenant compte des différentes étapes des chaînes opératoires dont elle est l'aboutissement, 2) ces analyses doivent permettre de mettre en évidence une variabilité diachronique qui peut porter, *a priori*, sur n'importe quelle étape des chaînes opératoires.

Certaines des variables seront communes à tous les groupes : ce sont celles qui reflètent des décisions inéluctables au cours de la fabrication de n'importe quel outil retouché : choix du support, choix du secteur à retoucher, orientation de la retouche, etc. D'autres variables seront propres à certains groupes ou sous-groupes : ce sont, notamment, les variables qui expriment la morphologie ou des éléments techniques propres à certains groupes (par exemple, la présence ou non d'une facette de piquant-trièdre). De fait, les variables morphométriques (angles, dimensions ou produits de dimensions) n'ont été retenues que lorsque les histogrammes de distribution des valeurs, effectués au préalable, montraient des distributions nettement plurimodales. Quand, au contraire, la variation était unimodale ou fluctuait de façon aléatoire, la variable n'a pas été retenue. A l'inverse, des variables morphométriques seront réintroduites dans l'étude du matériel phase par phase, soit à titre descriptif, soit pour préciser des différences dans le matériel d'une même phase.

Une fois définies les variables prises en considération pour chaque groupe [2], elles ont été analysées, d'abord individuellement puis en combinaison, en regard de la stratigraphie. Ce travail ne sera présenté que pour la tranchée H1, la séquence de F/A s'étant avérée trop incomplète pour servir de base à la définition des phases lithiques.

Pour tenter d'éliminer une partie des variations aléatoires liées à de trop faibles échantillons, le matériel des deux moitiés de la tranchée H1 (H1-A et H1-B) a été étudié simultanément ; les équivalences stratigraphiques ont été établies d'après les coupes stratigraphiques schématiques disponibles au moment où ce travail était réalisé. On peut légitimement critiquer le fait d'avoir étudié simultanément les deux moitiés de la tranchée H1 ; j'estime cependant que les risques d'erreurs introduits par d'éventuelles corrélations stratigraphiques erronées sont, à l'échelle où je me place, bien moindres que ceux que pourrait entraîner une interprétation indépendante de deux secteurs de fouille qui n'en constituent en réalité qu'un seul (mais qui, du fait de leurs dimensions restreintes, présentent d'inéluctables variations aléatoires ou liées à l'organisation spatiale des activités ; on trouvera un plan schématique de la zone fouillée dans chaque *unit* dans : Hansen, à paraître).

Cependant, ce travail ayant été réalisé bien avant que je ne reçoive les coupes stratigraphiques définitives (publiées dans Jacobsen et Farrand, 1987), il est possible que quelques différences apparaissent dans les corrélations entre les deux moitiés de la tranchée H1. Dans la mesure où la stratigraphie était assez claire dans les niveaux paléolithiques et où le but de la présente analyse est de mettre en évidence des phases lithiques de durée bien plus longue que les *units* elles-mêmes, je ne pense pas que d'éventuelles corrections

stratigraphiques puissent remettre en question la chronologie d'ensemble obtenue.

L'analyse et l'interprétation des tableaux par groupe a été faite manuellement, sauf pour les lamelles à bord abattu pour lesquelles j'ai pu disposer, grâce à la gentillesse et la compréhension de D. Ambroise, d'un traitement informatisé. Le principe, déjà exposé dans le chapitre III, en est de toute façon le même : il vise à définir les types chronologiques à partir desquels seront recherchées les phases lithiques, c'est-à-dire les séquences de *units* présentant une association typologique stable.

L'ordre de présentation des groupes est indifférent. Je rejetterai simplement à la fin l'analyse des lamelles à bord abattu, groupe dominant qui fera l'objet de discussions plus approfondies [3].

2. Analyse des groupes d'outils

A - Denticulés

Les denticulés présentent une ligne de retouche marquée par des indentations jointives, créées par une série de petites coches clactoniennes ou retouchées (fig. 21 n° 6-8, fig. 28 n° 15, fig. 30 n° 10-13, fig. 38 n° 15-19).

Les denticulés sont, au total, peu nombreux en H1 ($n = 26$). Je n'ai pas cherché à distinguer les denticulés obtenus par retouche intentionnelle, préalable à l'utilisation, de ceux produits par l'utilisation elle-même. Je crois en effet que la présence des uns comme des autres peut être importante chronologiquement, et que la discrimination serait de toute façon très hasardeuse en l'absence d'études tracéologiques.

L'analyse des denticulés est présentée dans le tableau VIII. Avant d'en commenter les résultats, deux remarques sont à faire : d'une part, l'angle de la retouche n'a pas été relevé de façon systématique dans les descriptions individuelles ; cette variable n'est donc pas représentée de façon complète dans le tableau. D'autre part, la présence de quelques denticulés doubles conduit parfois à une répétition des caractères sur une même ligne d'analyse (par exemple, coches clactoniennes et retouchées sur une même pièce).

L'examen du tableau des variables en fonction de la stratigraphie fait ressortir les points suivants :

1) Le groupe des denticulés lui-même, c'est-à-dire le caractère denticulé de la retouche, présente une répartition stratigraphique très différenciée : il est faiblement représenté en H1-B 211-210, absent dans les niveaux sus-jacents, puis présent à nouveau de façon continue dans la partie récente de la séquence (H1-B 160-150, H1-A 189-168). Comparée à celle du reste de l'outillage [4], cette distribution est statistiquement très significative et ne peut relever du hasard.

2) Aucune des autres variables considérées ne présente au contraire de variation significative au regard de la stratigraphie. En l'état des effectifs, seul le groupe des denticulés lui-même constitue un type chronologique.

B - Coches

Les coches présentent une modification concave et

		A1	A2	A3	B1	B2	B3	C1	C2	D1	D2	D3	D4	E1	E2	F1	F2	F3	F4	G1	G2	G3	G4	H1	H2
B215																									
B214																									
B213																									
B212																									
B211		•			•			•				•	•				•					•			•
B210		∴			∴			•	••	••	•			∴		••			•	••		•			∴
B209																									
B208																									
B207																									
B206																									
B205																									
B204																									
B203																									
B202	A220																								
B201	A219																								
B200	A218																								
B198	A217																								
B197-4	A216																								
B193-89	A215																								
B188-5	A214																								
B184	A213																								
B183-1	A212																								
B178-6	A211																								
B175-4	A210																								
B173	A209																								
B172-1	A208-5																								
B170	A204-2																								
B170	A204-2																								
B169-8	A201-0																								
B167	A199																								
B166	A198-7																								
B165	A196-5																								
B164-3	A194-2																								
B162	A191-0																								
B160	A189-8	••			••			•	•				••				••			••					••
B159	A187-2	••••			∴			•	•				∴		•		•		•	••	•	••	•		∴
B158	A181-0	•			•				•				•						•		•				•
B157	A179	•			•			•	•						•		•	•		•					•
B156	A178-6	••			••				••			•			••				••	•	•				••
B155	A175-4	❺	•		❻			•	∴	••	∴	••		❺	•		•		❺	∴	••	••		•	❺
B154	A173																								
B153	A172-1	∴			••			•	••	•		•	••	••	∴		••		•	••	••				∴
B152	A170	•			•				•		•			•					•		•				•
B151-0	A169-8	•		•	••			•	•	•	•			••					•	•					

Tableau VIII : Analyse du groupe des denticulés

A : support
  A1 - éclat
  A2 - lame ou lamelle
  A3 - indéterminé

B : orientation de la retouche
  B1 - directe
  B2 - inverse
  B3 - alterne ou indéterminée

C : nature des coches
  C1 - clactoniennes
  C2 - retouchées

D : angle de la retouche
  D1 - 1/4 abrupte
  D2 - 1/2 abrupte
  D3 - 3/4 abrupte
  D4 - abrupte

E : nombre de secteurs retouchés
  E1 - denticulé simple
  E2 - denticulé multiple

F : position de la retouche
  F1 - proximale
  F2 - mésiale
  F3 - distale
  F4 - bord complet

G : partie retouchée
  G1 - bord gauche
  G2 - bord droit
  G3 - bord distal
  G4 - indéterminé

H : pièce problématique
  H1 - oui
  H2 - non

		A1	A2	A3	B1	B2	B3	C1	C2	C3	C4	D1	D2	D3	E1	E2	E3	F1	F2	G1	G2
B215																					
B214																					
B213																					
B212																					
B211																					
B210		❺			••	•		•	⁝	•			••	⁝	••	••	•	❺		•	••
B209																					•
B208		•			•				•				•			•		•			
B207		•			•				•				•			•		•	•		
B206																					
B205																					
B204																					
B203																					
B202	A220		•		•								•			•		•		•	
B201	A219																				
B200	A218																				
B198	A217																				
B197-4	A216																				
B193-89	A215																				
B188-5	A214																				
B184	A213																				
B183-1	A212																				
B178-6	A211																				
B175-4	A210																				
B173	A209																				
B172-1	A208-5																				
B172	A208																				
B170	A204-2		••		•	•			•			•	•		••			••		•	•
B169-8	A201-0	•	••		••	•			•				⁝			•	•	⁝			•
B167	A199																				
B166	A198-7	•	•		•	•							•	•	••			•			•
B165	A196-5	•			•			•					•					•			•
B164-3	A194-2	•			•			•					•		•			•			•
B162-1	A191-0	•			•								•			•		•			•
B160	A189-8		•		•							•				•		•		•	
B159	A187-2			••	•	•		•	•				•			•		••			
B158	A181-0		•		•				•				•	•				•			•
B157	A179																				
B156	A178-6	•			•				•				•			•		•			•
B155	A175-4	••			••	•			•	•		•	••	•	••	⁝		•	••		•
B154	A173	••			••						•		••			•		•	•		
B153	A172-1	⁝			⁝				•	•			•	••	••	•		⁝			•
B152	A170																				
B151-0	A169-8	⁝			⁝			•	•			••		•	••	•		⁝			

Tableau IX : Analyse du groupe des coches

A : support
  A1 - éclat
  A2 - lame ou lamelle
  A3 - divers, indéterminé

B : orientation de la retouche
  B1 - directe
  B2 - inverse
  B3 - indéterminée

C : angle de la retouche
  C1 - 1/4 abrupte
  C2 - 1/2 abrupte
  C3 - 3/4 abrupte
  C4 - abrupte

D : position de la coche
  D1 - proximale
  D2 - mésiale
  D3 - distale

E : bord retouché
  E1 - gauche
  E2 - droit
  E3 - distal

F : nombre de coches
  F1 - coche simple
  F2 - coches multiples

G : pièce problématique
  G1 - oui
  G2 - non

		A1	A2	A3	B1	B2	B3	B4	B5	C1	C2	C3	C4	D1	D2	D3	D4	E1	E2	F1	F2	F3	F4	G1	G2	G3	G4	G5	H1	H2	H3	H4	N
B215		•			•						•			•				•			•			•					•				1
B214																																	0
B213																																	0
B212																																	0
B211																																	1
B210		∴			•	••					•	••		••		•		••		•				••	••	•			•	••			18
B209																																	0
B208			•		•							•		•				•			•	•							•		4
B207																																	6
B206		••	•	∴							••		•	•			•	••			••	•			••	•			••		•		7
B205		•			•						•		•				•			•		•						•				3
B204		•		•	••					•	•		•	•		•		••			••		•	•				•			12
B203		•			•						•		•				•			•	•						•				18
B202	A220	•			•					•			•				•			•		•					•			4
B201	A219		•	•					•				•				•			•	•						•			27
B200	A218																														7
B198	A217																														8
B197-4	A216																														9
B193-89	A215																														2
B188-5	A214																														7
B184	A213																														3
B183-1	A212																														4
B178-6	A211																														8
B175-4	A210		•		•														E2 •			•		•						18
B173	A209																														3
B172	A208																														3
B171	A207-5																														18
B170	A204-2																														16
B169-8	A201-0																														39
B167	A199		••		••					•			•		•		•		•		•		•		•			••	81
B166	A198-7	•	∴		••	•				••		•	•		••	•		•	••	•	••			•	∴		158
B165	A196-5	∴	••		⋮⋮					•	••		•	••	•		(5)	•	•		••	•	••	••	•		∴	•	•	92
B164-3	A194-2	••			•	•	•	•			••			••			⋮		•	••		•	•		•		•	•	40
B162-1	A191-0	∴	∴		(5)						••		∴	••	•		(5)	•	••	•	•	•	(5)		∴		••	83
B160	A189-8	∴			••	••				•	••			••			⋮⋮	••	•		•	••	••		••	•		•	35
B159	A187-2	∴			∴	•				••	•		•				∴	•		••		•	••	••		∴		•	43
B158	A181-0		•		•					•							•			•							•		37
B157	A179		•		•						•			•	•		•			•				•			•		15
B156	A178-6	••			•	•					•			•			••				••		••			•	•		46
B155	A175-4	(10)		•	(7)	⋮⋮				•	(6)	••	••	∴		∴		(11)		•		••	••	•	(8)	••	•		(6)	⋮⋮		64
B154	A173	∴			∴						•		••	••	•		•		•			•	•	•		∴		57
B153	A172-1	∴			••	•				•	•			•		•		∴			••	•	•	•		••	•	87
B152	A170	⋮⋮	••		⋮⋮	•		•			∴	•		••	•		⋮⋮		•	••		••	∴	••		••	•	••	47
B151-0	A169-8	(9)	••	•	(7)	⋮⋮			•		∴	•	•	∴	(6)	⋮⋮		(11)			∴	∴	⋮⋮	∴	(7)	•		•	(7)	••		••	68

Tableau X : Analyse du groupe des pièces à retouche linéaire

A : support, A1-éclat, A2-lame ou lamelle, A3-divers ou indéterminé

B : direction de la retouche, B1-directe, B2-inverse, B3-alterne, B4- alternante, B5-indéterminée ou mixte

C : angle de la retouche, C1-1/4 abrupte, C2-1/2 abrupte, C3-3/4 abrupte, C4-abrupte

D : morphologie de la retouche, D1-marginale très courte, D2-en écaille, D3-subparallèle, D4-irrégulière ample

E : continuité de la retouche, E1-continue, E2-discontinue

F : étendue de la retouche, F1-proximale, F2-mésiale, F3-distale, F4-bord complet

G : bord retouché, G1-bord gauche, G2-bord droit, G3-bord distal, G4-bilatéral, G5-indéterminé

H : attributs combinés, H1-retouche latérale directe sur éclat, H2- retouche latérale inverse sur éclat, H3-retouche latérale directe sur lame ou lamelle, H4-retouche latérale inverse sur lame ou lamelle

N: total des pièces retouchées dans chaque groupe de *units*.

nettement limitée sur un secteur, créée par un enlèvement unique (coche clactonienne) ou une série de petits enlèvements (coche retouchée). Pas plus que pour les denticulés, et pour des raisons analogues, je n'ai cherché à distinguer coches d'utilisation et coches à retouche intentionnelle (fig. 20 n° 11 et 13, fig. 39 n° 11-13).

L'analyse des coches est présentée dans le tableau IX. L'angle de la retouche a souvent été omis dans les descriptions individuelles, la partition sur cette variable est donc incomplète.

Au total, les coches sont peu nombreuses en H1 : 33 pièces [5]. Comme pour les denticulés, seul le caractère qui définit le groupe lui-même présente une distribution stratigraphique très significative : les coches sont concentrées sur deux périodes nettement disjointes, H1-B 210-202 dans la partie ancienne de la séquence, et H1-B 170-150 (H1-A 204-168) dans la partie récente.

En l'état des effectifs, seul le caractère ''coche'' lui-même permet donc une discrimination chronologique sûre et peut être érigé au rang de type chronologique. On soupçonne, sans pouvoir le démontrer, d'autres différences potentielles : concentration des coches mésiales sur lames ou lamelles dans la partie moyenne de la séquence, par exemple. Mais il aurait fallu des effectifs plus larges pour subdiviser en conséquence le type chronologique.

C - *Pièces à retouches linéaires*

Ce groupe est défini essentiellement négativement : ligne de retouche continue ne formant ni bord abattu, ni coche, ni denticulé (fig. 20 n° 2 et 14, fig. 30 n° 14, fig. 38 n° 12-14). Il est nettement plus riche que les précédents (86 pièces en H1).

L'analyse est présentée dans le tableau X. Toutefois, mes descriptions étaient parfois incomplètes en ce qui concerne les variables ''angle'' et ''morphologie'' de la retouche ; inversement, la présence de retouche bilatérale peut entraîner une répétition de caractères pour une même pièce.

L'examen du tableau montre que :

1) Le groupe considéré présente en lui-même une répartition stratigraphique différenciée, étant absent de la partie moyenne de la séquence (entre H1-B 200 et 169/8, H1-A 218 et 201/0).

2) Comme pour les coches, on observe une concentration des supports laminaires (par opposition aux éclats) entre H1-B 167 et H1-B 157, sans pouvoir affirmer que celle-ci n'est pas due au hasard.

3) La retouche directe domine tout du long ; la retouche inverse, plus rare, se rencontre plus fréquemment dans la partie récente de la séquence (à partir de H1-B 167), mais la différence n'est statistiquement pas significative au seuil de 0.05 [6].

4) Les autres variables ne présentent pas de variation significative, non plus que les combinaisons des variables précitées.

C'est donc, à nouveau, le groupe lui-même que nous retiendrons comme type chronologique, tout en considérant comme possible, sinon démontrée, l'existence de types chronologiques plus précisément définis, tels les éclats à retouche linéaire par opposition aux lames ou lamelles.

D - *Grattoirs*

Le groupe des grattoirs, relativement abondant en H1 (65 pièces) apparaissait, en première analyse, extrêmement variable et diversifié (fig. 21 n° 1-5, fig. 23 n° 10-11, fig. 24 n° 14-15, fig. 27 n° 19-24, fig. 28 n° 1-4, fig. 30 n° 6-9, fig. 39 n° 2-9). Pour tenter d'en saisir la structure, j'ai donc été conduite à multiplier les variables descriptives, aboutissant à une grille d'analyse complexe (tableau XI) mais finalement peu parlante. Très rares sont les attributs qui paraissent propres à une période donnée ; quant aux pièces perçues intuitivement comme très significatives (grattoirs carénés, unguiformes...), elles sont trop peu nombreuses pour pouvoir être érigées en types chronologiques si l'on respecte la procédure utilisée pour l'ensemble du matériel. Elles sont en effet trop rares pour se prêter à des tests statistiques permettant de confirmer que leur distribution ne peut être due au hasard. Pour ces raisons, je considère mon approche du groupe des grattoirs comme un échec, sans savoir si cela tient à la procédure employée ou à l'absence réelle de classes stables à valeur chronologique dans ce groupe.

L'examen du tableau d'analyse montre que la structure de chacune des variables considérées est sensiblement analogue : on observe pratiquement toujours la dominance d'un ou de deux attributs, sans qu'apparaisse de différenciation chronologique. Les attributs moins fréquents présentent, eux, une distribution parfois plus tranchée, mais les effectifs sont alors trop faibles pour démontrer que cette répartition est chronologiquement significative et ne relève pas du hasard. C'est pourquoi je ne rentrerai pas dans un commentaire de détail de chacune des variables, et me contenterai de signaler comme potentiellement significatives du point de vue chronologique les variables suivantes : formes particulières du front (carénée ou à épaulement), présence ou absence de cortex et de retouches latérales, front denticulé.

En fait, la seule variable pour laquelle on puisse affirmer une distribution différenciée et chronologiquement significative est la variable dimensionnelle, ici exprimée par le produit de la longueur par la largeur (exprimées en centimètres). Trois périodes peuvent être opposées : dans la partie la plus ancienne de la séquence (H1-B 210 à 167), les plus petits grattoirs (produit inférieur à 2), qui correspondent à de véritables micro-grattoirs, sont complètement absents tandis que l'on note au contraire un assez grand nombre de grattoirs de dimensions importantes (produit supérieur ou égal à 6). Dans une deuxième période (H1-B 166 à 160), on trouve au contraire de nombreux micro-grattoirs et grattoirs de petites dimensions, mais aucun grattoir dont le produit longueur x largeur dépasse 6. Enfin, au cours de la dernière période (partie la plus récente de la séquence), toutes les classes dimensionnelles sont présentes simultanément. Les effectifs sont trop restreints pour pouvoir démontrer la pertinence de la distribution dans ces trois périodes de chacune des classes dimensionnelles (cf. tableau XI), mais si l'on effectue un test du χ^2 en regroupant ces classes en deux ensembles (produit longueur x largeur égal ou inférieur à 6, produit supérieur à 6), on peut rejeter l'hypothèse d'une répartition aléatoire au seuil de 0.05. Sans que l'on puisse le démontrer, on soupçonne aussi que la

		A1	A2	A3	A4	B1	B2	C1	C2	C3	D1	D2	D3	D4	E1	E2	F1	F2	F3	F4	G1	G2	G3	G4	H	I1	I2	J1	J2	K1	K2	L1	L2	L3	L4	M1	M2	N1	N2	N3	N4	N5
B215																																										
B214																																										
B213																																										
B212																																										
B211																																										
B210																																										
B209																																										
B208																																										
B207																																										
B206																																										
B205																																										
B204																																										
B203																																										
B202	A220																																									
B201	A219																																									
B200	A218																																									
B198	A217																																									
B197-4	A216																																									
B193-89	A215																																									
B188-5	A214																																									
B184	A213																																									
B183-1	A212																																									
B178-6	A211																																									
B175-4	A210																																									
B173	A209																																									
B172	A208																																									
B171	A207-5																																									
B170	A204-2																																									
B169-8	A201-0																																									
B167	A199																																									
B166	A198-7																																									
B165	A196-5																																									
B164-3	A194-2																																									
B162-1	A191-0																																									
B160	A189-8																																									
B159	A187-2																																									
B158	A181-0																																									
B157	A179																																									
B156	A178-6																																									
B155	A175-4																																									
B154	A173																																									
B153	A172-1																																									
B152	A170																																									
B151-0	A169-8																																									

Tableau XI : Analyse du groupe des grattoirs

A : support, A1-éclat, A2-lame, A3-plaquette, A4-indéterminé

B : cortex, B1-présent, B2-absent

C : ampleur de la retouche, C1-courte, C2-moyenne, C3-ample

D : forme de la retouche, D1-irrégulière, D2-subparallèle, D3-parallèle, D4-en écaille

E : retouche convergente, E1-oui, E2-non

F : angle de la retouche, F1-1/4 abrupte, F2-1/2 abrupte, F3-3/4 abrupte, F4-abrupte

G : forme du front, G1-ogival, G2-convexe, G3-rectiligne, G4-convexe irrégulier

H : front denticulé

I : front, I1-symétrique, I2-disymétrique

J : front, J1-surplombant, J2-non surplombant

K : épaisseur du front, K1-inférieure à 0.7cm, K2-supérieure à 0.7cm

L : retouche latérale, L1-absente, L2-unilatérale, L3-bilatérale, L4- circulaire

M : formes particulières, M1-carénée, M2-à épaulement

N : produit longueur x largeur, N1-inférieur à 2, N2- 2 à 4, N3- 4 à 6, N4- 6 à 8, N5- supérieur à 8.

		A1	A2	A3	B1	B2	B3	C1	C2	D1	D2	D3	E1	E2	E3	F1	F2	G1	G2	G3	H1	H2	I1	I2
B215																								
B214																								
B213																								
B212																								
B211																								
B210																								
B209																								
B208																								
B207		•			•			•		•				•				•						
B206																								
B205				•		•			•		•	•						•						
B204																								
B203		•		•				•		•			•		•		•				•			
B202	A220																							
B201	A219	••			••			••	•	•			•	•		•		•		•				•
B200	A218																							
B198	A217																							
B197-4	A216																							
B193-89	A215																							
B188-5	A214																							
B184	A213																							
B183-1	A212																							
B178-6	A211																							
B175-4	A210																							
B173	A209		•		•			•		•			•		•		•				•			
B172	A208																							
B171	A207-5																							
B170	A204-2																							•
B169-8	A201-0	•		•		•	•			•			•			•		•						•
B167	A199	•		•	••		•			•	•			•	•	•	•	••			•			❺
B166	A198-7	❻		••	❽		❽		••	❻		•	❼		❻	•	❼		•	•				
B165	A196-5			•	•		•			•		•				•								
B164-3	A194-2		•		•		•			•	•	•						•						
B162-1	A191-0	•		•	••		••			••			••		•	•	••				•	•		
B160	A189-8	⠂•		••		•	⠂•	••		•		••	•		••	⠂•		⠇						
B159	A187-2	•		•		•		•		•						•								
B158	A181-0		••	••		••		••			•	•		••	••		⠇							
B157	A179																							
B156	A178-6	••		•	••	•	⠂•		⠂•		•	••		•	•	••		•	•					
B155	A175-4			•	•		•		•			•			•		•							
B154	A173	•		•		•		•		•						•								
B153	A172-1	•		•	••		••		•			•	•	•	•	•	•		•					
B152	A170	••		•	⠂•		••		••			•	••			••	⠂•		⠇		•			
B151-0	A169-8																							

Tableau XII : Analyse du groupe des troncatures simples

A : support
- A1 - éclat
- A2 - lame
- A3 - lamelle

B : orientation de la retouche
- B1 - directe
- B2 - inverse
- B3 - indéterminée

C : angle de la retouche
- C1 - abrupte
- C2 - non abrupte

D : position de la troncature
- D1 - proximale
- D2 - distale
- D3 - indéterminée

E : angle de la troncature
- E1 - normale
- E2 - oblique
- E3 - très oblique

F : latéralisation de la troncature (pour les troncatures obliques seulement)
- F1 - gauche
- F2 - droite

G : forme de la troncature
- G1 - rectiligne
- G2 - concave
- G3 - sinueuse

H : attributs combinés
- H1 - troncature oblique proximale droite
- H2 - troncature oblique proximale gauche

I : attributs combinés
- I1 - troncature oblique distale droite
- I2 - troncature oblique distale gauche

		A1	A2	A3	B1	B2	B3	C1	C2	D1	D2	E1	E2	F1	F2	F3	G1	G2	H1	H2
B215																				
B214																				
B213																				
B212																				
B211																				
B210																				
B209																				
B208																				
B207																				
B206																				
B205																				
B204																				
B203																				
B202	A220																			
B201	A219																			
B200	A218																			
B198	A217																			
B197-4	A216		•		•					•	•		•		•					
B193-89	A215																			
B188-5	A214																			
B184	A213																			
B183-1	A212																			
B178-6	A211																			
B175-4	A210																			
B173	A209																			
B172	A208																			
B171	A207-0																			
B170	A204-2																			
B169-8	A201-0																			
B167	A199																			
B166	A198-7			•		•				•		•	•							•
B165	A196-5	•			•					•		•	•		•					
B164-3	A194-2																			
B162-1	A191-0	••		••	⸬					••	••	••	••	⸬		••				••
B160	A189-8																			
B159	A187-2	•			•			•			•		•	•						•
B158	A181-0	•	•		••					•	•		••		••					••
B157	A179		⁖	•	⸬					•	⁖		⸬		⸬		⸬		⸬	
B156	A178-6	•		•	••			•		••	•	•	•		•	•		•		
B155	A175-4	••		•	⁖					••	•	•	••	•	•	•		•	•	
B154	A173	•	•		••	⸬				•	⁖	⁖	•	••	•	•	••	•		•
B153	A172-1	•		⁖	⸬					••	••	⁖	•	•	••	•		⁖	•	
B152	A170			❺	❺			•		⁖	••		❺	•	••	••			••	••
B151-0	A169-8		••		••					•	•	•	•		••			•		

Tableau XIII : Analyse du sous-groupe des triangles

A : support
   A1 - éclat
   A2 - lamelle
   A3 - indéterminé

B : direction de la retouche
   B1 - directe
   B2 - inverse
   B3 - indéterminée

C : présence d'une facette de piquant-trièdre
   C1 - en position proximale
   C2 - en position distale

D : latéralisation de la retouche
   D1 - gauche
   D2 - droite

E : forme
   E1 - scalène
   E2 - isocèle

F : angle entre les deux troncatures
   F1 - supérieur à 120°
   F2 - inférieur à 120°
   F3 - droit

G : attributs combinés
   G1 - triangle scalène à petit côté proximal
   G2 - triangle scalène à petit côté distal

H : attributs combinés
   H1 - triangle isocèle rectangle
   H2 - triangle isocèle non rectangle

répartition des plus petits grattoirs (produit longueur x largeur inférieur à 2) est également significative du point de vue chronologique, et qu'ils pourraient, à partir d'un effectif plus important, être érigés au rang de type chronologique.

En attendant, nous ne retiendrons donc dans ces grattoirs que deux types chronologiques : les grattoirs de produit longueur x largeur inférieur ou égal à 6, et les grattoirs de produit supérieur à 6. Les autres éléments qui paraissent susceptibles de variations chronologiques, sans que l'on puisse établir avec certitude leur caractère non aléatoire, ne seront pas utilisés pour la recherche des phases lithiques, mais se retrouveront ultérieurement dans l'étude du matériel phase par phase.

E - Troncatures simples

Les troncatures simples présentent une ligne de retouche abrupte et continue sectionnant la pièce d'un bord à l'autre. Selon la position et l'obliquité de la troncature, elles offriront dans notre séquence, d'intéressantes variations chronologiques (fig. 23 n° 13, 15-17, fig. 28 n° 5-10, fig. 29 n° 17-18, fig. 38 n° 3-6).

L'analyse des 57 pièces que comprend ce groupe en H1 (tableau XII) montre en effet que :

1) Ce groupe a, en lui-même, une valeur chronologique avec une répartition discontinue au long de la séquence (il est présent de H1-B 207 à H1-B 201, puis, à nouveau, de H1-B 168 à 152).

2) La nature du support ne peut être considérée comme variant de façon significative : certes, les lamelles n'apparaissent que dans la partie la plus récente de la séquence, mais ce pourrait être un effet du hasard. En revanche, la dominance inhabituelle des troncatures sur éclat doit être signalée comme une caractéristique des industries paléolithiques de Franchthi.

3) Position de la troncature : alors que les quelques troncatures les plus anciennes sont indifféremment proximales ou distales, on observe dans les niveaux plus récents (à partir de H1-B 168) une inversion de proportion entre les troncatures proximales et distales : les troncatures distales dominent entre H1-B 168 et 161 tandis que les troncatures proximales dominent entre H1-B 160 et H1-B 150. Cette différence apparaît comme très significative statistiquement.

4) Il n'y a pas de différence chronologique perceptible dans la répartition des troncatures normales, obliques ou très obliques (ces dernières recoupent la pièce sur toute sa longueur), mais la dominance écrasante des troncatures obliques et très obliques est à signaler comme caractéristique de ces industries.

5) La latéralisation des troncatures (pour les troncatures obliques ou très obliques), considérée séparément ou en combinaison avec le caractère proximal ou distal, présente de légères variations stratigraphiques. Mais les effectifs sont trop faibles pour assurer la pertinence de cette distribution.

Outre le groupe lui-même, peuvent donc être considérées comme des types chronologiques : les troncatures distales et les troncatures proximales.

F - Géométriques

Tous les géométriques sont, à Franchthi, des pièces de très petite dimension (inférieure à 2cm), que l'on peut qualifier de microlithes dans un sens général. Cette notion de microlithisme sera toutefois reprise et précisée dans le chapitre XIII, consacré à la phase lithique VI, la plus riche, et de très loin, en géométriques.

Pour l'analyse qui suit, j'ai défini trois sous-groupes dans l'ensemble des géométriques : les triangles, les segments et les microlithes divers (formes trapézoïdales et formes à troncatures convexes). En pratique, seuls les deux premiers sous-groupes seront analysés dans ce chapitre, le troisième étant trop faiblement représenté pour justifier cette approche.

F1 - Triangles

L'analyse sera ici malheureusement limitée aux pièces entières ($n = 34$), en raison des confusions possibles, sur les fragments, entre triangles et fragments de lamelles à bord abattu et troncature.

Nous avons inclus ici une variable de mesure d'angle entre les deux troncatures. En effet, la distribution des mesures d'angle avait fait apparaître des répartitions stratigraphiques différenciées au long de notre séquence paléolithique. Mais ces angles ont été mesurés au rapporteur à partir des dessins, et ne doivent être considérés que comme approximatifs.

L'examen du tableau analytique (tableau XIII) indique des variations chronologiques importantes, et portant sur plusieurs variables :

1) La distribution du sous-groupe des triangles est par elle-même pertinente du point de vue chronologique puisque, à une exception près (vraisemblablement une pièce hors de contexte), tous les triangles sont regroupés dans la moitié la plus récente de la séquence, à partir de H1-B 166. Ils restent rares entre H1-B 166 et H1-B 158 (H1-A 198 à H1-A 180), et se multiplient ensuite dans la toute dernière partie du Paléolithique (H1-B 157-150, H1-A 179-168).

2) Support, latéralisation, orientation et technique de ces triangles ne montrent pas de variation stratigraphique significative.

3) La morphologie est en revanche plus différenciée, les triangles isocèles étant présents partout où figurent des triangles, tandis que les triangles scalènes ne sont abondants que dans les niveaux les plus récents. Mais on ne peut, sur la base de nos effectifs, affirmer que la répartition de cette variable, considérée individuellement, soit chronologiquement significative.

4) Les angles entre les deux troncatures sont également intéressants, puisque les triangles les plus anciens ont toujours un angle très ouvert (supérieur à 120°), contrairement aux triangles de la fin du Paléolithique qui présentent éventuellement un angle inférieur à 120° ou même droit. En comparant ces deux périodes, un test binomial montre que la probabilité d'obtenir une telle distribution pour les angles de moins de 120° est inférieure à 0.001.

On peut donc individualiser trois types chronologiques dans le groupe des triangles : les triangles isocèles non rectangles, les triangles isocèles rectangles, et les triangles

		A1	A2	A3	B1	B2	B3	C1	C2	C3	C4	D1	D2
B215													
B214													
B213													
B212													
B211													
B210													
B209													
B208													
B207													
B206													
B205													
B204													
B203													
B202	A220												
B201	A219												
B200	A218												
B198	A217												
B197-4	A216												
B193-89	A215												
B188-5	A214												
B184	A213												
B183-1	A212												
B178-6	A211												
B175-4	A210												
B173	A209												
B172	A208												
B171	A207-5												
B170	A204-2												
B169-8	A201-0												
B167	A199												
B166	A198-7												
B165	A196-5												
B164-3	A194-2												
B162-1	A191-0												
B160	A189-8		•		•							•	
B159	A187-2												
B158	A181-0												
B157	A179												
B156	A178-6												
B155	A175-4		•	•	••				•			••	
B154	A173			•	•			•				•	
B153	A172-1	•	•	❼	❼		•	•	••		•	❻	∴
B152	A170		•	∴	⁞⁞			•		•		••	••
B151-0	A169-8	•		•	••				•			•	•

Tableau XIV : Analyse du sous-groupe des segments

A : support
   A1 - éclat
   A2 - lamelle
   A3 - indéterminé

B : orientation de la retouche
   B1 - directe
   B2 - inverse
   B3 - croisée

C : présence de facettes de piquant-trièdre
   C1 - facette de piquant-trièdre proximale
   C2 - facette de piquant-trièdre distale
   C3 - facettes de piquant-trièdre proximale et distale
   C4 - facette de piquant-trièdre de position indéterminée

D : latéralisation de la retouche
   D1 - gauche
   D2 - droite

		A1	A2	A3	A4	A5	B
B215							
B214							
B213							
B212							
B211							
B210							
B209							
B208							
B207							
B206							
B205							
B204							
B203							
B202	A220						
B201	A219						
B200	A218						
B198	A217						
B197-4	A216	•					•
B193-89	A215						
B188-5	A214						
B184	A213						
B183-1	A212						
B178-6	A211						
B175-4	A210						
B173	A209						
B172	A208						
B171	A207-5						
B170	A204-2	•	••	•			
B169-8	A201-0	••		⁖	••		•
B167	A199	⑪	⁖	⁖	••		••
B166	A198-7	㉓	••	⑧	⑧	⑤	•
B165	A196-5	⑤		••	••	⁘	
B164-3	A194-2	⑬			⁖	•	
B162-1	A191-0	⑭		•	⁖		••
B160	A189-8	••			•	•	
B159	A187-2	•					•
B158	A181-0						
B157	A179					•	
B156	A178-6	⁘			•		•
B155	A175-4				•		•
B154	A173	⁖		••	•		
B153	A172-1	⁘		⁘	•		•
B152	A170	•	•		••		
B151-0	A169-8	⁘		•	•		•

Tableau XV : Analyse du groupe des microburins

A : position de la coche
  A1 - coche distale gauche
  A2 - coche proximale gauche
  A3 - coche distale droite
  A4 - coche proximale droite
  A5 - coche de position
      indéterminée

B : microburin Krukowski

		A1	A2	A3	A4	B1	B2	C1	C2	D1	D2	E1	E2	E3	E4	F1	F2	G1	G2	H1	H2	I1	I2
B215																							
B214																							
B213																							
B212																							
B211																							
B210																							
B209																							
B208																							
B207																							
B206																							
B205																							
B204																							
B203																							
B202	A220																						
B201	A219																						
B200	A218				•	•		•				•				•				•			
B198	A217																						
B197-4	A216																						
B193-89	A215																						
B188-5	A214																						
B184	A213																						
B183-1	A212																						
B178-6	A211																						
B175-4	A210																						
B173	A209																						
B172	A208																						
B171	A207-5																						
B170	A204-2	•				•		•				•				•				•			
B169-8	A201-0	•				•		•				•											
B167	A199	∴				••	•	•	∴			••				••		•		•			
B166	A198-7	(9)				(9)		∴	(6)		•	(5)	••			••	(6)	••			••	•	::	
B165	A196-5	(9)				(6)	∴	::	(7)	••	∴	(5)	•			••	(6)	••			::		••	•
B164-3	A194-2	•				•		•	∴			•	•								•			
B162-1	A191-0	::				∴	•	•	::		•	•	•		∴	::				••		••	
B160	A189-8								•															
B159	A187-2								•				•	•	••									
B158	A181-0	∴				∴		•	••			••						•	••					
B157	A179												•	••										
B156	A178-6	::				::		••	••		∴	•				•		•	••					
B155	A175-4	•				•			•					∴	•									
B154	A173	∴				∴		••	•			•	••			∴		•		∴			
B153	A172-1	∴				∴		••	•			••	•							∴			
B152	A170	••				••		•	•					•	•								
B151-0	A169-8	••				•	•	•	:			••				•							

Tableau XVI : Analyse du sous-groupe des éclats à bord abattu

A : orientation de la retouche
  A1 - directe
  A2 - inverse
  A3 - croisée
  A4 - indéterminée

B : nombre de bords abattus
  B1 - un bord
  B2 - deux bords

C : latéralisation de la retouche
  C1 - droite
  C2 - gauche

D : présence d'une facette de piquant-trièdre
  D1 - proximale
  D2 - distale

E : morphologie du bord abattu
  E1 - rectiligne
  E2 - convexe
  E3 - concave
  E4 - sinueux

F : longueur de l'éclat
  F1 - supérieure ou égale à 1.3cm
  F2 - inférieure à 1.3cm

G : présence de troncatures
  G1 - proximale
  G2 - distale

H : attributs combinés
  H1 - éclat à bord abattu simple de longueur supérieure ou égale à 1.3cm
  H2 - éclat à bord abattu simple de longueur inférieure à 1.3cm

I : attributs combinés
  I1 - éclat à bord abattu et facette de piquant-trièdre de longueur supérieure à 1.3cm
  I2 - éclat à bord abattu et facette de piquant-trièdre de longueur inférieure à 1.3cm

scalènes d'angle inférieur à 120° (fig. 28 n° 11-14, fig. 29 n° 19-21, fig. 37 n° 1-17). La fréquence des fragments associés à ce dernier type confirme d'ailleurs son importance chronologique, comme le montrera l'étude de la phase VI.

F2 - Segments

Les segments ont une distribution chronologique très étroitement limitée : hormis une pièce mise au jour en H1-A 188, peut-être hors de contexte, tous les segments proviennent de la partie la plus récente de la séquence : H1-B 155 à 151 (H1-A 175 à 168) (fig. 37 n° 24-32).

Mais ce groupe s'avère très homogène dès qu'il est présent (tableau XIV) : aucune des variables considérées ne montre de répartition stratigraphique différenciée. C'est donc le sous-groupe des segments, par lui-même, qui constitue un type chronologique dans le Paléolithique de Franchthi.

G - Microburins

Ce groupe a un statut particulier dans notre analyse, puisqu'il ne s'agit pas d'outils à proprement parler, mais de déchets caractéristiques d'une technique de segmentation des supports. C'est en fait le seul cas où nous ayons pu utiliser un caractère technologique pour la recherche des phases lithiques puisqu'il se prête aisément à une analyse en présence/absence (fig. 26 n° 3-14, fig. 29 n° 1-3, fig. 37 n° 1-17).

Le groupe des microburins a une répartition stratigraphique bien différenciée : à l'exception d'un microburin Krukowski en H1-A 216, ils font leur apparition en H1-B 170 (H1-A 204), et sont alors présents jusqu'à la fin du Paléolithique, quoique moins abondants dans la partie la plus récente de la séquence. La disparition des microburins en H1-B 158-157 et H1-A 181-179 ne peut être démontrée comme significative et peut relever d'un hasard de distribution [7].

Quant aux autres variables (position de la coche, latéralisation, présence de microburins Krukowski), elles ne varient pas de façon significative au long de cette séquence (tableau XV).

Aussi est-ce le groupe de microburins et lui seul que l'on peut considérer comme un type chronologique.

H - Pièces à bord abattu

H1 - Eclats à bord abattu

Les éclats sont en majorité à un bord abattu ($n = 42$). Les éclats à deux bords abattus sont rares ($n = 5$) et ne justifiaient pas une analyse indépendante (fig. 23 n° 9-12, fig. 27 n° 14-18, fig. 29 n° 15-16).

L'examen du tableau XVI montre que le groupe des éclats à bord abattu a une distribution stratigraphique bien tranchée : à une exception près, ils ne sont présents qu'à partir de H1-B 170, H1-A 204. Mais ce n'est pas le seul caractère qui présente un intérêt du point de vue chronologique :

1) Les éclats présentant un bord abattu prolongé par une facette de piquant-trièdre, en position proximale ou distale, sont nettement concentrés entre H1-B 167 et H1-B 161 (H1-A 199 à 190), et cette distribution est tout à fait significative du point de vue statistique.

2) Les mesures de longueur permettent aussi de distinguer deux périodes : une période ancienne où dominent des éclats de dimension moyenne (supérieure ou égale à 1.3cm), et une phase récente où dominent de très petits éclats, de longueur inférieure à 1.3cm. Cette limite a été établie d'après l'histogramme de distribution des longueurs et correspond à une coupure naturelle dans l'échantillon étudié. Cette inégalité de répartition selon la longueur s'avère très significative du point de vue statistique (la probabilité qu'elle relève du hasard est inférieure à 0.01).

3) Si l'on combine les attributs ayant montré une répartition chronologique significative, on constate que les éclats à bord abattu et facette de piquant-trièdre sont nettement concentrés dans la partie moyenne de la séquence, sans que n'intervienne de critère de dimension. En revanche, les éclats à bord abattu simple sont présents partout, mais peuvent être subdivisés du point de vue chronologique selon la longueur.

Nous retiendrons donc trois types chronologiques : d'une part les éclats à bord abattu et facette de piquant-trièdre, d'autre part les éclats à bord abattu simple de longueur supérieure ou égale à 1.3cm, et les éclats à bord abattu simple de longueur inférieure à 1.3cm.

H2 - Lamelles à bord abattu

Contrairement aux autres groupes d'outils du Paléolithique, les lamelles à bord abattu, beaucoup plus abondantes, ont fait l'objet de traitements informatisés en plus des analyses manuelles sur les variables considérées individuellement.

Je donnerai donc ici une liste des variables et des attributs qui ont servi de base à ces analyses, en indiquant immédiatement leur intérêt du point de vue chronologique, tel qu'il ressort du tableau XVII. Cette première approche sera suivie du commentaire des résultats des traitements informatisés, qui prennent en compte simultanément l'ensemble des variables. Ces derniers incluent en outre les lamelles à bord abattu de la tranchée F/A-S.

Lamelles à un et deux bords abattus ont été traitées selon un même code descriptif, avec, le cas échéant, quelques analyses supplémentaires faites manuellement pour les unes ou les autres, et qui seront indiquées dans ce qui suit.

Variables et attributs pris en compte dans l'analyse des lamelles à bord abattu :
A) Références :
   A1 : numéro de code, A2 : tranchée, A3 : _unit._

Ces variables n'ont pas été intégrées dans les analyses informatisées. La stratigraphie n'était donc pas une des données des classifications. Elle n'a été prise en compte que dans une seconde étape, une fois établies les classes morphotechnologiques.

B) Intégrité :
   B1 : pièce intacte, B2 : pièce cassée.

		C1	C2	C3	D1	D2	D3	D4	E1	E2	E3	F1	F2	F3	F4	F5	G1	G2	G3	G4	G5	G6	H1	H2	H3	H4	H5	I1	I2	I3	J1	J2
B215																																
B214																																
B213																																
B212																																
B211																																
B210																																
B209																																
B208																																
B207		∴			•	••			∴			∴						••					•	••				••		•	∴	
B206		∴		•	∴	•			::	•		∴			•	••							••	••							::	::
B205			•		•				•			•						•					•					•		•	•	
B204		∴				•		•	∴			••			•	•	•		•				•	••				••		•	∴	
B203		6	6		::	∴	::	••	13			12					5			∴	•	∴	9					::		8	12	
B202	A220	••	•	•	•	•	•	•	::			∴				•	•	••					••	••				••			••	::
B201	A219	10	9	•	6	8	∴	•	20			14			••	::	6	•	•		•		11	8				••		10	10	19
B200	A218		∴	••	::	•			::		•	5					••						∴	••							∴	5
B198	A217	∴	::		•	••	•	∴	7			5		•		•		••					••	∴	∴		•		∴	•	∴	6	•
B197-4	A216	∴	••	•	•	::		•	6			∴		•		••		•	•				••	••	∴			•		••	::	6	
B193-89	A215	•					•		•			•						•										•			•	
B188-5	A214	••		••	••	••			••		••	∴			•								::					•		∴	∴	::
B184	A213	•	•				••		••			••			•								••					••			••	
B183-1	A212	∴	••		•	••		∴	5			::			•		•	••			•		::				•	•	•	∴	5	
B178-6	A211	::	∴	•	•	••	∴	••	8			8			::	•		∴	•		∴	••					•	∴		5	7	•
B175-4	A210	5	5	∴	7	••	::		10		∴	6	∴		••	••	•	•	∴	•	••	5	::				∴	::	••	7	13	
B173	A209	••			•	•		••				•		•	•		•			•			••						••		••	
B172	A208	•	•	•	•	•	•		∴			••	•		•			•			•		••					•	•	•	•	••
B171	A207-5	∴	8		::	••	::	•	10		•	10			•	•	••		••		6	5					6	•	5	11		
B170	A204-2	•	6	•	6	•	•		7		•	∴	••		∴	•		•	•	•	::	••			••		••	::		::	8	
B169-8	A201-0	9	9	•	11	6	•	•	18			7	6		6		•	7	::		7			•	•	10	10		9	14		
B167	A199	13	28	∴	13	18	7	7	38	•	•	18	12		•	14	6	::	14	::	∴	14	12		••	::	14	26	::	15	45	
B166	A198-7	11	38	••	12	21	10	8	41	•	•	20	14	∴	::	15	::	::	17	6	6	19	16		••	7	18	27	••	22	51	
B165	A196-5	6	17	•	13	5	5	•	23		•	6	10	••	•	::	•	∴	::	6	•	9	∴		•	::	5	12	••	10	22	•
B164-3	A194-2	•	11		••	5	5		12			5	••	•	•	∴		••	::	•	•	∴	∴		5	••	5	•	∴	12		
B162	A191	••	12	••	6	6	::		15		•	5	∴	∴	::		::	••	•	••		8	∴		••		••	9	••	6	15	
B161	A190	••	18	••	8	6	6	••	22			6	5	::	∴	::	••	6	::	∴	••	5	8		••	5	••	12		9	22	
B160	A189-8	•	5		∴	∴			6			∴	••		•			•	∴	•	•			•	••	::		••		5	•	
B159	A187-2	∴	••		••	••	•		5			6	•	•			∴			•		•	∴		•		•	::		•	5	
B158	A181-0	∴	10		7	∴	••	•	13			11		•	••	•	∴	••			::	::	8			•		7		6	11	
B157	A179	∴	∴		••	∴	•		6			5			•			••			∴	•	5					•		5	6	
B156	A178-6	∴	7		5	∴	••		10			::		5	•		7			∴	••			5				5	•	•	10	
B155	A175-4	5	15	•	7	9	5		21			8	•	8	••	•	••	10	•	••	••	::	6		10		•	8		13	20	•
B154	A173	7	14	•	9	6	6	•	22			8		6	•	6	::	6	::	••	••	7	7		6		••	::	::	14	22	
B153	A172-1	8	13	••	::	12	7		23			10	∴	5	•	::	••	::	••	•	::	9	9		::		•	9	6	11	23	
B152	A170	∴	••	•		::	••		6			••			∴	•	•			••	••	::					•	•		::	7	
B151-0	A169-8	∴	7		6	••	•		10			::		∴	•	••	∴	••			••	∴	5		••			6		::	9	

Tableau XVII : Analyse du sous-groupe des lamelles à un bord abattu. Le codage des données est indiqué dans le texte.

Cette variable n'avait pour but que de permettre un tri aisé des pièces pour les analyses subséquentes. Elle n'a pas été prise en compte directement dans les analyses.

C) Latéralisation du bord abattu :

C1 : droit, C2 : gauche, C3 : indéterminé.

Pour les lamelles à deux bords abattus, C1 et C2 ont tous deux été codés positifs. Ces deux attributs ne présentent pas, par eux-mêmes, de distribution stratigraphique très tranchée sur les lamelles à 1 bord abattu. Leur association éventuelle avec d'autres attributs est en effet très fluctuante d'une période à l'autre ; comme l'axe chronologique n'était pas inclus dans les analyses informatisées, cette variable n'y a joué qu'un rôle très mineur. Nous reprendrons donc la question d'une latéralisation préférentielle de certaines classes de lamelles une fois ces dernières définies, lors de l'analyse phase par phase.

D) Sections :

D1 : △ , D2 : ▱ , D3 : ◹ , D4 : ⬭

Cette variable s'est révélée assez décevante. Je n'ai pu montrer ni répartition chronologique différenciée de chacun des attributs, ni association préférentielle avec d'autres caractères des lamelles à bord abattu.

E) Direction de la retouche :

E1 : directe, E2 : inverse, E3 : alternante ou croisée.

La retouche directe est tellement majoritaire que cette variable n'a pas d'intérêt chronologique. Après quelques essais, elle a donc été supprimée des analyses informatisées. Dans un cas seulement, au cours de l'étude phase par phase, il sera possible de suggérer une proportion un peu plus importante de retouche croisée (phase III, chapitre X).

F) Forme du bord abattu :

F1 : rectiligne, F2 : arqué, F3 : dièdre, F4 : sineux, F5 : indéterminé (sur fragments de trop petite dimension).

Les trois premiers attributs se sont révélés significatifs du point de vue chronologique, même considérés individuellement. Nous les retrouverons associés de façon préférentielle à certaines combinaisons morphotechnologiques de l'extrémité distale.

G) Morphologie de l'extrémité distale :

G1 : rectangulaire, G2 : biseautée, G3 : pointue symétrique, G4 : convexe asymétrique, G5 : convexe symétrique (arrondie), G6 : cassée (tableau XVIII).

Les quatre premiers attributs s'avèrent significatifs du point de vue chronologique, soit en présence/absence, soit, ultérieurement, dans l'étude des proportions. G5 se distingue moins bien chronologiquement de G1, mais s'avèrera associé à des caractères techniques différents de ce dernier.

H) Technique de l'extrémité distale:

H1 : bord distal présent, non retouché, H2 : extrémité distale formée par la rencontre de deux bords retouchés (ne s'applique qu'aux lamelles à deux bords abattus), H3 : bord distal présent, retouché (lamelles tronquées), H4 : extrémité distale constituée par une facette de piquant-trièdre, H5 : extrémité distale constituée par la convergence d'un bord retouché et d'un bord brut de débitage (pas de bord distal) (tableau XVIII).

Lorsque G6 était codé positif, aucune réponse n'était donnée pour H. Tous les attributs de cette variable apparaissent significatifs d'un point de vue chronologique, soit en présence/absence, soit, ultérieurement, dans l'étude des proportions (chapitre XIV).

I) Bases :

I1 : brute de débitage, I2 : retouchée, I3 : cassée.

L'étude préliminaire des données m'avait conduite à penser que cette variable ne donnait pas, à Franchthi, d'informations chronologiques ; ceci explique pourquoi, contrairement à l'extrémité distale, elle n'a pas fait l'objet d'une analyse détaillée. Les analyses informatisées confirment que les bases retouchées sont apparemment associées de façon aléatoire avec n'importe quelle classe de lamelles à bord abattu. J'ai néanmoins effectué à la main une analyse morphologique et technique de toutes les bases retouchées, mais sans pouvoir montrer de répartition stratigraphique significative.

J) Nombre de bords retouchés :

J1 : un bord retouché (abattu, par définition), J2 : un bord abattu et retouche non abrupte sur l'autre bord, J3 : deux bords abattus.

L'attribut J2 ne s'est pas révélé significatif dans notre série, et a été finalement supprimé des analyses informatisées. Je pense toutefois que, comme pour la variable précédente, ceci est lié au caractère incomplet de la séquence de Franchthi. L'étude comparative avec d'autres sites paléolithiques de la Grèce montre clairement que ces deux variables auraient été importantes pour décrire des ensembles non représentés à Franchthi (cf. chapitre XV).

K) Dimensions :

K1 : longueur, K2 : largeur, K3 : épaisseur.

Ces variables n'ont pas été incorporées dans les analyses effectuées dans ce chapitre, et seront examinées lors de l'étude phase par phase. Il aurait en effet fallu, pour les intégrer aux présentes analyses, pouvoir les réduire à des variables qualitatives (en divisant chacune des dimensions en classes dimensionnelles). Mais les histogrammes de distributions effectués sur l'ensemble du matériel n'ont pas permis de définir de classes naturelles. Plutôt que de créer des limites complètement artificielles, j'ai donc préféré étudier ces variables ultérieurement, une fois définies les classes de lamelles à bord abattu et les phases lithiques. Elles montreront d'ailleurs à ce stade des variations très intéressantes d'une phase à l'autre.

Six cent vingt lamelles à bord abattu ont ainsi été décrites individuellement et utilisées dans les analyses de chaque variable, dès lors que le caractère étudié était présent. En revanche, pour l'étude simultanée des différentes variables et la recherche des corrélations entre ces variables, nous avons par force restreint le corpus aux pièces intactes. Deux cent quarante pièces ont donc été soumises à des traitements

Technique / Morphologie	1	2	3	4	5
1		x			x
2		x			x
3	x	x	x		
4		x			
5		x		x	x

Tableau XVIII : Représentation graphique des classes morphotechnologiques de lamelles à un bord abattu. Les croix représentent des combinaisons contradictoires ou propres aux lamelles à deux bords abattus.

informatisés : classifications automatiques hiérarchiques ascendantes et analyse des correspondances (Benzécri 1973).

Quatre classifications automatiques ont été effectuées à partir de 24 attributs (précédemment définis) et selon quatre algorithmes de classification :

- classification ascendante hiérarchique sur matrice de distance par algorithme du saut minimal,
   - *idem*, par algorithme de la distance moyenne,
   - *idem*, par algorithme de la variance,
   - *idem*, par algorithme du barycentre.

Pour des raisons matérielles, il est impossible de reproduire les dendrogrammes obtenus, mais ceux-ci sont à la disposition des chercheurs qui le souhaiteraient.

Si l'on prend, à titre d'exemple, la classification obtenue selon le critère de la distance moyenne, on s'aperçoit que les individus sont ordonnés, pour l'essentiel, en respectant l'identité des attributs concernant la morphologie et la technique de l'extrémité distale ; ces derniers apparaissent comme les attributs déterminants de la classification au niveau le plus détaillé. La séquence des groupes est en effet la suivante :

- 20 pièces de technique distale 4 (facette de piquant-trièdre)
- 13 pièces de technique distale 1, dos sinueux
- 14 pièces diverses, de section 4
- 12 pièces de morphologie distale 5 et technique distale 1
- 7 pièces de morphologie distale 5, mais techniques variées
- 7 pièces de morphologie distale 2, technique distale 1
- 8 pièces de morphologie distale 2, technique distale 3
- 4 pièces de morphologie distale 2, technique distale 1
- 1 pièce de morphologie distale 2, technique distale 3
- 5 pièces à deux bords abattus, de morphotechnologie distale variée (non 3/2)
- 17 pièces de morphologie distale 2, technique distale 3
- 14 pièces de morphologie distale 4, techniques variées
- 34 pièces de morphologie distale 1, technique distale 1
- 2 pièces à deux bords abattus, morphologie 1, technique 1
- 27 pièces de morphologie distale 3, technique distale 5
- 2 pièces à deux bords abattus, morphologie 3, technique 5
- 17 pièces à deux bords abattus, morphologie distale 3, technique distale 2.

On constate donc que, selon cette classification, 63% des pièces sont ordonnées selon la technique et la morphologie de l'extrémité distale, 94% selon la technique ou la morphologie distale. Or l'importance de ces deux variables se retrouve sur toutes les autres classifications automatiques,

et se voit également confirmée par l'analyse des correspondances.

Cette analyse des correspondances n'a pas donné d'excellents résultats, puisque le pourcentage cumulé des valeurs propres des deux premiers axes n'est que de 27.5%, et 39.1% pour les trois premiers axes. Mais les résultats vont bien dans le même sens que ceux des classifications automatiques : les graphiques de projection des variables sur les deux premiers axes (fig. 17) et sur les axes 2 et 3 (fig. 18) montrent en effet que les variables les plus excentrées, qui sont donc déterminantes dans l'organisation du nuage de points, sont toutes des variables concernant la morphologie et la technique de l'extrémité distale. La seule exception est la forme de dos 3 (dos dièdre), également très excentrée et étroitement liée (c'est normal) à la technique 3, c'est-à-dire aux extrémités distales retouchées. Au contraire, les variables concernant la section, la nature de la base et, de façon générale, la forme du bord abattu sont nettement plus centrées et ont un poids bien moindre dans la distribution des pièces. Toutefois, la prise en compte de ces variables conduit à une relative dispersion des pièces sur les deux plans étudiés (que nous ne pouvons reproduire, pour des raisons matérielles), et aboutit à des groupes de pièces analogues à la fois trop petits et trop nombreux pour servir de base utilement à notre classification des lamelles à bord abattu.

Au vu des résultats obtenus sur l'ensemble de ces traitements, j'ai donc décidé de retenir comme base de classification, d'une part, les deux groupes des lamelles à un et deux bords abattus, d'autre part, dans chacun d'entre eux, les deux critères combinés : morphologie et technique de l'extrémité distale. Les classes obtenues sont présentées graphiquement dans le tableau XVIII ; ce sont elles que nous utiliserons dans la suite de ce travail, tant pour définir les phases lithiques que pour décrire le matériel de chaque phase. L'association éventuelle de chaque classe avec d'autres attributs des lamelles à bord abattu (section, bases, etc.) sera alors réexaminée.

Les classes ayant ainsi été établies, nous pouvons maintenant en tester la valeur chronologique en regard de la stratigraphie [8]. Rappelons qu'à ce stade nous ne pouvons travailler qu'en présence/absence, puisque les *units*, considérées individuellement, ne sont pas assez riches en matériel pour établir des pourcentages, et que nous ne pouvons encore les regrouper faute d'avoir défini les phases lithiques. C'est donc dans un moment ultérieur de ce travail que nous aurons l'occasion de revenir sur la variabilité diachronique des lamelles à bord abattu, en tenant compte, cette fois, des variations de proportion entre les classes de lamelles d'une phase lithique à l'autre (cf. chapitre XIV).

A) Les lamelles à un bord abattu (fig. 22 n° 5-18, fig. 24 n° 2-12, fig. 26 n° 15-32, fig. 27 n° 1-13, fig. 29 n° 4-11, fig. 36 n° 8-22).

L'analyse des tableaux de répartition des lamelles en H1-A et H1-B (tableaux XX et XXI) permet de constater que le sous-groupe des lamelles à un bord abattu possède par lui-même une valeur chronologique. Il est absent de la partie la plus ancienne de la séquence : H1-B 215-207. La partie équivalente de H1-A n'a pas été fouillée et, dans cette seconde moitié de la tranchée, les lamelles à bord abattu apparaissent dès les niveaux les plus profonds.

En outre, on relève plusieurs classes qui présentent une répartition stratigraphique nettement différenciée et peuvent être considérées comme des types chronologiques :

a) les classes 3/5 (lamelles pointues symétriques), 4/5 (lamelles pointues asymétriques), 2/3 (lamelles à bord abattu et troncature distale rectiligne) et 1/3 (lamelles à bord abattu et troncature distale convexe) présentent, chacune, une répartition chronologique équivalente à nulle autre classe. Elles constituent, individuellement, des types chronologiques.

b) d'autres classes présentent également des distributions stratigraphiques tranchées, mais communes à plusieurs classes qui peuvent donc être regroupées comme type chronologique.

Ce sont, d'une part, toutes les classes de technique distale 1 (1/1, 2/1, 4/1 et 5/1), où le bord distal est conservé et non retouché. Nous les regrouperons sous le terme de lamelles à bord abattu obtuses.

Ce sont également toutes les classes de technique distale 4, c'est-à-dire à facette de piquant-trièdre (2/4, 3/4 et 4/4, la classe 1/4 n'étant pas représentée).

Au total, nous utiliserons donc six types chronologiques pour la recherche des phases lithiques. Il s'avèrera par la suite que d'autres classes ont également un intérêt chronologique, mais uniquement par les variations de proportions qu'elles présentent d'une phase à l'autre.

B) Les lamelles à deux bords abattus (fig. 23 n° 1-8, fig. 29 n° 12-14, fig. 36 n° 23-33).

Ce sous-groupe est ressorti nettement comme un ensemble bien individualisé dans toutes les analyses conduites jusqu'ici, et l'on constate, en étudiant sa répartition stratigraphique, qu'il présente une répartition assez différente de celle des lamelles à un bord abattu (cf. tableau XXII). Contrairement à ces dernières, les lamelles à deux bords abattus disparaissent complètement de la partie médiane de notre séquence : elles ne sont présentes que dans les phases les plus anciennes et les plus récentes des niveaux à bords abattus.

Cependant, le nombre de pièces, beaucoup plus restreint que pour les lamelles à un bord abattu, ne permet pas ensuite une analyse chronologique aussi poussée. Le nombre de classes représentées dans notre série est bien plus limité que pour les précédentes (tableau XIX) et lorsque l'on projette celles-ci sur l'axe stratigraphique, la plupart ont un effectif trop limité pour être pris en compte dans cette analyse diachronique. En fait, la seule remarque que l'on puisse faire est que la classe 3/2 (lamelles pointues symétriques) est présente aussi bien dans la phase ancienne que dans la phase récente, les autres classes n'étant représentées que dans la période récente. Chacune d'entre elles n'est attestée qu'en de faibles proportions (tableau XXII), mais considérées comme un ensemble (lamelles à deux bords abattus non 3/2) elles montrent une distribution statistiquement significative (test binomial en posant comme hypothèse que, à l'instar de l'ensemble des lamelles à bord abattu, on

devrait en trouver 1/4 dans la période ancienne et 3/4 dans la période récente ; dans ces conditions, leur absence dans la partie ancienne de la séquence est extrêmement significative).

Nous ne retiendrons donc que deux types chronologiques dans ce sous-groupe : les lamelles à bord abattu de morphotechnologie distale 3/2 d'une part, et les lamelles à deux bords abattus de morphotechnologie distale variée (obtuses, tronquées, arrondies, etc.) d'autre part, regroupant dans ce dernier type toutes les autres classes morphotechnologiques représentées dans cette série.

3. Définition des phases

A l'issue des analyses qui précèdent, 24 types chronologiques ont été retenus. C'est un chiffre minimal, dérivé des seuls caractères dont on pouvait démontrer une distribution statistique non aléatoire. J'ai déjà signalé (chapitre III) le caractère artificiel de la limite ainsi introduite, et la probabilité selon laquelle, avec un effectif plus riche, nous aurions été à même de mettre en évidence de plus nombreux types chronologiques. La définition des phases lithiques en sera peut-être rendue plus difficile, mais ces pièces caractéristiques se retrouveront dans l'étude de chaque phase.

Par ailleurs, ces types chronologiques correspondent à des niveaux d'analyse différents : ce sont parfois des groupes d'outils ou des sous-groupes, parfois des classes définies par des combinaisons plus ou moins complexes d'attributs. Ces différences de niveau relèvent de deux ordres de phénomènes : d'une part la structure de la variabilité dans chaque groupe, d'autre part l'abondance numérique de chaque groupe. Seule une poursuite des analyses sur des ensembles plus riches permettra éventuellement de faire la part de l'un et de l'autre. Mais il est clair que si nous avions cherché à établir les phases lithiques à partir de classifications de même niveau, et non à partir d'une typologie, beaucoup plus souple dans son emploi, nous nous serions heurtés, du fait de ces déséquilibres entre les groupes d'outils, à des problèmes difficiles à résoudre.

Trois tableaux ont été élaborés pour mettre en évidence les phases lithiques à partir de ces types chronologiques :

1) Deux tableaux, respectivement pour H1-A et H1-B, où j'ai fait figurer toutes les *units* dans l'ordre numérique (qui reflète approximativement l'ordre stratigraphique). Ces tableaux ont pour objet de pouvoir servir de base à une éventuelle reconstruction de la séquence stratigraphique exacte si l'on estime que les équivalences stratigraphiques que je proposerai entre H1-A et H1-B sont à modifier. Mais je ne les ai pas utilisés directement dans l'établissement des phases lithiques, car la faiblesse numérique des échantillons dans certains types chronologiques introduit des variations entre les deux moitiés de la tranchée qui ne sont pas pertinentes pour notre propos (cf. tableaux XXIII et XXIV).

2) Les phases lithiques ont donc été définies à partir d'une matrice globale H1-A et H1-B, établie d'après la stratigraphie archéologique de la coupe est, la seule disponible où l'équivalence stratigraphique directe entre *units* de H1-A et de H1-B était repérable pratiquement sur l'ensemble de la

Technique Morphologie	1	2	3	4	5
1		x	absent	absent	x
2		x		absent	x
3	x		x	absent	
4	absent	x	absent	absent	x
5		x		x	x

Tableau XIX : Représentation graphique des classes morphotechnologiques de lamelles à deux bords abattus. Les croix indiquent des combinaisons contradictoires ou propres aux lamelles à un bord abattu.

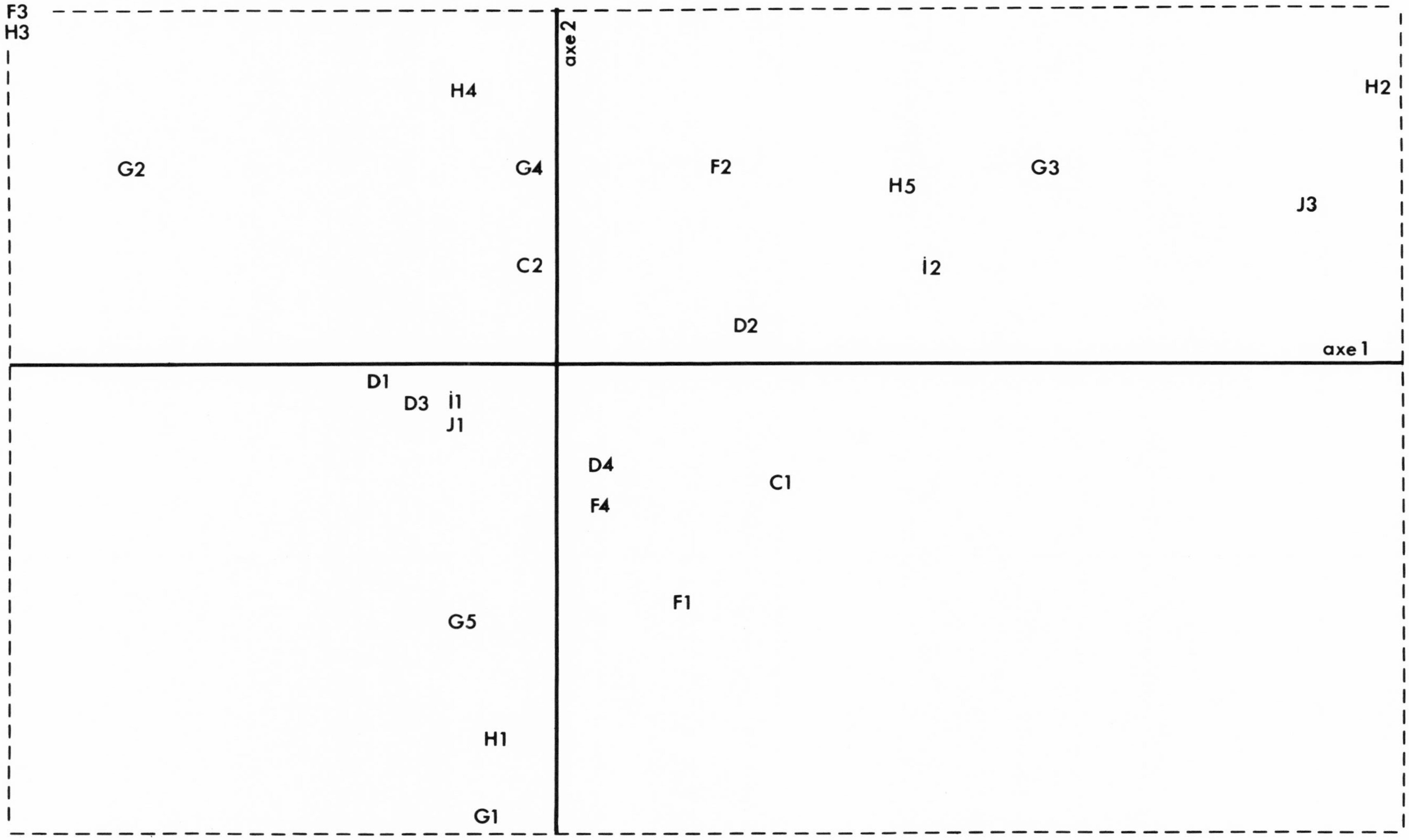

Figure 17 : Projection des variables descriptives des lamelles à bord abattu sur les deux premiers axes de l'analyse des correspondances. Le codage des variables est donné dans le texte. On remarque la position excentrée et donc déterminante des variables concernant la morphologie de l'extrémité distale (G1 à G5) et la technique de l'extrémité distale (H1 à H5).

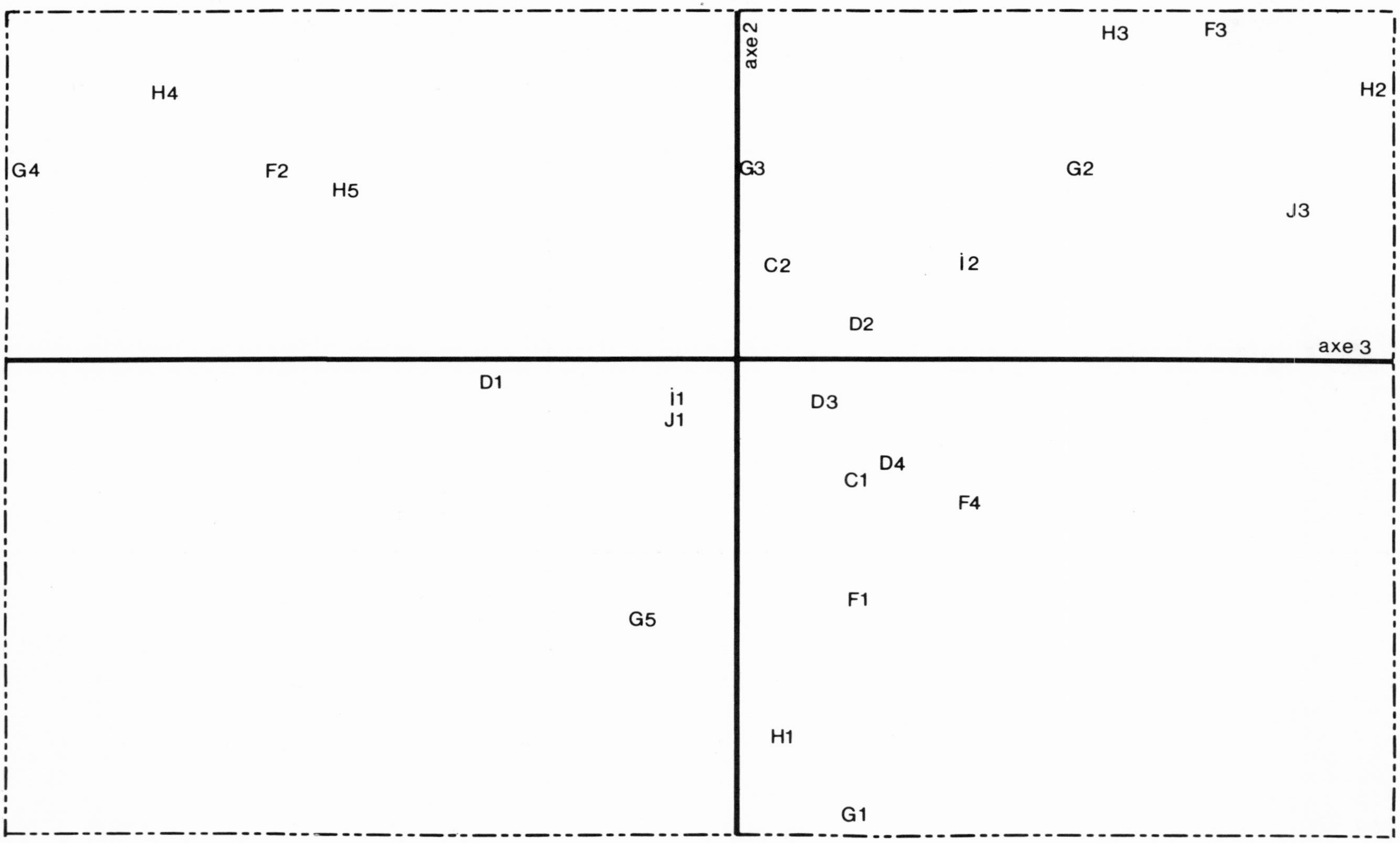

Figure 18 : Projection des variables descriptives des lamelles à bord abattu sur les deuxième et troisième axes de l'analyse des correspondances. Mêmes remarques que pour la figure 17.

	1/1	2/1	4/1	5/1	1/3	2/3	4/3	2/4	3/4	4/4	3/5	4/5	6-
H1-A 220	•												•
H1-A 219	••	•		•									(5)
H1-A 218	••												
H1-A 217		•		•									••
H1-A 216				•							•		•
H1-A 215						•							
H1-A 214													
H1-A 213													
H1-A 212													
H1-A 211	••	•											••••
H1-A 210	•												•
H1-A 209	•												
H1-A 208													•
H1-A 207													
H1-A 206	•	•		••							•		••
H1-A 205	•	•											••
H1-A 204											•		
H1-A 203	•												••
H1-A 202			•										••
H1-A 201											•		
H1-A 200	•										(5)	••	(7)
H1-A 199	(6)	•••	•	•		•			••••	•	(9)	•••	(18)
H1-A 198	•••	•		••••		••			•••	•	(7)	••	(13)
H1-A 197	•	•	•	•		••					(5)	•	•••
H1-A 196		•						••					••
H1-A 195	••			••		•		•		••	••	•	(12)
H1-A 194						•							
H1-A 193													
H1-A 192										•			••••
H1-A 191													•••
H1-A 190		•••		•		••		••	•	•	•		(5)
H1-A 189						•				•			
H1-A 188		•		•				•		•	•		
H1-A 187													•
H1-A 186				•									•
H1-A 185													
H1-A 184													•
H1-A 183						•							•
H1-A 182	••												
H1-A 181	••			••									••
H1-A 180	••	•											
H1-A 179		•											
H1-A 178													
H1-A 177		•											
H1-A 176		•				•							•
H1-A 175						•							•
H1-A 174	•	••		••		•					•		••
H1-A 173	••			•		•							•
H1-A 172	•	••		•••		•	•						(5)
H1-A 171													•
H1-A 170	•	••		••		•							•
H1-A 169	•			••		•							•••

Tableau XX : Répartition des différentes classes morphotechnologiques de lamelles à un bord abattu en H1-A. Seules figurent les classes effectivement représentées en H1.

Les industries paléolithiques

	1/1	2/1	4/1	5/1	1/3	2/3	4/3	2/4	3/4	4/4	3/5	4/5	6-
H1-B 215													
H1-B 214													
H1-B 213													
H1-B 212													
H1-B 211													
H1-B 210													
H1-B 209													
H1-B 208													
H1-B 207	•	•											•
H1-B 206	••												••
H1-B 205													•
H1-B 204	••										•		•••
H1-B 203	❺		•••	•									•••
H1-B 202	••												••
H1-B 201	••••										•		❻
H1-B 200													•••
H1-B 199													
H1-B 198				•		•							•
H1-B 197													•
H1-B 196				•									
H1-B 195													
H1-B 194	•												•
H1-B 193													
H1-B 192													
H1-B 191													
H1-B 190													
H1-B 189													
H1-B 188													••
H1-B 187													•
H1-B 186													
H1-B 185													•
H1-B 184													••
H1-B 183													
H1-B 182		•		•							•		
H1-B 181													
H1-B 180	•										•		
H1-B 179													
H1-B 178													
H1-B 177		•											
H1-B 176													
H1-B 175											••		•
H1-B 174		•		••							••		•••
H1-B 173				•									
H1-B 172											•		•
H1-B 171	•												•
H1-B 170													

Tableau XXI : Répartition des différentes classes morphotechnologiques de lamelles à un bord abattu en H1-B. Seules figurent les classes effectivement représentées en H1 (à suivre).

	1/1	2/1	4/1	5/1	1/3	2/3	4/3	2/4	3/4	4/4	3/5	4/5	6-
H1-B 169											•	•	
H1-B 168								•				•	•
H1-B 167				•							•		
H1-B 166	•		••	••		•					••	•	••
H1-B 165	•			•				•	•		•	••	•
H1-B 164	•••								••	•	••		
H1-B 163													••
H1-B 162	••••					••			••		•	•	••••
H1-B 161										•	•	•	•
H1-B 160											••		
H1-B 159	•					•					•		
H1-B 158	•		•							•			•••
H1-B 157		•		•••									•
H1-B 156	•			•		•••							•
H1-B 155	•					•••	•						••
H1-B 154	•••			••							••		••••
H1-B 153	••			•		•	•						•••
H1-B 152													•
H1-B 151	•												
H1-B 150	•												

Tableau XXI (suite) : Répartition des différentes classes morphotechnologiques de lamelles à un bord abattu en H1-B.

		D1	D2	D3	D4	E1	E2	E3	F1	F2	F3	F4	F5	G1	G2	G3	G4	G5	G6	H1	H2	H3	H4	H5	I1	I2	I3	J1	J2	J3	J4	J5	J6	J7	J8
B215																																			
B214																																			
B213																																			
B212																																			
B211																																			
B210																																			
B209																																			
B208																																			
B207			•			•			•										•									•							
B206				•		•						•				•					•								•						
B205																																			
B204			•			•			•										•							•		•							
B203				•		•			•							•					•					•		•		•					
B202	A220		•			•			•							•					•					•			•	•					
B201	A219		•	•		•	•		•	•									•	•						•	•	•	•		•	•				
B200	A218		•			•			•										•							•		•	•						
B198	A217																																			
B197-4	A216		•			•			•										•							•		•	•						
B193-89	A215																																			
B188-5	A214		•	•		•	•		•	•						•	•				•	•				•	•	•	•	•	•				
B184	A213			•		•			•										•						•			•		•						
B183-1	A212		•			•			•							•					•					•		•		•					
B178-6	A211																																			
B175-4	A210																																			
B173	A209																																			
B172	A208																																			
B171	A207-5																																			
B170	A204-2																																			
B169-8	A200																																			
B167	A199																																			
B166	A198-7																																			
B165	A196-5																																			
B164-3	A194-2																																			
B162	A191																																			
B161	A190																																			
B160	A189-8		••			••			••						•			•	•							•	•	•					•		
B159	A187-2		••		•	∴		•	∴								•		•	•			•		•	••	•	•			•	•			
B158	A181-0		••		•	∴		•	••	•						••			•		••					••	•	•	••						
B157	A179		•			•					•					•					•						•		•						
B156	A178-6		∴		•	::			••		•		••		•	∴					••			••	••	•	•	••	••	••				•	•
B155	A175-4		∴		•	::			••	•		•				•		••	•	••	•				•	••	•	•						•	
B154	A173		⑤	•		⑤	•		∴	•		••				∴			••		∴					::	•	••	••						
B153	A172-1		⑥			⑥			∴	••		•	••			∴		•	•	∴			•		••	••	••	•	••			••		•	
B152	A170		::	•		⑥			••	••	•	••		••		••			••	∴	••	•				••	::	••	•	•	•				
B151-0	A169-8		∴	•		::			::		•	•			•	∴				∴	•				••	••		••						•	

Tableau XXII : Analyse du sous-groupe des lamelles à deux bords abattus. Même code que pour les lamelles à un bord abattu (cf. texte), sauf pour J : combinaisons morphotechnologiques de l'extrémité distale, J1 - 6- (cassées), J2 - 3/2 (pointues symétriques), J3 - 5/1 (extrémité arrondie non retouchée), J4 - 5/3 (troncature convexe), J5 - 1/1 (extrémité rectangulaire non retouchée), J6 - 2/1 (extrémité biseautée non retouchée), J7 - 3/5 (pointues à retouche partielle), J8 - 2/3 (à troncature distale rectiligne).

	A	B	C	D	E	F	G	H	I	J	K		a	b	c	d	e	f	g	h	i	j	k	l	m	n	o	p	q
H1-A 220				••									•																
H1-A 219	•			•	❾								::							•									
H1-A 218				••		•							••		•														
H1-A 217				::	•								••																
H1-A 216				••		•									•														
H1-A 215				•											•														
H1-A 214																													
H1-A 213																													
H1-A 212																													
H1-A 211				❼									⦂⦂																
H1-A 210				••									•																
H1-A 209				•									•																
H1-A 208				•																									
H1-A 207																													
H1-A 206			•	❼									::				•			•									
H1-A 205				::									••																
H1-A 204		•		••													•												
H1-A 203				⦂⦂		::							•																
H1-A 202		•		⦂⦂									••																
H1-A 201				•		•								•															
H1-A 200		••	•	•	⑮		❻						•		❺	••			•		•								
H1-A 199	••			••	㊽		⑱	⦂⦂					⑪		•	••	❾	⦂⦂	❺	•			•	•					
H1-A 198	••	••	::	⦂⦂	㊲		㊱	❻					❽		••	⦂⦂	❼	••	❻	••	::			•	⦂⦂			•	
H1-A 197	⦂⦂			⦂⦂	⑰		❾	::	•				::	•	••	⦂⦂	❺	•	••	•			•	••					
H1-A 196				❺		••							•					⦂⦂											
H1-A 195	::	::	⦂⦂	•	㉓		⑭	❻					::		•	::	••	•	⦂⦂	••	⦂⦂			•					
H1-A 194				•										•															
H1-A 193																													
H1-A 192	::			•	❺		❻										•		•										
H1-A 191	•		•		::		•		•					•			•		•										
H1-A 190	::	•			⑱		❼		⦂⦂				❻	••	••		•		::					•					
H1-A 189				⦂⦂	•	••								•					•			•					•		
H1-A 188	••			❻		::				•			••			•													
H1-A 187	•	•		•				•											•										
H1-A 186	•	•		•	•								•							•									
H1-A 185				•																									
H1-A 184				⦂⦂	•	⦂⦂		•						•	•			•											
H1-A 183	•		•	⦂⦂	•	⦂⦂		•										•											
H1-A 182	•	•		••				•					••																
H1-A 181		••	••	::		•	••	•					::	•				••	••		•								
H1-A 180	•		••	::	•		•	•					••	•				••					••						
H1-A 179				•		•	••						•									••							
H1-A 178				•	•															•									
H1-A 177		•		•									•																
H1-A 176			•	⦂⦂									•	•				•											
H1-A 175	⦙⦙	•		••	••	•		•	•					•							••					•			
H1-A 174	•	••		❾	••		•	•					❺	•	•	•					•								
H1-A 173	::	•	•	❺	⦂⦂	⦂⦂	•	••		••			⦂⦂	•			•			•	••	•	••	•					
H1-A 172	•	••	••	⑱	::	❻		⦂⦂	••	::			❻	•			•	•		••	••	⦂⦂		::					
H1-A 171		•	•	•			⦂⦂							•			•	•		••									
H1-A 170	::		::	❼	⦂⦂		❺		⦂⦂				❺	::	•		::			⦂⦂	⦙	⦂⦂						⦂⦂	
H1-A 169	❼	•		•	❼		::		⦂⦂	•	⦂⦂		⦂⦂	••	•				•		•						⦂⦂		

Tableau XXIII : Répartition des types chronologiques en H1-A

1) Groupes et sous-groupes :

A : retouches linéaires
B : coches
C : grattoirs
D : troncatures simples
E : lamelles à un bord abattu
F : lamelles à deux bords abattus
G : microburins
H : éclats à bord abattu
I : triangles
J : denticulés
K : segments

2) Combinaisons d'attributs :

a : lamelles à un bord abattu
    technique 1 (obtuses)
b : triangles isocèles non
    rectangles
c : lamelles à bord abattu et
    troncature (2/3)
d : éclats à bord abattu, L >
    1.3cm
e : lamelles à bord abattu 3/5
    (pointues symétriques)
f : lamelles à bord abattu 4/5
    (pointues asymétriques)
g : lamelles à bord abattu et
    facette de piquant-trièdre
    (technique 4)
h : éclats à bord abattu et facette
    de piquant- trièdre
i : grattoirs, L x l < 6
j : grattoirs, L x l > 6
k : troncatures proximales
l : troncatures distales
m : lamelles à deux bords abattus
    non 3/2
n : lamelles à deux bords abattus
    3/2 (pointues symétriques)
o : triangles isocèles rectangles
p : éclats à bord abattu,
    L < 1.3cm
q : triangles scalènes

	A	B	C	D	E	F	G	H	I	J	K
H1-B 215	•										
H1-B 214											
H1-B 213											
H1-B 212											
H1-B 211		•								•	
H1-B 210	⁘	⁘	❻			••					
H1-B 209											
H1-B 208	•	•	••								
H1-B 207		•		•	⁘	•					
H1-B 206	⁘				⁘	•					
H1-B 205	•			••	•						
H1-B 204	••	•		•	❻	•					
H1-B 203	•		•	••	⑫	•					
H1-B 202	•	•			⁘	•					
H1-B 201			•	•	⑪	••					
H1-B 200					⁘	•					
H1-B 199											
H1-B 198					⁘						
H1-B 197					•	•					
H1-B 196					•						
H1-B 195											
H1-B 194					••						
H1-B 193											
H1-B 192											
H1-B 191											
H1-B 190											
H1-B 189									•		
H1-B 188					⁘	•					
H1-B 187					•						
H1-B 186											
H1-B 185					•	•					
H1-B 184					••	•					
H1-B 183											
H1-B 182					⁘	•					
H1-B 181					•						
H1-B 180					••						
H1-B 179											
H1-B 178											
H1-B 177					•						
H1-B 176											
H1-B 175					⁘						
H1-B 174	•		•	•	❾						
H1-B 173					•						
H1-B 172					••						
H1-B 171					•						
H1-B 170											

	a	b	c	d	e	f	g	h	i	j	k	l	m	n	o	p	q
H1-B 215																	
H1-B 214																	
H1-B 213																	
H1-B 212																	
H1-B 211																	
H1-B 210									••	⁘							
H1-B 209																	
H1-B 208									•	•							
H1-B 207	••									•							
H1-B 206	••														•		
H1-B 205																	
H1-B 204	••				•												
H1-B 203	❾							•		••				•			
H1-B 202	••														•		
H1-B 201	⁘				•			•				•					
H1-B 200																	
H1-B 199																	
H1-B 198	•		•														
H1-B 197																	
H1-B 196	•																
H1-B 195																	
H1-B 194	•																
H1-B 193																	
H1-B 192																	
H1-B 191																	
H1-B 190																	
H1-B 189			•														
H1-B 188																	
H1-B 187																	
H1-B 186																	
H1-B 185																	
H1-B 184																	
H1-B 183																	
H1-B 182	••				•												
H1-B 181																	
H1-B 180	•				•												
H1-B 179																	
H1-B 178																	
H1-B 177																	
H1-B 176																	
H1-B 175						••											
H1-B 174	⁘					••											
H1-B 173	•				•						•						
H1-B 172					•												
H1-B 171	•																
H1-B 170																	

Tableau XXIV : Répartition des types chronologiques en H1-B

1) Groupes et sous-groupes :

A: retouches linéaires
B: coches
C: grattoirs
D: troncatures simples
E: lamelles à un bord abattu
F : lamelles à deux bords abattus
G: microburins
H: éclats à bord abattu
I : triangles
J : denticulés
K: segments

2) Combinaisons d'attributs :

a : lamelles à un bord abattu
  technique 1 (obtuses)
b : triangles isocèles non
  rectangles
c : lamelles à bord abattu et
  troncature (2/3)
d : éclats à bord abattu, L > 1.3cm
e : lamelles à bord abattu 3/5
  (pointues symétriques)
f : lamelles à bord abattu 4/5
  (pointues asymétriques)
g : lamelles à bord abattu et
  facette de piquant-trièdre
  (technique 4)
h : éclats à bord abattu et facette
  de piquant- trièdre
i : grattoirs, L x l < 6
j : grattoirs, L x l > 6
k : troncatures proximales
l : troncatures distales
m: lamelles à deux bords abattus
  non 3/2
n : lamelles à deux bords abattus
  3/2 (pointues symétriques)
o : triangles isocèles rectangles
p : éclats à bord abattu,
  L < 1.3cm
q : triangles scalènes

	A	B	C	D	E	F	G	H	I	J	K		a	b	c	d	e	f	g	h	i	j	k	l	m	n	o	p	q
H1-B 169					••		•										•	•											
H1-B 168		•		•	⋮		•											•	•										
H1-B 167				⋮⋮			••						•				•												
H1-B 166			•	⑪			⑧	•					❺		•	•	••	•			•								
H1-B 165	••				❼		⋮⋮	⋮					•••				•	••	••	⋮									
H1-B 164	•		•		❽		❽	•					⋮				••		⋮	•	•								
H1-B 163		•			••		•																						
H1-B 162	•				⑫	•	❻	•					⋮⋮		••		•	•	••	•									
H1-B 161				•	⋮⋮		❻	••									•	•	•	•								•	
H1-B 160	•	•	••	••	••					••									••		•	•	••	•					
H1-B 159		•	•		⋮	•	❺			•			•		•			•			•					•			
H1-B 158					❻	•	⋮	•					••			•		•									•		
H1-B 157	•		••		❺	•			••	•			⋮⋮								•	•					•	••	
H1-B 156	••			••	⋮⋮	⋮	❺	⋮⋮	⋮⋮	••			••	•	⋮	•						••		•	••	•	••	••	
H1-B 155	❼		•	•	❽				❼	⋮⋮	••		•	•	⋮						•		•			•			❺
H1-B 154		•	•	••	⑪	⋮	⋮	••	⋮				❺								•		•			•	••	••	
H1-B 153	••	•	⋮⋮	•	❽	••	⋮	⋮	•	•	⋮⋮		⋮		•						•	⋮	⋮		•		•	⋮	
H1-B 152	••		••	⋮	•	••	⋮⋮	••	••	•	•			•							••		••	•	•	•	•		
H1-B 151			•		•		•	••					•	•							•								•
H1-B 150	❺	••	•		•		•	•		•			•								•								

Tableau XXIV (suite) : Répartition des types chronologiques en H1-B.

séquence paléolithique. Mais il ne s'agit cependant pas d'équivalences univoques entre une *unit* de H1-A et une *unit* de H1-B. Bien souvent, à une *unit* d'une moitié de la tranchée en correspondent plusieurs dans l'autre moitié. J'ai essayé de limiter toutefois au maximum les regroupements de *units* pour rendre ce tableau le plus fidèle possible à la stratigraphie. Malgré tout, les équivalences proposées ne sont pas les seules possibles (notamment quand des *units* d'une moitié tombent à cheval sur deux autres dans la seconde moitié : cf. coupe est de H1) ; mais je ne pense réellement pas que les modifications que l'on pourrait proposer soient de nature à remettre en cause la définition même des phases lithiques, puisque celles-ci sont définies comme des séquences de *units* présentant des caractères typologiques stables. Les révisions porteraient plutôt sur les limites exactes de chaque phase et l'attribution de certains niveaux à des interphases. Mais nous aurons de toute façon un meilleur contrôle de ce problème lorsque nous étudierons l'ensemble du matériel, y compris le débitage, et non plus seulement les types chronologiques.

En regard de la succession stratigraphique des *units* figure, à gauche du tableau XXV, la distribution des groupes et sous-groupes qui se sont révélés pertinents du poit de vue chronologique. Les pièces fragmentées sont incluses dans leur groupe respectif. A droite du tableau, nous avons porté les types chronologiques définis à partir de classes reposant sur des combinaisons d'attributs, dont sont alors exclus, le cas échéant, les fragments non analysables selon ces critères. L'ordre des groupes et des classes n'est évidemment dicté par aucun impératif archéologique. Aussi les ai-je ordonnés de manière à faire apparaître de façon assez claire les différences de répartition (apparitions et disparitions successives des types chronologiques). Du fait de la répartition discontinue de certains types, la diagonalisation stratigraphique n'est pas parfaite et l'on aurait pu utiliser un ordre différent (soulignant les disparitions plus que les apparitions de types, par exemple). Toutefois, tel qu'il se présente, ce tableau (XXV) permet déjà de mettre en évidence des discontinuités plus ou moins nettes dans la séquence, encadrant au contraire des séries de *units* homogènes du point de vue typologique. Ainsi, la définition de phases lithiques est possible : nous n'avons pas affaire à un continuum évolutif.

A ce stade, il aurait pu être intéressant de tenter un regroupement des *units* (en utilisant les types comme variables) par des approches informatisées. Ceci n'a pas été possible, pour des raisons pratiques. Mais il est certain, au demeurant, qu'en raison des variations numériques très importantes d'une *unit* à l'autre, ces approches auraient abouti à la constitution de nombreux groupes ne comprenant qu'un petit nombre de *units* chacun et ne correspondant pas au niveau d'analyse que nous recherchons.

Par ailleurs, traitant d'un matériel fabriqué par l'homme, il me paraît utile et légitime d'accorder plus de poids à certaines catégories qu'à d'autres : notamment, les types qui témoignent d'un investissement technique maximal et particulièrement structuré. C'est ainsi que j'ai accordé, dans la définition des phases, *plus de poids à la variabilité des lamelles à bord abattu et des microlithes géométriques* (pièces où la retouche est très systématique et correspond à une mise en forme

pratiquement complète de l'outil), qu'à celle des retouches linéaires, coches ou denticulés (où la retouche est directement liée à l'utilisation technique, de position variable, peu systématique et sur un support de morphologie plus ou moins aléatoire).

Une telle option n'est certainement pas contredite par l'expérience : nombreux sont les auteurs qui reconnaissent cette importance variable des types dans l'établissement des chronologies (le célèbre "fossile-directeur" en étant la meilleure illustration), même si, à ma connaissance, les raisons profondes de ces différences ne sont pas clairement établies.

Il n'en reste pas moins qu'à l'issue d'analyses que j'ai tenté de rendre objectives, la définition des phases lithiques, avec l'importance accordée aux lamelles à bord abattu et géométriques, comporte paradoxalement une part d'arbitraire incontestable.

Je proposerai donc d'individualiser les phases suivantes, définies ici brièvement d'après les types chronologiques, et qui seront caractérisées de façon plus complète en reprenant l'étude de l'ensemble du matériel qui peut leur être rapporté :

- Phase lithique 0 : tout à la base de la séquence, cette phase est caractérisée par l'absence pratiquement complète de matériel retouché. Elle ne peut donc être définie en termes typologiques, et c'est pourquoi je lui ai attribué le chiffre 0.

- Phase lithique I : présence de pièces à retouches latérales linéaires, de coches, denticulés et grattoirs. Absence de pièces à bord abattu.

- Phase lithique II : disparition des denticulés. Apparition des pièces à bord abattu : lamelles à un bord abattu, pratiquement exclusivement de technique distale 1, c'est-à-dire obtuses, auxquelles s'ajoutent des lamelles à deux bords abattus qui sont au contraire pointues (morphotechnologie distale 3/2). Apparition des troncatures simples.

Cette phase peut être subdivisée sur la base de la disparition des coches, retouches linéaires et troncatures dans sa partie la plus récente. Seules subsistent les pièces à bord abattu, sans changement.

- Phase lithique III : disparition des lamelles à deux bords abattus. Augmentation proportionnelle importante des lamelles à un bord abattu, pointues et symétriques (morphotechnologie 3/5).

- Phase lithique IV : nombreuses apparitions, notamment microburins, éclats à bord abattu de longueur supérieure à 1.3cm, éclats à bord abattu et facette de piquant-trièdre, lamelles à bord abattu et facette de piquant-trièdre, lamelles à un bord abattu pointues asymétriques (4/5), lamelles à bord abattu et troncature distale (2/3). Réapparition des coches et retouches linéaires. Fréquence des grattoirs de produit longueur x largeur inférieur à 6.

- Phase lithique V : disparition des lamelles à bord abattu et facette de piquant-trièdre, des éclats à bord abattu et facette de piquant-trièdre, raréfaction des lamelles à un bord abattu pointues (3/5 et 4/5). Réapparition des denticulés, des lamelles à deux bords abattus, des grattoirs de produit longueur x largeur supérieur à 6.

- Phase lithique VI : aux mêmes types que précédemment s'ajoutent successivement les triangles isocèles rectangles, les triangles scalènes, les segments et les éclats à bord abattu de longueur inférieure à 1.3cm.

Tableau XXV : Répartition des types chronologiques en H1 (H1-A et H1-B combinés)

1) Groupes et sous-groupes :

A: retouches linéaires
B: coches
C: grattoirs
D: troncatures simples
E: lamelles à un bord abattu
F: lamelles à deux bords abattus
G: microburins
H: éclats à bord abattu
I: triangles
J: denticulés
K: segments

2) Combinaisons d'attributs :

a: lamelles à un bord abattu technique 1 (obtuses)
b: triangles isocèles non rectangles
c: lamelles à bord abattu et troncature (2/3)
d: éclats à bord abattu, L > 1.3cm
e: lamelles à bord abattu 3/5 (pointues symétriques)
f: lamelles à bord abattu 4/5 (pointues asymétriques)
g: lamelles à bord abattu et facette de piquant-trièdre (technique 4)
h: éclats à bord abattu et facette de piquant-trièdre
i: grattoirs, L x l < 6
j: grattoirs, L x l > 6
k: troncatures proximales
l: troncatures distales
m: lamelles à deux bords abattus non 3/2
n: lamelles à deux bords abattus 3/2 (pointues symétriques)
o: triangles isocèles rectangles
p: éclats à bord abattu, L < 1.3cm
q: triangles scalènes

B / A	Période
B215	
B214	O
B213	
B212	
B211	
B210	I
B208	
B207	
B206	
B204	
B205 A220	IIa
B203 A219	
B202 A218	
B201 "	
B200 A217	
B198	
B197	
B196 } A216	
B195	IIb
B194	
B193 A215	
B192 "	
B185 A214	
B184 A213	
B182 A212	
B180	
B178 } A211	
B177	
B176	
B175 A210	
B174 A209	III
B173 A208	
B172 A207	
B171 "	
B170 A205	
" A204	
B169 A203-2, 200	
B168 A199	
B167 A198-7	
B166 "	
B165 A196-5	IV
B164 A194,192	
B163 "	
B162 A191	
B161 A190	
" A189	
" A188	
B160 A187	
B159 A186, 184	
" A182	
" A181	V
B158 A180	
B157 A179	
" A178	VIa
" A177	
B156 A175	
B155 A174	
B154 A173	VIb
B153 A172-1	
B152 A170	
B151 A169	
B150 A168	

En se fondant sur ces définitions, certaines phases peuvent être retrouvées sans modification, en F/A-S : ce sont les phases 0, I, II et VI. En revanche, les éléments constitutifs des phases III, IV et V ne se retrouvent pas dans cette tranchée.

Discussion : il est clair, rien qu'à l'examen du tableau, que les discontinuités entre les phases lithiques proposées n'ont pas toutes le même poids. Le changement le plus net concerne les phases III et IV, cette dernière étant marquée par l'apparition de nombreux types chronologiques nouveaux. La disparition d'une partie d'entre eux, la réapparition des lamelles à deux bords abattus et des denticulés, marquent également un changement important entre les phases IV et V, quoique plus diffus stratigraphiquement. Dans d'autres cas au contraire, les limites ont été fixées en raison de modifications sur deux ou trois types seulement. La pondération des types conduit en effet à ne pas déterminer de principe rigide quant au nombre de types qui doivent différer pour que l'on considère deux ensembles comme constituant deux phases différentes. J'ai ainsi donné plus de poids à la permanence des types de lamelles à un et deux bords abattus dans la phase II, qu'à la disparition, dans la seconde moitié, des groupes plus rares et représentés par les coches, retouches linéaires et troncatures simples. Inversement, j'ai considéré les changements dans les types de lamelles à bord abattu comme suffisants pour individualiser les phases II et III, même si ces transformations ne portaient que sur deux types.

Mais la validité de ces pondérations, même fondées sur l'expérience, n'est pas établie. C'est pourquoi le bien-fondé de la reconnaissance de chaque phase lithique sera reposé cas par cas, dans les chapitres qui suivent, mais en tenant compte alors de l'ensemble du matériel, retouché ou non. Ceci nous conduira parfois à modifier légèrement les limites d'une phase, mais confirmera, dans l'ensemble, leur individualité tant sur le plan technologique que typologique.

Il n'en reste pas moins que certaines oppositions entre phases seront toujours plus marquées que d'autres, et que les différences observées ne porteront pas toujours sur des segments analogues des chaînes opératoires. Ceci nous renvoie à la notion précédemment exprimée, selon laquelle les changements entre phases peuvent être de nature différente et les phases varier en termes de statut culturel ou socio-économique. D'où la nécessité de revenir sur la variabilité diachronique de ces industries paléolithiques ; en nous appuyant sur l'ensemble du matériel, nous tenterons alors (chapitre XIV) de mieux cerner la nature de cette variabilité et d'en approcher les causes.

NOTES

[1] Ce sont ces derniers qui seront à retenir. Les tableaux présentés ici ne sont que l'outil de travail à partir duquel les phases ont été définies.

[2] Le choix de ces variables répond à une problématique précise ; il n'en reste pas moins arbitraire et appuyé sur une perception initiale du matériel. Sans doute est-il incomplet, peut-être même parfois erroné. On aurait pu, assurément, faire plus et mieux.

[3] On pourra donc, si l'on veut, passer directement à celles-ci sans perdre beaucoup d'informations (p. 66 et suivantes).

[4] Le nombre total de pièces retouchées dans chaque *unit* ou groupe de *units* est indiqué sur le tableau X.

[5] Il faut rappeler que ces effectifs ne correspondent pas au total de l'effectif paléolithique puisque le matériel de F/A n'est pas pris en compte ici.

[6] J'ai bien conscience du fait que les limites stratigraphiques choisies pour les tests peuvent influencer les résultats. J'ai toujours utilisé des limites qui correspondent à des discontinuités réelles dans la répartition stratigraphique des attributs.

[7] En référence à l'ensemble du matériel retouché de cette phase.

[8] La valeur chronologique de chacune des variables qui définissent les classes a déjà été établie par l'examen du tableau d'analyse. En ce qui concerne les classes, vu leur importance dans la définition des phases à Franchthi, nous présenterons séparément les distributions dans H1-A et H1-B.

CHAPITRE VII
La phase lithique 0
(H1-B 215-213, F/A-S 227-221)

1. Caractérisation

La phase lithique 0, qui rassemble les niveaux les plus anciens mis au jour dans la grotte, est caractérisée, du point de vue lithique, par une absence. Les rares éléments lithiques présentent en effet une répartition stratigraphique discontinue et ne permettent absolument pas de définir cette phase sur les plans technologique et typologique (cf. tableaux XXIV et XXV).

Rien de permet d'ailleurs d'affirmer qu'il s'agisse bien d'une "phase" au sens où je les ai définies, c'est-à-dire d'un ensemble de niveaux homogènes quant aux techniques de travail de la pierre taillée. C'est pourquoi j'ai désigné l'ensemble de ces niveaux par le terme de "phase 0".

2. Position stratigraphique et contexte

Cette "phase" peut être reconnue à la base de H1-B et de F/A-S. Son absence dans H1-A et F/A-N est confirmée par la stratigraphie, puisque ces deux secteurs ont été fouillés moins profondément que leurs homologues respectifs (cf. coupes, Jacobsen et Farrand, 1987).

L'équivalence proposée entre H1 et F/A ne peut évidemment reposer uniquement sur la rareté du matériel lithique ; mais leur position stratigraphique commune, sous le niveau de cendres volcaniques reconnu dans les deux tranchées, confirme cette proposition.

De fait, ce niveau de cendres volcaniques marque, dans les deux tranchées, la limite supérieure de ces niveaux très pauvres rassemblés dans la phase lithique 0. La limite supérieure de cette phase est donc une limite lithostratigraphique [1], tandis que sa limite inférieure ne correspond qu'à l'arrêt des fouilles dans chacune des tranchées, pour des raisons différentes. Sa profondeur dans H1-B est d'environ 2.5m à 3m au-dessus du niveau de la mer. Du fait du pendage général des couches, cette phase se retrouve plus profonde dans F/A-S : d'environ 1m sous le niveau de la mer à 0-0.5m au-dessus du niveau de la mer. La couche de cendres volcaniques, qui constitue la limite supérieure de cette phase, repose en effet en F/A sur des gros blocs d'effondrement dont elle suit les reliefs, ce qui explique la variabilité de cette dernière mesure. Sans être homogène du point de vue sédimentologique, cette phase

est marquée dans les deux tranchées par l'importance de la fraction grossière (sauf à la base de F/A-S) et la présence de très gros blocs d'effondrement. L'analyse lithique se voit ainsi compliquée par la possibilité très réelle de contaminations par l'effet des éboulements et de l'infiltration de pièces entre les blocs rocheux.

En dépit de l'épaisseur importante de cette phase, les vestiges qu'elle a livrés sont dans l'ensemble très pauvres. La macrofaune n'a pas encore été étudiée. Les mollusques terrestres sont peu abondants (quelques coquilles de *Helix* sp. et *Helicella* sp.), et surtout représentés par des moulages internes naturels des coquilles. D'après N. Whitney-Desautels (comm. orale), rien ne permet d'affirmer que ces mollusques ont été introduits dans la grotte par l'homme. Il en est de même pour les mollusques marins : on trouve en très grande abondance dans ces niveaux les coquilles de petits gastéropodes (cf. *Bittium* sp.). Or on sait que ces mollusques constituent des colonies importantes sur les plages sableuses, et que les coquilles des individus morts peuvent être transportées par le vent sur plusieurs kilomètres à l'intérieur des terres (Shackleton et van Andel, comm. orale).

Le doute existe aussi en ce qui concerne les graines : il s'agit en effet de graines non carbonisées d'*Alkanna* sp. et *Lithospermum arvense* que leur forte teneur en silice et un environnement sec ont pu préserver, et qui ont pu être apportées aussi bien par le vent que les rongeurs ou les oiseaux (Hansen 1980:194).

L'ensemble de ces données concourt à suggérer une occupation humaine très sporadique et peu intense, impression que renforcera l'étude des industries lithiques. La datation de cette phase (ou plutôt de l'ensemble de ces niveaux) en est rendue d'autant plus difficile. Aucune datation ^{14}C n'a pu être effectuée ; la date de la couche de cendres qui en marque la limite supérieure est elle-même controversée (cf. chapitre VIII). Si l'on admet qu'elle remonte au moins à 30.000 ans, ces niveaux correspondraient au tout début du Paléolithique supérieur, ou à la fin du Paléolithique moyen.

3. L'industrie lithique

Le matériel lithique de la phase 0 est très pauvre, en dépit du tri partiel des résidus de 2.8 à 5mm (cf. docs. VII.1 et

VII.2). Par ailleurs, une fraction de ce matériel (les éléments de calcaire) n'a pas été récupérée de façon systématique lors du tri des résidus, et n'est connue en fait que grâce aux erreurs de tri. On ne peut donc considérer, en l'état, ce matériel comme représentatif des industries lithiques des périodes concernées. Mais il constitue toutefois un témoignage trop important sur les plus anciennes occupations connues dans la grotte pour être ignoré.

3.1. Les matières premières

L'un des problèmes les plus irritants posés par la phase 0 est celui de l'ensemble des pièces en calcaire qui en provient. S'il y en avait peu dans l'outillage lithique proprement dit, S. Payne et N. Whitney-Desautels ont au contraire récupéré dans la faune et les mollusques terrestres des dizaines de débris, petits éclats, bâtonnets et lamelles de calcaire. Leur nombre s'élève à plus de 200, mais ce chiffre ne correspond à rien puisque ces pièces n'ont pas été systématiquement récupérées lors du tri des résidus de tamisage, et ne nous sont parvenues, finalement, que grâce aux erreurs de tri !

Il s'agit pour l'essentiel de petits "bâtonnets", en calcaire de la roche encaissante, de 1 à 2cm de long, et comparables, technologiquement, à des bâtonnets de pièces esquillées obtenus lors d'un débitage bipolaire. A ces bâtonnets s'ajoutent, en moindre quantité, de petits éclats, dont la longueur dépasse rarement 1cm, et quelques lamelles (fig. 19). Les talons sont punctiformes ou linéaires et ne témoignent pas de préparation des plans de frappe. La différence d'état de surface entre les faces supérieure et inférieure de certains éclats autorise à parler de pièces "corticales", mais ce caractère n'est pas général. Aucun véritable nucléus n'est présent dans cette série, non plus qu'un quelconque élément retouché.

La signification de ces pièces, qui devaient être fort nombreuses, m'échappe complètement. Sont-elle le produit d'un débitage intentionnel, par percussion bipolaire ? On ne voit pas très bien dans ce cas ni sa raison d'être (de meilleures roches clastiques étaient disponibles dans les environs immédiats du site), ni sa finalité : aucune pièce ne porte de retouche, ni même de traces d'utilisation macroscopiques. Faut-il alors considérer qu'elles sont accidentelles, liées par exemple aux éboulis de blocs du plafond ? Comment expliquer alors leur concentration dans la phase 0, puisque d'autres éboulements se sont produits par la suite ? Il faudrait invoquer une différence dans la façon dont été triés les résidus, ce qui est possible, mais nullement démontré.

On pourrait aussi envisager que ces pièces soient bien d'origine anthropique, sans être véritablement issues d'une taille intentionnelle : sous-produit d'une autre activité, encore inconnue.

Le problème reste donc entier ; peu convaincue, toutefois, de leur appartenance véritable à l'"industrie lithique taillée", je ne les ai pas prises en considération dans la suite de l'étude du matériel de cette phase.

Celui-ci, en silex, chailles et roches siliceuses de couleurs variées, ne soulève pas de problèmes d'origine : toutes ces matières premières sont manifestement locales. Seul un éclat d'obsidienne, provenant également de "transferts" [2],

surprend dans ce contexte : il s'agit très vraisemblablement d'une contamination, puisqu'il faudra attendre encore bien des millénaires avant que l'obsidienne ne soit présente de façon régulière dans l'industrie lithique.

3.2. Les nucléus

Les rares nucléus de cette phase appartiennent à des classes variées, et aucune caractéristique particulière ne s'en dégage : nucléus discoïde irrégulier, nucléus sur plaquettes à deux directions de frappe, nucléus globuleux à directions de frappe multiples, nucléus sur éclat et débris de nucléus. On peut simplement remarquer l'absence de nucléus à lamelles, qui sont effectivement très rares dans le débitage.

3.3. Le débitage

Devant la pauvreté du matériel et l'incertitude quant à son homogénéité du point de vue culturel, j'ai préféré renoncer à une étude technologique comparable à celle des phases suivantes.

En effet, le matériel se réduit à moins de 80 éclats et 6 lamelles. Parmi les éclats, plus des 2/3 sont des esquilles ou fragments d'éclats de moins de 1cm de longueur, aucun ne dépasse 3.5cm de long. Les talons sont lisses, corticaux ou punctiformes, à l'exception de deux éclats du niveau le plus profond de F/A-S (F/A-S 227), à grand talon facetté, et dont nous avons déjà discuté dans le paragraphe consacré au Paléolithique moyen (*supra*, p. 49).

3.4. Le matériel retouché

Il ne consiste qu'en quatre pièces, aussi peu caractéristiques que possible :

H1-B 215 :	"Eclat" de silex rouge. Pas de partie proximale repérable. Il s'agit peut-être d'une pièce éclatée selon un plan de clivage naturel. Retouche directe 1/2 abrupte très limitée sur la partie mésiale du bord gauche.
F/A-S 227 :	Eclat épais de silex marron et rose, à grand talon facetté. Retouche ample directe 1/2 abrupte sur le bord droit.
F/A-S 223 :	Fragment distal de lamelle de silex beige. Retouche directe 1/2 abrupte courte continue sur la fracture, peut-être accidentelle.
F/A-S 221 :	Fragment mésial d'éclat de silex marron, à retouche inverse subparallèle rasante continue de la partie mésiale du bord droit.

4. Interprétation et discussion

Une discussion des caractéristiques technologiques de ce matériel n'aurait pas de sens : il est trop pauvre, et couvre vraisemblablement une période de temps très longue. D'après une courbe de sédimentation établie par W. Farrand (non publié), notre phase 0 représenterait au moins 3000 ans, à supposer qu'il n'y ait pas de hiatus sédimentologique. En gardant ce chiffre minimal, cela ferait, en moyenne, 0.03

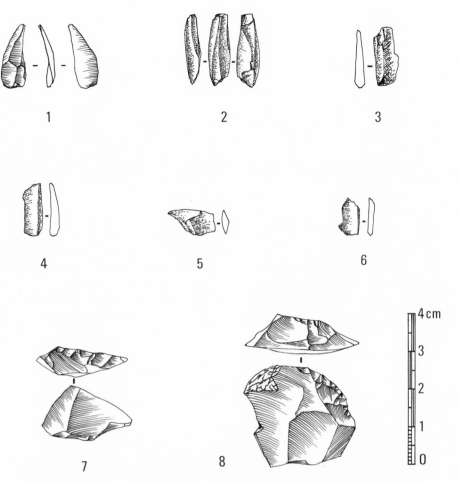

Figure 19 : Industrie lithique de la phase 0. 1 : lamelle torse. 2 : "bâtonnet" de calcaire. 3-4 : lamelles de calcaire. 5-6 : éclats de calcaire. 7 : éclat de silex à talon facetté. 8 : éclat de silex à talon facetté et retouche latérale.

pièce par an (sans compter les éléments de calcaire). Dans ces conditions, le problème à soulever est celui de la signification de ces pièces en termes d'occupation de la grotte : témoignent-elles d'occupations très sporadiques, ou ne sont-elles que le fruit de contaminations, par des phénomènes naturels ou par la fouille elle-même ? Troisième hypothèse : l'occupation humaine était-elle située dans un secteur de la grotte non fouillé ?

Si l'on examine la répartition stratigraphique du matériel de silex (doc. VII.2), on observe en premier lieu des niveaux pratiquement stériles : F/A-S 226-222 et H1-B 214. Tous correspondent à des épisodes géologiques marqués par l'abondance des éboulements, et l'on imagine mal une occupation humaine véritable dans ces secteurs. Il paraît légitime de supposer que les rares pièces rencontrées là se sont infiltrées entre les blocs à partir des niveaux supérieurs, ou en tombant des coupes au moment de la fouille : c'est l'explication la plus simple pour la présence du fragment d'obsidienne en F/A-S 225, où l'on a trouvé en plus une coquille de *Rumina decollata*, également hors de contexte. Il en est de même pour une vertèbre de poisson provenant de F/A-S 226. L'hypothèse d'infiltrations est confirmée par l'observation suivante : sur les 19 éclats de silex provenant de ces niveaux, 15 ont une longueur inférieure à 1cm.

En revanche, trois *units* apparaissent comme relativement moins pauvres (F/A-S 221, H1-B 215 et 213), auxquelles il faut ajouter F/A-S 227 dont la position sédimentologique, sous 30cm de matrice fine, ne permet pas d'appliquer l'hypothèse d'une infiltration dans les éboulis. On observe donc dans les deux tranchées la succession suivante : un ensemble profond, avec peu de matériel, suivi d'une série de niveaux pratiquement stériles et probablement contaminés, et enfin un niveau à nouveau relativement plus riche, en limite de phase, correspondant au dépôt de cendres. Les deux *units* les plus profondes sont sans doute le témoignage d'occupations très brèves de la grotte.

L'hypothèse d'un âge paléolithique moyen a déjà été soulevée à propos de F/A-S 227 (cf. p. 49), mais rien ne l'autorise pour H1-B 215.

Les deux *units* supérieures correspondent à la mince couche de cendres volcaniques déposée par le vent. Elles sont sous-jacentes, surtout en F/A, à des *units* considérablement plus riches, et il est possible qu'une partie au moins du matériel appartienne en fait à ces dernières, infiltrées dans ce sédiment très meuble ; c'est ce que suggère, en tout cas, la présence de trois lamelles torses en F/A-S 221, caractéristiques de la phase lithique I.

Les vestiges provenant de la phase lithique 0 peuvent donc être interprétés à la fois comme le reflet d'occupations très sporadiques et peu intenses de la grotte, et de contaminations d'origine diverse. Reste la possibilité d'occupations qui se seraient tenues dans d'autres secteurs de la grotte. Mais nous n'en avons aucun indice, et le fait que l'on ne puisse affirmer l'origine anthropique du dépôt des graines, des mollusques marins et terrestres ne soutient pas une telle interprétation. Aussi faut-il souligner qu'en l'état, la phase lithique 0 ne représente aucunement un "faciès culturel", mais simplement un mode d'occupation (ou de sous-occupation !) de la grotte par l'homme.

NOTES

[1] Le terme de "lithostratigraphie" renverra tout au long de cette étude à la succession des strates sédimentologiques, définies et étudiées par W. R. Farrand (à paraître).

[2] Les transferts sont les pièces mal triées à l'origine et retrouvées dans d'autres catégories de matériel : faune, céramique, etc.

CHAPITRE VIII

La phase lithique I
(H1-B 212-208, F/A-S 220-217)

1. Caractérisation

La phase lithique I, sensiblement plus riche que la précédente (plus de la moitié des *units* a livré entre 100 et 600 éléments taillés), est caractérisée par des grattoirs de technique aurignacienne, des coches et des pièces à retouche latérale. En sont absents, en revanche, les éléments à bord abattu (cf. tableaux XXIV et XXV).

Elle est définie d'après la tranchée H1-B, la plus riche pour ces niveaux ; par analogie typologique, on peut lui rapporter quatre *units* de F/A-S, analogie confirmée par la stratigraphie puisque dans les deux cas ces *units* sont immédiatement sus-jacentes au niveau repère de cendres volcaniques. Du même coup est aussi confirmée son absence en H1-A et F/A-N, puisque les fouilles n'y ont pas atteint ce niveau cendreux (cf. coupes, Jacobsen et Farrand, 1987).

2. Position stratigraphique et contexte

La détermination exacte de la position stratigraphique de cette phase lithique est difficile, car elle se situe lors d'une phase d'effondrement de blocs massifs. En H1-B, sa limite inférieure correspond au niveau de cendres volcaniques apportées par le vent, retrouvé aussi en F/A-S. En revanche sa limite supérieure ne paraît correspondre à aucune limite lithostratigraphique reconnue. Son épaisseur varie de 20 à 45cm, à des profondeurs absolues variant de +2.70 à +3.15m au-dessus du niveau de la mer (angle S/E) et +2.95 à +3.17 (angle S/O).

En F/A-S la base de la phase lithique I correspond également au niveau de cendres volcaniques, mais sa limite supérieure ne peut être située avec précision, F/A-S 217 ne figurant pas sur les coupes. On peut évaluer son épaisseur à 30cm environ au centre de la coupe ouest (d'environ +0.18 à +0.40m au-dessus du niveau de la mer) ; ailleurs, les éboulis rendent cette évaluation très difficile.

En effet, la sédimentologie de cette phase est marquée par l'importance des blocs d'effondrement et des fractions grossières, sauf dans la moitié nord de la coupe est de H1 où, derrière un très gros bloc d'éboulis, ont été déposés des sédiments fins dans lesquels s'inscrit cette phase lithique. De façon générale, la granulométrie de cette phase est très hétérogène.

La faune et la flore mises au jour dans les niveaux de la phase lithique I diffèrent peu de celles de la phase précédente. Nous sommes encore dans la même zone floristique, caractérisée par la dominance d'*Alkanna* sp. sur *Lithospermum arvense*, avec la présence sporadique d'*Anchusa* sp. Les graines sont toujours rares et non carbonisées, peut-être apportées par des agents naturels. Les mollusques terrestres comprennent quelques *Helix* sp., *Helicella* sp. et des *Pupillidae*, tandis qu'on trouve toujours dans les mollusques marins cf. *Bittium* sp. Les résultats des analyses de la macrofaune ne me sont pas connus, mais les ossements sont peu nombreux et mal conservés.

Aucun datage radiométrique direct n'a pu être effectué pour cette phase, ce qui est d'autant plus regrettable qu'il s'agit de la plus ancienne phase d'occupation véritable mise au jour à Franchthi. Comme *terminus ante quem*, on peut retenir la date de 22.330 ± 1270 B.P. (I-6140), obtenue pour H1-A 219 ; par équivalence stratigraphique avec H1-B, on peut en effet estimer que ce niveau doit être situé juste au-dessus de la phase I, non fouillée dans cette moitié de la tranchée. Toutefois, la proximité stratigraphique n'implique nullement une proximité temporelle, et nous verrons au contraire que l'analyse de la phase lithique II suggère un hiatus chronologique entre les deux phases.

La base de la phase I repose sur le niveau de cendres volcaniques, qui pourrait, lui, fournir un *terminus post quem*. Analysé optiquement et chimiquement pour la mise en évidence des composants principaux, des éléments rares et des éléments traces, ce niveau de cendres a montré une composition très proche de celle des niveaux de cendres "Y-5" des sondages profonds en Méditerranée orientale et de la cendre grise campanienne ("Gray Campanian ash") de Tufara, près de Naples (Vitaliano *et al.* 1981). Thunell *et al.* (cités dans Vitaliano *et al.* 1981), qui ont réétudié ce dernier niveau, concluent à une éruption remontant au moins à 30.000 ans, et pouvant aller jusqu'à 38.000 ± 2000 B.P. Toutefois, d'autres auteurs avaient proposé des dates s'étalant de 25.000 à 40.000 B.P. (cités dans Vitaliano *et al.* 1981). C. Vitaliano et W. Farrand estiment tous deux qu'une date d'au moins 30.000 B.P. est actuellement la plus plausible (*in litt.*, 2/83 et 5/84. Voir également Farrand, à paraître), et une telle date n'est certainement pas en contradiction avec les données de l'industrie lithique.

3. L'industrie lithique

L'industrie lithique de cette phase provient des fouilles et de l'intégralité des résidus de tamisage à partir du tamis de 5mm. Une certaine fraction des résidus de tamisage de 2.8 à 5mm a pu être étudiée en F/A-S, grâce aux tris effectués par S. Payne lors de l'étude de la microfaune : aucune pièce retouchée n'y a été retrouvée, ce qui ne surprendra pas car l'industrie de cette phase est de (relativement) grande taille. En revanche, on y trouve quelques lamelles brutes. De ce fait, on peut considérer que l'absence de tri complet des plus petites fractions des résidus n'a pas dû introduire de biais en ce qui concerne le matériel retouché, mais que le débitage lamellaire est sous-représenté dans notre échantillon.

De plus, cette phase est pauvre du point de vue lithique, et le nombre de pièces retouchées reste très en-deçà de ce qui serait nécessaire pour caractériser quantitativement l'industrie de cette période. En revanche, différents points techniques et typologiques permettent d'en donner une définition qualitative.

Les documents VIII.1 et VIII.2 fournissent le détail des fractions étudiées par *unit* et les proportions d'ensemble des différentes classes techniques. Le niveau de référence pour l'étude technologique de cette phase est H1-B 210.

3.1. Le débitage

3.1.1. Où s'effectuait-il ?

Divers arguments plaident en faveur d'un débitage à l'endroit même où furent conduites les fouilles : toutes les *units* de quelque importance ont livré des nucléus et des débris de nucléus, et les esquilles abondent. Sans que du remontage ait été entrepris systématiquement, quelques raccords ont été obtenus. On peut donc considérer que le débitage était pratiqué dans la grotte même, entre autres là où furent effectuées les fouilles.

3.1.2. Les matières premières travaillées

Quelques esquilles de calcaire de la roche encaissante ont été recouvrées. J'ai déjà soulevé le problème qu'elles posaient quant à leur représentativité, puisqu'aucune instruction n'avait été donnée pour qu'elles soient systématiquement recherchées lors du tri des résidus de tamisage. Toutefois, leur très grande rareté dans ces niveaux, au demeurant assez riches pour le débitage, et l'absence de tout éclat de calcaire de longueur supérieure à 1cm laissent à penser que leur présence est ici accidentelle. Rien ne permet d'évoquer en tout cas un problème de même ordre que celui soulevé par leur abondance dans la phase 0.

La totalité ou presque du matériel est en fait manufacturée sur des roches siliceuses, silex, chailles, calcédoines, etc. Ce qui frappe en premier lieu est leur variété extrême, tant pour les états des surfaces naturelles que pour leur couleur et leur grain. Parmi les ''silex'' caractéristiques, on reconnaît le ''silex chocolat'', légèrement dominant (sans doute une radiolarite), le ''silex bleu'', le ''silex rouge'' qui sera largement utilisé au Néolithique ancien, et des roches vertes à grain fin ou grossier ainsi que divers éléments rouge et noir, rouge et jaune, ou plus rarement, entièrement noirs.

S'il y a peu de vrais galets de rivière, de forme oblongue, les nodules de petite dimension, à surface lustrée et émoussée, sont abondants, comme le sont également les plaquettes aux arêtes vives. Les uns comme les autres se rencontrent en abondance dans les conglomérats de la formation de Metokhi qui recouvrent tout le sud de l'Hermionide, dans les vallées des rivières et sur la côte. On peut donc affirmer que la recherche des matières premières se limitait à une collecte de matériaux locaux et facilement accessibles, en dépit de leur qualité à la taille, médiocre dans l'ensemble. De surcroît, l'abondance des éclats corticaux et des débris provenant de l'éclatement de ces roches selon des plans de clivage naturels montre que ces blocs étaient entièrement travaillés dans la grotte elle-même. Il n'y avait pas de test de la matière première sur le lieu de collecte. L'impression générale que l'on retire est en fait celle d'une collecte peu sélective et peu regardante quant au choix des blocs. Ce n'est qu'au retour, au moment du débitage, qu'un certain tri sera opéré, les plus mauvais blocs étant rejetés sans pratiquement être débités.

3.1.3. Les techniques de débitage

Devant ces matières premières, peu favorables à un débitage systématique, comment les artisans de cette phase ont-ils procédé ? Si un examen rapide du matériel peut donner l'impression d'un débitage pratiquement anarchique (les nucléus, notamment, ne correspondent qu'exceptionnellement à des formes classiques), l'organisation se fait jour quand on prend comme point de départ de la classification les caractéristiques morphologiques des blocs de matière première. Les croquis schématiques des nucléus (tableau XXVI) montrent alors des schémas opératoires peu nombreux et proches les uns des autres du point de vue conceptuel.

Les nucléus sont en effet en majorité ramenés à un module parallélépipédique, où le débitage s'organise en directions de frappe orthogonales, soit sur les faces, soit dans l'épaisseur de la plaquette. La présence de faces naturellement planes sur les parallélépipèdes explique sans doute la rareté de la préparation d'un plan de frappe ; celle-ci doit être confirmée dans l'étude du matériel par une proportion importante de talons corticaux.

A l'exception d'un nucléus provenant du H1-B 208, tous les nucléus sont à éclats, ce qui pose le problème de l'obtention des lamelles, abondantes dans le débitage.

Ces nucléus à éclats, où le débitage se fait soit sur les faces soit dans l'épaisseur du bloc, aboutissent à la production systématique d'éclats de petite ou très petite dimension. En effet, on n'observe pas de débitage selon l'axe morphologique le plus allongé du bloc d'origine, et ce, en dépit de la petite taille de ceux-ci : en H1-B 210, le plus grand nucléus ne dépasse pas 4cm, mais la majorité est comprise entre 1.5 et 2cm selon l'axe de débitage principal. De plus, l'ensemble de ces nucléus est très peu débité. Toutes ces caractéristiques conduisent à se demander si l'échantillon examiné est bien représentatif du plein temps de débitage, ou s'il s'agit essentiellement de nucléus vite délaissés en raison de leur médiocre qualité à la taille. C'est cette hypothèse que nous chercherons à tester dans l'étude du débitage, en examinant les points suivants : pourcentage d'éclats corticaux (élevé

Tableau XXVI : Croquis schématiques des nucléus de la phase I. Sauf mention contraire, ils proviennent du niveau de référence, H1-B 210. Le nucléus de H1-B 208 est le seul nucléus à lamelles.

si l'échantillon est représentatif), proportion des différentes classes de modules (les petits éclats doivent dominer de loin) et enfin, proportion des produits laminaires dans le débitage.

3.1.4. Les produits de débitage

L'examen des modules des produits de débitage (docs. VIII.3 et VIII.4) contredit d'emblée l'analyse des nucléus : les lamelles (69 exemplaires) représentent 13% du total du débitage brut (y compris les esquilles et les fragments) et 46% si l'on ne prend en compte que les éclats et fragments de plus de 1.5cm de long. Certes, nous avons ici utilisé une définition large, mais classique, des lamelles, c'est-à-dire les produits dont la longueur est supérieure ou égale à deux largeurs. Mais même si l'on restreint la définition aux produits trois fois plus longs que larges, leur place reste importante, comme en témoigne le tableau suivant :

	Pourcentage de lamelles (s.l.) dans le débitage brut	Pourcentage de lamelles (s.s.) dans le débitage brut	TOTAL
Ensemble du débitage brut ($n = 516$)	14% ($n = 72$)	10% ($n = 52$)	516
Produits laminaires et éclats ≥1.5cm ($n = 149$)	48% ($n = 72$)	35% ($n = 52$)	149

Tableau XXVII : Pourcentage des lamelles au sens large (longueur double de la largeur) et au sens strict (longueur triple de la largeur) dans le débitage brut de la phase I (H1-B 210).

Cette proportion importante de lamelles n'est pas un effet d'échantillonnage : un calcul sur F/A-S (ensemble de la phase) confirme en effet ces chiffres, avec 16% de lamelles au sens large sur l'ensemble du débitage. C'est donc après l'examen des lamelles elles-mêmes qu'il faut tenter de comprendre pourquoi les nucléus à lamelles étaient si rares.

Les lamelles : ce sont des lamelles de très petites dimensions, puisque les trois quarts des lamelles entières ne dépassent pas 2cm de long, avec une largeur modale de 0.75cm (doc. VIII.4). Elles sont très rarement corticales et de morphologie régulière, attestant bien un débitage intentionnel.

La caractéristique la plus frappante de ce débitage lamellaire est la présence d'une importante série de "lamelles torses", dont nous avons dénombré 19 exemplaires sur les 69 lamelles de H1-B 210. Ce sont des lamelles très minces, non corticales, de petite dimension (entre 0.97 et 1.95cm de long). Elles sont doublement arquées, d'une part par rapport à l'axe de débitage, l'extrémité distale étant déjetée vers la droite lorsque la pièce repose sur la face d'éclatement, d'autre part de profil, étant fortement concaves (fig. 20 n° 3-5).

Le mode d'obtention des lamelles de cette phase, qu'elles soient torses ou rectilignes, est difficile à déterminer en l'absence de nucléus. La série étudiée ne comprend pas de vraie lame (ou lamelle) à crête, mais il y a trois lamelles, de section triangulaire, dont un des pans de la face supérieure est un pan de clivage naturel, lisse, tandis que le second montre une préparation soigneuse effectuée à partir de ce pan naturel. Ces lamelles ont pu jouer le même rôle dans le débitage qu'une lame à crête, régularisant un des angles du parallélépipède d'origine et permettant l'obtention de deux nervures régulières. Les lamelles obtenues présentent un petit talon lisse, le point d'impact ayant été dégagé par préparation du plan de débitage du nucléus et suppression de la corniche par pression ou abrasion. Ces lamelles ont pu être extraites en série, comme en témoignent quelques fragments à nervures subparallèles sur la face supérieure.

Il est peu probable toutefois que les lamelles torses soient issues des mêmes schémas opératoires. Des lamelles de morphologie similaire sont connues dans d'autres ensembles préhistoriques ; J. Tixier et M.-L Inizan en ont identifié à Ksar'Aqil (Tixier 1976 ; Tixier et Inizan 1981) et pensent qu'elles sont à mettre en relation avec les burins, abondants dans ces niveaux. Mais cette hypothèse ne peut être retenue à Franchthi, où les burins sont complètement absents. Selon F. Hours, L. Copeland et O. Aurenche (Hours, Copeland et Aurenche 1973:272), elles seraient produites à partir de nucléus particuliers, identifiés à tort comme grattoirs (les "steep scrapers" des auteurs anglo-saxons). Il est possible que de tels nucléus aient été présents à Franchthi, mais pas dans notre échantillon, trop pauvre. Mais il n'est en fait pas nécessaire d'avoir des nucléus pour produire de telles lamelles : Eric Boéda a montré expérimentalement que des lamelles torses étaient produites au cours de la manufacture de grattoirs carénés [1]. Or de tels grattoirs sont présents dans la phase I de Franchthi, et cette hypothèse éviterait d'avoir recours à des nucléus dont on ne peut démontrer l'existence. Il reste néanmoins une difficulté : la retouche du front d'un grattoir caréné produit des lamelles torses aussi bien vers la gauche que vers la droite, tandis que celles de Franchthi sont toutes vers la droite. Ce dernier trait n'est d'ailleurs pas propre à Franchthi : nos lamelles torses sont en effet similaires aux lamelles dites "gauches" (Perpère 1972) ou "arquées" (Rigaud 1982) qui abondent dans certains faciès de l'Aurignacien français où elles constituent le support privilégié des lamelles Dufour. Or, curieusement, J.-Ph. Rigaud (1982:366) note à ce propos que : "Toutes les lamelles Dufour sont faites sur des lamelles arquées vers la droite, la face ventrale étant dessous". Si le lien avec la présence de grattoirs carénés est ici confirmé, il ne résout pas complètement le problème de leur obtention. D'autres études, et surtout d'autres expérimentations, seront nécessaires pour ce faire.

Les éclats : malgré l'intérêt de ces lamelles, le débitage n'est quand même pas très lamellaire, et ce sont les éclats qui dominent de très loin. L'étude de leurs modules confirme l'examen des nucléus : ce sont des éclats de très petites dimensions. Plus des 2/3 des éclats entiers (70%) ont une longueur comprise entre 0.8 et 1.5cm, 24% seulement entre 1.5 et 3cm. Quant aux éclats supérieurs à 3cm, ils ne

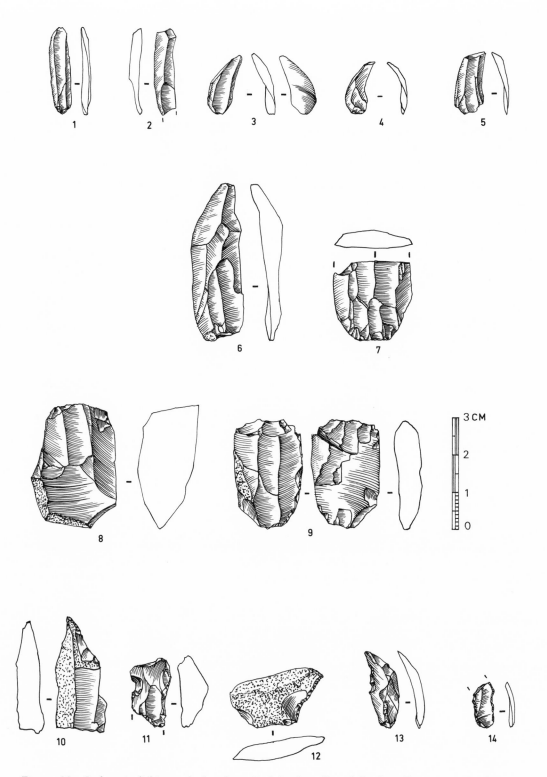

Figure 20 : Industrie lithique de la phase I. 1-2 : lamelles. 3-5 : lamelles torses. 6 : lame. 7 : fragment proximal de lame ? 8 : nucléus à lamelles. 9 : pièce esquillée. 10 : bec. 11 : éclat à coche. 12 : éclat à retouche latérale. 13 : lamelle à coches. 14 : lamelle à fine retouche bilatérale.

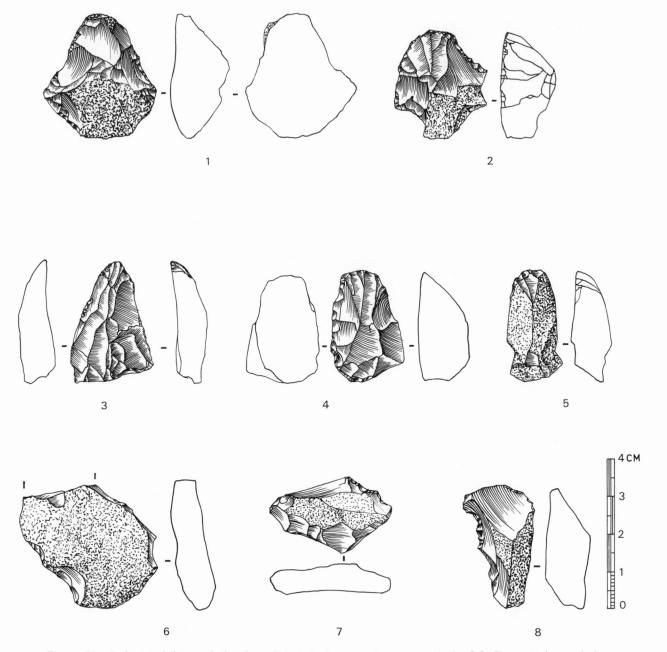

Figure 21 : Industrie lithique de la phase I (suite). 1 : grattoir museau épais. 2-3, 5 : grattoirs carénés simples. 4 : grattoir double. 6-8 : denticulés.

représentent que 2% de l'ensemble ! Ceci pose le problème de la limite entre les éclats intentionnels et les esquilles accidentelles : il n'y a pas de rupture dans la distribution des longueurs qui permette d'affirmer une limite nette entre produits intentionnels et accidentels. On peut seulement constater que la très grande majorité des éclats effectivement produits est de très petite dimension. Toutefois, l'étude des éclats cassés montre qu'il faut nuancer cette affirmation : car s'ils dominent à nouveau de façon écrasante dans la classe 0.8-1.5cm, cela montre bien qu'ils devaient appartenir à la classe au moins directement supérieure lorsqu'ils étaient entiers !

Dans leur majorité, ces éclats ne présentent pas de plage corticale : les éclats partiellement ou totalement corticaux ne s'élèvent qu'à 21% de l'ensemble, mais il est significatif que ce pourcentage monte à 45% lorsqu'on ne considère que les éclats de dimension supérieure à 1.5cm (doc. VIII.5). Cela montre que les éclats les plus grands étaient obtenus au début du débitage (ce qui, sur des plaquettes, n'était pas évident), et que les plus petits éclats, non corticaux, n'étaient pas des éclats de préparation pour l'obtention des premiers. La place différente des grands et petits éclats dans la chaîne opératoire est confirmée par l'analyse des talons (doc. VIII.6) : les grands éclats ont des talons préparés, le plus souvent lisses, tandis que les petits éclats montrent, outre les talons lisses, abondance de talons corticaux, punctiformes et linéaires. Deux éclats seulement sont à talon facetté, et nous avons déjà eu l'occasion d'y faire référence en évoquant l'hypothèse d'un Paléolithique moyen dans la grotte.

En conclusion de cette étude du débitage, il nous faut rejeter l'hypothèse posée au départ : manifestement, les nucléus étudiés ne rendent pas compte de façon satisfaisante des caractéristiques du débitage, exception faite de la très petite dimension des éclats. Les nucléus à lamelles sont sous-représentés (ont-ils été exploités jusqu'à ne plus être analysables ?), tandis que paraissent sur-représentés les nucléus à débitage superficiel, produisant de petits éclats corticaux. Enfin, le rôle des petits éclats et des lamelles torses reste à préciser : sont-ils le sous-produit de chaînes opératoires, simples déchets de taille au sens propre, ou avaient-ils une fonction déterminée dans l'outillage ? L'étude du matériel retouché devra permettre de répondre à cette question.

3.2. Le matériel retouché

3.2.1. Le choix des supports

La répartition des modules des pièces retouchées de cette phase contraste vivement avec celle de l'ensemble du débitage en ce qui concerne les longueurs : toutes les pièces retouchées entières sont de longueur supérieure à 1.5cm, et souvent même 3cm (doc. VIII.7) ; la présence de pièces cassées de module analogue atteste même des longueurs plus grandes à l'origine. Les modules laminaires et lamellaires sont peu utilisés dans l'outillage, du moins portent-ils peu de retouche visible macroscopiquement.

Le choix de supports de grandes dimensions relatives, rares dans le débitage, confirme que ceux-ci étaient bien produits en début de chaîne opératoire : en H1-B, plus de la moitié des pièces retouchées est manufacturée sur supports corticaux. Ceci dit, les supports ne sont pas tous de véritables éclats de débitage : sur plusieurs outils épais, notamment les grattoirs, la face inférieure paraît être un plan de clivage naturel du bloc d'origine, le choix de ces plaquettes s'expliquant par la recherche de supports épais.

3.2.2. Les techniques de retouche

Les modalités de retouche sur l'ensemble du matériel sont assez variées, mais relativement constantes dans chaque groupe typologique.

Les retouches directes dominent largement, avec deux cas seulement de retouche inverse. La retouche rasante n'est attestée que sur une seule pièce (et il s'agit d'une retouche inverse). Sinon, l'angle des retouches est assez ouvert : retouches 1/2 abruptes ou 3/4 abruptes, voire même abruptes sur certains fronts de grattoirs où la retouche forme un surplomb. Il n'y a pas, en revanche, de bord abattu. La morphologie des retouches est irrégulière, sauf sur certains grattoirs où l'on observe une retouche lamellaire. Dans l'ensemble, ces retouches intéressent une partie limitée du support : beaucoup affectent l'extrémité distale ou une partie d'un bord, sans latéralisation préférentielle. Aussi, les caractéristiques essentielles de la retouche dans cette phase peuvent-elles être résumées ainsi : importance des transformations qui affectent l'extrémité distale, présence de retouche lamellaire convergente, absence de bords abattus.

3.2.3. Le matériel retouché

L'outillage retouché de la phase I est très pauvre (30 pièces), mais peu diversifié et très caractéristique.

Les grattoirs : 10
Tous sont des grattoirs à front élevé, sur support épais, souvent cortical et court. Une partie de ces supports provient de l'éclatement de petits blocs selon des plans de clivage naturels. Selon la nature, l'ampleur des retouches et la forme du front, on peut distinguer :

- Grattoirs carénés : ils sont au nombre de cinq, dont un double, et de bonne facture avec des fronts semi-circulaires étroits, dégagés par retouche lamellaire convergente. Leur épaisseur varie de 0.8 à 1.5cm, leur longueur de 2.8 à 3.3cm et leur largeur de 1.35 à 3.2cm. Deux seulement portent des retouches latérales, mais le front est parfois repris par retouche secondaire courte.

- Grattoir museau épais : il n'y en a qu'un, sur éclat cortical épais à retouche ample non lamellaire sur toute la périphérie. Le front est repris par une retouche 3/4 abrupte courte qui a buté sur un accident de la roche et créé un surplomb.

- Grattoirs sur éclats, à front élevé : sur ces quatre grattoirs, la retouche du front est non lamellaire. Sur trois d'entre eux, elle a été reprise jusqu'à devenir complètement abrupte et créer un surplomb. Le front est semi-circulaire sur trois pièces, ogival sur la dernière.

Ces grattoirs, à front presque vertical et retouche en écaille créant un surplomb, évoquent les ''grattoirs carénés asymétriques'' de l'Aurignacien français (Perpère 1968). Si j'ai préféré ne pas les classer comme tels, par prudence, j'admettrai volontiers qu'ils ne soient en effet que l'état ultime de grattoirs carénés, après plusieurs épisodes de retouches du front.

Coches et denticulés : 11

Ils constituent également le tiers de l'outillage. Rappelons que nous ne souhaitons pas ici rentrer dans le débat de l'origine des coches et des denticulés : retouche intentionnelle, préalable à l'utilisation, ou retouche spontanée du fait même de l'utilisation ? Dans un cas comme dans l'autre en effet, leur présence, leur abondance et leur nature peuvent être considérées comme caractéristiques de l'ensemble lithique étudié.

- Les coches (7) présentent en effet une série de caractères homogènes et intéressants : choix de supports nettement moins épais que pour les grattoirs (0.3 à 0.95cm), présence de supports laminaires (quatre cas sur sept, plus un possible), localisation préférentielle sur le secteur distal du support. Toutes en plus sont directes, peu profondes et à retouche courte semi-abrupte.

- Les quatre denticulés sont au contraire manufacturés sur des éclats longs (3.4 à 3.7cm pour les pièces entières) et larges (1.95 à 3.3cm). Ce sont des denticulés obtenus par petites coches retouchées directes, de retouche courte, sans localisation préférentielle.

Pièces à retouche linéaire : 4

C'est un groupe hétérogène, tant par les supports (une lame et trois éclats), que par la forme et la direction de la retouche (deux fois directe, deux fois inverse) ou la latéralisation (deux pièces à retouche bilatérale).

Becs : 2

Le plus grand est dégagé sur l'extrémité distale d'une lame corticale, dont seul le bord droit porte des retouches importantes, le bec étant toutefois légèrement retouché à l'extrémité distale du côté gauche aussi.

Le second est un petit bec court sur éclat épais, dégagé par retouche 3/4 abrupte bilatérale.

Troncature : 1

L'unique pièce de cette classe est une courte lamelle à troncature proximale directe abrupte concave, très proche de l'extrémité distale, et qui confère à la pièce une forme trapézoïdale. Elle surprend un peu dans ce contexte.

Lamelle à très courte retouche latérale : 1

Par sa très courte retouche directe abrupte bilatérale, cette pièce s'apparente fortement aux lamelles Dufour de l'Aurignacien (mais je préfère réserver ce terme aux lamelles à retouche alterne).

Pièce esquillée : 1

N'ayant pas d'éléments pour décider si, dans ce contexte, une pièce esquillée relève des processus de débitage ou de l'outillage, elle est ici mentionnée à titre indicatif. C'est une pièce sur éclat, assez grande, à esquillement bifacial important sur l'extrémité distale.

4. Discussion

L'augmentation (relative) de la densité en matériel fouillé dans cette phase n'est pas attribuable à un changement dans les techniques de fouille ou une augmentation de la superficie fouillée. De plus, en H1-B surtout, le matériel est nettement concentré dans certaines *units* (doc. VIII.2 pour le débitage, et document VIII.8 pour le matériel retouché). Il y a donc de fortes chances pour que l'on observe ici un changement dans le mode d'occupation de la grotte par les préhistoriques.

Le matériel a été débité sur place, l'outillage est assez spécialisé (dominance des grattoirs, coches et denticulés) et apparemment très utilisé. Il semble donc que nous ayons ici le reflet d'activités domestiques spécialisées, au moins dans ce secteur de la grotte, correspondant à des occupations discontinues du site.

Les stratégies concernant l'outillage (dans la mesure où notre échantillon les reflète correctement), paraissent dans l'ensemble assez simples : il n'y a pas de véritable économie des matières premières, ou, s'il en existe, c'est à un niveau que nous n'avons pas pu atteindre (utilisation dans les roches locales de variétés différentes pour certains types d'outils). L'économie du débitage est difficile à cerner car les chaînes opératoires n'ont pas pu être complètement restituées et le matériel retouché est pauvre. On note cependant l'utilisation préférentielle des premiers éclats de débitage, les plus grands et largement corticaux, pour la fabrication des grattoirs et des denticulés. En revanche, la finalité des plus petits éclats qui leur succèdent dans le débitage reste inconnue. En ce qui concerne l'outillage retouché, le seul point notable est la différence apparente (elle n'a pas été confirmée par des analyses microscopiques) entre le degré d'utilisation des grattoirs d'une part, des coches et des denticulés d'autre part ; les premiers en effet témoignent de ravivages multiples, tandis que les seconds paraissent assez peu utilisés.

Bien que la série soit pauvre, elle est suffisamment homogène sur les plans technologique et typologique pour être bien caractérisée qualitativement. Or, ces caractères évoquent tous fortement un faciès aurignacien :

- utilisation de petits blocs comme supports d'outils (Perpère 1972:405),
- présence de lamelles torses,
- grattoirs carénés et museau,
- absence de pièces à bords abattus.

On regrettera, bien entendu, l'absence d'outillage en os pour confirmer ce diagnostic, de même que l'imprécision des dates envisagées pour cette phase. On peut toutefois remarquer que l'éventail des dates proposées pour la couche de cendres volcaniques sur laquelle reposent ces niveaux correspond exactement à celui des dates ^{14}C obtenues sur des niveaux aurignaciens, des plus anciens aux plus récents. Certes, aucun Aurignacien véritable n'est connu en stratigraphie dans les sites paléolithiques de Grèce. Mais la découverte d'éléments isolés qui lui sont rapportables (grattoirs carénés surtout) est, elle, très fréquente (Kourtessi-Philippakis 1980-1981). La présence d'Aurignacien à Franchthi ne serait donc pas surprenante.

INTERPHASE I/II

D'après la définition proposée, il n'y a pas véritablement d'interphase I/II, puisqu'aucune *unit* ne présente simultanément les caractéristiques de chaque phase.

Un doute subsiste toutefois en F/A-S. En effet, selon le principe d'accorder plus de poids aux présences qu'aux absences (cf. chapitre IV), j'ai fixé la limite inférieure de la phase II à F/A-S 216, premier niveau ayant livré une lamelle à bord abattu. Il s'agit toutefois d'une lamelle unique, et les deux *units* suivantes n'en ont pas livré (les lamelles à bord abattu ne réapparaissent qu'en F/A-S 213). Il n'est pas exclu que l'unique lamelle de F/A-S 216 se soit insérée entre les blocailles et que l'ensemble F/A-S 216-214 appartienne à la phase I, ou ait recoupé les phases I et II.

En l'absence d'arguments positifs en faveur de ces hypothèses, j'ai préféré néanmoins m'en tenir au principe général et attribuer ces trois *units* à la phase II.

NOTE

[1] Je le remercie d'avoir accepté de conduire ces expérimentations, avec grande compétence.

CHAPITRE IX
La phase lithique II
(H1-B 207-184, H1-A 220-213, F/A-S 216-209)

1. Caractérisation

La phase lithique II est caractérisée par la disparition des éléments d'allure aurignacienne et l'apparition des éléments à bords abattus. Parmi ces derniers, les types chronologiques qui définissent cette phase sont les lamelles obtuses à bord abattu rectiligne et les lamelles pointues à deux bords abattus (tableaux XXIII à XXV).

C'est en H-1B, la tranchée la plus riche pour ces niveaux, que cette phase est définie. Par équivalence stratigraphique directe on peut y rapporter plusieurs *units* de H1-A. L'industrie lithique, quoique plus pauvre, n'offre pas d'obstacle à l'équivalence proposée, puisque les mêmes éléments diagnostiques s'y retrouvent.

Par comparaison typologique, quelques *units* de F/A-S peuvent aussi être attribuées à cette phase lithique. La stratigraphie autorise ce regroupement, car en H1-B comme en F/A-S il s'agit de niveaux immédiatement sus-jacents à ceux de la phase I. En revanche, les niveaux équivalents n'ont pas été fouillés en F/A-N.

2. Position stratigraphique et contexte

Il n'y a, en effet, pas de discontinuité entre les phases I et II dans les deux secteurs où la phase I avait été atteinte. En F/A-S, la limite inférieure de la phase II est quelque peu problématique, tant sur le plan archéologique (voir discussion de l'interphase I/II, *supra*) que sur le plan stratigraphique, en raison des nombreux blocs d'effondrement dans ce secteur. En revanche, sa limite supérieure (F/A-S 209) correspond à une limite lithostratigraphique fine indiquée sur les coupes géologiques et perceptible sur l'ensemble de la tranchée (cf. coupes, Jacobsen et Farrand, 1987). L'épaisseur des sédiments y atteint 50cm, mais avec une masse importante de gros blocs d'effondrement.

En H1-B, l'ensemble de cette phase s'inscrit dans une sédimentation homogène et les limites de cette phase, définie sur une base lithique, ne correspondent pas à des limites lithostratigraphiques repérées. Son épaisseur est importante, plus encore qu'en F/A-S (ce qui tend à confirmer l'hypothèse d'une phase d'érosion en F/A, qui sera développée ultérieurement) : elle atteint en effet 80cm, débutant vers 3.10m au-dessus du niveau de la mer et se terminant vers 3.90m.

Les données stratigraphiques sont les mêmes en H1-A qu'en H1-B, par définition, puisque la phase lithique II y a été définie par équivalence stratigraphique directe.

Du point de vue sédimentologique, c'est encore une phase marquée par l'hétérogénéité de la granulométrie, avec abondance de blocs d'effondrement, de blocaille et de cailloutis. Les analyses sédimentologiques montrent en effet la dominance de la fraction grossière, noyée dans une matrice fine, essentiellement argileuse.

Les données de l'environnement ne marquent pas de changements qualitatifs importants par rapport aux phases précédentes, mais les vestiges y sont plus abondants.

Il est particulièrement intéressant de noter à cet égard que le début de notre phase II est marqué, tant en H1 qu'en F/A-S, par une inversion de proportion des espèces dominantes dans les graines. C'est en effet maintenant *Lithospermum arvense* qui domine, suivi de *Anchusa* sp., tandis que *Alkanna* sp. ne vient qu'en troisième position (Hansen 1980). Les quelques graines carbonisées découvertes dans ces niveaux, des graines de pistachiers, sont peut-être intrusives.

Les mollusques terrestres sont légèrement plus abondants et plus diversifiés, mais toujours dominés par *Helicella* sp. et *Helix* sp. Pas de changement majeur non plus dans la macrofaune, où l'on trouve surtout équidés et cervidés, accompagnés de restes de tortues, de lièvres, de lézards et d'oiseaux (S. Payne 1975). Quant aux mollusques marins, ils sont représentés par les mêmes genres que précédemment (notamment cf. *Bittium* sp.). L'ensemble de ces données paraît toujours indiquer un environnement steppique et froid.

D'après les dates ^{14}C obtenues pour cette phase, ces conditions climatiques correspondent bien à ce que l'on connaît par ailleurs en Grèce (cf. chapitre I, fig. 8).

On dispose en effet pour la première fois de dates radiométriques dont deux paraissent acceptables :
- P-2233 (H1-B 191-192) : 21.480 ± 350 B.P.
- I-6140 (H1-A 219) : 22.330 ± 1270 B.P.
- Beta 2514 (F/A-S 209) : 10.790 ± 160 B.P.

Si les deux datations de H1 sont compatibles entre elles, à défaut d'être très précises, celle de F/A pose évidemment problème ! Après discussion à ce sujet avec W. Farrand, qui a prélevé l'échantillon, il appert que celui-ci provient en fait de la petite fosse visible à l'angle sud de la coupe ouest (cf. coupe dans Jacobsen et Farrand, 1987) ; il est donc probable que ce prélèvement ne correspond pas en fait à

F/A-S 209, mais à F/A-S 208. Or tout indique que ce dernier niveau est bien plus récent que F/A-S 209, et c'est d'ailleurs pour vérifier le hiatus chronologique supposé que cet échantillon avait été prélevé [1].

Il semble donc légitime de ne retenir que les deux dates de H1 ; leur écart-type très important laisse toutefois une grande marge pour situer chronologiquement cette phase. L'échantillon de H1-A, qui correspond à la base de la phase lithique II, nous indique une date comprise entre 24.870 B.P. et 19.790 B.P., tandis que celui de H1-B situe le milieu de cette phase entre 22.180 B.P. et 20.780 B.P. Ce sont donc quatre millénaires qui sont susceptibles d'être représentés, mais cette longue durée est due à l'imprécision des datages et ne permet pas d'inférer une durée quelconque pour la phase elle-même. Toutefois, l'intervalle de dates proposé permet d'émettre l'hypothèse d'un hiatus chronologique entre la phase lithique II et celle qui la précède, hiatus suggéré par le changement brutal dans l'industrie lithique et confirmé, à mon avis, par l'inversion de proportion constatée dans les graines exactement au même moment (rappelons que J. Hansen ne considère pas que ces graines sont apportées nécessairement par l'homme).

3. L'industrie lithique

Si le total de l'industrie lithique dans cette phase est comparable à celui de la phase précédente, il correspond en fait à un nombre de *units* bien supérieur et une épaisseur de sédiments au moins double. Dès lors, la densité du matériel par niveau est en fait bien moindre, et cette phase doit être considérée comme pauvre du point de vue lithique. C'est pourquoi d'ailleurs notre étude technologique portera non pas sur un, mais sur quatre niveaux de référence : H1-B 204, 203, 198 et 185.

Ce matériel provient directement des fouilles et du tri de tous les résidus des tamis de 5 et 10mm. En revanche, les résidus du tamis de 2.8-5mm n'ont été étudiés que sur échantillons, et en F/A-S uniquement (docs. IX.1 et IX.2). Or ces échantillons nous ont livré trois pièces retouchées, sur les 22 de F/A-S. Il s'agit dans chaque cas de fragments de lamelles à bord abattu, comme on pouvait s'y attendre. Il est dès lors certain que le matériel étudié n'est pas, quantitativement, représentatif de l'ensemble du matériel de cette phase. La proportion de lamelles à bord abattu y est inférieure à la réalité, dans une mesure qui peut représenter jusqu'au 1/10ème de l'ensemble. Nous n'avons pas, à l'inverse, d'indices de différences qualitatives, et nous considèrerons que, du point de vue typologique, le matériel est représentatif.

3.1. Les matières premières travaillées

L'éventail des matières premières travaillées reste aussi ouvert que dans la phase précédente : on y note des silex, chailles, calcédoines, radiolarites et jaspes de couleurs variées—marron, chocolat, vert, rouge tacheté de noir ou vert, gris, etc. Parmi les plus caractéristiques, il faut noter le ''silex bleu'' et le ''silex rouge'' largement utilisé, plus tard, au Néolithique ancien.

Aux roches siliceuses, on peut cette fois ajouter le calcaire, incontestablement taillé, quoiqu'en très faibles quantités : on trouve en effet dans ce matériel quelques éclats de calcaire de longueur supérieure à 1cm, ainsi qu'un nucléus et deux lames. Mais cet ensemble calcaire peut inclure aussi bien le calcaire de la roche encaissante que des galets de calcaire ramassés à l'extérieur : lors du décompte initial du matériel, je n'avais pas pensé à établir cette distinction.

A ces matières premières qui toutes sont d'origine locale, il faut ajouter :

- Un grand grattoir en roche siliceuse verte, exceptionnel tant par ses dimensions que sa matière première (il n'y a rien dans le débitage qui y corresponde). Deux hypothèses peuvent en rendre compte : c'est une pièce apportée toute faite par les occupants de cette phase ; c'est une pièce importée, et tombée de la coupe à partir d'un niveau néolithique. L'une et l'autre hypothèse peuvent être défendues, et nous n'avons pas d'éléments pour trancher.

- Dans le même niveau (H1-B 203) ont été découverts trois très petits fragments d'obsidienne. L'absence d'obsidienne dans les autres *units* de cette phase, comme dans les phases qui suivent, incite dans ce cas à pencher en faveur de l'hypothèse d'une contamination à partir de niveaux mésolithiques ou néolithiques.

C'est donc sur l'exploitation de matières premières locales et facilement accessibles que nous mettrons l'accent. Elles se présentent sous forme de petits galets ou de plaquettes, à arêtes vives ou émoussées, dont la plus grande ne dépasse pas 6.2cm. Une certaine forme, modeste il est vrai, d'économie de la matière première peut d'ailleurs être relevée : une bonne partie des lamelles brutes de débitage et surtout des lamelles à bord abattu est manufacturée sur les roches de grain le plus fin. Toutefois, je ne dispose pas de données quantifiées pour préciser cette notion.

3.2. Le débitage
3.2.1. Où s'effectuait le débitage ?

Globalement parlant, la présence de nucléus, débris de nucléus et nombreuses esquilles témoigne d'un débitage local au cours de cette phase. Dans le niveau H1-B 203, le plus riche, du remontage a pu être effectué à petite échelle et confirme ce fait.

Toutefois, la phase II n'est pas homogène à cet égard. On observe en effet, et ceci est particulièrement net dans H1-B (cf. doc. IX.2), une opposition entre les *units* les plus anciennes et les plus récentes. Dans la période la plus ancienne (*circa* H1-B 207-201), on trouve effectivement tous les indices d'un débitage local, avec dominance, dans le débitage, des petits éclats et esquilles de moins de 1cm de long. En revanche, au cours de la seconde moitié de cette phase (*circa* H1-B 200-184), où le matériel est très pauvre, les nucléus sont absents, les esquilles et petits éclats baissent en proportion des lamelles et plus grands éclats, mais la fréquence des pièces retouchées reste identique. Il est donc vraisemblable qu'une partie du débitage était effectuée en dehors de la zone fouillée, sans que l'on puisse préciser s'il s'agit d'un simple déplacement des zones de travail dans la grotte, ou si une partie du matériel retouché a été apporté en l'état dans le site. Il faut noter en tout cas que c'est la seconde fois que cette hypothèse est soulevée dans cette phase.

3.2.2. Les techniques de débitage

Les schémas-types des nucléus analysables dans les niveaux de référence de cette phase sont présentés dans le tableau XXVIII. On y retrouve l'exploitation préférentielle

Tableau XXVIII : Croquis schématiques des nucléus de la phase II (H1-B 204, 203 et 198).

des nucléus en petits modules cubiques ou parallélépipédiques, selon une ou plusieurs directions de frappe orthogonales. Cette exploitation se fait indifféremment à partir de plans de frappe corticaux ou lisses, ce qui laisse présumer une abondance de produits à talons corticaux si ces nucléus sont bien représentatifs du débitage de cette phase. De plus, les nucléus sont le plus souvent exploités dans l'épaisseur ou sur les faces courtes des plaquettes et non selon l'axe d'allongement maximal de celles-ci. On doit donc trouver dans le débitage abondance des plus petites classes morphométriques.

Toutefois, à l'inverse de la phase précédente, d'autres conceptions du débitage peuvent être mises en évidence, en parallèle avec celle que nous venons de décrire.

En premier lieu, quelques nucléus sur galets, semblables à de véritables "galets taillés" unifaciaux : pas de préparation d'un plan de frappe et enlèvement d'une série d'éclats adjacents à partir de l'une des extrémités. Dans un cas (H1-B 203), le débitage intéresse toute la périphérie du galet de façon centripète. La taille de ces nucléus varie de 2.9 à 5.5cm dans le sens de leur allongement maximal.

Il existe en outre, dans les nucléus d'autres *units* que les *units* de référence, des nucléus à éclats globuleux, sans direction de frappe préférentielle.

Mais le point le plus important est la fréquence relative des nucléus à lamelles. A la différence des nucléus à éclats, les nucléus à lamelles tendent vers une forme conique irrégulière, avec un plan de frappe préparé, lisse. Ce sont des nucléus qui restent de petite dimension (2.5 à 4cm d'allongement maximal) et qui ne permettent pas, en l'état, l'extraction de lames. S'il est vraisemblable que leurs dimensions actuelles sont légèrement réduites par rapport à leurs dimensions initiales, il faut toutefois remarquer que l'on n'observe pas de traces de ravivages systématiques et que les tablettes de ravivage sont absentes dans le matériel étudié.

En fait, il semble plutôt que les artisans aient profité de quelques blocs de meilleure qualité pour fabriquer des lamelles, sans pouvoir pousser ce débitage très loin (le nombre de négatifs lamellaires sur chaque nucléus reste très faible). Toutefois, la présence régulière de nucléus à lamelles laisse présager une augmentation de celles-ci dans le débitage.

Ainsi, les nucléus de l'ensemble de cette phase témoignent à nouveau de l'absence de blocs de dimensions importantes, et de la persistance d'un débitage préférentiel selon des modules parallélépipédiques, peu classiques, certes, mais bien adaptés aux caractéristiques de la matière première. Toutefois, dans cette seconde phase, le nombre de schémas-types augmente par rapport à la phase précédente. Les blocs de matière première étaient testés sur place, et plus ou moins vite rejetés selon les problèmes rencontrés. Certains le sont après un seul enlèvement. En revanche, les meilleurs blocs sont récupérés pour un débitage lamellaire, selon une conception beaucoup plus classique : nucléus subconique à débitage périphérique à partir d'un plan de frappe lisse.

3.2.3. Les produits recherchés

L'examen des nucléus conduit à prévoir, dans le débitage, une abondance d'éclats de petites dimensions mais aussi de lamelles, en augmentation par rapport à la phase précédente. C'est effectivement ce que confirme le tableau suivant :

	Pourcentage de lamelles (s.l.) dans le débitage brut	Pourcentage de lamelles (s.s.) dans le débitage brut	TOTAL
Ensemble du débitage brut	22% (n = 85)	17% (n = 67)	395
Produits laminaires et éclats ≥ 1.5cm	64% (n = 85)	50% (n = 67)	133

Tableau XXIX : Pourcentage de lamelles au sens large et au sens strict dans le débitage de la phase II (d'après les niveaux de référence : H1-B 204, 203, 198 et 185).

Que l'on considère les lamelles au sens large (longueur au moins double de la largeur), ou au sens strict (longueur triple de la largeur), l'ensemble du débitage ou seulement les produits laminaires et les éclats de longueur supérieure à 1.5cm, la proportion de lamelles apparaît toujours en forte augmentation par rapport à la phase précédente. Or, les chiffres indiqués dans ce tableau sont inférieurs à la réalité, en raison d'une part de problèmes de résidus non triés, mais surtout du prélèvement d'un bon nombre des lamelles pour la fabrication de lamelles à bord abattu. Si l'on inclut le matériel retouché dans cette étude, la proportion de lamelles s'élève à 26% pour l'ensemble du matériel, et 66% des pièces de longueur égale ou supérieure à 1.5cm. Ceci confirme l'existence de chaînes opératoires de débitage orientées vers la production de lamelles, que l'on retrouvera comme support privilégié de l'outillage retouché.

Il s'agit de plus essentiellement de lamelles, et non de lames. Quel que soit le critère employé pour différencier les unes des autres, pratiquement tous les produits laminaires de cette phase seraient classés par tous les auteurs en lamelles, avec une largeur nettement inférieure à 1cm. Les caractéristiques de la matière première rendent aisément compte de ce fait. Il existe néanmoins des produits laminaires plus larges : si l'on fixe, arbitrairement, la limite des "lames" à 1.2cm de large, elles représentent 1/5ème de l'ensemble des produits laminaires. Mais, à la différence des lamelles, la plupart sont irrégulières et peu allongées, ayant filé le long d'une nervure elle-même irrégulière ; elles ne paraissent pas, en fait, avoir été recherchées comme telles, et il y a même deux lames de calcaire, entièrement corticales.

Tout indique au contraire que les lamelles participent d'une production systématique :

- Choix de la matière première : les silex à grain fin, et plus particulièrement les silex marron et chocolat ont été utilisés de façon préférentielle. Il arrive même que sur un bloc hétérogène seule la partie à grain fin ait été exploitée pour le débitage de lamelles.

- Mise en forme de nucléus : celle-ci est attestée par la présence de trois fragments de lamelles à crête (H1-B 204 et 202, H1-A 219). De plus, nous avons déjà vu que les nucléus à lamelles sont conçus de façon très différente des nucléus à éclats : au lieu de nucléus parallélépipédiques à directions de frappe orthogonales, ils se présentent comme des nucléus subconiques à plans de frappe lisses (et, de fait, il n'y a pratiquement pas de talons corticaux dans les lamelles).

- Préparation individuelle de chaque enlèvement : chaque lamelle témoigne d'une préparation individuelle soignée, s'effectuant à partir du plan de frappe, sur le plan de débitage. La corniche est supprimée, et le point d'impact dégagé par reprises latérales. Les talons qui en résultent sont de très petits talons lisses passant à des talons punctiformes (doc. IX.3).

Les lamelles ainsi produites sont régulières, nombreuses et pratiquement jamais corticales (fig. 22). L'ensemble des observations faites sur les nucléus et les lamelles suggère que ces dernières relevaient d'une chaîne opératoire de production différente de celle des éclats. Bien sûr, tout nucléus à lamelles fournit des éclats lors de sa mise en forme ; mais il est clair, ne fût-ce qu'en raison des différences de matières premières, que nombre de nucléus à éclats n'ont jamais été conçus pour la production de lamelles, et que les nucléus à lamelles n'ont pas été systématiquement repris en nucléus à éclats après le plein temps de débitage. En revanche, l'absence de nucléus à lames est confirmée par la morphologie de celles-ci, qui ne paraissent pas relever d'une production systématique. Il faut enfin préciser que les lamelles torses, caractéristiques de la phase précédente, ont ici complètement disparu.

Les éclats : s'il existe une chaîne opératoire spécifique à la production de lamelles, il en existe donc aussi pour la production des éclats, et ces nucléus laissent prévoir une grande abondance des éclats de petite dimension. Effectivement, près de 80% des éclats entiers ne dépassent pas 1.5cm, et aucun ne mesure plus de 4.5cm. Dans l'ensemble d'ailleurs, la répartition des modules et des longueurs des éclats dans cette phase ne diffère pas sensiblement de celle de la phase précédente (doc. IX.4). En revanche, on note une baisse assez sensible des pièces corticales, qui ne représentent plus que 16.6% de l'ensemble, contre 21% dans la phase précédente ; si l'échantillon est bien représentatif, cette baisse témoignerait d'une exploitation plus poussée des nucléus.

Les talons des éclats sont en majorité lisses, linéaires et punctiformes (doc. IX.6), sans qu'un lien significatif apparaisse avec le module des éclats, donc un stade particulier du débitage. Parmi les talons lisses, on relève des talons lisses allongés, avec lèvre sur la face d'éclatement, mais point d'impact et petit cône de percussion bien marqués. Ces caractéristiques, qui ne sont normalement pas associées, pourraient s'expliquer par l'utilisation de percuteurs en calcaire [2] ; des expérimentations systématiques seraient toutefois nécessaires pour confirmer cette hypothèse.

Contrairement aux lamelles, les éclats ne montrent pas de préparation du point d'impact, et les corniches, quoique peu marquées, restent présentes.

Le problème de la signification de ces petits éclats dans le débitage se pose de façon analogue à celle de la phase précédente : sont-ils des sous-produits d'autres chaînes opératoires, ou constituent-ils une finalité en eux-mêmes ? L'étude du choix des supports dans le matériel retouché devrait à cet égard apporter un élément de réponse.

3.3. Le matériel retouché

Le matériel retouché de la phase II est beaucoup plus abondant que celui de la phase précédente : il s'élève en effet à 138 pièces, chiffre que nous savons inférieur à la réalité puisqu'une partie des lamelles à bord abattu n'a pas été recouvrée dans les résidus du tamis de 2.8-5mm. Mais les différences par rapport à la phase précédente sont qualitatives plus encore que quantitatives.

3.3.1. Le choix des supports

L'industrie lithique retouchée de cette phase frappe immédiatement par son caractère très lamellaire : la proportion de lamelles dans l'outillage est sans commune mesure avec celle du débitage, puisqu'elle s'élève à plus de 80% de l'ensemble.

Parmi ces lamelles, y avait-il choix de modules particuliers ? En fait, il est pratiquement impossible de répondre à cette question, tant les supports d'origine sont altérés, soit par retouche, soit par fracture. En revanche, il apparaît que les lamelles retouchées sont de morphologie régulière, ce qui ce fut sans doute un critère de sélection notamment pour les plus grandes lamelles, qui diffèrent nettement à cet égard de celles que l'on trouve dans le débitage brut.

Dans le reste de l'outillage, les modules sont variés : on ne retrouve plus ni la sélection préférentielle des plus grands éclats, ni la prépondérance d'éclats corticaux. Il semble au contraire que les éclats aient été choisis, selon les besoins, dans toutes les catégories dimensionnelles, y compris les plus petites. On peut donc s'attendre à trouver un outillage sur éclats plus diversifié que dans la phase précédente.

3.3.2. Les modalités de retouche

Celles-ci diffèrent complètement de celles de la phase précédente :

- C'est la retouche directe abrupte, formant un bord abattu ou une troncature, qui domine ici de façon écrasante.

- C'est donc, par conséquent, une retouche courte qui est prépondérante, tandis que la retouche ample, lamellaire, disparaît complètement.

- En même temps, la position de la retouche devient le plus souvent latérale ou bilatérale (mais sans que l'un des bords soit affecté de manière préférentielle), et non plus distale.

- La retouche inverse est rare, mais sporadiquement présente, de même que la retouche abrupte croisée.

3.3.3. L'outillage retouché

L'outillage est dominé par les pièces à bord abattu (107 sur 138, soit 77%). Parmi celles-ci, les lamelles à un bord abattu sont les mieux représentées et seront donc examinées en premier.

Les lamelles à un bord abattu : 88
Elles constituent, de loin, le groupe le plus important dans cet outillage, et un groupe qui frappe par son homogénéité.

Leur morphométrie est peu variée : la distribution des largeurs est unimodale, le mode étant situé entre 0.5 et 0.6cm (médiane 0.58) ; la distribution des épaisseurs est encore plus resserrée, l'essentiel des pièces ayant une épaisseur comprise entre 0.1 et 0.3cm (médiane 0.23cm) (cf. doc. IX.7). L'estimation des longueurs est plus malaisée, en raison du nombre important de pièces cassées. Pour les

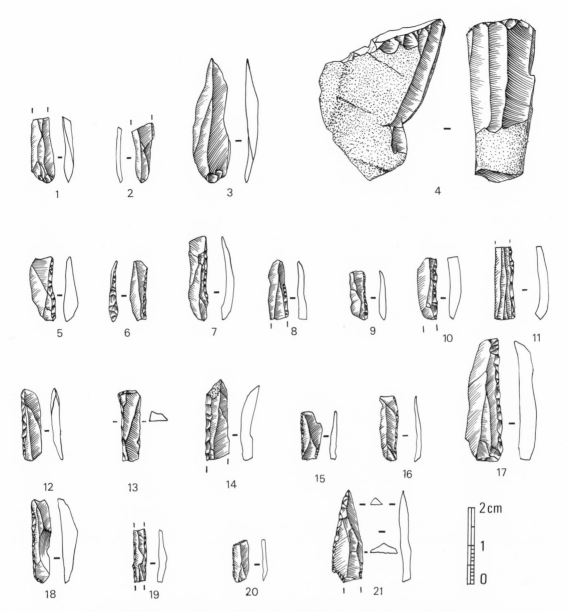

Figure 22 : Industrie lithique de la phase II. 1-3 : lamelles brutes de débitage. 4 : nucléus à lamelles. 5-18 : lamelles à un bord abattu obtuses. 19 : fragment de lamelle à deux bords abattus. 20 : lamelle à bord abattu et très fine troncature distale. 21 : fragment de pointe à cran ?

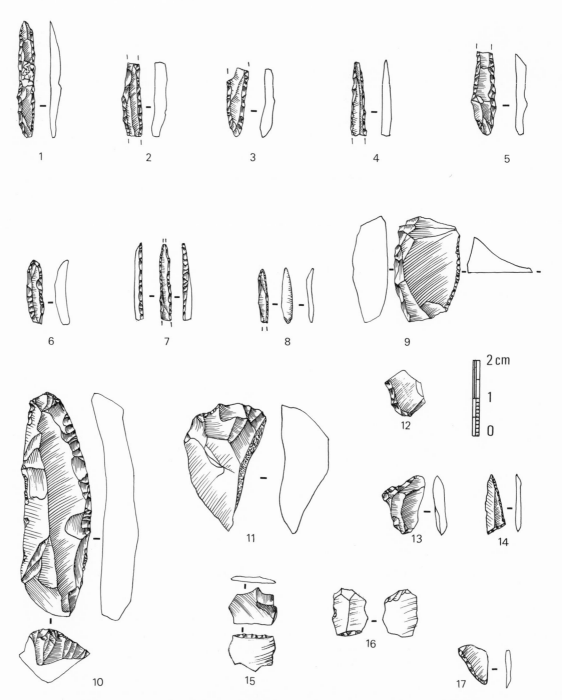

Figure 23 : Industrie lithique de la phase II (suite). 1-8 : lamelles et fragments à deux bords abattus. 9, 12 : éclats à bord abattu. 10, 11 : grattoirs. 13 : éclat à troncature distale. 14 : triangle scalène. 15-17 : éclats à troncature proximale.

pièces entières, l'histogramme de distribution des longueurs est à la fois très irrégulier et très étalé, avec des mesures allant de 1.2 à 4cm (doc. IX.8). La longueur des lamelles cassées est également très variable et ne dénote pas de réduction systématique de celles-ci (doc. IX.8).

Du point de vue technique, on observe la même homogénéité : pratiquement toutes sont obtenues par retouche directe abrupte ou 3/4 abrupte ; la section des pièces varie de façon apparemment aléatoire (les différentes formes de section sont également représentées), sans relation avec un mode de retouche plutôt qu'un autre. La retouche croisée ne se rencontre qu'une fois, de même qu'une retouche alternante.

Les bases sont laissées brutes de débitage, à quatre exceptions près (troncatures proximales directes, complètes ou partielles). La présence d'un aménagement de la base ne présente aucune association particulière avec une classe morphotechnologique distale plutôt qu'une autre (doc. IX.9).

Outre 10 bords abattus de latéralisation indéterminée, on observe la répartition suivante : 45 bords abattus à droite, 32 à gauche. Une telle différence entre les deux bords ne peut pas être tenue pour statistiquement significative ($\chi^2 = 2.19$). Aucune différence n'apparaît non plus lorsqu'on met en relation la latéralisation et la morphotechnologie distale [3]. En revanche, il faut mentionner deux pièces où le "bord abattu" n'en est pas un réellement, bien que la morphologie finale soit strictement identique à celle des autres lamelles à bord abattu : dans le premier cas, il s'agit d'une troncature oblique sur éclat (H1-A 219), dans le second d'une troncature proximale parallèle au bord distal (H1-A 220).

Les bords abattus sont pratiquement toujours rectilignes (77 cas sur 82 déterminables). Seules exceptions : les deux lamelles à bord abattu et troncature, et trois dos sinueux sur des lamelles obtuses. L'absence de dos courbes (ou arqués) et la très forte prédominance des dos rectilignes constituent une des caractéristiques majeures des lamelles de cette phase.

A cette prédominance des dos rectilignes s'associe une grande homogénéité des classes morphotechnologiques distales :
- Sur les 45 pièces dont l'extrémité distale est conservée, 40 relèvent des classes 1/1, 2/1, 4/1 et 5/1, soit des classes obtuses à extrémité distale non retouchée. Les lamelles à bord abattu rectiligne et extrémité distale obtuse, orthogonale, en constituent déjà la moitié (classe 1/1). Le reste se distribue également entre lamelles à extrémité distale arrondie (classe 5/1), arquée (4/1) ou biseautée (2/1). Il est clair que ces variations morphologiques de l'extrémité distale, obtenues au débitage, ne sont pas pertinentes dans cette phase. L'important est ici la prédominance des lamelles à bord abattu rectiligne et extrémité distale obtuse, non retouchée.
- Les deux lamelles à bord abattu et troncature (classe 2/3) sont fort différentes l'une de l'autre. La première présente une troncature distale inverse, oblique, rectiligne, très fine (H1-A 215) tandis que la seconde est à troncature directe (H1-B 198).
- Enfin, et c'est là sans doute le caractère le plus surprenant de cette industrie, trois pièces seulement sont de morphologie distale pointue (classe 3/5, à pointe d'axe, par convergence d'un bord retouché et d'un bord brut de débitage).

Aucune de ces trois pièces, malheureusement, n'est intacte. Mais l'une d'entre elles (H1-A 216, fig. 22 n° 21) présente encore, en partie proximale, l'amorce d'un cran à retouche bilatérale abrupte. Elle se rapproche donc des pointes à cran connues dans d'autres gisements de Grèce, mais pour des périodes plus récentes (cf. chapitre XV). Plus large que la plupart des lamelles obtuses de cette phase, elle était sans doute aussi plus longue, puisque ses dimensions actuelles sont de 2.33 x 0.95 x 0.32cm. Or les deux autres fragments qui appartiennent à cette classe sont de dimensions comparables : respectivement 2.33 x 0.8 x 0.25 et 1.7 x 0.87 x 0.4cm. Ces pièces relativement plus larges sont une exception dans l'ensemble de cette phase, et le fait que les trois pièces de morphotechnologie distale 3/5 soient groupées à une extrémité de la distribution ne me paraît pas relever du hasard. On peut y voir un indice de l'existence d'une classe peu représentée, mais bien individualisée, de lamelles pointues, à bord abattu rectiligne, de dimensions supérieures aux lamelles obtuses et peut-être à cran proximal.

Les lamelles à deux bords abattus : 16

Il est tout à fait étonnant de trouver dans cet ensemble 16 lamelles et fragments à deux bords abattus (plus un exemplaire douteux), soit un total équivalent au 1/5ème des lamelles à un bord abattu. Mais les lamelles à deux bords abattus diffèrent de ces dernières à bien des égards, et constituent manifestement un groupe d'outils tout à fait distinct.

Bien que les supports soient évidemment très modifiés, rien n'indique le choix à l'origine de véritables lames : ces lamelles sont toutes étroites (doc. IX.10) et les deux seules pièces entières ne mesurent que 1.7 et 3.05cm de long respectivement.

Comme pour les lamelles à un bord abattu, la retouche directe est utilisée de façon systématique (un seul bord à retouche croisée). Ici encore, les bords sont rectilignes et ne convergent qu'aux extrémités ; le caractère systématique de cette morphologie est caractéristique de cette phase (voir doc. IX.11).

En revanche, les lamelles à deux bords abattus diffèrent des lamelles à un bord abattu par le traitement des extrémités distales et proximales :
- Aucune base recouvrée (six au total) n'est laissée brute de débitage : trois sont appointies, deux sont rétrécies (et presque pointues), la dernière est tronquée.
- Les extrémités distales sont appointies dans six cas sur sept, le dernier étant aussi très proche d'une pointe.

Il n'y a que deux pièces entières : l'une bipointe, très allongée, l'autre pointue à base rétrécie. Par leur morphologie comme leur technique, ces pièces évoquent les pointes de Sauveterre bien plus récentes. Or l'examen des fragments proximaux et distaux laisse à penser que cette morphologie était commune à la plupart de ces lamelles.

Aux lamelles à un bord abattu, en très grande majorité obtuses, avec les deux extrémités brutes de débitage, s'opposent donc les lamelles à deux bords abattus, retouchées aux deux extrémités et pointues. Cette structure de l'outillage est inhabituelle, et certainement étonnante dans des niveaux aussi anciens. Elle n'a, à ma connaissance, pas d'équivalent dans l'Europe méditerranéenne.

Eclats à bords abattus : 2
Ils sont, au regard des lamelles, extrêmement rares. L'un d'entre eux (H1-A 218) est un véritable couteau à dos retouché, avec un bord abattu épais à gauche, par retouche croisée, et une courte retouche semi-abrupte du bord droit.

Le second est au contraire un petit éclat (F/A-S 212) à bord abattu convexe/concave à gauche, assez mince.

Fragments à bord abattu non identifiés : 1
Avec ce dernier fragment, le total du groupe des bords abattus dans cette phase s'élève à 80% de l'outillage. Les autres classes d'outils sont en conséquence représentées par un très petit nombre d'individus, ce qui en rend l'analyse difficile.

Pièces à retouche linéaire: 9
Les pièces portant une retouche latérale continue constituent un groupe totalement hétérogène, aussi bien en ce qui concerne les supports (grands et petits éclats, lamelles), que la position et la latéralisation de la retouche ou sa nature (courte ou ample, subparallèle, irrégulière ou écailleuse). Rien de tout cela ne peut être tenu pour caractéristique de cette phase.

Troncatures : 8
Bien que peu nombreuses, les troncatures présentent des caractéristiques intéressantes, en particulier la prédominance de troncatures sur petits éclats courts et la fréquence des troncatures proximales et inverses.

- Les troncatures proximales sur éclat (4) : c'est un ensemble homogène et assez surprenant. Elles sont manufacturées sur de petits éclats minces (confirmant par là la finalité propre d'un débitage de petits éclats non corticaux), sont rectilignes, et aboutissent à des pièces de forme géométrique régulière.

Trois d'entre elles sont normales, l'autre, très oblique. Toutes ces troncatures proximales sont entières, mais la longueur ne dépasse pas 1.3cm pour la plus grande et 0.79 pour la plus courte (les largeurs sont comprises entre 0.6 et 1.34cm, les épaisseurs entre 0.15 et 0.3cm).

A cet ensemble il faut peut-être rattacher un fragment d'éclat ou de lamelle à troncature inverse, mais dont on ne peut spécifier si elle est proximale ou distale.

- Les troncatures distales sur éclat (2) : il s'agit d'une part d'une troncature oblique sinueuse sur éclat de petite dimension, d'autre part d'une troncature partielle, atypique, dans le prolongement d'un pan abrupt, et qui appointit l'éclat de façon dissymétrique.

- Troncature sur lamelle (1) : c'est également une troncature atypique, directe, très courte, convexe, faisant suite à un pan abrupt, et créant une sorte de lamelle à tête arquée.

Coches et denticulés : 6
Cette classe rassemble en majorité des éclats à coche retouchée (au nombre de 5), de dimensions variées (1.5 à 2.4cm pour les pièces entières). L'emplacement des coches varie et ne témoigne d'aucune systématique, si ce n'est qu'il s'agit toujours de coches directes de petites dimensions. Il est d'ailleurs fort possible qu'elles ne soient dues qu'à l'utilisation.

Il n'y a, dans cette phase, qu'un seul denticulé possible, sur fragment mésial de lame, par coches clactoniennes adjacentes. Mais la pièce est brûlée, et il est possible que la retouche soit accidentelle.

Grattoirs : 5
La proportion de grattoirs baisse de façon considérable par rapport à la phase précédente, puisqu'ils ne représentent plus que 4% de l'outillage. Ils en diffèrent également par leurs caractéristiques morphotechnologiques, les grattoirs carénés et museaux ayant complètement disparu. En outre, les grattoirs de la phase II ne présentent aucune homogénéité.

- Le plus exceptionnel est le très beau grattoir sur lame retouchée, déjà mentionné dans l'étude de la matière première comme pouvant être importé. Ses dimensions sont également exceptionnelles dans l'outillage paléolithique de Franchthi, puisqu'il mesure 6cm de long. Ses caractéristiques techniques ne permettent pas, néanmoins, d'affirmer qu'il soit intrusif : c'est un grattoir sur lame retouchée, à retouche en écaille sur le bord gauche et la partie proximale du bord droit, et retouche subparallèle sur la partie distale de ce bord et sur le front. Ce dernier, convexe et régulier, est assez élevé (0.8cm).

- De fait, un autre fragment de grattoir est de technique analogue et provient du niveau immédiatement sus-jacent (H1-B 204) : retouche en écaille sur le bord droit, prolongée par une retouche subparallèle de la partie distale et du front.

- Les trois dernières pièces sont des grattoirs sur éclats, dont un à front convexe, sur éclat cortical, et deux à front rectiligne, de qualité médiocre.

Divers : 3
J'ai regroupé ici des pièces uniques qui, toutes trois, posent quelques problèmes :

- Un triangle scalène allongé, de belle facture (H1-B 189), à troncature proximale directe oblique, adjacente à un bord abattu à droite. Cette pièce a été découverte dans les résidus de tamisage et non directement à la fouille, et l'on peut se demander si elle n'est pas tombée d'un niveau plus récent, où les triangles de ce type sont bien représentés.

- Un fragment de racloir double en jaspe, à retouche bilatérale directe semi-abrupte (l'extrémité distale n'est pas conservée), qui, bien que non patiné, est peut-être aussi hors de contexte.

- Un burin (?), grand éclat présentant un enlèvement de coup de burin à partir d'un plan de fracture distal. Le fait qu'il n'y ait pas de préparation, que l'enlèvement soit unique et qu'il n'y ait pas d'autres pièces de ce genre incite à douter que ce soit réellement l'outil "burin" qui était recherché.

4. Discussion

L'outillage lithique de la phase II est remarquable par la prépondérance absolue des éléments à bord abattu, tout autant que par la structure interne de ce groupe, avec, d'un côté, les lamelles obtuses à un bord abattu et, de l'autre, les lamelles pointues à deux bords abattus. Rien de comparable n'est connu dans les pays voisins, et seule la présence d'une hypothétique pointe à cran pourrait rapprocher cet ensemble des Gravettiens méditerranéens. Aussi originaux paraissent être les petits éclats à troncature proximale, que je tiens pour également caractéristiques de cette phase en dépit de leur petit nombre.

En réalité, si l'on compare cette industrie à d'autres ensembles contemporains, ce sont les absences qui frappent tout autant, notamment celle de véritables pointes de la Gravette ou de microgravettes et celle de burins.

Cette dernière doit sans doute être rapprochée de la faible représentation de l'ensemble des types qui appartiennent au fond commun du Paléolithique : grattoirs, becs, perçoirs et coches. L'outillage de la phase II apparaît en effet comme extrêmement spécialisé et centré sur les classes que l'on qualifie habituellement d'armatures. Si cette interprétation est exacte, et je ne vois pas de raisons de la rejeter, l'"outillage" de la phase II de Franchthi serait essentiellement composé d'armes de chasse. Se pose alors le problème de la représentativité de ce matériel : avons-nous fouillé uniquement des secteurs spécialisés de la grotte ? Le reste de l'outillage se trouve-t-il ailleurs ? Pour accepter cette hypothèse, il faudrait admettre en même temps que la répartition spatiale des activités dans la grotte n'a pas varié tout au long de cette phase lithique. Compte tenu de l'épaisseur des sédiments dans laquelle elle s'inscrit, et de la longue durée suggérée par les deux dates ^{14}C, ceci me paraît peu probable : la permanence des caractères de ces ensembles lithiques me semble plutôt témoigner d'occupations de la grotte à la fois spécialisées et peu intenses.

En ce qui concerne ce dernier point, il faut en effet remarquer que l'augmentation relative du matériel retouché dans cette phase n'est peut-être qu'apparente : d'une part, la durée concernée est sans doute plus grande que pour la phase précédente. D'autre part, si l'on estime que les lamelles à bord abattu ne sont que des éléments d'armes ou d'outils composites, le nombre total d'armes (ou outils) complets n'était peut-être pas supérieur à celui de la phase I.

A l'intérieur même de la phase lithique II, la répartition stratigraphique de l'outillage retouché (doc. IX.12) suggère une subdivision possible :

1) De H1-B 207 à H1-B 201, les lamelles à bord abattu, quoique dominantes, sont effectivement accompagnées d'un outillage autre (grattoirs, retouches latérales, etc.). Il en est de même dans les niveaux stratigraphiquement équivalents de H1-A (H1-A 220-219).

2) En revanche, de H1-B 200 à H1-B 185 (et de H1-A 218 à H1-A 215), on ne trouve plus que des pièces à bord abattu. Dans cette seconde zone, l'industrie lithique, dans son ensemble, devient encore plus pauvre, mais la proportion de pièces retouchées s'élève.

Dans la tranchée F/A-S, où cette phase lithique ne paraît pas représentée dans sa totalité, seule la première période serait attestée (docs. IX.12 à IX.14).

Il semble donc, *au moins dans la partie fouillée*, que cette phase lithique puisse être subdivisée, non pas sur des caractères technologiques ou typologiques, mais d'après la nature des activités transcrites dans l'industrie lithique : la période récente présentant, de manière plus accentuée

encore que la première, le caractère très spécialisé et sporadique des activités lithiques. En termes de mode d'occupation de la grotte, on peut alors suggérer des haltes de chasse temporaires, où l'essentiel des activités lithiques consisterait à préparer et entretenir les armes de chasse. L'éventail très restreint des activités d'acquisition dont témoignent les restes osseux et végétaux et l'absence complète d'autres vestiges d'activités techniques (comme l'industrie osseuse) ou artistiques me paraissent conforter cette interprétation.

Si le caractère très spécialisé du mode d'occupation de la grotte est admis, il s'ensuit logiquement que la grande fréquence des lamelles à bord abattu et la rareté des autres groupes d'outils ne peuvent plus être tenues pour des traits "culturels", et que les comparaisons chiffrées avec d'autres ensembles lithiques n'auraient de sens que s'ils correspondent à des occupations de même nature.

INTERPHASE II/III

Selon notre définition, H1-B 182, qui comprend simultanément une lamelle à deux bords abattus et une petite lamelle à un bord abattu pointue, appartient à l'interphase II/III puisque ces éléments sont respectivement caractéristiques de la phase qui précède et de celle qui suit.

Le fait que ces types chronologiques n'aient été trouvés associés que dans une seule *unit* incite à y voir un mélange entre les deux phases, plutôt qu'une phase de transition. L'importance des éboulements dans ce secteur (H1, coupe ouest) en est sans doute l'explication.

H1-B 183, située stratigraphiquement sous H1-B 182, de même que H1-A 212, qui correspond sensiblement à H1-B 183, ont été également rapportées à l'interphase, car l'absence d'outillage retouché dans ces deux *units* interdisait de préciser leur statut.

Le détail des éléments sur le matériel de ces trois *units* est fourni dans le document IX.15.

NOTES

[1] Discussion orale lors du symposium de Bloomington, 1982.

[2] Cette hypothèse m'a été suggérée par J. Tixier et restera posée tout au long du Paléolithique et du Mésolithique. Elle présente l'avantage de pouvoir rendre compte en même temps de la présence sporadique d'éclats de calcaire, qui n'ont jamais été retouchés et que l'on s'explique mal autrement.

[3] L'ensemble des données sur lesquelles s'appuie cette analyse peut être retrouvé sur le document IX.9.

CHAPITRE X
La phase lithique III
(H1-B 181-171, H1-A 211-205)

1. Caractérisation

La phase lithique III est caractérisée par la disparition des lamelles à deux bords abattus et l'apparition des lamelles à un bord abattu pointues, de petite dimension, à pointe symétrique par rapport à l'axe morphologique : morphotechnologie de l'extrémité distale 3/5 (tableaux XXIII à XXV).

Toutefois, c'est une phase extrêmement pauvre en matériel lithique, et marquée par la dominance massive des éléments à bord abattu. Ceci posera de nombreux problèmes, dont celui même de la validité de la reconnaissance de cette phase.

En l'état, sa définition repose sur la séquence la plus riche, H1-B. Par équivalence stratigraphique directe, y ont été rattachés les niveaux correspondants de H1-A. Toutefois, cette seconde séquence est encore plus pauvre en matériel, et l'on n'y trouve pas de confirmation typologique à l'équivalence proposée (mais rien qui la contredise, non plus).

En ce qui concerne la tranchée F/A, où aucune équivalence stratigraphique directe n'est possible, il faut avoir recours aux données de la fouille. L'analyse typologique de l'industrie lithique ne montre aucun assemblage qui puisse être comparé à celui de la phase III dans H1-B. Notamment, les niveaux sus-jacents à la phase II dans F/A-S présentent des caractéristiques très différentes, qui les rattachent clairement à la phase lithique VI de H1. Un hiatus stratigraphique et archéologique est donc suggéré par les industries lithiques. Celui-ci se voit confirmé en fait par les autres catégories de vestiges archéologiques : faune, restes végétaux, etc. On peut donc tenir pour assuré que la phase lithique III n'est pas représentée dans F/A.

2. Position stratigraphique et contexte

La phase lithique III est immédiatement sus-jacente à la phase II en H1-A et H1-B, sans niveaux stériles. La base de cette phase ne correspond pas à une limite lithostratigraphique nette, mais elle pourrait être liée à l'apparition des très gros blocs d'effondrement visibles tant sur les coupes est que ouest. A l'inverse, la limite supérieure de cette phase lithique s'inscrit dans une limite lithostratigraphique nette sur les coupes ouest et sud. Cette limite peut également être suivie sur la moitié nord de la coupe est (en H1-A), mais elle se perd vers le sud (en H1-B) en raison de gros éboulis. Il y a donc, dans l'ensemble, une bonne correspondance entre la lithostratigraphie et la chronologie lithique, du moins pour la fin de la phase III.

Cette phase représente une épaisseur sédimentaire importante (plus de 60cm) avec des profondeurs allant de +4 à +4.60m (angle nord-ouest en H1-A). Cette épaisseur s'explique par la présence de très gros blocs d'effondrement, qui atteignent plus de 2m de diamètre et affectent toute la phase lithique III. Ces blocs sont compris dans une matrice très caillouteuse, la blocaille anguleuse étant enrobée dans de l'argile. Les analyses effectuées par W. Farrand (non publié) montrent, dans ces niveaux, une augmentation de la porosité, du pH et une baisse de la fraction organique.

Les restes biologiques ne montrent pas de changements par rapport à la phase lithique précédente, que ce soit dans les graines ou la faune. L'environnement peut donc être toujours considéré comme steppique et froid. Cette permanence des données de l'environnement peut sans doute aider à résoudre le problème de la datation de cette phase, pour laquelle on ne dispose d'aucune date radiométrique. Or, si l'on se réfère aux dates obtenues sur les deux phases qui encadrent celle-ci, l'imprécision est complète : la phase III se situerait quelque part entre le XXème et le XIIIème millénaires B.P. ! A moins d'admettre un ralentissement considérable du taux de sédimentation, que rien n'indique, il est clair qu'il y a un ou plusieurs hiatus importants dans la séquence.

L'un de ceux-ci doit se situer entre les phases lithiques III et IV : l'ensemble des données témoigne en effet de changements aussi importants que rapides, que ce soit dans l'industrie lithique, dans la faune ou la flore. Mais entre les phases lithiques II et III, les changements sont au contraire de faible ampleur : on peut donc émettre l'hypothèse d'un hiatus de faible durée, voire même d'une continuité chronologique. C'est cette hypothèse de continuité que nous chercherons à tester à travers l'étude du matériel lithique.

3. L'industrie lithique

L'échantillon lithique de la phase III est non seulement pauvre, mais encore partiel : aucun élément des résidus du

	SUR GALET		SUR PLAQUETTE		SUPPORT INDÉTERMINÉ
	PF non préparé	PF Préparé	PF non préparé	PF Préparé	
1 direction de frappe	(HI.B 173)		(HI.A 206) (HI.A 206)		(HI.B 174)
2 directions orthogonales		(HI.A 206 et HI.B 171) (HI.A 202) (HI.A 207)	(HI.B 172) (HI.B 174) (HI.A 206)	(HI.B 174) (HI.B 171)	(HI.A 206 ; 3 ex.)
2 directions opposées	(HI.A 206) (HI.B 171)				
3 directions ou plus		(HI.B 171)		(HI.B 173)	
Débitage centripète					

Tableau XXX : Croquis schématiques des nucléus de la phase III (HI-B 174, 173 et 172, HI-A 207 et 206).

tamis de 2.8 à 5mm n'a pu être étudié. Ceci pose le double problème de la représentativité qualitative et quantitative du matériel étudié.

En ce qui concerne le premier point, seule une reprise des fouilles, apportant un échantillon de contrôle, permettrait de juger réellement de la représentativité qualitative de l'échantillon d'origine. A défaut, on peut toutefois cerner le problème en faisant remarquer que les caractères de l'industrie lithique sont assez stables d'une *unit* à l'autre, ce qui constitue un indice en faveur d'une bonne représentativité du matériel, au moins pour la zone fouillée.

En revanche, la représentativité quantitative du matériel n'est pas assurée, du fait de l'absence de tri dans les plus petites fractions des résidus. En effet, les lamelles à bord abattu sont abondantes dans cette phase et souvent étroites : il est pratiquement certain qu'une partie d'entre elles s'est glissée dans ces résidus et que la quantité de lamelles à bord abattu est inférieure à la réalité. Toutefois, celles-ci étant déjà de très loin dominantes dans l'industrie, la structure générale de cette dernière ne serait pas transformée si l'on ajoutait les lamelles manquantes, et les proportions ne seraient sans doute que légèrement modifiées.

Il est à noter que la pauvreté générale de l'industrie lithique dans cette phase (cf. docs. X.1 et X.2) la rapproche nettement de la seconde partie de la phase précédente (phase II2), et constitue, de ce point de vue, une continuité certaine ! Comme dans la phase II, cette pauvreté nous a conduit à utiliser plusieurs niveaux de référence pour l'étude technologique : H1-A 211, 207 et 206, H1-B 174-171.

3.1. Les matières premières travaillées

Les matières premières travaillées au cours de cette phase ne diffèrent pas de celles des phases précédentes : on retrouve la même variété de roches siliceuses de couleurs diverses, qui toutes abondent localement. Ce sont toujours des blocs de petite dimension (5 à 6cm au maximum), et les états de surface indiquent qu'ils proviennent essentiellement des conglomérats ou des fonds de vallées.

Ici encore, le calcaire figure dans le débitage, de façon régulière, mais en faible quantité (doc. X.2) et provient soit de la roche encaissante, soit de galets roulés. La présence de calcaire de la grotte dans les *units* les plus pauvres conduit à se demander s'il ne jouait pas un rôle de substitution lors des occupations les plus brèves. Mais il n'est, en fait, jamais retouché.

3.2. Le débitage

3.2.1. Où s'effectuait le débitage ?

La présence de déchets de taille démontre que du débitage était effectué dans la grotte. Toutefois, comme pour la dernière partie de la phase II, le nombre de lamelles retouchées paraît bien élevé en regard des déchets de taille et du matériel brut de débitage. Il est donc possible que le débitage ait été effectué dans des zones non fouillées de la grotte, ou qu'une partie de l'outillage ait été apportée déjà manufacturée dans le site. L'une et l'autre hypothèse peuvent être défendues, sans qu'il soit possible de trancher.

3.2.2. Les modalités de débitage

Pour l'essentiel, l'organisation du débitage est comparable à celle des phases précédentes : plaquettes et galets réduits à des modules parallélépipédiques, débités selon des directions de frappe orthogonales, à partir de plans de frappe préparés ou non. Toutefois, une différence par rapport à la phase précédente est l'abondance des nucléus sur entame de galet, débités sur la face d'éclatement ou de clivage de l'entame. En effet le débitage est surtout effectué dans l'épaisseur des plaquettes et des galets, bien que ceux-ci soient de très petite dimension (3 x 2 x 1.5cm en moyenne), ce qui aboutit à la production de très petits éclats. Ces nucléus à éclats, tels qu'ils ont été recouvrés, sont peu exploités, et nombreux sont les fragments de matière première rejetés après un ou deux enlèvements seulement, en raison de défauts de la matière première. Il est donc clair que les blocs ont été rapportés sur le site sans être testés au préalable sur le lieu de prélèvement.

Quelques nucléus néanmoins attestent un débitage plus poussé : ce sont soit des nucléus à percussion bipolaire, soit des nucléus globuleux (qui ne figurent pas dans l'échantillon de référence), soit de rares nucléus à lamelles subconiques (il n'y en avait pas non plus dans l'échantillon de référence, mais j'ai rajouté sur le tableau un nucléus de H1-B 174). Ces nucléus à lamelles sont aménagés sur des roches de grain plus fin que les nucléus à éclats et ont sans doute été débités au point d'être méconnaissables, ce qui peut expliquer leur rareté. Il existe en effet dans le débitage de cette phase une lamelle ayant emporté un pyramidion de nucléus subconique, et une tablette de ravivage (reprise en nucléus sur sa face d'éclatement). Ces observations témoignent de l'existence de deux chaînes opératoires distinctes, l'une destinée uniquement à la production d'éclats, l'autre à la production de lamelles (cette dernière incluant nécessairement la production d'éclats de mise en forme). L'étude du débitage doit donc refléter ces deux chaînes opératoires et permettre d'en préciser l'importance respective.

3.2.3. Les produits de débitage

Les produits de débitage attestent effectivement la production d'éclats et de lamelles. Ces dernières sont en proportion analogue à celle de la phase précédente (environ 20% du débitage brut), mais il faut nuancer cette affirmation, car les produits de morphologie lamellaire comprennent un certain nombre de lamelles irrégulières et corticales, obtenues sans préparation spécifique du nucléus (notamment le long d'arêtes naturelles des plaquettes). De ce fait, la part de débitage lamellaire avec préparation apparaît moins importante que dans la phase précédente. En revanche, les lamelles étant prépondérantes dans le matériel retouché, la proportion de lamelles s'élève si l'on inclut ce dernier :

	Débitage brut	*Débitage brut et outillage retouché*
Eclats	212 (80%)	213 (73%)
Lamelles	53 (20%)	79 (27%)
TOTAL	265	292

Tableau XXXI : Lamelles et éclats dans le débitage et l'ensemble du matériel (d'après les niveaux de référence de la phase lithique III : H1-B 174, 173 et 171, H1-A 211, 207 et 206).

Les éclats : l'étude des nucléus laissait prévoir une majorité d'éclats de petite dimension, et il est un fait que près de 79% des éclats et fragments ne dépassent pas 1.5cm de long (doc. X.3). Les modules montrent une forte majorité d' "éclats larges" (rapport longueur/largeur = 1/1) et une baisse relative des "éclats assez longs" (1.5/1) par rapport à la phase précédente, mais cette différence n'est pas statistiquement significative ($\chi^2 = 5.22$ pour deux degrés de liberté).

Comme le laissait prévoir l'examen des nucléus, dont le débitage paraissait peu poussé, la proportion d'éclats corticaux est importante : 35% des éclats présentent une plage corticale plus ou moins étendue. Cette fois-ci, l'augmentation par rapport à la phase précédente est effectivement significative du point de vue statistique, avec un risque inférieur à 0.001 ($\chi^2 = 22.9$ pour deux d.d.l.). Si se confirme ainsi la notion d'une exploitation des nucléus différente de celle de la phase II, les caractéristiques des talons devraient le refléter. Or c'est effectivement ce qui ressort très clairement de la comparaison des classes de talons entre les deux phases : la phase III montre deux fois plus de talons corticaux que la phase II (40%), cette augmentation des talons corticaux se faisant essentiellement au détriment des talons punctiformes et linéaires qui doivent correspondre à une exploitation plus poussée des nucléus (doc. X.5).

Mais si le débitage semble moins poussé, il n'apparaît pas techniquement différent : les talons lisses sont toujours allongés et étroits, associant souvent, de façon paradoxale, une lèvre sur le bord de la face d'éclatement et un point d'impact bien marqué, prolongé par un bulbe de percussion important. L'opposition entre les deux phases paraît donc plus liée à une différence dans l'intensité de l'exploitation des matières premières qu'à une conception différente des techniques de débitage.

Les lamelles : la grande majorité des produits laminaires sont effectivement de très petites dimensions, et peuvent être qualifiés de lamelles. Les produits laminaires de plus grande dimension sont souvent corticaux, et il en existe plusieurs exemplaires en calcaire. En outre, même dans les lamelles non corticales, il en existe de très minces, à bords irréguliers et talons linéaires, qui s'opposent techniquement et morphologiquement aux lamelles plus épaisses, à bords et nervures parallèles et talons punctiformes. Seules ces dernières semblent résulter d'une chaîne opératoire spécifique. Celle-ci est attestée par :

- la morphologie des rares nucléus à lamelles, subconiques ;
- quelques pièces techniques témoignant de remise en forme de ces nucléus : lamelle à crête unilatérale, de reprise de nucléus (fig. 24 n° 1), tablette de ravivage ;
- l'existence d'un plein temps de débitage : les lamelles présentant ce type de préparation ne sont pas corticales (doc. X.6) ;
- une préparation spécifique du point d'impact : celui-ci est préparé par suppression de la corniche (abrasion) et dégagé par deux petites coches de part et d'autre du futur point d'impact. Ceci confère aux lamelles une morphologie proximale ogivale.

Mais si l'existence de cette chaîne opératoire de production de lamelles paraît attestée, la rareté des nucléus et des pièces techniques afférentes pose le problème, déjà évoqué, de la possibilité d'un débitage effectué ailleurs dans la grotte, ou de lamelles retouchées apportées toutes faites dans le site. Inversement, l'existence de nucléus à éclats dans cette phase pose le problème de la finalité de la production de ceux-ci : nous verrons que l'outillage est en effet pratiquement exclusivement manufacturé sur lamelles.

3.3. Le matériel retouché

Il est très pauvre, et les observations que l'on pourra faire seront donc de portée limitée (52 pièces au total, cf. doc. X.8).

Toutefois, les caractéristiques du choix des supports sont bien trop marquées pour relever d'un simple effet d'échantillonnage : il y a en effet une distorsion complète entre les catégories morphotechnologiques du débitage brut de taille et celles de l'outillage retouché ; ce dernier ne comprend en effet que deux éclats retouchés, trois outils sur blocs ou débris de nucléus et 47 lamelles ! L'expression d'un choix de la part des artisans est donc ici particulièrement nette.

La même observation peut être faite quant aux techniques de retouche : la retouche abrupte domine massivement, le plus souvent directe, parfois croisée (quatre cas). Il n'y a pas de latéralisation préférentielle, et la retouche bilatérale est absente. Ce dernier point est un élément de différenciation important avec la phase précédente.

Les lamelles à un bord abattu : 41
Elles constituent, à elles seules, près de 80% du matériel retouché. Elles sont manufacturées sur des supports lamellaires, et sont de morphologie étroite (doc. X.7) ; toutefois, les plus étroites (moins de 0.5cm de large) sont plus rares que dans la phase précédente, la médiane restant, elle, identique : 0.59cm. On observe donc un léger glissement vers les valeurs les plus fortes. Le nombre de pièces intactes est trop faible pour nous renseigner sur la longueur de ces lamelles.

Du point de vue technique, on remarque simplement l'absence de latéralisation préférentielle et la rareté des bases retouchées. Les lamelles obtuses continuent à dominer, mais l'opposition avec la phase précédente repose sur la proportion et les caractéristiques des lamelles pointues : bien que l'effectif soit très faible, la différence de proportion entre lamelles obtuses et lamelles pointues entre les deux phases se révèle statistiquement significative : χ^2 de 4.12 (avec correction de Yates), pour un degré de liberté. Ces lamelles pointues diffèrent en plus des lamelles obtuses par trois caractéristiques : certaines ont un dos arqué, qui ne se rencontre pas sur les lamelles obtuses, les quatre bases conservées sont toutes retouchées, la retouche croisée y est proportionnellement plus fréquente (le détail des caractères morphotechnologiques des lamelles à bord abattu de cette phase est donné dans le document X.8). Ces lamelles apparaissent donc comme un type chronologique bien individualisé, et qui oppose cette phase à la précédente : les trois pièces intactes sont remarquables par leur extrémité distale très pointue, leur dos épais et leur extrémité proximale pointue ou ogivale (fig. 24). Ces caractéristiques morphologiques étaient présentes dans la phase II, mais sur les lamelles à deux bords abattus : on peut se demander si les lamelles pointues à un bord abattu de la phase III ne se substituent pas fonctionnellement aux lamelles bipointes à deux bords abattus de la phase II.

En raison peut-être de la pauvreté de cet ensemble, on ne trouve pas d'autres classes de lamelles à bord abattu que les lamelles obtuses (classes 1/1, 2/1, 3/1 et 5/1) et les lamelles pointues (3/5).

Lamelles à deux bords abattus : 0
Elles sont donc totalement absentes de cette phase. Bien que l'effectif total soit réduit, leur disparition peut être tenue pour statistiquement significative, avec un risque inférieur à 0.02 ($\chi^2 = 5.78$ avec correction de Yates, pour un degré de liberté).

Fragments à bord abattu non identifiés : 2

Grattoirs : 4
Il n'y en a que quatre, et trois d'entre eux sont en fait concentrés dans la même *unit*. Ce sont des grattoirs assez courts, trapus et épais. Il n'est donc pas surprenant, compte tenu des caractéristiques des éclats de débitage, qu'un seul soit manufacturé sur éclat, et encore celui-ci est-il pratiquement un éclat d'amorçage. Les trois autres sont manufacturés sur des fragments éclatés selon des plans de clivage naturels.

Indépendamment de ces caractéristiques morphologiques, ils varient dans le détail de préparation du front. On trouve en effet :
  - un grattoir épais sur éclat presque totalement cortical, à front semi-circulaire, par retouche directe semi-abrupte courte irrégulière ;
  - un grattoir épais, sur fragment éclaté, à front ogival élevé par retouche directe subparallèle convergente ;
  - un grattoir large sur fragment de nucléus, à front semi-circulaire élevé par retouche ample subparallèle non convergente ;
  - enfin, un grattoir atypique, à front élevé rectiligne, sur fragment éclaté, par retouche directe abrupte irrégulière.

Troncatures : 2
Il est intéressant de noter que ce sont deux troncatures proximales. La première est sur lamelle, et par retouche inverse, peut-être accidentelle. En revanche la seconde est une troncature directe proximale oblique sur éclat, qui rapproche très nettement cette pièce des éclats à troncature proximale de la phase précédente.

Pièces à retouche latérale continue : 3
Elles sont rares et différentes les unes des autres, puisque l'on trouve une lamelle à retouche inverse, un fragment de lame à cran à retouche semi-abrupte, et un petit fragment retouché indéterminable.

4. Discussion

La phase lithique III a été distinguée de celle qui la précède sur la base de la présence et de l'absence de deux types

chronologiques, les lamelles à deux bords abattus et les petites lamelles pointues à un bord abattu. Ces deux types sont assez rares, mais dans les deux cas les distributions observées ont pu être estimées significatives du point de vue statistique. Les effectifs étant restreints, il convient néanmoins de garder une certaine prudence. Mais il sera plus facile, le cas échéant, de démontrer la nécessité de regrouper des deux phases plutôt que d'établir une distinction omise dans l'étude originale.

Par ailleurs, quelques détails technologiques renforcent l'hypothèse d'une phase différente : moindre exploitation des nucléus, augmentation des éclats corticaux et des éclats à talon cortical, baisse de la proportion de lamelles brutes de débitage à préparation intentionnelle.

L'économie des matières premières reste très simple : les matières premières exploitées sont toutes locales, le seul choix perceptible étant celui des blocs de grain plus fin pour le débitage de lamelles. En revanche, la stratégie de débitage pose un problème que nous n'avons pu résoudre : la mise en oeuvre de chaînes opératoires distinctes pour la production d'éclats et de lamelles paraît bien attestée, mais on ne voit guère quelle était la finalité de la première. Parmi les très nombreux éclats de petite dimension qui étaient produits, un seul en effet se retrouve dans l'outillage. Inversement, compte tenu de la fréquence extrême des lamelles dans l'outillage retouché, on aurait pu s'attendre à retrouver plus de nucléus à lamelles et de pièces techniques caractéristiques de ce type de débitage. Ces problèmes m'inciteraient à douter de la représentativité de l'échantillon étudié, si ces caractéristiques n'étaient répétées de façon aussi stable dans les deux moitiés de tranchée étudiées, et à travers toutes les *units* concernées.

Aussi me semble-t-il que l'on peut définir l'outillage étudié comme un outillage extrêmement spécialisé. L'hypothèse de haltes de chasse, où l'armement aurait été entretenu, vient alors à l'esprit. Toutefois, il est connu que les lamelles à bord abattu se rencontrent parfois en forte concentration dans certains secteurs de l'habitat, et l'hypothèse d'une répartition spatiale des activités ne peut pas être éliminée.

Quelle que soit l'hypothèse la plus valide, l'une comme l'autre interdisent de voir dans cet assemblage un reflet représentatif de l'outillage des chasseurs-collecteurs qui fréquentaient la grotte à cette époque. A cet égard, la phase III ne diffère pas de la phase II. Dans l'ensemble d'ailleurs, les différences entre ces deux phases sont minimes : les changements technologiques ne relèvent pas de la conception du débitage ou des techniques mises en oeuvre, mais seulement du caractère plus ou moins poussé du débitage. Quant aux différences typologiques, elles ne portent que sur deux types d'outils, qui paraissent se substituer l'un à l'autre sans que l'équilibre général de l'outillage ou les caractéristiques de détail ne se trouvent modifiés (doc. X.9).

INTERPHASE III/IV

La limite entre les phases lithiques III et IV est en fait assez nette : deux *units* seulement ont été rapportées à l'interphase, H1-A 204 et H1-B 170 qui lui correspond

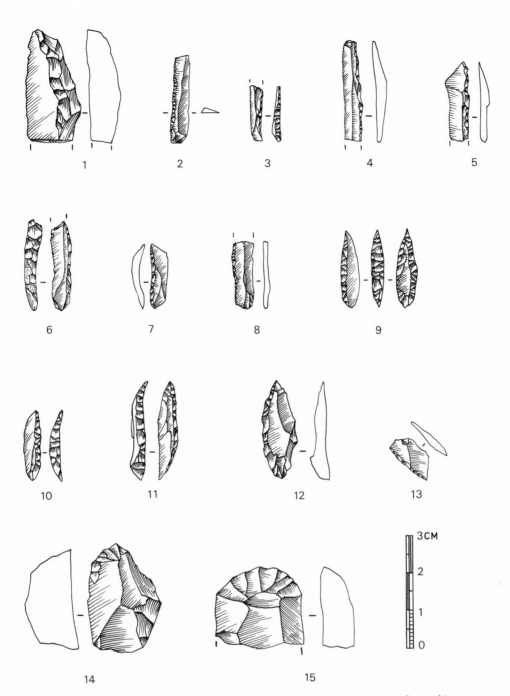

Figure 24 : Industrie lithique de la phase III. 1 : lame de reprise de nucléus. 2-8 : lamelles obtuses à un bord abattu. 9-12 : lamelles pointues à un bord abattu et base retouchée. 13 : éclat à troncature oblique proximale. 14, 15 : grattoirs.

stratigraphiquement. Elles l'ont été en fait plus pour des problèmes d'incertitude ou de contamination qu'en raison de caractères réellement mixtes.

H1-B 170 est en effet un niveau sans pièces retouchées, qui ne peut donc être rapporté ni à la phase III ni à la phase IV.

Le statut de H1-A 204, que la plupart de mes collègues considèrent comme un niveau mélangé, est plus ambigu du point de vue lithique. D'une part, une lamelle d'obsidienne suggère une contamination ; d'autre part, les deux pièces retouchées ne permettent pas de déterminer à quelle phase pourrait appartenir cette *unit*. Il s'agit en effet d'une lamelle à bord abattu pointue (morphotechnologie distale 3/5), classe que l'on rencontre dans les deux phases qui encadrent cette *unit*, et d'une lamelle à bord abattu et extrémité distale obtuse retouchée (5/5), classe si rare dans toute la séquence qu'elle n'a aucune valeur chronologique (doc. X.10).

Quoi qu'il en soit, il n'existe pas, entre ces deux phases, de niveaux présentant des caractéristiques mixtes, donc pas de réelle transition entre les phases lithiques III et IV.

CHAPITRE XI

La phase lithique IV
(H1-B 169-161, H1-A 203-190)

1. Caractérisation

La phase lithique IV, très riche en matériel, est caractérisée par l'apparition de techniques et de types lithiques nouveaux : technique du microburin, lamelles et éclats à bord abattu et facette de piquant-trièdre, micrograttoirs, pointes à troncature oblique. Certains types rares précédemment se multiplient : lamelles à bord abattu pointues (de morphotechnologie distale 3/5, mais aussi 4/5, à pointe déjetée), lamelles à bord abattu et troncature distale.

Si la définition de cette phase repose en principe sur la séquence la plus riche (ici H1-A), elle se retrouve en fait très aisément en H1-B tant par équivalence stratigraphique que typologique, et apparaît nettement sur les tableaux de répartition stratigraphique des types chronologiques (tableaux XXIII à XXV).

En revanche, rien n'indique qu'elle soit représentée dans la tranchée F/A : hormis les microburins, les types chronologiques de cette phase en sont absents. Ceci confirme le hiatus suggéré dès la phase III.

2. Position stratigraphique et contexte

La phase lithique IV est sus-jacente à la phase III, dont elle n'est séparée que par les deux *units* qui ont dû être rapportées à une interphase, faute de pouvoir être caractérisées avec précision (cf. p. 112).

La limite inférieure de cette phase lithique correspond à une limite lithostratigraphique nette dans les coupes ouest et sud de H1. Cette limite peut également être suivie sur la partie nord de la coupe est (en H1-A), mais sur la moitié sud (en H1-B) elle est rendue plus imprécise par des éboulis importants (cf. coupes, Jacobsen et Farrand, 1987).

Sa limite supérieure correspond également à une limite lithostratigraphique visible sur la partie centrale et nord de la coupe est, et sur la partie sud de la coupe ouest. Ailleurs, des éboulis et des remplissages lenticulaires la rendent plus floue et laissent soupçonner des recoupements possibles entre les phases IV et V.

Dans l'ensemble néanmoins, la phase lithique IV paraît correspondre sensiblement à une unité stratigraphique, de 45 à 50cm d'épaisseur : de 4.75m à 5.25m environ dans le coin nord-est de H1-A, de 4.67m à 5.12m dans le coin nord-ouest.

Les coupes est et ouest dénotent un changement sédimentologique assez marqué par rapport aux phases précédentes : la blocaille diminue considérablement, et l'on remarque surtout des blocs d'éboulis très importants emballés dans une matrice fine. Les diagrammes sédimentologiques (W. Farrand, non publié) confirment la baisse relative de la fraction grossière, et l'augmentation de la fraction argileuse. La proportion de matières organiques augmente aussi très nettement, traduisant une activité anthropique plus importante, ce que confirme également la richesse des industries lithiques.

Des transformations se font jour aussi dans les données de la faune et de la flore, transformations imputables aussi bien à des modifications du milieu que des activités humaines.

La majorité des macrorestes végétaux provient maintenant des graines carbonisées, dont l'apport doit être anthropique. On y trouve notamment *Lens* sp., *Vicia ervilia*, *Pistacia* sp., *Prunus amygdalus*, et, plus occasionnellement, *Vitis silvestris* et *Medicago* sp. Les céréales sauvages, *Avena* sp. et *Hordeum* sp. sont très rares, mais d'autant plus importantes qu'elles sont pour la première fois reconnues en Grèce. Les Boraginacées des phases précédentes sont encore présentes (Hansen 1980:359, 361).

Si la faune malacologique ne change pas par rapport aux périodes antérieures, la macrofaune au contraire est marquée par l'apparition des grands bovidés et des capridés (bouquetins ou chèvres sauvages). Les chevaux et les cerfs sont toujours présents, accompagnés de restes de renard et de rares vertèbres de petits poissons [1].

Cet ensemble faunistique suggèrerait un environnement plus boisé que lors des phases précédentes, et les changements marqués dans la faune et la flore vont donc bien de pair avec les transformations de l'outillage lithique. L'ensemble de ces données incite à voir un hiatus dans la séquence, que pourrait confirmer l'unique datation ^{14}C de cette phase (12.540 ± 180 B.P., P-1827, obtenue en H1-A 199), si l'on avait une date pour la phase précédente ! En tout état de cause, cette date est cohérente avec celles des niveaux sus-jacents (phases V et VI) et atteste un écart de plusieurs millénaires entre les phases II et IV. On peut donc s'attendre à ce que les différences dans l'industrie lithique ne concernent pas seulement la typologie, mais aussi, dans une certaine mesure, la technologie.

	SUR GALET		SUR PLAQUETTE	
	PF non préparé	PF préparé	PF non préparé	PF préparé
1 direction de frappe		(3 exemplaires)	(3 ex. à éclats 2 ex. à lamelle)	
2 directions orthogonales				
2 directions opposées				
3 directions ou plus				
Débitage centripète	(H1.B 166)	(2 exemplaires)		
Débitage non ordonné				

Tableau XXXII : Croquis schématiques des nucléus de la phase IV (H1-A 195) (à suivre).

		SUPPORT INDETERMINE		SUR ECLAT			
1 direction de frappe							
2 directions orthogonales							
2 directions opposées							
3 directions et plus			(2 exemplaires)				
Débitage centripète							
Débitage non ordonné							

Tableau XXXII (suite) : Croquis schématiques des nucléus de la phase IV (H1-A 195).

3. L'industrie lithique

L'industrie lithique de la phase IV comprend plusieurs milliers d'éléments bruts de débitage, et plusieurs centaines d'outils retouchés. C'est donc une phase considérablement plus riche que les précédentes et pour laquelle la probabilité d'un échantillon représentatif, au moins sur le plan qualitatif, est très élevée : les classes d'outils les plus rares ont de bonnes chances d'être représentées, même par un très petit nombre d'exemplaires.

Toutefois, la représentation quantitative risque d'être à nouveau faussée par l'absence de tri systématique des résidus de 2.8 à 5mm (cf. doc. XI.1), puisque les lamelles à bord abattu constituent encore une part très importante de l'outillage. En outre, certains microburins sont également assez étroits pour passer à travers les mailles de ces tamis. Cependant, les tris effectués par S. Payne pour la microfaune n'ont pas révélé beaucoup d'éléments lithiques, ce qui s'explique peut-être par des dimensions moyennes supérieures à celles des phases précédentes (*infra*, p. 120). Il n'y a donc pas lieu de craindre que ce biais quantitatif n'introduise une vision faussée de l'ensemble de l'industrie de cette phase.

Par ailleurs, la richesse de celle-ci (cf. doc. XI.2) a permis de n'utiliser qu'un seul niveau de référence pour l'étude technologique : H1-A 195.

3.1. Les matières premières

Elles sont analogues à celles utilisées lors des phases précédentes. Le calcaire n'est représenté que par quelques éclats bruts de débitage, et le quartz de filon par un éclat unique [2]. L'essentiel est donc constitué par les roches siliceuses locales, fort variées. Des déterminations faites par un géologue, sur notre niveau de référence, indiquent la présence de chailles ("cherts"), silex, schistes métamorphisés, marnes et calcaires altérés, radiolarites.

Les plaquettes dominent sur les galets, et se présentent sous deux formes : d'une part des plaquettes aux arêtes vives, d'autre part des plaquettes aux arêtes émoussées. Dans le niveau de référence au moins, ces deux états correspondent dans l'ensemble à des roches différentes : ainsi, le "silex bleu" se présente sous forme de plaquettes aux arêtes vives, tandis que le "silex chocolat" provient de plaquettes émoussées. Il est possible que ces choix n'aient été dictés que par la facilité de collecte dans ces différentes sources.

Pour des raisons analogues à celles exposées dans l'étude des phases précédentes, on peut considérer que ces matières premières étaient travaillées dans la grotte même.

3.2. Les procédés de débitage

Utilisant les mêmes procédés de classement que pour les phases précédentes (tableau XXXII), on est frappé de retrouver en fait un débitage de conception similaire, en dépit d'un écart chronologique de plusieurs millénaires.

Dans H1-A 195, les nucléus sur plaquettes dominent, suivis par les nucléus sur galets. Les nucléus plus complètement débités, où l'identification du support d'origine est impossible, sont beaucoup plus rares. Nucléus sur plaquettes et sur galets sont toujours débités de

préférence dans l'épaisseur, c'est-à-dire selon l'axe de moindre allongement. Or ils sont de très petite dimension : les plus grands ne dépassent pas 4.5cm selon leur allongement maximal, et la majorité se situe entre 3 et 3.5cm. Si l'on tient compte du fait qu'ils n'étaient pas débités selon cet axe d'allongement maximal, la production de très petits éclats doit être tenue pour intentionnelle ; à cet égard, la distribution des modules de nucléus, orientés selon l'axe de débitage principal, est très révélatrice :

	MODULE		
	Très large (1/3)	Large (1/1)	Assez long (1.5/1)
Longueur			
1.5-3cm	9	13	6
3-4.5cm	1	4	8

Tableau XXXIII : Module des nucléus de H1-A 195 orientés selon l'axe principal de débitage.

La réduction des nucléus à un module cubique ou parallélépipèdique se retrouve ici : ils sont débités selon une ou plusieurs directions de frappe orthogonales, à partir de plans de frappe préparés ou corticaux. Les nucléus sur entame de galet sont encore présents, et il est curieux de remarquer deux exemplaires où la série d'éclats la plus courte, intéressant la face corticale, est débitée après celle de la face principale. Les quelques nucléus complètement débités sont aussi de techniques déjà reconnues : nucléus subconiques ou nucléus à débitage selon deux directions opposées.

Les débris et fragments de galets et plaquettes simplement fendus en deux et rejetés sont toujours abondants, et montrent que les blocs de matière première étaient rapportés dans le site tels quels.

Dans l'ensemble, la conception du débitage est donc très proche de celle des phases précédentes ; deux différences toutefois apparaissent. L'une est purement technique, et concerne le bord des plans de frappe : ceux-ci sont en effet souvent profondément denticulés, portant les négatifs très marqués d'enlèvements sans doute produits au percuteur dur sans que la corniche ait été régularisée. La seconde, plus importante sans doute, tient à la conception même des chaînes opératoires : on ne trouve plus de différence marquée entre nucléus à lamelles et nucléus à éclats, ni aucun indice d'un plein temps de débitage qui serait exclusivement lamellaire. Tout au contraire, stigmates d'enlèvements lamellaires et d'enlèvements d'éclats se retrouvent sur les mêmes nucléus, dès que leur dimension le permet, et ceci indépendamment de la nature du nucléus. En d'autres termes, il semble que l'on ait profité de morphologies favorables pour extraire des lamelles dans le cours même d'un débitage qui produisait des éclats. Si la morphologie des blocs de matière première se prête effectivement à ces chaînes opératoires mixtes, il s'agit pourtant d'un caractère qui n'avait pas été relevé dans les phases précédentes. Il conviendra toutefois d'essayer de vérifier cette proposition par l'examen des lamelles brutes de débitage.

3.3. Les produits de débitage

Les produits de débitage consistent en éclats, lamelles et quelques lames. Le point important est la baisse très sensible de la proportion de produits laminaires dans le débitage brut, et ceci d'autant plus que près de la moitié de ceux-ci, aux bords irréguliers et sans nervures parallèles sur la face supérieure, ne paraissent pas provenir d'une préparation spécifique du nucléus. Cette observation reste valide même si l'on inclut le matériel retouché où les lamelles sont nombreuses, comme en témoigne le tableau suivant :

	Débitage brut	Débitage brut et outillage retouché
Eclats	486 (89.5%)	523 (86.5%)
Produits laminaires	57 (10.5%)	82 (13.5%)
TOTAL	543	605

Tableau XXXIV : produits laminaires et éclats dans le débitage brut et l'ensemble du matériel (H1-A 195).

Pour mémoire, rappelons que le pourcentage de lamelles dans le débitage brut s'élevait à 20% environ dans les phases II et III. Or cette baisse n'est pas due à un effet d'échantillonnage, puisque des sondages dans d'autres *units* riches de cette phase donnent des résultats analogues ou encore inférieurs. Ces observations paraissent confirmer les hypothèses émises à propos de l'étude des nucléus : le débitage intentionnel de lamelles, notamment à partir de nucléus préparés à cet effet, paraît moins important que lors des phases précédentes.

Les éclats : les éclats corticaux connaissent, dans la phase IV, une augmentation importante : ils atteignent maintenant près de 40% de l'ensemble, chiffre très élevé (cf. doc. XI.3). Ils vérifient également les hypothèses émises sur leurs très petites dimensions, puisque 60% d'entre eux ne dépassent pas 1.5cm (doc. XI.4). Toutefois, la comparaison avec la phase précédente fait apparaître une baisse significative des très petites esquilles (inférieures à 0.8cm) en faveur des éclats de 0.8 à 1.5cm ($\chi^2 = 11.28$, significatif à $\alpha < 0.001$ pour trois degrés de liberté). Il y a donc une recherche dans la phase IV d'éclats de dimension moyenne très légèrement supérieure à celle de la phase précédente, à moins que les différences ne soient en fait liées à la moindre préparation du débitage des lamelles.

Les caractéristiques techniques des éclats sont en accord avec les observations morphologiques et l'analyse des nucléus : 30% des éclats présentent un talon cortical, 40% un talon lisse (doc. XI.5). L'abondance des premiers confirme une préparation peu poussée des nucléus, qui est notable aussi sur les seconds. En effet, outre les talons lisses allongés et étroits, déjà abondants dans les phases précédentes, on trouve ici nombre de talons lisses très larges, et dont le bord qui correspond à la corniche du nucléus est profondément indenté (fig. 26, n° 1-2). Ces éclats corroborent les observations faites à ce propos sur les nucléus (cf. p. 118).

Les éclats à talon facetté de cette série ont déjà été évoqués à propos du Moustérien (cf. chapitre V) car l'un d'entre eux, notamment, présente non seulement un talon facetté en chapeau de gendarme, mais aussi une patine blanche très développée, et tout à fait inhabituelle dans ce contexte.

Les produits laminaires : ils consistent en de rares "lames", de largeur supérieure à 1.2cm, et surtout en lamelles. Peu nombreuses au total, ces dernières sont loin de paraître toutes intentionnelles : bords irréguliers, nervures dorsales non parallèles, point d'impact non préparé (doc. XI.6).

Seul le tiers en effet des produits laminaires dénote une préparation différente de celle des éclats : dégagement du point d'impact par deux petites coches latérales, et suppression soigneuse de la corniche du plan de débitage. Pourtant, les véritables nucléus à lamelles sont très rares, de même que les pièces techniques caractéristiques d'un débitage lamellaire : deux lamelles à crête seulement dans l'ensemble de cette phase. Il semble plutôt que les artisans aient profité de possibilités qui s'offraient lors d'une seule chaîne opératoire produisant éclats et lamelles. D'autre part, les quatre burins de cette phase sont trop peu nombreux et trop peu caractéristiques pour que l'on n'évoque pas l'hypothèse de nucléus à lamelles plus que de véritables outils.

Quoi qu'il en soit, la rareté des produits laminaires et des nucléus à lamelles surprend, car l'outillage retouché est, lui, de morphologie très laminaire dans son ensemble. Mais si l'on examine de plus près les lamelles à bord abattu, on s'aperçoit qu'un nombre important d'entre elles n'a pas été fait sur des supports aux nervures régulières et parallèles (figs. 26 et 27). On peut donc se demander si la forme du support n'est pas alors considérée comme secondaire, les possibilités de transformation par la retouche suppléant aux défauts éventuels du support d'origine. Cette hypothèse est renforcée par la présence de "lamelles à bord abattu" qui sont en fait obtenues par des troncatures proximales parallèles au bord distal du support, en l'occurrence un éclat (fig. 27, n° 12-13).

Or il est un fait que dans la phase IV, les transformations des supports sont très poussées, et font appel à des techniques plus variées que précédemment.

3.4. Le matériel retouché

L'importance des transformations par retouche se reflète d'ores et déjà dans la proportion de pièces retouchées par rapport à l'ensemble de l'industrie : en moyenne, une pièce sur huit est retouchée (doc. XI.2). Ceci explique en partie la richesse du matériel retouché dans cette phase, sans commune mesure avec celles des phases précédentes : 508 pièces au total, y compris les microburins. A la retouche proprement dite, s'ajoute en effet ici la segmentation par la technique du microburin.

3.4.1. Procédés de transformation

a) La retouche stricto sensu. C'est la retouche directe abrupte qui domine encore massivement, permettant d'obtenir une variété de bords abattus et troncatures. Cette retouche abrupte est exceptionnellement inverse ou croisée, et ces variantes sont trop rares pour être considérées comme caractéristiques de cette phase.

Les retouches semi-abruptes, subparallèles ou irrégulières, concernent essentiellement les groupes des grattoirs et des retouches latérales. Là encore, la retouche inverse est trop exceptionnelle pour être tenue pour significative.

Retouches parallèles, ou toute autre forme de retouches envahissantes ou couvrantes, sont totalement absentes.

b) Transformations des supports par la technique du coup de burin. Cette technique n'est représentée que par cinq pièces. L'une d'entre elles est une lamelle à bord abattu portant un coup de burin sur son extrémité distale. Il y a toutes les chances que le choc qui l'a provoqué soit accidentel.

Les autres pièces posent également un problème : elles sont très rares d'une part, et les coups de burins sont toujours portés à partir de plans non préparés. C'est pourquoi, on peut douter qu'il s'agisse réellement d'une technique de transformation des supports plutôt que d'un mode d'obtention de lamelles, rare au demeurant.

c) Segmentation par la technique du microburin. L'utilisation très fréquente de la technique du microburin (143 microburins au total, soit 28% des pièces retouchées) est l'une des caractéristiques essentielles de cette phase, et l'une des plus surprenantes pour cette époque. En effet, il ne s'agit pas de la production accidentelle de microburins Krukowski sans coches, liés à la fabrication des lamelles à bord abattu (Tixier 1963:144; Rozoy 1978:66), mais bien d'une technique intentionnelle et très largement employée.

Or, contrairement à l'usage le plus répandu, cette technique n'avait pas pour finalité la double segmentation de lames en vue de la fabrication de microlithes géométriques. L'examen de l'outillage montre en effet que cette technique était essentiellement, sinon exclusivement, utilisée pour la segmentation de lamelles ou d'éclats à bord abattu, produisant des lamelles et des éclats à bord abattu prolongé par une facette de piquant-trièdre. Cette dernière est surtout distale, plus rarement proximale. C'est ce que confirme l'analyse des microburins eux-mêmes : 23.5% de microburins proximaux, 76.5% de microburins distaux (doc. XI.7). Par ailleurs, ils sont fortement latéralisés : 70% portent une coche à gauche, contre 30% à droite. Or, les microburins qui ont une coche à droite sont en majorité proximaux, tandis que les microburins qui ont une coche à gauche sont en majorité distaux. Les microburins proximaux à coche droite sont donc le symétrique des microburins distaux, correspondant à la fabrication "inversée" de lamelles à bord abattu et facette de piquant-trièdre (fig. 26, n° 27, 29).

Par ailleurs, il est également intéressant de noter que la technique du microburin n'est pas, dans cette phase, réservée à la transformation de supports lamellaires étroits. Je n'ai pas mesuré tous les microburins de cette phase (n'en voyant pas alors l'intérêt), mais, sur les quelque 80 pièces mesurées, la dispersion des longueurs et des largeurs est importante : les longueurs varient de 0.6 à 2.5cm, et les largeurs de 0.45 à 2.2cm. Une fraction non négligeable des microburins (qu'il vaut mieux ne pas quantifier, l'échantillon mesuré n'étant pas aléatoire), dépasse 1.2cm de large et provient certainement d'éclats (doc. XI.8). En fait, c'est la profondeur du cran et de la retouche abrupte sur le support qui déterminera la morphologie lamellaire ou non du produit fini (fig. 25). Ceci renforce l'hypothèse selon laquelle, dans cette phase, de véritable "lamelles à bord abattu" pouvaient être obtenues à partir de supports non lamellaires.

Toutefois, la technique du microburin n'est pas exclusivement réservée à la fabrication de ce type de pièces. L'examen de l'outillage retouché en montrera quelques rares applications autres.

Ajoutons enfin que les lamelles de piquant-trièdre sans bord abattu sont pratiquement inexistantes : les deux seuls exemplaires que nous avons ainsi classés sont en fait douteux.

3.4.2. L'outillage retouché
Il comprend 362 pièces, à l'exclusion des microburins.

Les lamelles à un bord abattu : 232
Elles constituent à nouveau le groupe dominant dans l'industrie retouchée : 63% de l'outillage, sans les microburins.

Les lamelles à bord abattu diffèrent, par leur module, de celles des deux phases précédentes. Elles sont, en moyenne, significativement plus larges ; non seulement le mode est maintenant situé entre 0.7 et 0.8cm de largeur, contre 0.5-0.6 pour les phases précédentes, mais la distribution est également différente (doc. XI.9). En effet, dans la phase II, 60% des lamelles à bord abattu ont une largeur inférieure à 0.6cm et 20% seulement supérieure à 0.7cm. Dans la phase IV, les proportions sont exactement inversées. Sans doute y a-t-il un lien entre ce fait et la baisse du véritable débitage lamellaire, sans que l'on puisse dire lequel a entraîné l'autre. Toutefois, cette augmentation des largeurs ne se fait guère en faveur de vraies "lames" à bord abattu : la répartition est nettement unimodale, et il n'y a pas de distinction possible entre deux populations, même si 15% des pièces peuvent rentrer dans la définition des "lames à bord abattu" avec une largeur supérieure à 0.9cm (Tixier 1963:35-39). D'ailleurs, la distribution des épaisseurs est également unimodale (doc. XI.10) et l'analyse des longueurs des pièces entières, toutes inférieures à 2.5cm, n'incite pas à parler de lames (doc. XI.11). Il apparaît donc que nous avons affaire à une seule population de produits laminaires à bord abattu, les plus larges ne s'écartant pas plus du mode que les plus étroites ; tous seront donc ici regroupés sous le terme de "lamelles à bord abattu". En réalité, il y a aussi une certaine continuité entre les lamelles et les éclats à bords abattus, bien que j'ai préféré garder arbitrairement cette dernière distinction pour souligner la présence des petits éclats à bord abattu.

Dans l'ensemble d'ailleurs, autant les techniques de retouche sont bien définies et peu variées, autant il ne semble pas qu'il y ait de normes strictes en ce qui concerne la morphométrie des lamelles à bord abattu. L'histogramme de distribution des longueurs des pièces entières montre, par exemple, une distribution polymodale irrégulière : trois modes apparaissent, entre 1.4 et 1.6cm, 1.8 et 1.9cm, 2.1 et 2.3cm. Quant aux variations proprement morphologiques, elles sont soulignées par le grand nombre de classes morphotechnologiques représentées dans cette phase (doc. XI.12) :

- Fragments non distaux de lamelles à bord abattu (81) : ils s'opposent à ceux des phases précédentes par une nette latéralisation préférentielle à gauche (gauche : 56, droite :

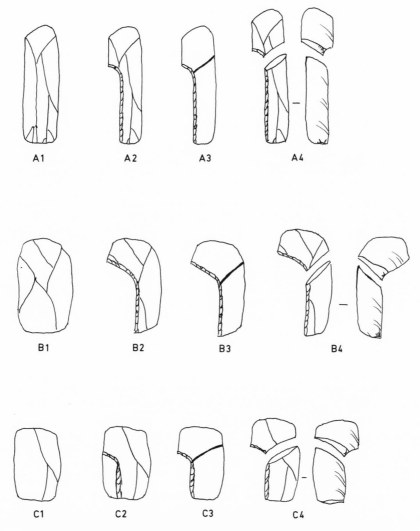

Figure 25 : Croquis schématiques de fabrication des lamelles et éclats à bord abattu et facette de piquant-trièdre.

A :   Fabrication d'une lamelle à partir d'un support lamellaire.
     A1 : support d'origine
     A2 : fabrication du bord abattu et du cran
     A3 : segmentation
     A4 : la lamelle à facette de piquant-trièdre et son microburin.
B :   Fabrication d'une lamelle à partir d'un éclat. Mêmes étapes de fabrication que précédemment.
C :   Fabrication d'un éclat à bord abattu et facette de piquant-trièdre. Mêmes étapes de fabrication que précédemment.

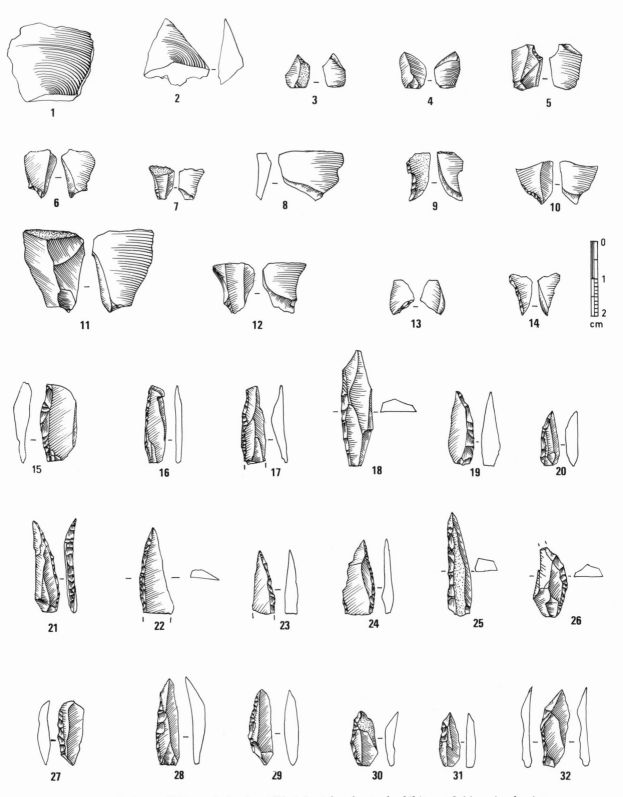

Figure 26 : Industrie lithique de la phase IV. 1-2 : éclats bruts de débitage. 3-14 : microburins. 15-18 : lamelles à bord abattu obtuses. 19-24 : lamelles à bord abattu pointues. 25-32 : lamelles à bord abattu et facette de piquant-trièdre (proximale sur 27 et 29).

8, indéterminés : 17). Logiquement, on doit pouvoir confirmer cette caractéristique de la phase IV sur les autres classes de lamelles à bord abattu.

- Lamelles à bord abattu obtuses (51) : fort abondantes dans les phases précédentes, les lamelles obtuses voient ici leur proportion baisser de façon importante.

Les lamelles de morphotechnologie distale 1/1 sont les plus nombreuses (25), et présentent une latéralisation dominante à gauche, mais moins marquée que sur les fragments de lamelles proximaux et mésiaux (gauche : 17, droite : 8). La retouche est toujours directe, à l'exception d'une retouche croisée. Ces lamelles se distinguent leurs homologues des phases précédentes par une plus forte fréquence des dos arqués (quatre cas, dont deux associés à une base retouchée).

Les lamelles de morphotechnologie distale 2/1, au nombre de neuf, sont, à tous égards, très proches des précédentes : même latéralisation, mêmes sections, etc.

Les lamelles de morphotechnologie distale 4/1 sont trop rares (cinq au total) pour dire si les différences qui semblent apparaître avec les deux classes précédentes, quant à la latéralisation et la répartition des sections (doc. XI.12), sont significatives.

En revanche, la classe morphotechnologique 5/1, qui comprend 12 pièces, paraît bien confirmer que le groupe des lamelles obtuses n'est pas homogène : elles présentent une latéralisation préférentielle à droite (gauche : 4, droite : 8) et une plus grande fréquence de sections très plates (sections 4). Si l'on regroupe les classes 1/1 et 2/1 d'une part, 4/1 et 5/1 d'autre part, la différence de latéralisation apparaît statistiquement significative, avec un risque inférieur à 0.05 (χ^2 = 3.98 pour un degré de liberté). On peut donc suggérer que dans cette phase au moins, les lamelles obtuses à extrémité arquée ou arrondie (4/1 et 5/1) ne sont pas conçues dans le même esprit que celles à extrémité angulaire (1/1 et 2/1).

- Lamelles à bord abattu pointues : très rares dans la phase II, minoritaires dans la phase III, les lamelles à bord abattu appointies par retouche sont maintenant aussi bien représentées que les lamelles obtuses (55 pièces). Il y a donc, entre les phases III et IV, une nette inversion de proportion entre les formes obtuses et les formes pointues (et ceci d'autant plus que les lamelles à bord abattu et facette de piquant-trièdre sont elles-mêmes le plus souvent pointues). En corrélation avec l'augmentation des extrémités distales pointues, on note celle des bords arqués, fréquemment associés à ces morphologies distales. En revanche, les bases retouchées, quoique sporadiquement présentes (doc. XI.12), ne paraissent pas particulièrement associées à ces classes de lamelles.

Les lamelles à bord abattu de morphotechnologie distale 3/5 (pointe symétrique par rapport à l'axe de débitage) montrent une latéralisation préférentielle à gauche marquée (gauche : 25, droite : 13, indéterminée : 1). Les sections sont également caractéristiques par la fréquence élevée des sections 1 et 2, indiquant des pièces étroites et épaisses. La pointe peut être obtenue par une arcature de tout le dos (dos arqués : 15), ou seulement de la partie distale, auquel cas le dos est le plus souvent rectiligne (17 exemplaires).

Les lamelles à bord abattu et morphotechnologie distale 4/5 (pointe déjetée par rapport à l'axe de débitage) sont au nombre de 16. Il est tout à fait possible que certaines d'entre elles soient en fait obtenues par retouche complète d'une lamelle à bord abattu sectionnée par la technique du microburin. Cette hypothèse (qui peut aussi s'appliquer aux lamelles pointues 3/5) rendrait compte de la disproportion entre le nombre de microburins et celui des lamelles à bord abattu et facette de piquant-trièdre (*infra*). Contrairement aux lamelles de morphotechnologie 3/5, les lamelles 4/5 ne montrent pas de latéralisation préférentielle, mais la différence entre les deux classes n'est statistiquement pas significative. En revanche, les dos arqués y dominent très nettement (13 sur 16), et cette différence-là est statistiquement significative avec un risque inférieur à 0.05 (χ^2 = 5.18 pour un degré de liberté). Ceci justifie la pertinence des deux classes descriptives, d'autant que la classe 4/5 est beaucoup plus étroitement limitée à la phase IV que la classe 3/5 : leur valeur chronologique n'est pas équivalente.

- Les lamelles à bord abattu prolongé par une facette de piquant-trièdre constituent sans doute l'élément le plus caractéristique de cette phase, bien qu'elles ne soient pas très nombreuses (31). L'association d'un bord abattu et d'une facette de piquant-trièdre est connue dans d'autres contextes, notamment l'Ibero-Maurusien d'Afrique du Nord, où elles portent le nom de ''pointes de la Mouillah'' (Gobert 1955 ; Tixier 1963) et le Silcilien de Haute-Egypte, où elles ont été datées du XVème millénaire B.P. (Phillips et Butzer 1973). Plus proches de Franchthi (au moins par voie terrestre !), on en rencontre également dans certains faciès de l'Epipaléolithique du Levant, notamment dans le Mushabien, industrie qui paraît très proche typologiquement de celle de la phase IV de Franchthi ; elle est toutefois plus ancienne, puisqu'elle a été datée de la fin du XIIIème et du XIVème millénaires B.P. (Phillips et Mintz 1977). O. Bar-Yosef suggère d'ailleurs une affinité entre le Mushabien, les industries de la vallée du Nil et l'Ibéro-Maurusien (Bar-Yosef 1980:121).

A Franchthi, ces lamelles présentent des caractéristiques stables : elles sont assez nettement latéralisées à gauche quand la facette de piquant-trièdre est distale, ou à droite quand la facette est (plus rarement) proximale. Ces proportions reflètent celles des microburins eux-mêmes, et confirment la parenté étroite entre ces deux ensembles. Les lamelles sont toutefois nettement moins nombreuses que les microburins (même si l'on ajoute les éclats à bord abattu et facette de piquant-trièdre). Mais cette différence ne me paraît pas invalider la proposition précédente, dans la mesure où une bonne proportion des facettes de piquant-trièdre a été partiellement reprise par retouche : il est donc légitime de penser que certaines des facettes ont été complètement retouchées, ne permettant plus le diagnostic. J'ai d'ailleurs été très prudente dans l'identification des facettes de piquant-trièdre, et dans le doute j'ai préféré ne pas les considérer comme telles. Le chiffre de 31 lamelles est donc certainement bien en dessous de la réalité.

Selon l'angle que forme la facette de piquant-trièdre avec l'axe morphologique de la pièce, et la reprise plus ou moins poussée de l'angle entre le bord abattu et la facette, ces lamelles peuvent être distribuées en plusieurs classes morphotechnologiques.

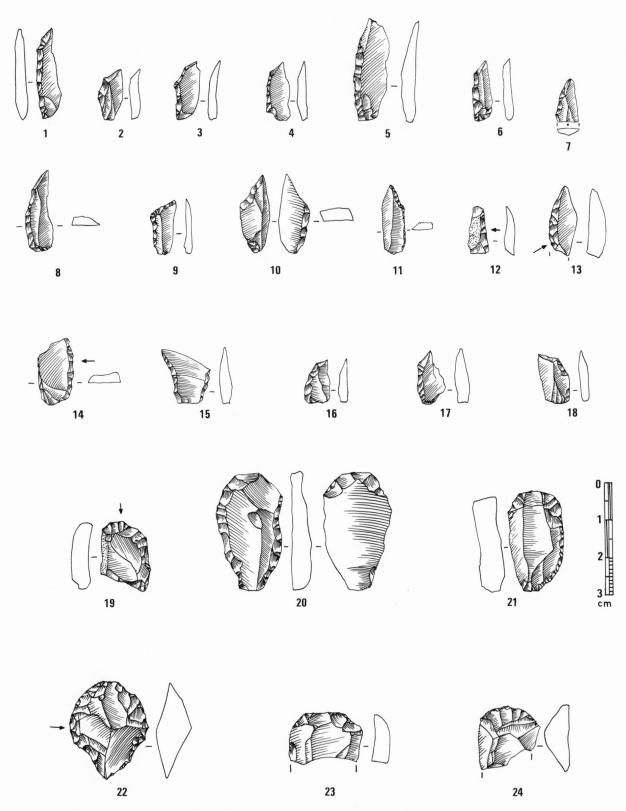

Figure 27 : Industrie lithique de la phase IV (suite). 1-8 : lamelles à bord abattu et facette de piquant-trièdre (suite). 9-11 : lamelles à bord abattu et troncature distale. 12-13 : lamelles à bord abattu manufacturées par troncature proximale d'un éclat. 14 : éclat à bord abattu (de même technique). 15 : éclat à deux bord abattus. 16-18 : éclats à bord abattu et facette de piquant-trièdre. 19-24 : grattoirs.

Lamelles de morphotechnologie distale 2/4 : la facette de piquant-trièdre forme un angle marqué avec le bord abattu, et ces lamelles, au nombre de sept, sont proches morphologiquement de lamelles à bord abattu et troncature. Trois d'entre elles ont leur facette de piquant-trièdre en position proximale, dont deux avec un bord abattu à droite. Ces dernières sont donc symétriques par rapport aux lamelles à bord abattu à gauche et facette de piquant-trièdre distale. La dernière au contraire, à bord abattu à gauche, paraît être un accident Krukowski du fait de l'angle anormalement fermé de la facette de piquant-trièdre.

Sur les lamelles à bord abattu et facette de piquant-trièdre de morphotechnologie 3/4 (au nombre de 13), la facette est dans le prolongement du bord abattu (le plus souvent arqué), et la pointe ainsi formée est symétrique par rapport à l'axe morphologique. Elles sont en général latéralisées à gauche avec une facette de piquant-trièdre distale, à une exception près. On ne relève qu'un seul exemple de base retouchée.

Les lamelles de morphotechnologie distale 4/4 (huit au total) sont intermédiaires entre les deux classes précédentes : la facette de piquant-trièdre est dans le prolongement du bord abattu, mais avec un angle plus fermé, déterminant une pointe asymétrique par rapport à l'axe morphologique. Par leurs autres caractères, elles sont très proches des précédentes : latéralisation préférentielle à gauche, dominance des dos arqués. Une seule pièce présente une base retouchée.

A cet ensemble, il faut rajouter trois pièces de technique analogue, mais dont la morphologie n'a pu être déterminée car elles n'ont pas été dessinées.

- Lamelles à bord abattu et troncature distale (12). Bien que peu nombreuses, elles présentent des traits qui sont caractéristiques de la phase IV. Précisons tout d'abord que nous n'avons inclu dans cette classe ni des lamelles "à troncature convexe", telles que les a décrites J. Phillips dans le Mushabien (Phillips et Mintz 1977) et qui dans notre classification sont comprises dans la classe 4/5, ni les lamelles où était visible une facette de piquant-trièdre (classées 2/4).

Ainsi précisée, cette classe présente les caractéristiques suivantes :
· latéralisation marquée à gauche (gauches : 10, droites : 2) ;
· proportion élevée de bases retouchées (4 sur 10 bases conservées) ;
· troncature d'angle ouvert par rapport à l'axe morphologique : à une exception près, la troncature forme un angle de plus 130° par rapport à celui-ci. De ce fait, la troncature est toujours assez longue. Ce caractère est discriminant vis-à-vis des lamelles à bord abattu et troncature des phases plus récentes.

Enfin, les troncatures sont souvent concaves ou sineuses, et ne forment pas de pointe aiguë à l'extrémité distale.

En raison de ces derniers caractères, j'ai préféré éviter le terme de "lamelles scalènes" (qui présentent, au Proche-Orient comme en Afrique du Nord, une troncature courte et aiguë) pour les pièces de la phase IV, et le réserver à celles des phases plus récentes. Ces dernières se rapprocheront beaucoup plus de l'acception courante de ce type.

- Pour conclure avec le groupe des lamelles à bord abattu de la phase IV, il faut signaler deux pièces trop incomplètement décrites pour être assignées à une classe plutôt qu'une autre.

Les éclats à bord abattu : 28
Ce groupe pose un double problème de limites puisqu'il est défini en principe d'après le support d'origine, et que celui-ci n'est pas toujours aisément reconnaissable après la retouche. Même si l'on s'en tient alors à la morphologie de l'outil retouché, des difficultés demeurent pour distinguer fragments d'éclats et d'éventuelles lames à bord abattu (ces dernières étant ici très irrégulières). Dans le doute, les fragments ont été classés avec les éclats. Difficulté aussi pour distinguer entre éclats et lamelles, lorsque l'extrémité distale est retouchée. En effet, la réduction du support selon les deux axes (latéral et longitudinal) conduit à l'impossibilité de reconnaître le support d'origine. J'ai pris le parti d'appeler "éclats" les pièces qui, en l'état final, ont une longueur inférieure ou égale à deux fois la largeur, essentiellement dans le but de souligner que la technique "bord abattu et facette de piquant-trièdre" a été volontairement appliquée à des pièces de petite dimension et peu allongées. Ceci ne doit pas masquer toutefois qu'il n'y a pas de véritable discontinuité entre les unes et les autres et que le support d'origine pouvait être aussi bien un éclat qu'une lamelle (fig. 25).

Les éclats à bord abattu relèvent de trois techniques : éclats à deux bords abattus, éclats à un bord abattu, éclats à bord abattu et facette de piquant-trièdre.

- Les éclats à deux bords abattus : très rares et hétérogènes, ces trois pièces n'ont guère d'autre intérêt que de souligner la quasi-inexistence de la technique du double bord abattu dans cette phase.

- Eclats à un bord abattu : c'est également un groupe hétérogène, comprenant trois éclats à bord abattu arqué, de dimensions variées, trois éclats à bord abattu rectiligne, un éclat à bord abattu sinueux et quatre fragments. Le seul point commun véritable est le caractère toujours direct de la retouche.

- Les éclats à bord abattu et facette de piquant-trièdre : c'est à la fois la classe la plus abondante (14 pièces) et la plus caractéristique. Du point de vue des dimensions, on remarque une distribution intéressante (doc. XI.13), dont la validité serait à tester sur un échantillon plus grand : deux groupes se distinguent en effet, l'un de 1.2 à 1.4cm de long (0.7-0.8cm de large), l'autre de 2 à 2.2cm de long et 1.1 à 1.3cm de large.

Les bords abattus sont plutôt à gauche (huit cas), et dans ce cas la facette de piquant-trièdre est distale. Lorsque le bord abattu est à droite, la facette est proximale (3), distale (2), ou indéterminée (1). Les pièces les plus courtes ne présentent qu'une très petite portion de bord abattu dans le prolongement de la facette de piquant-trièdre, et sont à la limite des troncatures obliques par technique du microburin. Ici encore s'affirme une continuité de conception, que masque le classement typologique.

L'angle que forme la facette de piquant-trièdre avec l'axe morphologique de la pièce témoigne de la même variété que pour les lamelles : lorsque l'angle est très ouvert, la facette de piquant-trièdre appointit la pièce, lorsqu'il est très fermé elle se rapproche morphologiquement d'une troncature.

Fragments à bord abattu inidentifiés : 13
Ces pièces, à fractures multiples et souvent brûlées, n'ont pas pu être attribuées à l'une ou l'autre des classes précédentes.

Pièces à retouche latérale : 27
Cette classe, quoique relativement bien représentée, est totalement hétérogène et manifestement artificielle. En particulier, j'ai dû y rapporter des pièces fragmentaires qui pouvaient relever, à l'origine, d'une autre classe d'outils.

Les supports sont variés (14 éclats, 4 lames, 8 lamelles, 1 support indéterminé), mais on remarque la relative fréquence de la retouche latérale sur support laminaire, qui paraît opposer cette phase à celles qui lui succèdent. La retouche est directe (19), inverse (6) ou alterne (2), d'angle et d'ampleur variée. Il n'y a aucune latéralisation préférentielle, et deux cas seulement de retouche bilatérale.

Les grattoirs : 18
Même s'ils sont peu nombreux, les grattoirs de la phase lithique IV présentent des caractéristiques qui les différencient nettement de ceux des phases précédentes.

Ils sont tous manufacturés sur des supports non corticaux (ce qui indique un choix systématique, compte tenu de la fréquence élevée des pièces corticales dans le débitage) et, pour autant que le support soit encore déterminable, sur des éclats. Le choix d'éclats s'explique aisément lorsque l'on considère les dimensions de ces pièces : aucun grattoir entier ne dépasse 2.8cm de long, et ils paraissent se distribuer entre micrograttoirs (1.2 à 1.8cm de long) et grattoirs courts (2.2 à 2.8cm de long). La validité de ces deux groupes (cf. doc. XI.14) est très problématique, notre échantillon étant très restreint. Toutefois, un argument technologique irait en ce sens : les micrograttoirs semblent présenter plus systématiquement des retouches latérales et un front asymétrique.

- Les micrograttoirs (sept entiers et deux fragments probables) sont de forme subcirculaire irrégulière (fig. 28), de 1.3cm de longueur et de largeur en moyenne, et de faible épaisseur (environ 0.5cm). Le front est distal ou latéral, obtenu par retouche directe subparallèle courte non convergente, prolongée uni- ou bilatéralement par une retouche de même nature. Le front est parfois asymétrique, et porte, sur certains exemplaires, des traces d'usure intense. Même très rares, ces micrograttoirs sont caractéristiques de la phase lithique IV.

- Les grattoirs courts, hormis leurs dimensions et un front semi-circulaire, sont plus variés : grattoirs simples sur éclats (dont un proximal), grattoirs sur éclat retouché, grattoir à front denticulé. La retouche du front est semi-abrupte et subparallèle non convergente.

Les troncatures simples : 16
Les troncatures simples constituent un groupe de faible importance numérique, mais intéressant : à l'exception d'une lame à troncature normale par rapport à l'axe de débitage,

toutes les autres troncatures sont obliques. Selon la position de la troncature et son obliquité, on peut distinguer deux ensembles : les troncatures d'obliquité moyenne et les troncatures très obliques.

- Les troncatures d'obliquité moyenne, en position distale, conservent une partie importante des deux bords du support d'origine. Ce sont des troncatures obliques de forme classique, que l'on rencontre sur éclat (3) ou sur lamelle (2) et sans latéralisation préférentielle.

- Les troncatures très obliques recoupent au contraire la pièce sur toute sa longueur, supprimant un des bords d'origine. Les pièces ainsi obtenues sont triangulaires, pointues, et peuvent être qualifiées de "pointes à troncature oblique" (G.E.E.M. 1972). Les six pièces qui relèvent nettement de cette catégorie sont beaucoup plus standardisées que les précédentes dans leurs dimensions et leurs techniques : cinq d'entre elles sont des troncatures proximales, une seule est distale ; en outre, cinq d'entre elles sont latéralisées à gauche, une seule à droite.

Trois éclats à troncature oblique distale, rejoignant presque le talon, sont à la limite de ces deux ensembles. Or l'un d'entre eux porte une facette de piquant-trièdre, et constitue le seul indice que nous ayons de l'utilisation de la technique du microburin pour obtenir des troncatures simples. Ces trois éclats ont une troncature latéralisée à droite.

Il est possible que ces pièces à troncature oblique soient des variantes techniques de formes recherchées couramment avec les lamelles à bord abattu et troncature ou facette de piquant-trièdre.

Une dernière troncature, trop fragmentée n'a pu être classée.

Coches et denticulés : 12
Les coches et denticulés sont en faible nombre (respectivement 10 et 2), variés dans le détail, et dénués de caractéristiques propres à cette phase lithique. On en trouve en effet sur lames ou sur éclats, d'amples ou de très marginaux, d'orientation directe ou inverse. Leur position sur la pièce elle-même est tout aussi variable. C'est en fait leur rareté seule qui peut être considérée comme un caractère important dans cet ensemble.

Triangles : 6
Les microlithes géométriques font une très timide apparition dans la phase IV : on compte en effet six triangles, dont cinq isocèles et un scalène. Leurs supports paraissent être aussi bien des éclats que des lamelles, et ils sont manufacturés par double troncature directe, rectiligne ou concave, à gauche (4) ou à droite (2). Nous n'avons aucune preuve de l'utilisation de la technique du microburin dans la fabrication de ces triangles, mais on ne peut évidemment exclure que les facettes de piquant-trièdre aient été complètement retouchées.

- Les triangles isocèles sont caractérisés par un angle très ouvert entre les deux troncatures : 125° à 138°, une forme généralement allongée et des extrémités peu aiguës. Les troncatures sont légèrement concaves sur deux exemplaires, et le bord non retouché est convexe ou même dièdre (cf. fig. 28).

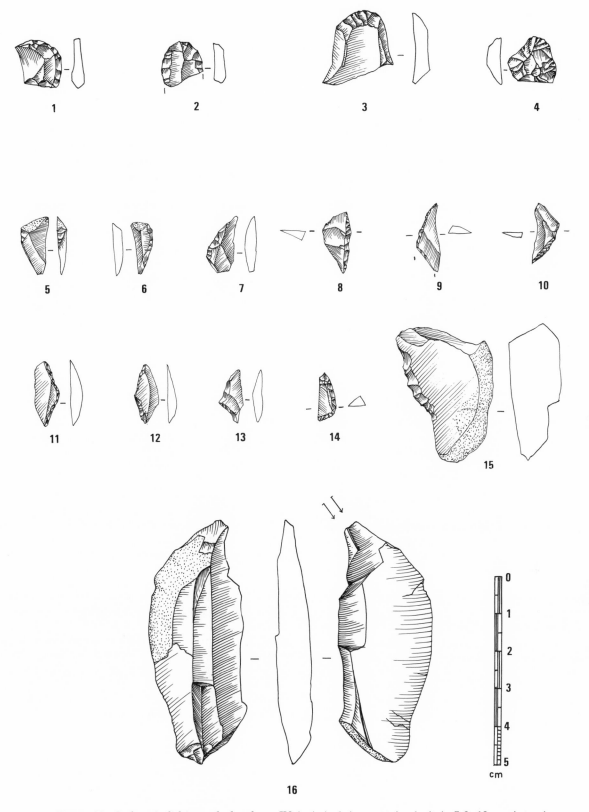

Figure 28 : Industrie lithique de la phase IV (suite). 1-4 : grattoirs (suite). 5-8, 10 : pointes à troncature oblique. 9 : fragment de pièce à troncature oblique. 11-14 : triangles. 15 : denticulé. 16 : burin ou nucléus à lamelles.

- Le triangle scalène est à petit côté proximal et grand côté distal.

Burins : 4

Les quatre burins de cette phase (la petite lamelle à bord abattu et coup de burin distal, déjà mentionnée, ayant été classée avec les lamelles à bord abattu) sont tous des burins d'angle à enlèvements multiples. L'un est sur fracture, deux sur bord brut de débitage et le dernier sur le talon lisse d'un grand éclat d'amorçage. Nous avons déjà évoqué les problèmes que soulevaient ces pièces : s'agit-il véritablement de burins, ou bien d'une forme de nucléus à lamelles ? Compte tenu de leur rareté et de l'absence de burins de préparation classique, j'opterais en fait pour cette dernière hypothèse. Dans ces conditions, l'absence de burins dans cette série riche doit peut-être être mise en relation avec l'inexistence du travail de l'os ou des bois de cervidés.

Divers : 6

Cette série comprend :

- un bec sur éclat laminaire dégagé par une coche clactonienne et une coche retouchée ;
- une lamelle à bord abattu rectiligne reprise à l'extrémité distale en microperçoir ;
- une lamelle bitronquée, étroite et allongée, à troncatures très obliques ;
- deux pièces esquillées, à esquillement bilatéral bifacial ;
- un fragment distal d'éclat repris par retouche inverse envahissante à partir de la fracture proximale.

4. Discussion

En dépit d'une ressemblance superficielle avec les phases qui précèdent, due à l'abondance des lamelles à bord abattu dans l'outillage (doc. XI.15), la phase lithique IV s'écarte de ces dernières sur de nombreux plans, tant technologiques que typologiques.

Si la stratégie d'acquisition des matières premières n'est pas modifiée, en revanche, celle du débitage paraît relever d'une conception nouvelle : nous n'avons plus été en mesure de mettre en évidence l'existence de chaînes opératoires spécifiques pour la production de lamelles. Au contraire, tout paraît témoigner de chaînes opératoires mixtes, où étaient produits alternativement éclats et quelques lamelles. Corrélativement, celles-ci sont moins nombreuses dans le débitage, plus irrégulières, et la forme lamellaire de l'outil fini n'est plus nécessairement liée à un support lamellaire : certains éclats ont été transformés, par retouche, en outils lamellaires.

Aussi, l'impression est-elle d'un glissement d'importance entre le débitage et les transformations par retouche : investissement moindre dans le débitage lui-même, plus sommaire que dans les phases précédentes, mais investissement bien supérieur dans les opérations de retouche, l'importance de celle-ci suppléant au caractère peu systématique des produits de débitage.

En effet, l'importance du processus de la retouche dans cette phase se traduit d'une part la fréquence élevée des pièces retouchées, d'autre part par l'ampleur des transformations du support tant latérales que distales. A cet égard, un trait fondamental est l'utilisation de la technique du microburin.

Les caractères morphotechnologiques de l'outillage retouché confirment l'écart de cette phase avec les précédentes : plusieurs classes nouvelles font leur apparition (lamelles et éclats à bord abattu et facette de piquant-trièdre, lamelles à bord abattu et pointe déjetée, micrograttoirs, géométriques). D'autres classes présentent une fréquence plus élevée que précédemment : lamelles à bord abattu et pointe d'axe, lamelles à bord abattu et troncature, etc.

Parce que ces différences concernent aussi bien la conception technologique que les formes de l'outillage, nous pouvons percevoir une réelle rupture avec les phases qui précèdent. Or, rappelons qu'entre les phases II et IV, datées respectivement des XXI-XXIVèmes et XIIIèmes millénaires B.P., la place chronologique de la phase III paraissait indécise. Le problème peut maintenant être précisé : dans l'ensemble, il n'y avait pas de rupture technologique entre les phases II et III, mais une substitution typologique entre les lamelles pointues à deux et un bord abattu. En revanche, entre les phases III et IV, on observe de réelles transformations dans la conception du débitage et de l'outillage retouché. Ceci peut constituer un argument en faveur d'une solution de continuité chronologique entre ces deux phases. Effectivement, un écart chronologique important permettrait de rendre compte de différences dans les traditions techniques des occupants de la grotte, sans faire appel à l'arrivée brutale de populations différentes mais sensiblement contemporaines des premières.

Mais y a-t-il, pour autant, des changements dans la nature de l'occupation du site, telle que peut la refléter l'industrie lithique ? Le premier point saillant est l'augmentation considérable de la densité du matériel lithique dans la plupart des niveaux de cette phase. Certes, on peut évoquer à ce propos un simple glissement des zones d'activités les plus intenses dans l'espace que constitue la grotte. Mais la permanence des caractères observés dans la majorité des *units* de chaque phase rend cette hypothèse peu vraisemblable, et l'augmentation de la quantité d'ossements ou de graines carbonisées me paraissent plutôt confirmer l'hypothèse d'une occupation plus intense de la grotte.

Mais une occupation plus ''intense'' au niveau de la phase dans son ensemble peut simplement refléter des périodes d'occupation plus nombreuses et plus rapprochées dans le temps, sans que la nature même de chaque occupation soit différente de ce dont témoignaient les phases précédentes.

L'équilibre général de l'outillage retouché, même en l'absence d'analyses fonctionnelles, irait en ce sens ; la représentation de chaque grand groupe d'outils est très proche de celle des phases plus anciennes : très forte dominance du groupe des bords abattus (environ 75% du total de l'outillage) et, par voie de conséquence, faible représentation des autres groupes (grattoirs, troncatures, coches et denticulés, etc.). En d'autres termes, si l'on admet que les pièces à bord abattu sont liées aux activités de prédation, une grande partie des activités ''lithiques'' des occupants de la phase IV paraît toujours liée à la préparation et la réparation des armes de chasse. Au contraire, les activités que les études fonctionnelles permettent d'associer aux grattoirs, becs, coches, etc. (travail des peaux, du bois, de l'os) semblent très faiblement représentées, voire quasiment inexistantes.

Il apparait ainsi que la phase lithique IV serait le reflet d'occupations plus fréquentes de la grotte, par des groupes de tradition technique différente de ceux des phases précédentes ; mais la nature des occupations serait similaire : l'hypothèse de haltes de chasse reste la plus vraisemblable.

INTERPHASE IV/V

Deux *units* de H1-A, 189 et 188, ont été rapportées à une interphase IV/V, puisqu'elles présentaient simultanément certains des types chronologiques caractéristiques des deux phases qui les encadrent : notamment, lamelles à bord abattu et troncature et lamelle à deux bords abattus.

En théorie, la coexistence de ces deux types pourrait être envisagée dans une réelle phase de transition. Toutefois, celle-ci apparaîtrait alors de très courte durée : ces deux *units* ne totalisent que quelques centimètres d'épaisseur, et sont sans équivalent en H1-B, où la limite entre les deux phases est très tranchée.

L'hypothèse d'une contamination, ou d'une légère erreur de fouille (avec recoupement des deux phases) me semble donc plus probable. Le matériel recueilli dans ces niveaux est présenté dans le document XI.16.

NOTES

[1] S. Payne 1975:125. Cette étude n'a qu'un caractère très préliminaire.

[2] J'ignore si ce quartz de filon est local ou non.

CHAPITRE XII

La phase lithique V
(H1-B 160-158, H1-A 187-180)

1. Caractérisation

La phase lithique V est caractérisée par la disparition de certains des types chronologiques propres à la phase précédente, notamment les lamelles et éclats à bord abattu et facette de piquant-trièdre, et, plus généralement, les lamelles à bord abattu pointues. En corollaire, les lamelles à bord abattu obtuses dominent à nouveau, tandis que les lamelles à deux bords abattus font leur réapparition.

La phase V semble être beaucoup plus brève que la précédente, et l'industrie y est moins riche. Néanmoins, le contraste avec la phase IV est très bien marqué tant en H1-A qu'en H1-B, dans des niveaux stratigraphiquement équivalents. Elle n'a pas été reconnue en F/A-S (tableaux XXIII à XXV).

En revanche, la distinction de la phase V et de la phase VI pose plus de problèmes ; ceux-ci seront discutés dans le cadre de la phase VI.

2. Position stratigraphique et contexte

La phase V est sus-jacente à la phase IV, sans niveaux stériles entre les deux, mais séparée, en H1-A, par deux *units* que nous avons rapportées à une interphase en raison de leurs caractères typologiques mixtes (H1-A 189 et 188).

La situation stratigraphique de cette phase lithique est difficile à préciser, car elle correspond à une phase de sédimentation très variée, en partie à cause d'effondrements (angle sud-est de H1), et en partie à cause de dépôts anthropiques lenticulaires (couches à hélicidés). Ces dernièrs se présentent comme des dépôts localisés, qui ne couvrent pas l'ensemble de la surface fouillée de H1. Aussi la situation stratigraphique de la phase V paraît-elle différente selon les coupes que l'on prend en considération.

Sur la coupe est, ses limites, tant inférieure que supérieure, sont nettes en H1-A et correspondent à des limites lithostratigraphiques : la phase V s'inscrit dans un niveau de sédiment fin, surmonté d'un épais dépôt de coquilles. Sur la coupe ouest, et toujours en H1-A, ses limites sont également des limites lithostratigraphiques mais ne comprennent pas de couche de mollusques. En revanche en H1-B, l'importance des blocs d'effondrement rend impossible toute détermination stratigraphique à partir des

coupes. Au total, l'épaisseur des dépôts s'élève à une trentaine de centimètres, de 6.3m à 6.6m environ au-dessus du niveau de la mer dans l'angle nord-est, et de 6.6m à 6.9m dans l'angle sud-ouest.

Comme nous l'avons indiqué, la sédimentologie est complexe, avec une interstratification de dépôts naturels et anthropiques. Les premiers comprennent des sédiments fins en H1-A et de gros blocs d'effondrement en H1-B, particulièrement visibles dans la coupe sud. Les dépôts anthropiques sont constitués de deux lentilles très denses de coquilles d'hélicidés, la plus ancienne en H1-B, la plus récente en H1-A.

Le début de la phase lithique V correspond à des changements importants dans l'ensemble faunistique. Grands bovidés et équidés connaissent une baisse sensible au profit des cervidés et des suidés, ce qui semble indiquer un environnement plus boisé que précédemment. On note, dans la microfaune, l'abondance relative de vertèbres de petits poissons, ce qui est sans doute à mettre en relation avec l'apparition concomitante des premières coquilles de mollusques marins. Elles apparaissent effectivement exactement au début de la phase lithique V en H1-B, mais un peu plus tard en H1-A (H1-A 182). Il s'agit, essentiellement, d'espèces de rochers : *Patella* spp., *Monodonta* spp. et *Gibbula* spp. Ces premiers témoignages d'exploitation des ressources marines sont d'autant plus intéressants que la côte est encore éloignée de plusieurs kilomètres de la grotte (cf. fig. 6, p. 8).

Mais ce sont en fait les mollusques terrestres qui sont alors collectés le plus intensément. Là encore, leur apparition correspond exactement au début de la phase lithique V : dans H1-B 160 et 159, plus de 9000 coquilles d'*Helix figulina* ont été décomptées par N. Whitney-Desautels [1], constituant un véritable dépôt d'escargotière.

Les restes végétaux en revanche sont beaucoup plus pauvres, mais intéressants par la diversité des espèces représentées : outre *Lithospermum arvense* et *Alkanna* sp., à nouveau dominants, on trouve des graines et restes de *Pistacia* sp., *Vicia lathyrus*, *Prunus amygdalus*, *Galium* sp., *Lithospermum officinale*, *Liliaceae* sp., *Pyrus amygdaliformis* et toujours un peu d'orge sauvage (*Hordeum* sp.).

L'ensemble de ces données suggère que les différences observées avec les phases qui précèdent ne témoignent pas seulement de transformations de l'environnement, mais aussi de la façon dont l'homme exploitait celui-ci. Si cette hypothèse est exacte, l'industrie lithique elle-même pourrait montrer des caractères nouveaux : c'est ce que nous chercherons à mettre en évidence dans l'étude de celle-ci.

Ces changements, très marqués, sont-ils à mettre en relation avec un hiatus chronologique ? Nous ne disposons, pour en juger, que d'une seule date ^{14}C, et qui correspond à la fin de la phase lithique V (H1-A 181) : 11.240 ± 140 B.P. (P-1923). L'écart par rapport à la date obtenue pour la phase précédente est de 650 ans au moins, 2000 ans au plus. Ceci laisse effectivement toute possibilité d'envisager un hiatus chronologique ; avec une réserve, cependant, puisque la date de la phase IV correspond sensiblement au début de celle-ci, alors que la date de la phase V correspond à la fin de cette dernière. Il faudra donc attendre le résultat des analyses sédimentologiques pour trancher ce problème.

3. L'industrie lithique

L'industrie lithique de la phase V est pauvre, ce qui pose de façon aiguë le problème de la représentativité de l'échantillon étudié :

- Tous les résidus des tamis de 2.8 à 5mm n'ont pas été triés (cf. doc. XII.1). Or nous entrons ici dans une phase où existe une tendance à l'hypermicrolithisme, notamment dans les lamelles à bord abattu et les microburins. Pour évaluer la perte éventuelle en matériel, nous avons pu faire trier les résidus de trois *units* (H1-B 160-158) et de la moitié d'une quatrième (H1-A 183) : ce tri n'a livré que trois pièces retouchées dans H1-B (sur un total de 42), soit environ 7% du matériel retouché de cette tranchée. Ces trois outils sont effectivement des lamelles à bord abattu très étroites, confirmant la sous-représentation de ces classes, mais dans une proportion qui n'apparaît pas trop préjudiciable. On peut donc estimer que le tri systématique des petits résidus de H1-A n'aurait pas modifié de façon importante la composition qualitative de l'outillage.

- Le second problème qui se pose est d'ordre plus général : l'industrie étant pauvre dans son ensemble et assez diversifiée, l'absence de certaines classes pourrait être imputée au hasard de l'échantillonnage. Or notre distinction entre les phases V et VI reposera uniquement sur l'absence de certains types dans la phase V et leur présence dans la phase VI, beaucoup plus riche. Il y a donc un risque que la distinction entre ces deux phases soit artificielle, risque que je préfère assumer pour le moment.

Pour éviter que l'étude technologique ne soit elle-même soumise à des variations aléatoires, j'ai été conduite à prendre quatre *units* en référence (H1-B 160 et 159, H1-A 183 et 181), dont le matériel représente à peu près 50% de celui de la phase dans son ensemble.

3.1. Les matières premières travaillées

Ce sont les mêmes que celles qui furent utilisées tout au long des phases qui précèdent : silex, chailles, radiolarites, etc., provenant de galets et de plaquettes d'origine locale. Certaines d'entre elles prédominent dans certains niveaux (comme le silex marron et rouge foncé en H1-B 160), mais ce caractère n'est pas systématique. Les galets de calcaire sont rarement débités, sans être totalement absents.

Toute l'industrie est de petite taille : le plus gros bloc est un nucléus de H1-B 160 qui mesure 5.1 x 3.4 x 3.3cm. Elle est de surcroît fragmentée par le feu : la proportion de pièces brûlées est très forte dans certaines *units* de cette phase.

L'abondance des éclats d'entame et des nucléus atteste que le débitage avait lieu sur place.

3.2. Que débitait-on ?

L'examen des niveaux de référence indique une proportion très faible de lamelles dans le débitage brut :

	Eclats	Lamelles
H1-B 160	123 (92%)	11 (8%)
H1-B 159	95 (98%)	2 (2%)
H1-A 183	66 (89%)	8 (11%)
H1-A 181	94 (98%)	2 (2%)
TOTAL	378 (94%)	23 (6%)

Tableau XXXV : Proportion des lamelles et des éclats dans le matériel brut de débitage.

Mais ces proportions ne sont pas seulement faibles, elles sont aussi variables d'une *unit* à l'autre, jetant un doute sur la validité de l'échantillon étudié. C'est pourquoi un contrôle a été effectué d'après les décomptes préliminaires sur les autres *units* de cette phase : le pourcentage obtenu est de 4% pour les lamelles, confirmant ainsi leur très faible représentation. Que les plus étroites d'entre elles se soient glissées dans les résidus de 2.8 à 5mm (non triés en H1-A) est une certitude ; mais cette observation est aussi vraie pour les phases plus anciennes. La phase V apparaît donc comme très pauvre en lamelles, au moins à partir de 5mm de large : il reste à voir si l'étude des nucléus et de l'outillage confirme cette première observation.

3.3 Les modalités de débitage

La conception d'ensemble du débitage, présentée dans le tableau XXXVI, ne diffère pas de celle de la phase précédente : les nucléus de module parallélépipédique dominent encore, avec une, deux, ou trois directions de frappe orthogonales. Quelques nucléus à débitage périphérique très superficiel laissent présager une abondance de petits éclats corticaux. Aucun véritable nucléus à lamelles n'a été recouvré dans cet ensemble, mais on observe l'extraction occasionnelle de lamelles au cours du débitage d'un nucléus à éclats prédominants. Les corniches sont rarement reprises et souvent denticulées, caractère qui apparente à nouveau cette phase à la précédente. Mais lorsqu'à ceci s'ajoute le fait que certains nucléus sont sur éclats, le problème de la distinction entre outils denticulés et nucléus se pose de façon aiguë (*infra*, grattoirs à front denticulé). Enfin, les nucléus à deux directions de frappe opposées sont toujours présents ; seuls manquent les nucléus à débitage centripète, mais ceci peut être un effet d'échantillonnage.

L'examen des nucléus confirme ainsi la faible place que tiennent les lamelles dans le débitage, et qu'il conviendra

	SUR GALET		SUR PLAQUETTE	
	PF non préparé	PF préparé	PF non préparé	PF préparé
1 direction de frappe	B 159 (éclats + lamelles)		B 159 (3 ex.) ; A 183	A 183 (éclats + lamelles) ; A 181
2 directions orthogonales	A 181		B 160 ; A 181 (éclats + lamelles)	
2 directions opposées				
3 directions ou plus			A 181	
Débitage centripète				
Débitage non ordonné				

Tableau XXXVI : Croquis schématiques des nucléus de la phase V (H1-B 160 et 159, H1-A 183 et 181) (à suivre).

	SUPPORT INDERTERMINE	SUR ECLAT
1 direction de frappe		A - 181
2 directions orthogonales	B 160	
2 directions opposées	A - 191 et B 163	A 181 (lamelles + éclats)
3 directions et plus		
Débitage centripète		
Débitage non ordonné	B 160	

Tableau XXXVI (suite) : Croquis schématiques des nucléus de la phase V.

de comparer avec celle qu'elles occupent dans l'outillage retouché.

3.4. Les produits de débitage

Les éclats : confirmant les observations faites sur les nucléus, il appert que les éclats de la phase V présentent une plage corticale en des proportions jamais atteintes jusqu'à présent : 60% des éclats entiers ont une plage corticale partielle ou totale (cf. doc. XII.3). Ce chiffre dépasse celui, déjà très élevé, de la phase précédente et contraste avec les phases plus anciennes, comme la phase II (17% seulement). Nous avons donc bien affaire ici à un débitage extrêmement superficiel des nucléus, au sens propre du terme. La proportion d'éclats corticaux augmente avec leur longueur : 30% pour les éclats entiers inférieurs à 0.8cm, 58% pour les éclats compris entre 0.8 et 1.5cm, et 68% pour les éclats de plus de 1.5cm.

En revanche, les modules des éclats (doc. XII.4) ne témoignent d'aucune différence significative par rapport à la phase précédente, ni en ce qui concerne les dimensions, ni en ce qui concerne les rapports de dimensions.

La technique de préparation ne varie guère, si ce n'est une légère augmentation des talons linéaires (18% contre 6.5%), suggérant un recours plus fréquent à la percussion bipolaire (doc. XII.5). Mais les talons lisses dominent toujours ; cette classe est en fait composée de trois formes de talons : les talons lisses larges, sans reprise de la corniche, les talons lisses plus étroits, où la corniche a été supprimée par quelques grandes esquilles sur la face de débitage, et les talons lisses très étroits, à corniche supprimée par esquillement répété.

Dans l'ensemble toutefois, la seule différence notable par rapport à la phase précédente concerne l'importance du cortex, et les nucléus sont trop peu nombreux pour pouvoir affirmer que les chaînes opératoires de production d'éclats diffèrent significativement de la phase précédente.

Les produits laminaires : leur rareté a déjà été soulignée, et peu nombreux sont ceux qui témoignent d'une préparation intentionnelle. Quelques lamelles toutefois, fort régulières, montrent une préparation très soignée du point d'impact, par abrasion de la corniche et dégagement d'un très petit talon lisse (doc. XII.6). Il existait donc bien un mode de préparation spécifique de lamelles, mais fort peu employé. De quelles chaînes opératoires étaient-elles issues ? La série n'a pas livré de nucléus à lamelles, mais il n'est pas impossible que le nucléus subconique retrouvé en H1-B 160 ait permis l'extraction de lamelles à un moment antérieur de son exploitation. Par ailleurs, l'extraction de lamelles occasionnelles sur des nucléus à éclats est attestée à plusieurs reprises. Il semble donc en fait que les deux chaînes opératoires (production de lamelles et production d'éclats) n'aient pas été distinctes, contrairement à ce que l'on avait observé dans les phases lithiques II et III. La place moindre des supports lamellaires dans le matériel retouché explique-t-elle cette stratégie de débitage ?

3.5. Le matériel retouché

3.5.1. Le choix des supports

L'analyse du choix des supports se révèle de plus en plus difficile au fur et à mesure que nous avançons dans le Paléolithique, l'usage conjugué des retouches abruptes (bords abattus et troncatures) et de la technique du microburin rendant souvent impossible la détermination du support d'origine. A ceci s'ajoute le fait que, lorsque les lamelles brutes sont souvent irrégulières (ce qui est le cas dans cette phase), elles ne peuvent plus être repérées par le parallélisme des nervures sur la face supérieure.

Aussi, si l'on constate une dominance des morphologies lamellaires dans l'outillage retouché (39 morphologies lamellaires, 2 lames étroites, 24 éclats et 26 pièces indéterminables), il est difficile d'en déduire un choix préférentiel de supports lamellaires. L'observation des "lamelles" retouchées montre bien qu'elles peuvent aisément provenir de la réduction latérale d'un petit éclat mince, tel qu'il en a été produit en abondance dans le débitage. Il est difficile d'étayer ces observations sur des données métriques, en raison du faible nombre de pièces intactes : les huit lamelles à bord abattu intactes sont effectivement très petites (0.8 à 1.7cm de long) et de faible largeur (0.5 à 0.6cm). En revanche, les données techniques confirment l'utilisation d'éclats comme supports : au moins deux des "lamelles à bord abattu" sont en réalité obtenues par des troncatures proximales, parallèles au bord distal. Il est cependant impossible d'estimer la proportion exacte des éclats par rapport aux lamelles comme support d'outils lamellaires.

Lorsque l'on se tourne vers les autres groupes d'outils, la prédominance des éclats devient au contraire très nette. Ce sont en majorité des éclats non corticaux, dans une proportion de quatre pour un. Or on se souvient que dans le débitage, les éclats corticaux dominaient au contraire. Ce caractère n'était donc pas lié à la nature de l'outillage recherché ; il doit plutôt être mis en relation avec des problèmes techniques au moment du débitage, notamment la qualité très médiocre des blocs de matière première qui s'affirme de plus en plus au fur et à mesure que les sources sont exploitées.

Outre les lamelles et les éclats, certains supports d'outils sont constitués par des blocs, plaquettes ou nucléus. Ceci a posé, pour l'analyse de l'outillage, un problème difficile, concernant toute une série de pièces relativement épaisses et présentant des séries d'enlèvements irréguliers : s'agissait-il de nucléus, ou d'outils denticulés ? J'ai beaucoup hésité pour certaines de ces pièces et pris, en définitive, un parti assez conservateur : n'ont été décomptés comme outils véritables que les pièces présentant des enlèvements nettement trop petits pour être considérés comme une fin en soi (2-3mm), avec une ligne de "retouche" continue et régulière, et qui n'avait pas été reprise par une autre série d'enlèvements sur une face orthogonale. C'est ainsi que j'ai rejeté comme nucléus quatre pièces classées à l'origine comme "grattoirs nucleiformes denticulés", ou une petite pièce à enlèvements bifaciaux irréguliers. Que ce soit à tort ou à raison (seules des études tracéologiques permettraient de trancher), il me semble que ce problème, rencontré pour la première fois avec acuité dans cette phase, est en soi un élément caractéristique de celle-ci.

3.5.2. Modes de transformation des supports

a) La retouche stricto sensu. L'orientation de la retouche ne diffère pas de celle des phases précédentes : elle est directe dans la très grande majorité des cas (70), très rarement inverse (4), croisée (2) ou alternante (1). De même, c'est toujours la retouche abrupte qui domine (47 cas) sur la retouche semi-abrupte. La retouche rasante est absente, ainsi que la retouche lamellaire.

Mais deux faits sont à noter : d'une part la fréquence, sur les pièces à bord abattu, d'une retouche excessivement courte. Celle-ci est liée à la très faible épaisseur des lamelles à bord abattu, en nette diminution par rapport à la phase précédente, avec un mode compris entre 0.1 et 0.29cm (doc. XII.8). En second lieu, on remarque la fréquence élevée de la retouche par coches clactoniennes adjacentes, en relation avec l'importance relative des denticulés et des grattoirs à front denticulé.

Ainsi, les techniques de retouche permettent-elles d'affirmer l'opposition entre la phase V et celles qui précèdent.

b) La technique du microburin. Celle-ci est toujours utilisée, mais en des proportions nettement inférieures à celles de la phase IV : les microburins (11) ne représentent plus que 12% des pièces retouchées, contre 28% dans la phase IV. Certes, la fraction la plus étroite des microburins a pu se glisser à travers les mailles du tamis de 5mm, mais ce biais pouvait exister tout autant dans la phase précédente et il affecte de toute façon également les plus étroites des lamelles à bord abattu. Dans ces conditions, la baisse de proportion des microburins me paraît refléter un phénomène bien réel et non un artefact de tamisage.

Si tant est qu'un effectif aussi restreint soit fiable, il semble au contraire que la position et la latéralisation des microburins n'aient pas changé par rapport à la phase précédente, avec dominance des microburins distaux, coche à gauche (cf. doc. XII.7). Pourtant, leur place dans les chaînes opératoires paraît complètement différente : une seule lamelle à bord abattu présente peut-être une facette de piquant-trièdre, mais la fracture est complètement perpendiculaire à l'axe de débitage, et reprise par retouche. Il est donc difficile de déterminer s'il s'agit bien d'une facette de piquant-trièdre. Il n'y a dans cet ensemble aucun outil que l'on puisse rapporter avec certitude aux classes des lamelles et éclats à bord abattu et facette de piquant-trièdre [2]. Or même en tenant compte de la baisse générale d'effectif, si les proportions étaient les mêmes que dans la phase IV, on devrait trouver quatre lamelles et deux éclats à bord abattu et facette de piquant-trièdre. Ils sont absents, tout autant que les autres formes de lamelles à bord abattu pointues, dont la retouche aurait pu masquer une facette de piquant-trièdre.

Le rôle des microburins dans la phase V apparaît donc comme très différent de celui qu'ils tenaient dans la phase IV. Mais quel est-il ? Nos données, à ce sujet, sont très limitées : seul un des trois triangles montre une facette de piquant-trièdre sur le petit côté. Si l'on peut accepter que les microburins participent maintenant de la fabrication des microlithes géométriques, leur rareté relative s'explique alors par la rareté de ces derniers.

3.5.3. L'outillage retouché

Il est pauvre (85 pièces sans les microburins), et toujours dominé par les lamelles à bord abattu, mais en proportions moindres que précédemment.

Les lamelles à un bord abattu : 27
Quelques remarques ont déjà été faites à propos du module des lamelles à un bord abattu : elles sont dans l'ensemble courtes, étroites et minces (doc. XII.8). Il existe aussi des lamelles hypermicrolithiques, puisque une au moins en a été retrouvée dans les résidus du tamis de 2.8 à 5mm de H1-B 159. La pièce est intacte et ne mesure que 0.81 x 0.33 x 0.12cm. Combien de pièces de ce genre manquent à notre série, du fait que tous les résidus n'ont pas été triés ? Assurément peu, puisque sur les quatre *units* effectivement triées, une seule lamelle aussi petite a été recouverte. A tel point que l'on peut même se demander si elle ne s'est pas simplement infiltrée dans les niveaux de coquilles très meubles : l'hypermicrolithisme est en effet bien attesté dans la phase VI, sus-jacente. Il est, pour l'instant, impossible de trancher entre ces deux hypothèses.

La latéralisation de la retouche est comparable à celle de la phase précédente, avec une dominance des bords abattus à gauche (17). Mais la structure typologique s'en éloigne complètement, et se rapproche en fait de ce que l'on avait observé dans la phase II, bien que celle-ci soit beaucoup plus ancienne : nette dominance des lamelles obtuses à bord abattu rectiligne, rareté des lamelles pointues (dont une à nouveau de dimensions nettement supérieures à celles des lamelles obtuses), hétérogénéité des autres classes. Ce n'est sans doute pas un hasard si cette structure comparable à celle de la phase II s'accompagne précisément d'une réapparition des lamelles à deux bords abattus.

- Fragments non distaux de lamelles à un bord abattu (9) : ils ne présentent pas de caractères particuliers. La retouche est à droite ou à gauche, les dos variés, et une seule base est retouchée (troncature).
- Lamelles à bord abattu obtuses (12) : c'est à nouveau le groupe dominant. Parmi celles-ci, les lamelles de morphotechnologie distale 1/1 sont les plus nombreuses (9) ; hormis leur dos, toujours rectiligne, elles présentent des caractères variés (cf. doc. XII.9). La très petite lamelle entière, déjà mentionnée, appartient à cette classe. La classe 2/1 est complètement absente, sans que l'on puisse établir cette absence comme caractéristique de cette phase. Quant aux classes 4/1 et 5/1, elles sont faiblement représentées (respectivement une et deux pièces) et ne se distinguent pas des précédentes, si ce n'est par la morphologie de l'extrémité distale.
- Lamelles à un bord abattu pointues (3) : ces lamelles, très bien représentées dans la phase précédente où elles constituaient les classes dominantes, voient ici leur proportion décroître de façon très marquée. Elles forment de plus un groupe très hétérogène.
Les deux lamelles de morphotechnologie distale 3/5 sont fort dissemblables. L'une est pratiquement une lame, de dimensions supérieures à celles des autres lamelles à un bord abattu, mais proche en revanche des lamelles à deux bords abattus : le second bord, retouché, porte une retouche

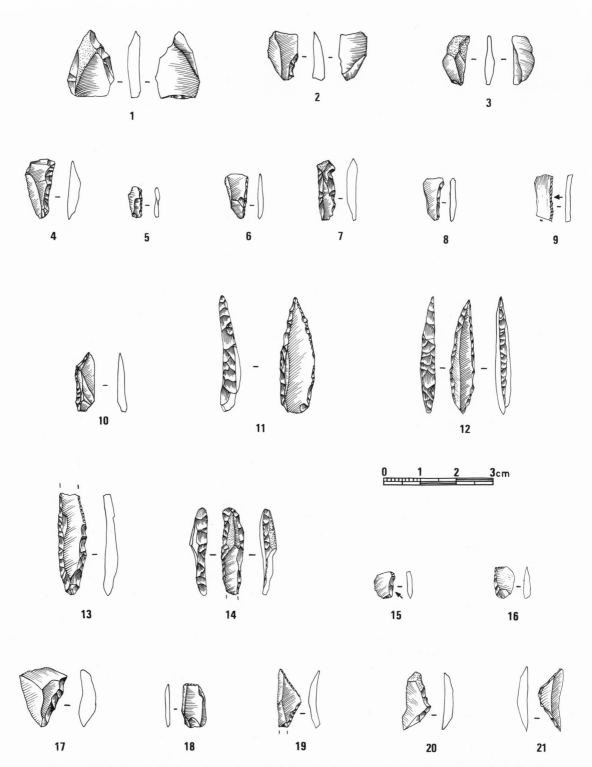

Figure 29 : Industrie lithique de la phase V. 1-3 : microburins. 4-8 : lamelles obtuses à un bord abattu. 9 : ''lamelle à bord abattu'' obtenue par troncature proximale. 10 : lamelle à bord abattu et troncature distale. 11 : lamelle pointue à un bord abattu. 12-14 : lamelles à deux bords abattus. 15-16 : micro-éclats à bord abattu. 17 : éclat à troncature oblique proximale. 18 : lamelle à troncature distale (utilisation ?). 19-21 : triangles.

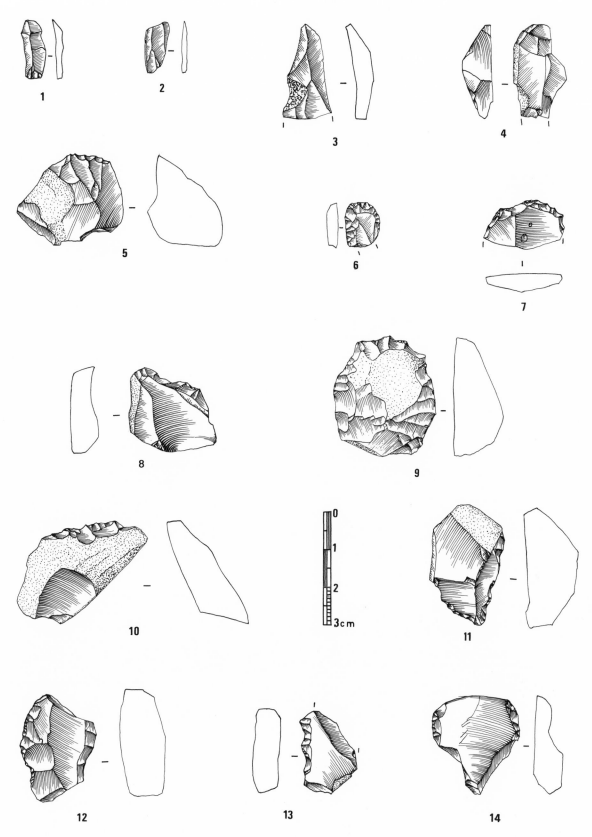

Figure 30 : Industrie lithique de la phase V (suite) 1-3 : lame et lamelles brutes de débitage.
4 : tablette de ravivage de nucléus. 5 : nucléus (à la limite d'un grattoir ?). 6 : micro-grattoir.
7 et 9 : grattoirs denticulés. 8 : grattoir museau. 10-13 : denticulés. 14 : éclat à retouche inverse.

semi-abrupte. La seconde pièce est un petit fragment distal, où le bord abattu dégage un petit bec par convergence avec le bord brut de débitage, concave sur la partie distale.

La seule pièce de morphotechnologie distale 4/5 est au contraire similaire à celles de la phase précédente (lamelle à pointe déjetée).

- Lamelle à bord abattu et facette de piquant-trièdre (1) : nous avons déjà discuté de cette pièce, dont le caractère technique est problématique : la facette est en effet orthogonale à l'axe de débitage, et en partie masquée par de la retouche.

- Lamelle à bord abattu et troncature distale (1) : cette pièce unique s'apparente à celles de la classe 2/3 de la phase IV : troncature distale oblique, légèrement concave, d'angle supérieur à 130°.

- Lamelle à bord abattu et retouche de l'extrémité distale (1) : cette pièce, de morphotechnologie distale 5/3 est irrégulière, avec une retouche grossière de l'extrémité distale qui arrondit celle-ci.

Les lamelles à deux bords abattus : 6

Elément caractéristique de cette phase, les lamelles à deux bords abattus font leur réapparition, de façon régulière sinon abondante. L'effectif total de cette phase étant bien inférieur à celui de la phase précédente, leur réapparition, même en petit nombre, ne peut être un effet de distribution aléatoire.

Le support est transformé par retouche directe ou localement croisée sur les plus épaisses d'entre elles. En effet, la morphométrie de ces lamelles à deux bords abattus semble indiquer deux classes (que seul un échantillon plus abondant permettrait de valider) : d'une part, des lamelles courtes et étroites (auxquelles il faut rapporter les deux lamelles à deux bords abattus de l'interphase IV/V), avec une retouche asymétrique, plus courte sur le bord droit que sur le bord gauche, et une extrémité distale obtuse. D'autre part des lamelles plus larges et plus épaisses, dont les dimensions sont nettement supérieures à celles des lamelles à un bord abattu : largeur comprise entre 0.54 et 0.83cm, épaisseur comprise entre 0.31 et 0.47cm. La seule pièce intacte mesure 3.1 x 0.7 x 0.4cm. Il semble que ces lamelles soient proportionnellement moins allongées que celles de la phase II. Dans ce second groupe, la retouche des deux bords est symétrique dans son ampleur.

Les trois bases conservées sont ici toutes retouchées : ce sont des bases ogivales aménagées par retouche abrupte bilatérale. Contrairement à ce que l'on observait dans la phase II, il y a une asymétrie marquée entre les extrémités distales et proximales, ces dernières étant nettement plus larges. Des trois extrémités distales conservées, deux sont pointues, la troisième est mousse. Il y a une telle similitude entre cette dernière et les fragments proximaux précités, que l'on ne peut s'empêcher de se demander s'il ne s'agit pas d'une pièce "inversée". La raison en serait simple : du fait du rebroussé d'un enlèvement précédent, c'est la partie distale de cette lamelle qui est la plus épaisse.

Il semble donc que ce second groupe constitue une série homogène de pièces d'assez grandes dimensions (pour Franchthi !), à base ogivale, mousse ou pointue, et pointe distale d'axe (cf. doc. XII.10).

Les éclats à bord abattu : 4

Les éclats à bord abattu sont peu nombreux, mais intéressants puisqu'ils témoignent de l'introduction d'une classe morphométrique jusqu'alors non représentée. En effet, outre deux éclats de dimensions moyennes (1.25 et 1.45cm), à bord abattu respectivement convexe et sinueux à gauche, on trouve dans cette phase deux micro-éclats de dimensions particulièrement petites : l'un, à bord abattu oblique par rapport à l'axe de débitage, à droite et très légèrement concave, ne mesure de 0.7 x 0.57 x 0.18cm. L'autre, à bord abattu à droite prolongé par une fine retouche de l'extrémité distale, mesure 0.8 x 0.5 x 0.2cm. Dans les deux cas, la retouche conduit à l'obtention de micro-éclats de forme quadrangulaire.

Fragments à bord abattu inidentifiés : 7

En raison de fractures thermiques ou mécaniques, la détermination typologique est impossible. Seule reste une portion de bord abattu.

Denticulés : 10

L'abondance relative des denticulés, second groupe d'outils après les bords abattus, est un élément caractéristique de cette phase. Leur association avec des grattoirs à front denticulé est d'ailleurs un élément de structure de l'outillage souvent observé dans des ensembles épipaléolithiques (Binder, comm. orale).

Le groupe des denticulés a été défini dans un sens restreint : toutes les pièces présentent une série de coches clactoniennes ou retouchées de petites dimensions (2 à 3mm), adjacentes, en général semi-abruptes. Il me paraît impossible que cette retouche soit liée à l'utilisation ou à des accidents, sauf pour l'un d'eux, très brûlé. En revanche, la limite avec le groupe des "retouches latérales", qui peuvent être sinueuses, est plus arbitraire.

Selon les critères exposés précédemment, j'ai inclus dans ce groupe une pièce sur nucléus. Celle-ci mise à part, tous les autres denticulés sont sur éclats, et des éclats de grande dimension par rapport à l'ensemble du débitage : les quatre denticulés entiers mesurent entre 2.8 et 3.7cm, classes dimensionnelles très rares dans ce matériel. Le caractère cortical de la moitié d'entre eux y est sans doute lié. Le choix de certains supports est donc très manifeste.

La retouche est le plus souvent directe (6), parfois alterne (2) ou inverse (1) (et "indéterminée" pour le denticulé sur nucléus). La position de la ligne de retouche sur le support ne présente aucun caractère systématique.

Pièces à retouche linéaire : 8

Comme d'habitude, ce groupe rassemble des pièces variées tant par la technique que la morphologie. Les supports sont des lames (1), lamelles (1), éclats (4) ou plaquettes clivées naturellement (2). A une exception près, la retouche est toujours directe, courte, mais d'angle variable, comme l'est sa position sur le support.

Grattoirs : 7

Nous ne reviendrons pas sur le problème d'éventuels "grattoirs nucleiformes", que nous avons exclus de ce groupe. Les autres grattoirs sont tous sur éclats, et se différencient de ceux de la phase précédente par des dimensions moyennes plus importantes et la présence de fronts denticulés. Ils sont, au demeurant, assez variés.

- Grattoirs simples sur éclats (3) : seul le front, semi-circulaire, est préservé sur deux d'entre eux. Le troisième est un grattoir à front latéral convexe, aménagé par retouche ample subparallèle assez abrupte.

- Grattoirs à front denticulé : en dépit des problèmes d'identification déjà évoqués, leur présence est attestée par un très beau grattoir sur éclat cortical retouché, de forme circulaire, à retouche semi-abrupte denticulée. Une pièce plus fragmentaire, mais portant une retouche analogue, a pu également être rapportée à cette classe.

- Grattoir à épaulement : c'est une pièce unique, sur éclat cortical, présentant un épaulement dégagé par coche clactonienne reprise, adjacent à un front étroit aménagé par retouche directe semi-abrupte non convergente.

- Micrograttoir unguiforme : pièce unique aussi, de qualité, aménagée par retouche directe semi-abrupte subparallèle non convergente.

Les troncatures simples : 6
Les troncatures visant à obtenir des lamelles à bord abattu étant exclues de ce groupe, on peut distinguer deux ensembles morphotechnologiques distincts, proches de ceux de la phase précédente : les troncatures normales ou peu obliques, et les troncatures très obliques.

- Sur les troncatures normales ou peu obliques, une partie importante du support d'origine (en l'occurrence allongé) reste préservée. On y relève une lamelle à troncature proximale et deux éclats laminaires à troncature distale légèrement oblique.

- Sur les trois pièces du second ensemble, au contraire, la troncature, directe et rectiligne, part de l'extrémité distale gauche et vient rejoindre la partie proximale droite. Techniquement, ces pièces sont très proches de "pointes à troncature oblique", à ceci près qu'aucune pointe n'y a été recherchée ! Dans les trois cas en effet, la morphologie résultante est celle de triangles à angles mousses. Deux de ces pièces sont de particulièrement petites dimensions : 1.05 x 0.7 x 0.35cm et 1.13 x 0.57 x 0.15cm, tandis que la troisième atteint 1.6cm de long.

Coches : 5
Tandis que les denticulés augmentent en proportion dans cette phase, les coches connaissent au contraire une baisse sensible. Toutes ces coches sont des coches retouchées, à petite retouche semi-abrupte bien localisée. Contrairement aux denticulés, les coches se rencontrent de préférence sur des supports allongés, à tendance laminaire ou lamellaire, mais l'échantillon est trop faible pour affirmer que cette différence est significative. Ces supports sont de grande dimension (2.7 à 3.1cm), mais la position de la coche varie sur chacune des pièces.

Géométriques - les triangles : 3
Quoique rares, les triangles de cette phase sont bien caractéristiques et homogènes. Les troncatures sont toutes directes et abruptes, une facette de piquant-trièdre est observée sur l'un d'entre eux, en position proximale. Si les deux autres ont été obtenus par la technique du microburin, il est possible que leur facette de piquant-trièdre ait été retouchée.

Morphologiquement, ils sont très proches les uns des autres : ce sont des triangles isocèles allongés à côtés rectilignes. L'angle formé par la rencontre des deux troncatures (ou de la troncature et de la facette de piquant-trièdre) est très ouvert : 110° à 120°. Leurs autres mensurations sont également stables : 1.5 à 1.65cm de long, 0.6 à 0.7cm de large.

Ces pièces sont importantes, puisqu'elles attestent pour la première fois l'utilisation de la technique du microburin dans l'obtention de microlithes géométriques.

Divers : 2
Nous signalons ici un gros éclat à coup de burin latéral sur enlèvement de "retouche" unique, l'un et l'autre probablement dus à un choc accidentel sur le coin de l'éclat.

La dernière pièce retouchée de cet ensemble est très complexe et pourrait être assimilée, ce qui est pratiquement unique dans l'outillage paléolithique de Franchthi, à un outil composite : il s'agit d'une lamelle à retouche latérale abrupte comportant deux coches, avec une troncature distale oblique et une retouche inverse partielle de l'extrémité proximale.

4. Discussion

L'industrie lithique de la phase V témoigne de changements importants par rapport à celle de la phase qui la précède. Si l'exploitation des matières premières, et de manière générale, la conception du débitage sont assez similaires, les techniques de transformation des supports témoignent d'innovations importantes, en particulier dans l'utilisation de la technique du microburin. Bien que la technique reste la même, sa place dans les chaînes opératoires est profondément modifiée et relève véritablement d'une conception différente. Parallèlement, la structure de l'outillage se voit transformée, tant dans l'équilibre entre les groupes que dans la composition de chacun d'entre eux. La disparition pratiquement totale des lamelles à un bord abattu pointues (avec ou sans facette de piquant-trièdre) et leur remplacement apparent par des lamelles à deux bords abattus, sont les éléments les plus marquants de cette transformation.

Or nous avions indiqué, en tête de l'étude de cette phase lithique, que celle-ci correspondait également à des modifications importantes dans le mode de subsistance : les restes de petits poissons, de mollusques marins et de mollusques terrestres attestent en effet une diversification des niches écologiques exploitées. Les deux phénomènes sont-ils liés ?

Sans attendre une correspondance univoque entre la diversité des niches écologiques exploitées et celle de l'outillage, il est un fait que l'on constate au cours de la phase lithique V une atténuation du caractère apparemment très spécialisé de l'industrie lithique. Les pièces à bord abattu ne représentent plus que 55% de l'outillage (sans les microburins), contre 75% et plus dans les phases antérieures.

En corollaire, les autres groupes connaissent une meilleure représentation : les grattoirs passent de 4 à 9%, les denticulés de 1 à 12%, etc. Si ces deux phénomènes de diversification ne sont pas directement liés, ils pourraient fort bien dériver l'un et l'autre d'un changement dans le mode d'occupation de la grotte. En dépit de la pauvreté relative de cette industrie, elle paraît refléter des activités plus variées, avec un meilleur équilibre entre l'outillage domestique et celui que l'on peut rapporter aux activités de prédation. On pourrait donc suggérer des occupations rares, mais se rapprochant plus de la notion de "camp de base" que de haltes de chasse temporaires, au moins par leur caractère sinon par leur intensité (faut-il chercher ailleurs dans la grotte une zone d'occupation plus dense ?). Dans ces conditions, les nouveautés observées dans l'industrie lithique seraient à mettre au moins en partie en relation avec des changements d'ordre fonctionnel (cf. chapitre XIV). Mais là sans doute n'est pas la seule cause de changement : car si la morphologie des outils est nécessairement liée en partie à leur fonction, les techniques de fabrication, meilleurs témoins des traditions culturelles, dénotent également des transformations dans la phase V. C'est pourquoi il faut envisager des facteurs de changement complexes, dont peut rendre compte aisément l'hypothèse d'un hiatus chronologique, évoquée au début de ce chapitre. Mais ce hiatus, s'il est démontré, ne concernait peut-être que le secteur de la grotte fouillé : il faut en effet rappeler qu'une date de la fin du XIIème millénaire B.P. (soit intermédiaire entre celles obtenues pour les phases lithiques IV et V) avait été obtenue en H, sur des niveaux que je n'ai pas pu exploiter (cf. Introduction de la seconde partie).

INTERPHASE V/VI

L'examen du matériel lithique ne m'a pas conduite à définir d'interphase d'après l'examen de H1. Toutefois, compte tenu de la différence entre les phases lithiques V et VI, la mise en évidence d'une interphase eût été de toute façon difficile : les types chronologiques caractéristiques de la phase V sont en effet toujours présents dans la phase VI. Il s'y ajoute, simplement, des types nouveaux.

A l'examen des coupes stratigraphiques, je ne serais pas surprise néanmoins que H1-B 157 ait recoupé deux unités lithostratigraphiques et peut-être archéologiques, mais sans pouvoir le démontrer.

Le problème se pose de façon analogue pour F/A-S 208 : la possibilité d'un recoupement entre deux phases doit être gardée à l'esprit.

NOTES

[1] Inédit. Pour les autres données, voir références fournies précédemment.

[2] J'ai exclu d'office de ce groupe une lamelle à deux bords abattus et fracture proche de celle d'un microburin, mais manifestement accidentelle. Il faut aussi mentionner un microburin sur fracture et non sur coche retouchée : j'ignore s'il s'agit d'un accident.

CHAPITRE XIII

La phase lithique VI
(H1-B 157-151, H1-A 179-168, F/A-S 208-199)

1. Caractérisation

La phase lithique VI est une phase très riche, dominée par des pièces à bord abattu et des géométriques qui témoignent, les uns comme les autres, d'une tendance affirmée à l'hypermicrolithisme [1]. Plusieurs types chronologiques font leur apparition : lamelles à bord abattu et troncature courte, d'angle fermé (lamelles scalènes), triangles isocèles rectangles, triangles scalènes et segments (tableaux XXIII à XXV).

En revanche, on n'observe, pour la première fois dans cette séquence paléolithique, aucune disparition d'éléments caractéristiques de la phase précédente. Or la phase VI est considérablement plus riche que la phase V : il y a donc un risque de distinguer artificiellement ces deux phases, l'apparition de nouveaux types n'étant due qu'à l'augmentation numérique de l'échantillon étudié. Pour parer à ce risque, nous rechercherons spécialement l'existence de différences dans la technologie (qui peut être considérée comme une variable indépendante, puisque la définition des deux phases n'inclut pas d'éléments technologiques) et comparerons statistiquement les répartitions typologiques pour voir si les deux échantillons pourraient provenir d'une même population d'origine. Même si les différences s'avèrent, dans l'ensemble, peu marquées, j'ai préféré maintenir la distinction entre ces deux phases : comme je l'ai indiqué précédemment, il sera toujours facile de les regrouper ultérieurement si des recherches futures en démontrent la nécessité. De plus, je n'ai pas voulu risquer d'oblitérer une différence qui, pour une fois, témoignerait d'un enrichissement graduel de l'industrie et non de ruptures dans les techniques et les formes.

Ainsi caractérisée, la phase VI se retrouve aisément en H1-A comme en H1-B, dans des niveaux stratigraphiquement équivalents, mais aussi en F/A-S où elle fait suite à des industries bien plus anciennes. L'équivalence typologique proposée entre H1 et F/A est d'ailleurs parfaitement confirmée tant par les dates ^{14}C que par les autres données archéologiques : sédimentologie, faune et flore.

La fin de la phase VI correspond à ce qui a été défini, à Franchthi, comme la fin du Paléolithique. Cette limite sera discutée à la fin de ce chapitre, mais la nature même de la transition entre ces deux périodes supposera, avant de pouvoir être analysée, que nous ayons également étudié les industries du Mésolithique inférieur.

2. Position stratigraphique et contexte

La phase lithique VI est en continuité directe avec la phase V : aucun niveau stérile ne l'en sépare, non plus que des *units* attribuées à une interphase.

Toutefois, la phase lithique VI correspond bien à des unités lithostratigraphiques distinctes : en H1-A, et sur la majeure partie de H1-B, le début de la phase VI correspond à une reprise des dépôts anthropiques, sous forme d'une couche à hélicidés dense et puissante. Seul le secteur sud-est de H1-B montre une lentille intercalaire de sédiments caillouteux enrobés dans une matrice fine. Juste au-dessus, le dépôt de coquilles s'étend et recouvre toute la surface fouillée en H1 (cf. coupes, Jacobsen et Farrand, 1987). Les analyses sédimentologiques marquent corrélativement une baisse des fractions grossières (blocs et cailloutis) et une augmentation de la fraction argileuse ainsi que du taux de matières organiques. Ces deux phénomènes sont encore plus marqués dans F/A-S, bien que l'on n'y trouve pas alors de coquilles.

Au niveau coquillier de H1 fait suite un sédiment caillouteux enrobé dans une matrice fine, dont la limite supérieure est sensiblement analogue à celle que nous avons fixée pour la phase lithique VI. Il en est de même, et de façon plus nette encore, en F/A-S.

Cette phase lithique est donc à nouveau caractérisée par des dépôts naturels et des dépôts anthropiques dont l'importance explique la puissance stratigraphique de cette phase, au demeurant d'assez courte durée : près de 60cm en H1, plus de 80 en F/A-S [2].

Les restes faunistiques et floristiques sont, dans l'ensemble, assez proches de ceux de la phase précédente, mais témoignent de glissements de proportions au cours même de la phase lithique VI que nous ne détaillerons pas ici.

Alkanna sp. et *Lithospermum arvense* sont toujours bien représentés dans les graines, de même que *Lens* sp. et, de façon fluctuante, *Pyrus amygdaliformis*. En moindre quantité se trouvent *Lithospermum officinale*, *Prunus amygdalus*, *Pistacia* sp., etc. Il faut noter la présence régulière, quoique rare, de céréales sauvages : *Avena* sp. et *Hordeum* sp. (Hansen 1980).

Les mollusques terrestres sont caractérisés par l'abondance extrême de *Helix figulina*, dont on trouve jusqu'à 12.000 specimens dans une seule *unit* (H1-B 155). A l'inverse, les mollusques marins sont beaucoup moins abondants, mais plus variés : en F/A-S, on y trouve *Cyclope neritea, Cerithium vulgatum, Patella* sp., *Monodonta* sp. et *Gibbula* sp. Les espèces rocheuses sont toujours dominantes, mais accompagnées d'espèces aimant les eaux littorales stagnantes. Or la mer était toujours éloignée à cette époque de plusieurs kilomètres de la grotte (Shackleton et van Andel 1980).

Les données préliminaires sur la macrofaune (H1-A) indiquent un ensemble assez pauvre, notamment dans la seconde partie de cette phase (H1-A 174-169). Dans la partie la plus ancienne, on n'observe guère de différences avec la phase précédente : le cerf domine, suivi d'un capridé et d'un suidé. Le cheval a pratiquement disparu.

Dans la microfaune, il semble que les poissons soient en baisse (S. Payne 1976). Ce détail est de toute importance : c'est en effet au cours de cette phase lithique que nous allons voir apparaître les premiers indices d'utilisation de l'obsidienne et donc de circulation maritime.

La parenté générale observée dans la faune et la flore entre les phases lithiques V et VI va de pair avec le faible écart chronologique indiqué par les dates ^{14}C. Quatre dates en effet ont été obtenues sur ces niveaux :

H1-A 175 (dépôt coquillier)	10.880 ± 160 B.P.	(I-6129)
H1-A 173	10.460 ± 210 B.P.	(I-6139)
F/A-S 207	10.840 ± 510 B.P.	(P-2232)
F/A-S 204	10.260 ± 110 B.P.	(P-2231)

L'écart-type des plus hautes de ces dates, qui couvrent l'ensemble du XIème millénaire B.P., rejoint celui de la date obtenue pour la phase lithique V, et ne permet donc pas de préciser la position chronologique relative de ces deux phases. En tout état de cause, l'écart ne peut être que faible.

L'ensemble des données que nous venons de traiter suggère donc une continuité entre les phases lithiques V et VI, qui ressortait déjà des difficultés évoquées pour les individualiser du point de vue lithique. Il nous faut donc nous attacher à préciser continuités et différences entre ces deux phases.

3. L'industrie lithique

La phase lithique VI, avec plusieurs centaines de pièces retouchées, est une phase très riche qui ne pose pas de problèmes quant à la représentativité qualitative de l'échantillon étudié (d'autant plus que la variabilité spatiale est ici mieux contrôlée en raison des tranchées disjointes : F/A et H1).

En revanche, la représentativité quantitative ne peut être tenue pour parfaite, car les résidus de tamisage de la fraction 2.8-5mm n'ont pas été complètement triés en H1-A (cf. doc. XIII.1). Or en H1-B, où j'ai pu obtenir le tri complet de cette fraction des résidus, la proportion de pièces retouchées recouvrées dans celle-ci est très élevée : elle varie du 1/6 au 1/3 de l'outillage dans chaque *unit* (23% du total sur les *units* H1-B 157 à 153 incluses). Non seulement ces chiffres sont très élevés en eux-mêmes (bien plus que pour toute autre phase du Paléolithique), mais ils concernent, bien entendu, les diverses catégories d'outils de façon très différente : seules

les plus étroites (lamelles à bord abattu, segments) sont récupérées dans ces résidus. Pour avoir une bonne estimation quantitative de cet outillage, il faudra donc se tourner de préférence vers H1-B et F/A-S où cette fraction des résidus a été complètement triée. On ne peut non plus exclure que quelques fragments se soient glissés dans les résidus <2.8mm, mais je doute que cela affecte réellement la représentativité de l'industrie.

3.1. Les matières premières travaillées et la présence d'obsidienne

Les roches siliceuses d'origine locale dominent à plus de 99%. Elles présentent la diversité habituelle, tant en ce qui concerne les variétés que les origines : plaquettes aux arêtes vives, plaquettes roulées et galets.

De nombreux débris de calcaire, souvent brûlés, n'ont pas d'incidence sur l'étude du débitage (doc. XIII.2). Les quelques éclats de calcaire sont trop rares pour représenter autre chose qu'un débitage très occasionnel ou des fractures accidentelles.

Mais le phénomène marquant de cette phase est l'apparition de l'obsidienne. En nombre très faible, souvent de très petites dimensions (esquilles), quelques rares éléments d'obsidienne ont été en effet découverts dans plusieurs *units* de H1 et de F/A-S. Quelle peut être leur signification ?

La première hypothèse qu'il convient de considérer est celle d'une présence fortuite : une seule pièce, en effet, a été trouvée *in situ* au moment de la fouille (en H1-A 168) mais nous sommes là pratiquement à la limite du Mésolithique. Les 10 autres fragments proviennent tous du tri des résidus de tamisage (doc. XIII.3). Or les niveaux mésolithiques et surtout néolithiques, sus-jacents, sont riches en obsidienne ; la chute périodique d'éléments divers, depuis les coupes (non protégées) vers le fond des tranchées, est non seulement une possibilité mais une certitude. Lorsqu'il s'agit de clous, d'étiquettes, de tessons de céramique caractéristiques, la contamination est facile à établir ; mais lorsqu'il s'agit, comme c'est essentiellement le cas ici, de petites esquilles ou de petits éclats d'obsidienne, la nature des vestiges ne permet pas de trancher. Dans ces conditions, trois approches peuvent être envisagées :

1) Une mesure directe de l'ancienneté relative, par hydratation de l'obsidienne. En effet, les dates les plus anciennes que l'on puisse attendre (XIème millénaire B.P.) sont largement dans les limites de la méthode : la desquamation de la pellicule hydratée n'est pas à craindre. Par ailleurs, il n'est pas trop grave d'ignorer la courbe d'hydratation exacte de cette source d'obsidienne, puisque l'on ne cherche qu'une datation relative, confirmant la plus grande ancienneté des fragments découverts dans les niveaux les plus profonds. Mais les contacts pris pour effectuer ces analyses sont, à ma connaissance, restés sans suite.

2) L'étude technologique et typologique : nous avons déjà noté qu'elle ne pouvait être déterminante dans ce cas, éclats ou esquilles à talon lisse ou punctiforme pouvant se rencontrer dans n'importe quel contexte depuis le Paléolithique jusqu'à la fin du Néolithique. On peut

simplement noter, dans les obsidiennes de la phase lithique VI, l'absence d'éléments typiquement néolithiques : lamelles à bords et nervures parallèles.

Trois pièces seulement sont retouchées : il s'agit d'un très petit fragment à bord abattu, d'une lamelle à bord abattu reprise en perçoir, et d'un microlithe atypique (microperçoir ?). Ces deux derniers n'ont pas d'équivalent exact en silex et ne permettent pas de confirmer un âge paléolithique ; mais au moins ne déparent-ils pas dans ces niveaux très microlithiques.

3) Aussi est-ce vers la distribution même des pièces en obsidienne dans les niveaux paléolithiques qu'il nous faut nous tourner pour tenter d'évaluer la probabilité d'une répartition due au hasard (en s'appuyant sur l'hypothèse selon laquelle une contamination accidentelle se traduit par une répartition aléatoire).

La répartition par phases lithiques de l'ensemble des fragments d'obsidienne découverts dans des niveaux paléolithiques se présente comme suit :

- Phase 0 : une pièce en F/A-S 225, *unit* pour laquelle S. Payne a des indices de contamination dans la faune (Payne, comm. orale).

- Phase I : rien.

- Phase II : quatre pièces en H1-B 203, *unit* pour laquelle une contamination légère est assurée (un clou, quelques tessons).

- Phase III : rien.

- Interphase III/IV : une pièce en H1-A 204 (contamination probable).

- Phase IV : rien.

- Phase V : rien.

- Phase VI : 12 pièces, dans des *units* de H1-B et F/A-S (cf. doc. XIII.3) pour lesquelles il n'y a pas, à ma connaissance, d'indices de contamination.

C'est en F/A-S que la distribution est la plus tranchée, avec huit fragments d'obsidienne dans quatre *units* consécutives de la phase VI, et une seule pièce dans la phase 0. La comparaison de cette distribution avec une hypothétique répartition aléatoire, sur l'ensemble des *units* paléolithiques de cette tranchée, indique une probabilité inférieure à 0.025 pour que la répartition observée soit effectivement aléatoire (en utilisant le ''one-sample runs test'' : cf. Siegel 1956:53). En d'autres termes, il y a moins de 2.5 chances sur 100 pour qu'une contamination au hasard ait pu produire ce type de répartition, et encore, ce test ne tient-il pas compte du fait qu'il y a parfois plusieurs fragments d'obsidienne dans une même *unit*. Nous pouvons donc, avec un très faible risque d'erreur, admettre qu'ils sont en place dans ces niveaux de la phase VI.

Il faut d'ailleurs noter que la présence sporadique d'obsidienne n'est pas limitée à la fin du Paléolithique : les niveaux du Mésolithique inférieur, qui lui font suite, en contiennent aussi et selon une distribution analogue ; d'autres pièces découvertes lors même de la fouille (notamment en F/A-S 197) confirment qu'il ne peut s'agir uniquement de contamination accidentelle.

Si la datation exacte de ces fragments d'obsidienne posait problème, en revanche, leur origine a pu être établie avec précision. Les analyses effectuées par C. Renfrew et son équipe (Renfrew, à paraître) indiquent, avec une très forte probabilité, une origine milienne. Milos est une île de la mer Egée, très riche en obsidienne d'une bonne qualité à la taille, et qui a été en fait pratiquement l'unique source exploitée dans le monde égéen pendant tout le Néolithique et l'Age du Bronze. Mais aucun indice jusqu'à présent ne permettait de soupçonner son exploitation dès la fin du Paléolithique !

L'île de Milos est située à 200km environ de Franchthi par voie maritime directe, mais ces deux points peuvent être reliés par un itinéraire plus long, en gagnant d'abord l'Attique et les diverses îles du nord des Cyclades. Les traversées maritimes sont alors considérablement réduites. A la fin du Paléolithique, la baisse du niveau de la mer réduisait encore les distances entre les îles : pour la période qui nous intéresse, Tj. van Andel estime que le niveau marin devait être situé entre 45 et 55m sous le niveau actuel (van Andel *et al.* 1980). Mais les fonds qui séparent les îles cycladiques dépassent ces chiffres de très loin ; en fait, même au maximum de la régression marine, vers 18.000 B.P., avec un niveau marin inférieur à 100m au niveau actuel (van Andel et Shackleton 1982) Milos restait isolée des autres Cyclades, quoique les détroits fussent considérablement plus réduits. Deux cartes permettent s'en faire une idée : la configuration de l'Egée vers 18.000 B.P. et vers 9.000 B.P., cette dernière étant plus proche de la période qui nous intéresse (cf. fig. 31).

Si l'on admet donc que l'obsidienne découverte dans les niveaux de la phase VI est bien contemporaine de ces dépôts, il faut en même temps admettre une circulation en mer dès la fin du Paléolithique, au XIème millénaire B.P. Compte tenu des navigations attestées ailleurs dans le monde, à des époques encore plus reculées, cette hypothèse n'a pas de quoi surprendre. D'ailleurs, Tj. van Andel et J. Shackleton envisagent même la possibilité de découvrir en Grèce des traces encore plus anciennes d'obsidienne de Milos, expliquant en même temps très simplement l'origine de l'exploitation de celle-ci :

> …during the Late Pleistocene, the route to Melos was mainly overland. It is thus tempting to predict that the actual discovery of the Melian obsidian source took place during a Late Paleolithic foraging trip and that chance has prevented us thus far from finding the evidence in one of the few excavated Paleolithic sites (van Andel et Shackleton 1982:453).

En revanche, d'après ces mêmes auteurs, aux alentours de 10.000 B.P. (soit peu après la phase lithique VI de Franchthi) de réelles capacités de navigation étaient nécessaires pour se rendre à Milos, et surtout, en revenir :

> After about 10,000 B.P. the seafaring capability that allowed travel from the mainland to Melos must have been able to cope with open-water distances of up to 20 km along the Attica-Kea-Sifnos route and 25-35 km along other routes. Although the prevailing north winds would still have facilitated the outbound voyage, the return trip could no longer count on the sea breezes of the now fragmented Cycladic land mass. Instead, a better sailing ability than straight before the wind had become necessary on all legs except the last one to the mainland (van Andel et Shackleton 1982:453).

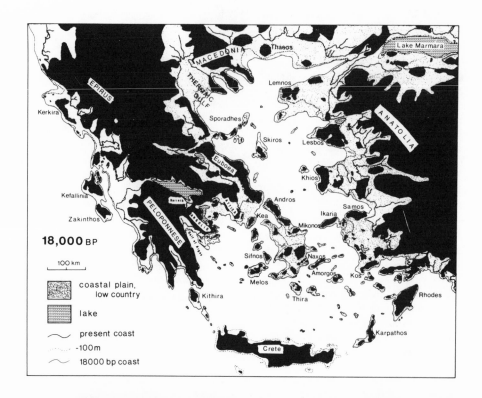

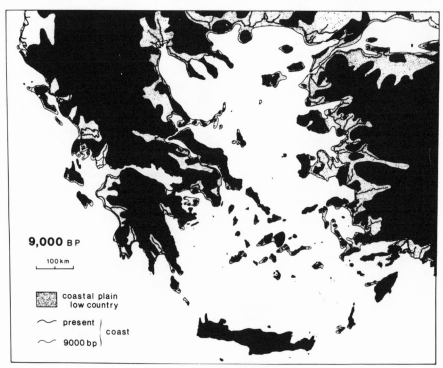

Figure 31 : Position des côtes en mer Egée à la fin du maximum
glaciaire et vers 9.000 B.P. Les flèches indiquent la position
respective de Franchthi et de l'île de Milos (d'après van Andel
et Shackleton 1982).

La discussion des motivations qui justifiaient ces déplacements dépasse le cadre de ce travail : deux points toutefois sont à noter. D'une part, l'obsidienne ne paraît pas avoir pu constituer une finalité en elle-même : elle est très rare, et n'est pas intégrée dans une véritable économie de la matière première où elle aurait un rôle spécifique. Rien n'indique, d'autre part, que sa présence soit liée à la pêche : celle-ci ne connaît pas d'augmentation notable à Franchthi au moment où apparaît l'obsidienne, et ne concerne alors que des poissons de petite taille qui pouvaient être capturés depuis la côte.

Enfin, rien ne permet d'affirmer que ce sont les occupants de Franchthi eux-mêmes qui se sont directement procurés l'obsidienne. Celle-ci pouvait faire l'objet d'échanges de proche en proche, et circuler sous forme de blocs de matière première comme d'outils finis. A cet égard, l'échantillon recouvré à Franchthi est trop pauvre pour déterminer sous quelle forme l'obsidienne est arrivée dans le site. Qu'elle ait été travaillée sur place semble assuré en raison des minuscules esquilles retrouvées dans les résidus des tamis de 2.8 à 5mm. Mais il pouvait s'agir de reprises, ou de retouche de pièces déjà débitées [3]. La rareté même de l'obsidienne a pu inciter les occupants de Franchthi à emporter avec eux les plus gros fragments, rendant impossible toute reconstitution des chaînes opératoires.

Il n'en reste pas moins que la présence d'obsidienne, aussi rare soit-elle, dans ces niveaux de la fin du Paléolithique, doit inciter à une réévaluation du mode de vie et de l'économie de ces chasseurs-collecteurs.

3.2. Les produits recherchés au débitage

L'analyse des produits bruts de débitage dans la phase lithique VI surprend à nouveau par la faible représentation des produits laminaires : dans les deux *units* de référence (H1-B 156 et H1-B 153), les pourcentages de produits laminaires sont respectivement de 7% et 12%. Or ces pourcentages comprennent des produits morphométriquement laminaires, mais manifestement accidentels. En fait, une vérification rapide, d'après les décomptes préliminaires des autres *units* de cette phase semblerait indiquer que les deux niveaux de référence sont particulièrement riches en lamelles ! Les lamelles ne constituent en effet que 4% environ du total du débitage brut en H1-A, 5% en H1-B et 6.5% en F/A-S, sur un total de plus de 5400 pièces. La chute des produits laminaires, observée dès la phase précédente, se confirme donc dans la phase VI, et ce d'autant plus que deux sur trois des tranchées ont été triées jusqu'aux résidus de 2.8mm compris. Il faudra donc vérifier si ce phénomène correspond à la rareté réelle du débitage de lames et lamelles ou si ces dernières ont été massivement transformées en outils retouchés.

3.3. Les modalités de débitage

Les nucléus de la phase VI sont nombreux, et, dans l'ensemble, de meilleure facture que dans les phases précédentes. L'analyse des croquis schématiques (tableau XXXVII) fait ressortir plusieurs caractéristiques importantes :
- La diversité des nucléus : pratiquement toutes les conceptions de nucléus rencontrées jusqu'ici se retrouvent dans la phase VI (nucléus à une, deux ou trois directions de frappe, nucléus à débitage centripète, nucléus globuleux, sur galets, plaquettes ou éclats).
- L'importance des nucléus sur plaquettes, et, parmi ceux-ci, la prédominance du débitage "périphérique" décortiquant les faces de la plaquette, au détriment du débitage dans l'épaisseur de celle-ci. Or à partir d'un module parallélépipèdique, quatre conceptions du débitage sont réalisables :

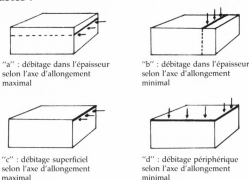

"a" : débitage dans l'épaisseur selon l'axe d'allongement maximal

"b" : débitage dans l'épaisseur selon l'axe d'allongement minimal

"c" : débitage superficiel selon l'axe d'allongement maximal

"d" : débitage périphérique selon l'axe d'allongement minimal

La conception "a" se rencontre occasionnellement dans toutes les phases, mais reste toujours rare. La conception "b" domine dans les phases anciennes, tandis que la fréquence relative des conceptions "c" et surtout "d" est caractéristique des deux phases les plus récentes. Un léger glissement technologique est ici perceptible.
- Les dimensions restreintes des nucléus : ces nucléus à débitage périphérique, qui conservent souvent du cortex sur chacune des six faces du parallélépipède, permettent de connaître sans ambiguïté le module d'origine du bloc de matière première. Le diagramme de répartition selon les deux plus grands axes orthogonaux (doc. XIII.4) montre qu'ils sont dans l'ensemble de très petite dimension : trois nucléus seulement dépassent 3.5cm selon l'axe d'allongement maximal, et la moitié est inférieure à 2.5cm. Or ces dimensions très restreintes ne sont pas uniquement liées à des problèmes de matières premières : parmi les blocs de matière première bruts ou simplement fendus figurent des specimens de plus de 4.5cm.

Qu'il s'agisse d'un choix délibéré est confirmé par certains exemplaires, tel un nucléus parallélépipèdique de 1.85 x 1.8 x 1.08cm débité uniquement selon le plus court des trois axes ! Il y a d'ailleurs plusieurs nucléus à débitage périphérique sur des faces qui ne mesurent que 1 à 1.5cm, et un nucléus conique qui n'atteint que 1.27cm dans l'axe de débitage. La production de très petits éclats et lamelles paraît donc systématique, et devrait se retrouver dans les modules des produits bruts de débitage.
- La présence de nucléus à lamelles : comme nous venons de l'indiquer, il existe, à côté des nucléus à éclats, des nucléus subconiques à lamelles, en général soigneusement préparés et qui témoignent de l'existence d'une chaîne opératoire spécifique pour la production de lamelles, même si ces dernières sont peu abondantes dans le débitage brut. Ceci est confirmé par la préparation des plans de frappe (préparation centripète), inexistante sur les autres nucléus, par la présence de lames à crête, de tablettes de ravivage et d'éclats de reprise du plan de débitage. De ce point de

Tableau XXXVII : Croquis schématiques des nucléus de la phase VI (H1-B 156 et 153) (à suivre).

	SUR GALET			SUR PLAQUETTE		
	PF non préparé	PF préparé		PF non préparé	PF préparé	
1 direction de frappe	H1.B 156			H1.B 156 : 2 ex. H18 153 : 1 ex, H18 156 : 1 ex. H18 156 : 4 ex.	H1.B 153	
2 directions orthogonales		H1-B 156		H1.B 153 ; 3 ex. H18 153 H1.B 156		
2 directions opposées				H1.B 153 H1.B 156		
3 directions ou plus						
Débitage centripète						
Débitage non ordonné						

	SUPPORT INDETERMINE	SUR ECLAT
1 direction de frappe		
2 directions orthogonales	HL.B 156 : 2 ex. HL.B 153 : 2 ex. HL.B 156 : 1 ex. plus 3 éclats provenant de nucléus analogues (à lancettes)	Hl-B 157
2 directions opposées		
3 directions et plus		
Débitage centripète	présent dans d'autres units	
Débitage non ordonné	présent dans d'autres units	

Tableau XXXVII (suite) : Croquis schématiques des nucléus de la phase VI (H1-B 156 et 153).

vue, la phase lithique VI se distingue assez nettement des deux précédentes.

3.4. Caractéristiques des produits de débitage

Les éclats : l'étude des nucléus laissait entrevoir trois caractéristiques : fréquence élevée des éclats corticaux, petites dimensions d'ensemble, fréquence élevée des talons corticaux.

- Fréquence du cortex (doc. XIII.5) : elle est effectivement très élevée, puisque sur les deux *units* de référence (H1-B 156 et 153) elle atteint 48%. Toutefois, ce chiffre est légèrement inférieur à celui de la phase précédente (la différence n'étant statistiquement pas significative), ce qui s'explique sans doute par la plus grande abondance des nucléus subconiques à débitage assez poussé, à côté des nucléus à débitage superficiel ou périphérique.

- Modules des éclats : la grande majorité des éclats est de très petite dimension : 70% des éclats entiers ne dépassent pas 1.5cm de long (doc. XIII.6). Il n'y a pas, ici, de différence significative avec la phase V, mais les phases V et VI marquent une diminution sensible de la longueur modale des éclats par rapport à la phase IV.

Les phases V et VI sont également homogènes en ce qui concerne la distribution des modules, avec un léger allongement des produits par rapport à la phase IV.

- Talons : les talons lisses dominent toujours (doc. XIII.7), tantôt étroits et allongés, tantôt larges et triangulaires. Les talons corticaux sont en diminution relative par rapport à la phase précédente, ce qui doit à nouveau s'expliquer par la plus grande fréquence des nucléus subconiques à plan de frappe préparé. Talons punctiformes et linéaires marquent une inversion de proportion par rapport à la phase V, sans que je puisse en expliquer la raison.

Les lamelles : quoique rares dans le débitage brut, les lamelles sont issues d'une chaîne opératoire distincte de celle des éclats et font l'objet d'une préparation soignée. Les nucléus subconiques possèdent un plan de frappe lisse ou préparé par grands enlèvements centripètes, éventuellement ravivé par l'enlèvement d'une tablette. Les corniches sont supprimées et les points d'impact soigneusement dégagés. Les lamelles obtenues sont de petite dimension, à petit talon lisse ou linéaire, plus rarement punctiforme (doc. XIII.8), et montrent sur la face supérieure les les traces de dégagement du point d'impact.

L'existence d'une chaîne opératoire pour la production des lamelles, contrastant avec leur rareté dans le débitage brut, laisse présumer qu'une très grande partie des lamelles a été transformée par retouche et se trouve maintenant dans le matériel retouché.

3.5. Le matériel retouché

C'est un matériel très riche, qui comprend 547 pièces, y compris les microburins.

3.5.1. Les techniques de transformation

La transformation des supports bruts est effectuée par diverses combinaisons de retouche proprement dite et segmentation par la technique du microburin.

a) La retouche proprement dite. Les modalités de retouche sont toujours dominées de façon très nette par la retouche directe abrupte, qui affecte les 3/4 de l'outillage, sous forme de bords abattus et de troncatures.

Dans les retouches non abruptes, il faut noter la fréquence des bords ou des fronts denticulés. La retouche inverse est assez rare, mais sa présence est néanmoins caractéristique, tandis que l'on peut considérer comme également significative la quasi-absence de retouche croisée, alterne ou alternante (un cas chacun).

b) Segmentation par la technique du microburin. A cette retouche directe abrupte, dominante dans ce matériel, s'associe parfois une segmentation du support par la technique du microburin. Soixante-deux microburins ont été recouvrés, y compris trois microburins Krukowski que l'on peut tenir pour accidentels. La proportion de microburins est donc sensiblement analogue à ce que l'on observait dans la phase V, mais nettement inférieure à celle de la phase IV (12% contre 28%). A cette différence numérique correspond une différence dans la finalité, qui confirme les observations faites dans la phase précédente : les microburins sont issus de la fabrication de microlithes géométriques et non de lamelles à bord abattu et facette de piquant-trièdre [4].

Seuls les segments présentent encore éventuellement les traces de deux facettes de piquant-trièdre, quand elles n'ont pas été retouchées. Les triangles n'en présentent qu'une au plus, ce qui s'explique sans doute par leur faible allongement : il aurait été techniquement plus difficile d'opérer une double segmentation par la technique du microburin.

La différence de finalité entre les microburins de la phase IV et de la phase VI trouve un écho dans leur morphologie [5] : on trouve dans la phase VI beaucoup plus de microburins très étroits (moins de 0.5cm de large) que dans la phase IV, et pratiquement pas de microburins dépassant 1cm de largeur (doc. XIII.9). De même, ils sont dans l'ensemble nettement plus courts que les microburins de la phase IV.

Pour des produits finis différents, il y a donc choix de supports différents dans ces deux phases. L'étroitesse des microburins de la phase VI suggère qu'une bonne partie d'entre eux provient de lamelles étroites, qui ne seront pas forcément reconnues à l'état de produit fini, largement retouché. Le faible pourcentage de lamelles dans le débitage brut doit donc être tempéré par cette observation.

Si la finalité et la morphométrie des microburins est différente dans les phases IV et VI, en revanche la latéralisation ne diffère pas significativement. Dans la phase VI, plus de la moitié des microburins sont distaux avec une coche à gauche ; ils sont suivis, en importance, par les microburins proximaux avec coche à droite (doc. XIII.10). On peut en déduire une latéralisation préférentielle des outils manufacturés par cette technique (majorité de pièces présentant une retouche sur le bord gauche ; ce sera le cas des segments).

Aux microburins, il convient d'ajouter quatre lamelles de piquant-trièdre. L'une d'elles est particulièrement intéressante : elle présente deux coches abruptes adjacentes sur le bord droit, et une fracture de microburin dans le prolongement de la coche proximale seulement. Il pourrait s'agir d'un segment inachevé.

3.5.2. Choix des supports et morphométrie de l'outillage

S'il eût été logique de poser le problème du choix des supports avant même celui du choix des techniques de transformation, il est en fait très difficile de le résoudre pour cet ensemble. En revanche, l'analyse morphométrique de l'outillage en relation avec les techniques de retouche, met en évidence une structure particulièrement claire.

Bien sûr, on peut aisément observer que la quasi-totalité du "gros" outillage (grattoirs, coches, denticulés, retouches latérales) est manufacturée sur éclats. Mais le problème du choix des supports se pose aussi pour les lamelles à bord abattu et les microlithes géométriques. Or les uns comme les autres sont largement modifiés par la retouche abrupte (qui, dans cette phase, intéresse souvent plus d'un bord) et sont de très petites dimensions. Dans ces conditions les nervures de la face supérieure, qui seules pourraient nous guider compte tenu de l'importance de la retouche, ont ou bien complètement disparu, ou sont réduites à un secteur trop limité pour permettre la détermination du support d'origine. L'essentiel des pièces doit alors être considéré comme manufacturé sur "support indéterminé", et le reste de l'échantillon n'est plus représentatif. Le problème du choix préférentiel de lamelles reste donc en suspens.

Quoi qu'il en soit, il est en tout cas caractéristique de cette phase que les produits finis soient souvent de si petites dimensions. Ceci conduit à soulever le problème de l'existence d'un groupe d'outils "microlithiques", au sens originel de ce terme, distinct du reste de l'outillage [6].

Un premier diagramme, établi d'après la longueur et la largeur de toutes les pièces retouchées entières à l'exclusion des microburins et des lamelles de piquant-trièdre (fig. 32), témoigne effectivement d'une forte concentration de pièces entre 0.6 et 1.8cm de long et 0.3 à 0.8cm de large. Si l'on s'en tient aux seules largeurs, augmentant alors sensiblement l'effectif des pièces étudiables, un groupe d'outils très étroits est également distinct (fig. 33) : son mode se situe entre 0.4 et 0.5cm de large. Au-delà de 0.9cm de large, on observe au contraire une seconde population, très dispersée.

Les deux groupes morphométriques pressentis correspondent-ils à des groupes technologiques distincts ? Si l'on reproduit le diagramme de répartition "longueur/largeur", en distinguant d'une part les outils à retouche abrupte (bord abattu et troncatures), associée ou non à la technique du microburin, et d'autre part les outils qui ne présentent pas ces techniques de transformation (grattoirs, denticulés, coches, retouches latérales, divers), on observe effectivement une remarquable concordance entre technique et morphométrie (fig. 34). En fait, c'est la largeur qui est discriminante : seules deux pièces à bord abattu ou troncatures dépassent 1cm de large ; inversement, seules trois pièces ne présentant pas ce type de retouche mesurent moins d'1cm de large [7]. Les artisans de la phase VI de Franchthi concevaient donc très clairement deux classes morphotechnologiques : les microlithes à bord abattu et troncatures dont la largeur ne dépasse pas 1cm (ou, plus généralement, 0.8cm), et le "gros" outillage, de plus de 1cm de large, obtenu par des techniques de retouche variées.

Mais, contrairement à la conception habituelle des "microlithes", la longueur des pièces n'est pas complètement discriminante. En effet, si l'on inclut dans le groupe microlithique les lamelles à un et deux bords abattus, comme nous l'avons fait sur la figure 34, les lamelles les plus allongées atteignent aisément les mêmes longueurs que le "gros" outillage. La suppression de celles-ci conduit à un diagramme beaucoup plus ramassé pour les pièces à dos ou troncatures, qui ne dépassent alors pas 1.8cm de long. Mais, même ainsi, la discrimination entre les deux groupes reste imparfaite : il y a de nombreuses pièces à retouches diverses dont la longueur se situe également entre 1 et 2cm.

Il n'empêche que le groupe des bords abattus et troncatures est, dans l'ensemble, de fort petites dimensions : nombre de pièces ne dépassent pas 1cm de longueur (la plus petite ne mesurant que 0.5cm), et pourraient être qualifiées, selon la définition de J. Rozoy, de microlithes "hyperpygmées" (Rozoy 1978:66).

Cet auteur avait en outre proposé de fixer une limite d'épaisseur pour le groupe des microlithes : 4mm au maximum. Cette limite se retrouve de façon très nette sur notre groupe microlithique de la phase VI de Franchthi : très rares sont les pièces à bord abattu et/ou troncature qui dépassent 4mm d'épaisseur, alors que c'est au contraire le cas de pratiquement tout le reste de l'outillage (fig. 35). Aussi la morphométrie (et notamment la largeur et l'épaisseur) des pièces à bord abattu et troncatures permet-elle d'isoler un groupe d'outils que l'on peut légitimement qualifier de microlithique par rapport au reste de l'outillage.

3.5.3. L'outillage retouché (485)

La distribution clairement différenciée des pièces à dos et troncatures témoigne de ce qu'elles constituent un groupe distinct dans l'esprit de leurs auteurs ; ne pas les étudier comme tel serait se priver d'un élément essentiel de la compréhension de la structure de cet outillage. De fait, l'analyse technologique détaillée confirmera l'homogénéité de ce groupe et montrera combien seraient arbitraires des distinctions trop rigides entre les classes de microlithes. Aussi, plutôt que d'étudier l'ensemble des classes d'outils de cette phase selon leur ordre de fréquence, il m'a semblé plus pertinent de présenter successivement le groupe des microlithes puis celui de l'outillage divers ; pour les premiers au moins, je ferai appel à un ordre technologique faisant apparaître les formes de transition. Cette dichotomie entre deux groupes d'outils s'apparente formellement (et sans doute aussi fonctionnellement) à celle utilisée par les auteurs du G.E.E.M. (Groupe d'Etude de l'Epipaléolithique-Mésolithique) lorsqu'ils opposent les outils du "fond commun" au groupe des "armatures microlithiques" (G.E.E.M. 1969). Les deux classifications ne se recouvrent néanmoins pas complètement dans le détail, les industries dont elles rendent compte n'étant pas les mêmes : à Franchthi, par exemple, les troncatures simples font partie du groupe microlithique, alors que les lamelles à bord abattu devraient certainement, à strictement parler, appartenir au "fond commun" !

Notre premier groupe, qui correspond donc aux outils morphologiquement microlithiques (par opposition au reste de l'outillage de cette phase), comprendra : les lamelles et

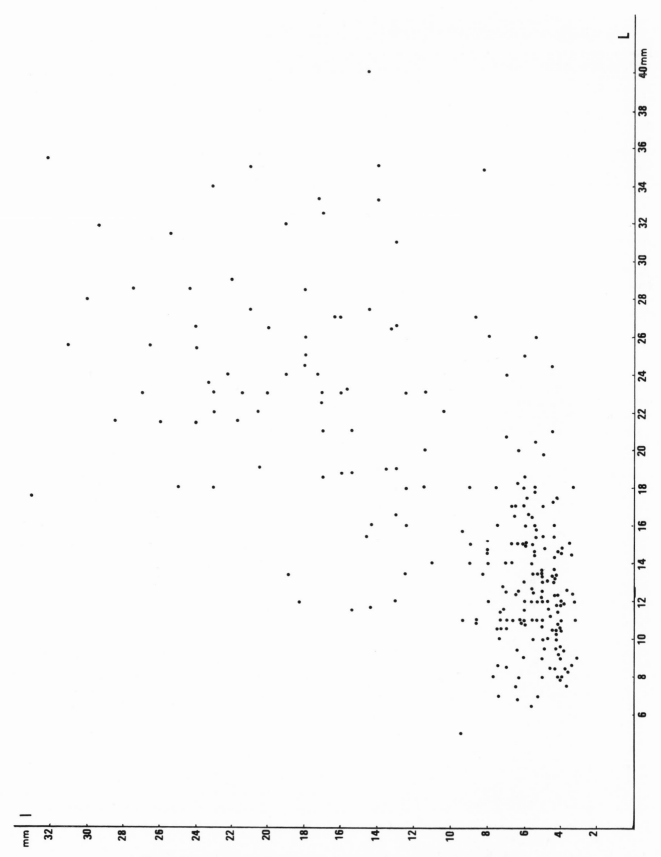

Figure 32 : Longueur (L) et largeur (l) des pièces retouchées entières de la phase VI (à l'exclusion des microburins et des lamelles de piquant-trièdre).

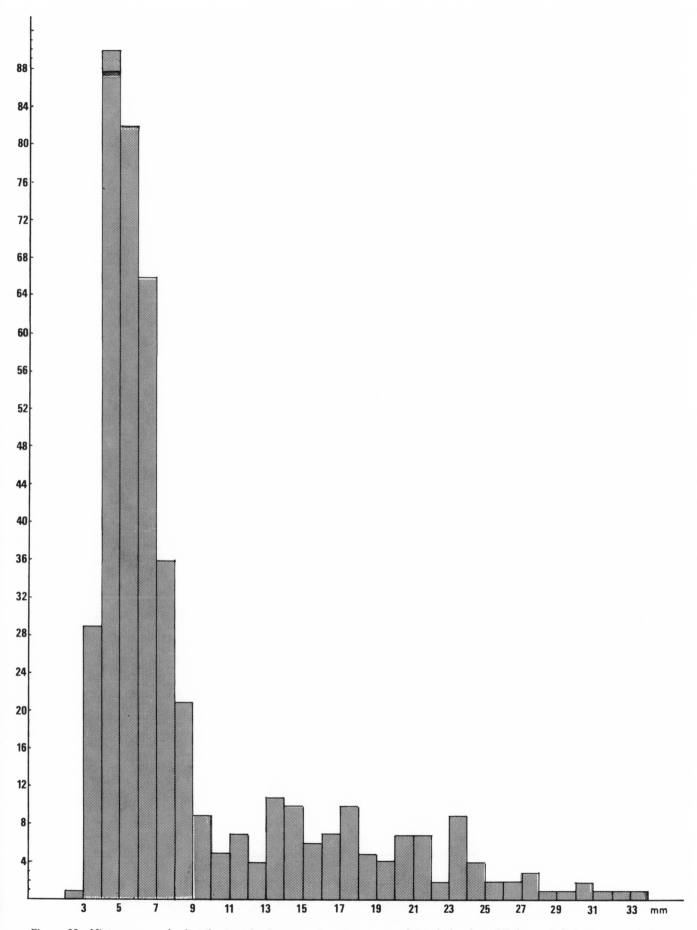

Figure 33 : Histogramme de distribution des largeurs des pièces retouchées de la phase VI (borne inférieure comprise).

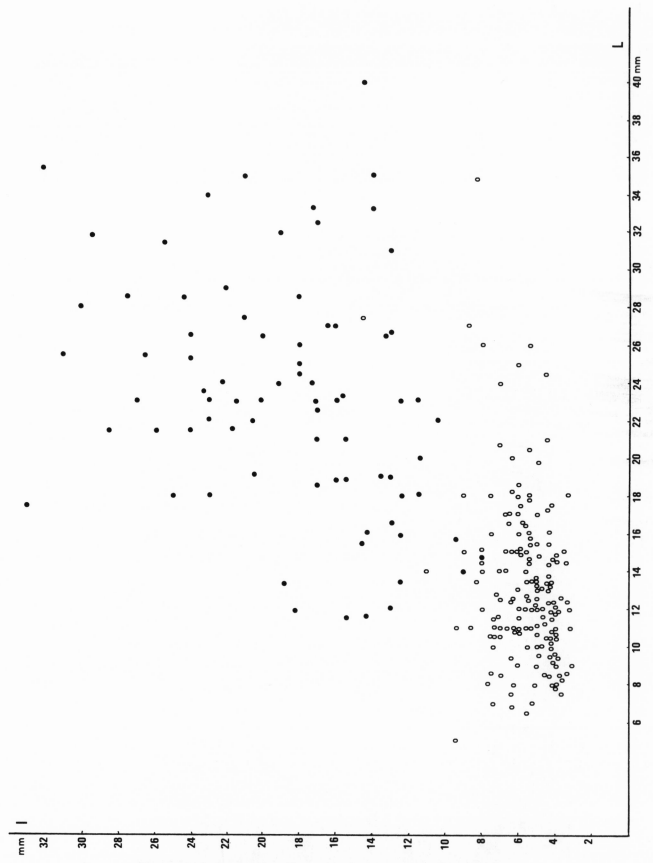

Figure 34 : Longueur (L) et largeur (l) des pièces retouchées entières
de la phase VI (à l'exclusion des microburins et lamelles de piquant-
trièdre). ○ : pièces à bord abattu, troncature et technique du microburin.
● : autres techniques de transformation.

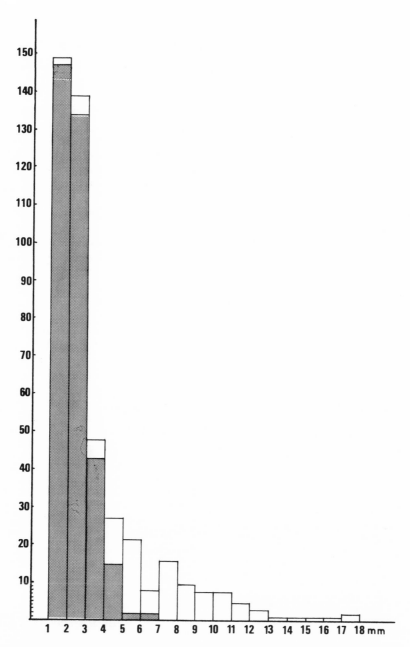

Figure 35 : Epaisseur des pièces retouchées de la phase VI (à l'exclusion des microburins et lamelles de piquant-trièdre). En blanc : outillage divers. En grisé : outillage à bord abattu et troncatures.

éclats à un ou deux bords abattus (et éventuellement troncature), les géométriques (triangles, segments et géométriques divers), les troncatures simples et les fragments pouvant appartenir à l'un ou à l'autre de ces ensembles.

A) L'outillage microlithique à bords abattus et troncatures

Les lamelles à un bord abattu : 139

Les lamelles à bord abattu constituent toujours l'ensemble le plus important dans l'outillage retouché. Mais, si leur pourcentage se rapproche de celui de la phase précédente (un peu plus de 30%, sans les microburins), il confirme, et sur un effectif de grande taille, l'importante diminution relative de cet ensemble par rapport à ce que l'on observait dans les phases plus anciennes.

Les lamelles à un bord abattu sont en général de petites dimensions, qu'elles présentent ou non une troncature à l'une de leurs extrémités. A deux exceptions près, l'histogramme de distribution des longueurs des pièces entières est étalé entre 0.8 et 2cm, sans valeur modale (doc. XIII.11). Si l'on compare cette distribution à celle de la phase IV (doc. XI.11), le décalage vers les valeurs faibles est frappant : les lamelles de la phase VI sont dans l'ensemble beaucoup plus courtes que celles de la phase IV, reflétant ainsi parfaitement le caractère microlithique de l'outillage à bord abattu de cette phase. Par ailleurs, il est clair qu'aucune standardisation n'a été recherchée en ce qui concerne la longueur de ces lamelles, du moins si l'on considère simultanément l'ensemble des classes morpho-technologiques de lamelles à un bord abattu.

L'étude des largeurs confirme encore une fois la diminution de taille de ce groupe : deux pièces seulement dépassent 1.1cm de large, et le mode se situe entre 0.4 et 0.5cm (doc. XIII.12) soit un glissement très significatif, de 3mm, par rapport aux lamelles de la phase IV. On ne sera guère étonné, dans ces conditions, d'observer également une baisse des épaisseurs, avec un mode situé entre 1 et 2mm (contre 2 à 3mm pour la phase IV) et la disparition presque complète des pièces de plus de 4mm d'épaisseur (doc. XIII.13). Pour autant que l'on puisse comparer ces données avec celles de la phase V, où l'effectif est très réduit, une légère diminution des trois mesures paraît également sensible. La diminution des épaisseurs moyennes est particulièrement intéressante : en effet, cette mesure est la seule qui ne soit pas affectée par la retouche, et qui témoigne donc du choix, dès l'origine, de supports plus minces pour la fabrication des lamelles à bord abattu. Il est plus difficile de savoir s'il s'agit simplement d'un choix de supports de petites dimensions, ou si, dès le départ, le débitage a été orienté vers la production de lamelles étroites et minces. Nos effectifs, très restreints en ce qui concerne les lamelles brutes de débitage, rendent en effet les comparaisons entre phases malaisées. Toutefois, c'est bien ce qui semble ressortir de la comparaison des modules entre les phases IV et VI (doc. XI.6 et XIII.8) : les produits étroits (rapports 3/1 et 4/1) sont mieux représentés dans la phase VI que dans la phase IV. Mais il convient d'être prudent devant des échantillons aussi pauvres : le débitage intentionnel de

lamelles plus étroites, plus courtes et plus minces est une possibilité, mais elle n'est pas démontrée.

Toutefois, la minceur de la plupart des lamelles à un bord abattu a des répercussions sur la nature de la retouche : si la retouche directe continue à dominer, elle est souvent bien plus courte que dans les phases précédentes et forme un petit bord abrupt très mince. Quant à la structure typologique de ce groupe, elle est également originale : comme dans la phase V, les lamelles obtuses sont largement majoritaires et les lamelles pointues très rares ; mais les lamelles obtuses sont maintenant accompagnées de lamelles à troncature distale en proportions bien plus importantes que précédemment. Cette structure est très éloignée de celle de la phase IV, où dominaient les formes pointues, avec usage éventuel de la technique du microburin, et où les formes tronquées étaient rares. En revanche, la parenté exacte avec la phase V sera à vérifier plus précisément.

Par ailleurs, la présence de microlithes géométriques en nombre élevé dans la phase VI a posé un problème nouveau pour le classement des fragments : c'est le cas, notamment, des fragments à bord abattu et troncature qui peuvent correspondre aussi bien à des lamelles qu'à des triangles. Dans le doute, ces fragments ont été traités séparément ; en conséquence, les effectifs des lamelles et des triangles sont légèrement sous-estimés.

- Fragments non distaux de lamelles à un bord abattu (38) : tous sont à retouche directe, avec des bords rectilignes lorsque ce caractère peut être déterminé. L'absence de "bases retouchées" tient en partie au procédé de classement, puisque les fragments à bord abattu et troncature proximale ont été traités séparément (*infra*, p. 161). Le seul caractère important de ce groupe est l'absence de latéralisation de la retouche (doc. XIII.14), qui, s'il se confirme sur les classes de pièces entières, permettra d'opposer les lamelles à bord abattu de la phase VI à celles de certaines phases qui précèdent (phase IV notamment).

- Lamelles à bord abattu obtuses (63) : elles constituent à nouveau plus de la moitié des lamelles à un bord abattu, confirmant le renversement de proportion observé dans la phase précédente par rapport à la phase IV. C'est dans ce groupe que se rencontre la plus grande variabilité en ce qui concerne les dimensions : la plus petite lamelle obtuse intacte ne mesure que 0.8cm de long, tandis que la plus grande atteint 3.4cm. Cette dernière, toutefois, est franchement exceptionnelle, les autres pièces ne dépassant pas 2.1cm (doc. XIII.15). Du point de vue de la morphologie distale, elles se répartissent entre trois classes, dont nous chercherons à tester la pertinence par l'examen des caractères techniques.

Au nombre de 23, les lamelles de morphotechnologie distale 1/1 sont pratiquement toutes à retouche directe (une exception) et dos rectiligne (deux exceptions). Les sections les plus étroites (S1 et S2) dominent nettement, tandis qu'une légère préférence pour les latéralisations à droite paraît se manifester (14 contre 9 à gauche), sans que l'on puisse affirmer que cette répartition n'est pas aléatoire (doc. XIII.14). Une seule de ces lamelles présente une base retouchée, sous forme d'une troncature proximale rectiligne, très légèrement oblique par rapport à l'axe de débitage. Cette pièce est l'équivalent morphologique d'une lamelle scalène à

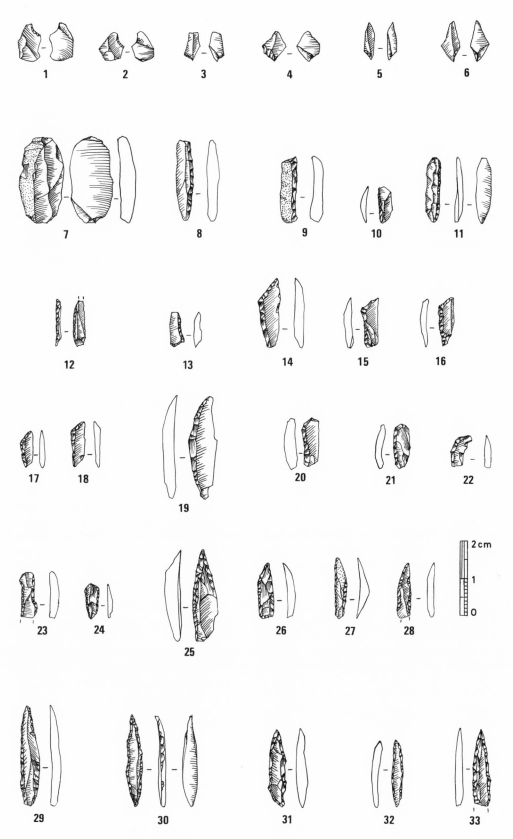

Figure 36 : Industrie lithique de la phase VI. 1-7 : microburins. 8-13 : lamelles à un bord abattu obtuses (n° 13 à base tronquée). 14-18 : lamelles à bord abattu et troncature distale (lamelles scalènes). 19 : lamelle à bord abattu pointue asymétrique. 20-22 : lamelles à bord abattu et troncature distale convexe. 23-24 : lamelles à deux bords abattus obtuses. 25-33 : lamelles à deux bords abattus pointues.

troncature distale, inversée par rapport à l'axe de débitage. C'est l'existence de telles pièces qui nous interdira de considérer tous les fragments à bord abattu et troncature proximale comme des fragments de triangles, et nous conduira à les traiter en un ensemble distinct.

Il n'y a pas d'uniformité dimensionnelle dans cette classe, à laquelle il faut également ajouter une pièce unique à bord abattu direct à gauche et courte retouche inverse continue du bord droit.

Les 17 lamelles de morphotechnologie distale 2/1 sont toutes à retouche directe, mais la forme des bords et les sections sont plus variées que dans la classe précédente (doc. XIII.14). Aucune latéralisation préférentielle n'apparaît. Sur les six pièces entières, deux sont à base retouchée. L'une est à troncature proximale rectiligne oblique (à nouveau proche des lamelles scalènes à bord abattu et troncature oblique distale) ; l'autre est une lamelle courte et large, à base arrondie par retouche directe abrupte. Les dimensions de toutes ces lamelles sont assez variables.

Les lamelles de morphotechnologie 5/1 sont abondantes : elles s'élèvent à 22 exemplaires. La forme du dos est plus variée que dans les classes précédentes, avec quelques dos dièdres, arqués et sinueux en plus des dos rectilignes (doc. XIII.14). La latéralisation paraît inversée par rapport aux deux classes précédentes, avec 14 lamelles retouchées à gauche contre 8 à droite. Si l'on ne peut, sur cet effectif, affirmer que cette différence n'est pas aléatoire, il faut remarquer que dans la phase IV également la classe morphotechnologique 5/1 se distinguait des classes 1/1 et 2/1 par différents caractères technologiques comme par la latéralisation du bord retouché. Il faut donc garder en tête la possibilité selon laquelle la classe 5/1 constitue un ensemble d'outils conçu comme différent des autres lamelles obtuses. Enfin, il faut signaler dans cette classe une lamelle à base retouchée (base arrondie par retouche directe abrupte).

Le décompte des lamelles à bord abattu obtuses comprend en outre une lamelle dont la forme de l'extrémité distale n'a pas été relevée.

- Lamelles à bord abattu pointues (5) : la quasi-disparition des lamelles pointues, observée dès la phase V, se confirme ici, soulignant les différences profondes dans la structure du groupe des lamelles à bord abattu entre les phases IV d'une part, V et VI d'autre part. Cette disparition concerne aussi bien les lamelles appointées par retouche que par la technique du microburin, ce qui est sans doute une manière indirecte de confirmer la parenté entre ces deux classes. En revanche, le rôle "pointu" sera tenu à nouveau, dans la phase VI, par des lamelles à deux bords abattus.

Lamelles de morphotechnologie 3/5 : nous n'en avons décomptées que cinq, et deux seulement de façon incontestable. L'une est un grand fragment distal, sur lamelle à crête, à dos rectiligne. L'autre est une belle lamelle de grandes dimensions, à dos régulièrement arqué. Plus que les lamelles pointues de la phase IV, ces deux pièces rappellent par leurs dimensions l'une des très rares lamelles pointues de la phase précédente. La rareté de ces grandes pièces pointues interdit d'y voir un type chronologique. Inversement, il est peut-être significatif que dans chaque phase où se retrouve la structure : lamelles à deux bords abattus pointues — lamelles à un bord abattu obtuses

dominantes — rares lamelles à un bord abattu pointues, ces dernières soient de dimensions nettement supérieures à l'ensemble des lamelles à un bord abattu. Mais seules des analyses tracéologiques pourraient éventuellement éclairer ce point.

Les trois autres pièces figurant dans cette classe sont plus douteuses : ce sont des fragments de plus petites dimensions, que seule la rectitude du dos nous a incitée à ne pas considérer comme des fragments de segments, mais en fait le doute subsiste.

- Lamelles à bord abattu et facette de piquant-trièdre (1) : j'ai éliminé de cette classe, les considérant comme accidentels, deux exemplaires sans coche de préparation, à facette proximale pratiquement perpendiculaire à l'axe de débitage (elles sont donc classées selon les caractéristiques de leur extrémité distale). De ce fait, cette classe n'est plus représentée, dans la phase VI, que par une lamelle à facette de piquant-trièdre distale, oblique, dans le prolongement d'un bord abattu sinueux. Ceci dit, comme il est clair que cette technique n'est plus d'usage systématique lors de cette phase, on peut se demander s'il ne s'agit pas d'un microlithe géométrique inachevé.

- Lamelles à bord abattu et troncature distale (31) : la fréquence élevée des lamelles à bord abattu et troncature distale est caractéristique de la phase VI. Ces lamelles constituent des classes homogènes, très proches morphologiquement de certains microlithes géométriques, dont elles ne se distinguent que par la conservation de la partie proximale du support. Cette similarité explique l'impossibilité de déterminer, sur des fragments distaux, s'il s'agissait de lamelles ou de triangles et entraîne une sous-représentation de chacun de ces ensembles.

Les lamelles à bord abattu et troncature appartiennent à deux classes bien différenciées : les lamelles à troncature rectiligne (lamelles scalènes), et les lamelles à troncature convexe.

Les lamelles à troncature rectiligne appartiennent toutes à la classe morphotechnologique 2/3, et sont au nombre de 21. C'est une classe très homogène, à troncature distale abrupte, rectiligne, oblique par rapport à l'axe de débitage, et formant un angle vif avec le bord abattu. La troncature est toujours courte, ce qui provient de la conjonction de deux facteurs : l'étroitesse de ces lamelles (0.3 à 0.65cm de large, sans mode particulier), et l'angle fermé entre le bord abattu et la troncature. En effet, contrairement aux lamelles tronquées de la phase IV par exemple, les lamelles scalènes de la phase VI sont caractérisées par un angle pratiquement toujours inférieur à 130° [8]. La constance de cet angle confère à ces lamelles une silhouette très caractéristique, renforcée par des caractères morphométriques également stables, au moins dans leurs rapports. En effet, comme pour les autres classes de lamelles, la longueur varie de façon importante (0.8 à 1.8cm) mais le rapport longueur/largeur se situe toujours entre 2.5 et 3 (le coefficient de corrélation entre les deux mesures est de 0.76) (doc. XIII.15). Homogènes par leur morphologie, les lamelles scalènes le sont aussi par leurs caractères techniques : deux seulement sont latéralisées à droite, deux autres seulement ne portent pas de retouche directe. Par définition, elles n'ont pas de base retouchée, mais j'ai inclus dans cette classe deux pièces cassées en partie proximale, assez près de l'extrémité proximale pour que l'on soit certain qu'il ne s'agissait pas de triangles. Ceci dit, ces lamelles sont morphologiquement très proches des triangles scalènes, et elles apparaissent exactement au même moment dans la séquence ; ceci renforce l'hypothèse de leur proximité conceptuelle (et sans doute fonctionnelle). De plus, ni les unes ni les autres n'apparaissent tout à fait au début de la phase VI, ce qui suggère une subdivision possible de la phase VI dont nous aurons à rediscuter.

Lamelles à troncature convexe : peu nombreuses (*n* = 10), elles sont néanmoins tout à fait caractéristiques de cette phase, et ont leur répondant dans les éclats à bord abattu et certains microlithes géométriques. Elles sont caractérisées par une troncature convexe dans le prolongement du bord abattu, sans angle marqué (au contraire des lamelles scalènes) et qui confère à la partie distale de la lamelle une morphologie arrondie, symétrique pour la classe 5/3, asymétrique pour la classe 4/3.

Les cinq lamelles de morphotechnologie distale 4/3 sont toutes courtes, à la limite des éclats, et toutes latéralisées à gauche. Par définition, la base ne peut être tronquée. La retouche est toujours directe et le bord abattu arqué.

Les cinq lamelles de morphotechnologie distale 5/3 sont analogues aux précédentes, hormis l'arrondi symétrique de l'extrémité distale. Deux d'entre elles sont retouchées à droite, et la forme du bord abattu est variée (doc. XIII.14).

A ce groupe des lamelles à un bord abattu, il faut rajouter une pièce dont les caractéristiques n'ont pas été relevées.

Les lamelles à deux bords abattus : 44

Les lamelles à deux bords abattus, dont nous avions observé la réapparition dans la phase V, sont ici à nouveau bien représentées et de grande qualité. Elles présentent un indice d'allongement élevé (entre 3/1 et 5/1), avec des longueurs comprises pour l'essentiel entre 1.4 et 2.6cm et des largeurs comprises entre 0.3 et 0.5cm (doc. XIII.16). L'étroitesse de ces lamelles et le parallélisme des bords paraît les opposer à celles de la phase précédente, plus longues et plus larges. Malheureusement, le très petit nombre de pièces dans la phase V (avec une seule lamelle intacte) ne permet pas d'étayer cette impression.

Les lamelles à deux bords abattus sont légèrement plus épaisses que les lamelles à un bord abattu : le mode se situe entre 2 et 3mm, au lieu d'1 à 2mm (doc. XIII.16). Ceci dénote, de la part des artisans, le choix de supports légèrement différents pour ces deux groupes d'outils.

Morphologiquement et techniquement, les lamelles à deux bords abattus de cette phase paraissent plus variées que celles que nous avons rencontrées précédemment : on y trouve des extrémités distales obtuses, pointues ou tronquées. Il n'est pas certain cependant que cette variabilité ne soit pas simplement technique, correspondant à différents modes de réalisation d'un même outil. Leur état très souvent fragmentaire empêche en effet de comprendre ce qui était réellement recherché.

- Fragments non distaux de lamelles à deux bords abattus (11) : cet ensemble est tout d'abord caractérisé par la rareté des fragments mésiaux, dont nous n'avons que deux exemplaires (proportion bien moindre que pour les lamelles à un bord abattu). Sans doute est-ce lié à leur mode

d'utilisation et aux contraintes mécaniques que ces pièces peuvent supporter.

A l'examen des autres fragments apparaît une caractéristique essentielle des lamelles à deux bords abattus : huit sur neuf de ces fragments ont une base retouchée. Ici encore, la différence avec les lamelles à un bord abattu est frappante et montre qu'il ne s'agit pas de simples variantes techniques d'un même outil. Ces bases retouchées relèvent de deux catégories : les bases tronquées, au nombre de cinq, avec de petites troncatures directes par retouche abrupte, normales ou légèrement obliques, et les bases appointies, au nombre de trois. Ces dernières peuvent correspondre à des lamelles bipointes, ou à des lamelles dont la pointe a été dégagée sur la partie proximale (doc. XIII.17).

- Lamelles à deux bords abattus obtuses (9) : elles sont relativement rares et pour la plupart fragmentées. Une seule pièce présente simultanément une extrémité obtuse et une base non retouchée ; or il s'agit d'une pièce différente de l'ensemble, de très courtes dimensions et à bords abattus très minces, qui peut être fonctionnellement différente des autres lamelles à deux bords abattus. Il faut cependant en rapprocher une seconde lamelle obtuse, à base tronquée, également très courte. En revanche, les deux lamelles à base pointue sont nettement plus allongées, et correspondent mieux au module général des lamelles à deux bords abattus. Les cinq autres pièces de ce groupe sont fracturées en partie proximale.

Ces différents caractères de la base ne paraissent pas associés à des morphologies particulières de l'extrémité distale ou à des caractères techniques spécifiques (doc. XIII.17). Ces extrémités distales sont de morphologie variée : quatre pièces de morphologie 1 (bord distal perpendiculaire à l'axe de débitage), une pièce de morphologie 2 (bord distal oblique) et quatre pièces de morphologie 5 (extrémité arrondie).

- Lamelles à deux bords abattus pointues (20) : nettement majoritaires parmi les lamelles à deux bords abattus, elles constituent à nouveau une classe importante quand il n'y a pratiquement plus de formes pointues dans les lamelles à un bord abattu. Le caractère pratiquement exclusif de ces deux groupes est donc confirmé tout au long de la séquence paléolithique de Franchthi.

Cet ensemble est assez varié du point de vue morphologique et technique. La morphologie se distribue entre deux pôles : d'une part des lamelles bipointes très effilées, analogues aux pointes de Sauveterre, typiques ou à retouches partielles (G.E.E.M. 1972:370). Cette forme était absente dans la phase précédente, mais on ne peut exclure un effet d'échantillonnage. On trouve d'autre part des lamelles pointues à base non retouchée, de largeur supérieure, et avec un indice d'allongement moindre. Entre ces deux pôles se situe au moins une pièce fusiforme (bipointe mais à base élargie), analogue aux pointes de Valorgues (G.E.E.M. 1972:370). Certaines de ces pièces ont une pointe légèrement déjetée, l'un des deux bords étant légèrement dièdre.

Les pièces de morphotechnologie distale 3/2, à pointe dégagée par la convergence des deux bords retouchés, présentent pour la plupart une base retouchée et celle-ci est alors toujours appointie. Elles sont toutes à retouche directe

(15 exemplaires au total), mais la forme des bords est très variable (doc. XIII.17).

Cinq pièces seulement sont à classer en 3/5, la retouche du second bord n'atteignant pas l'extrémité distale. Lorsque la partie proximale est conservée, elle est retouchée : trois bases appointies et une base tronquée (doc. XIII.17).

- Lamelles à deux bords abattus et troncature distale (4) : on retrouve dans ce groupe, très faiblement représenté, la même dichotomie que dans les lamelles à un bord abattu avec des troncatures rectilignes d'une part, des troncatures convexes d'autre part.

Sur les deux pièces à troncature rectiligne (morphotechnologie 2/3), la troncature est oblique par rapport à l'axe de débitage, la retouche très mince et la base cassée ou non retouchée. Ces deux pièces sont très proches des lamelles scalènes à un bord abattu, dont elles ne sont peut-être qu'une variante.

Les deux lamelles à troncature convexe se rapprochent également de leurs homologues à un bord abattu, avec une retouche qui affecte toute l'extrémité distale et crée des lamelles à ''tête arrondie''. Les deux bases sont cassées (doc. XIII.17).

L'examen de l'ensemble des lamelles à bord(s) abattu(s) de la phase VI a permis de mettre en évidence un certain nombre de points intéressants, en particulier si on les compare avec celles des phases précédentes :

- La structure typologique d'ensemble est comparable à celle des phases II et V : présence simultanée de lamelles à un et deux bords abattus, les premières dominées par les formes obtuses, les secondes par les formes pointues ; opposition symétrique en ce qui concerne les bases : dominance des bases retouchées dans les lamelles à deux bords abattus, dominance des bases brutes de débitage dans les lamelles à un bord abattu. Toutefois, cette structure s'exprime de façon différente entre les phases II et VI, notamment en raison du microlithisme plus marqué dans cette dernière et du rôle plus important que jouent les lamelles à troncature distale. En ce qui concerne les phases V et VI, les différences sont moindres : il y a peu de différences morphologiques (pour autant que les maigres effectifs de la phase V permettent d'en juger) et de faibles variations de proportions dans la représentation de chacune des classes technologiques. De fait, un test du χ^2 effectué sur les classes morphotechnologiques les mieux représentées dans chaque phase (1/1, 2/1, 5/1, 3/5, 2/3, 4/3 et 5/3 groupées, ensemble des lamelles à deux bords abattus) ne permet pas d'affirmer que les deux populations diffèrent significativement. Aussi est-il plus prudent de considérer qu'il n'y a pas de différences entre les lamelles à bords abattus des phases V et VI.

- La structure que nous venons de définir s'oppose très nettement à celle des phases III et IV, dont sont absentes les lamelles à deux bords abattus et où dominent (au moins dans la phase IV), les lamelles à un bord abattu pointues. Cette opposition de structure a des répondants dans la morphométrie (les lamelles de la phase IV sont significativement plus larges et plus épaisses) et dans les techniques de transformation, en particulier avec l'utilisation de la technique du microburin. Il est clair, de ce fait, que

comparer ces phases sur la seule base du pourcentage élevé de lamelles à bords abattus n'aurait pas de sens.

- Le dernier point apparaîtra plus clairement dans la suite de cette étude : il concerne la parenté très nette entre certaines au moins des classes de lamelles à bord abattu et de microlithes géométriques. L'observation des traits morphologiques et techniques laisse penser que le critère de distinction entre ces deux groupes (conservation ou non de la partie proximale) n'était pas forcément pertinent aux yeux de leurs fabricants ou utilisateurs. En revanche, en se fondant sur les mêmes caractères, les lamelles à un et deux bords abattus paraissent bien constituer deux groupes conceptuellement différents.

Les éclats à bord abattu : 12

Les éclats à bord abattu sont rares dans cette phase. Pratiquement tous se situent morphométriquement dans le groupe des microlithes avec des longueurs comprises entre 0.8 et 1.4cm pour les pièces entières. Ces très petits éclats à bord abattu sont caractéristiques des phases V et VI. Ils ne constituent pas, de surcroît, une simple variante morphométrique des lamelles à bord abattu : leur répartition selon la longueur et la largeur (doc. XIII.18) montrent qu'ils constituent un groupe nettement différencié, avec un rapport longueur/largeur bien inférieur à celui des lamelles. Parmi les pièces mesurées, une seule s'écarte franchement de ce groupe microlithique, avec une dimension de près de trois centimètres ; il est possible qu'il lui faille en ajouter une seconde, qui n'a été ni mesurée ni dessinée.

A une exception près, tous ces éclats sont à un seul bord abattu, mais la latéralisation et la forme du bord abattu sont en fait assez variées.

Trois éclats de très petite dimension (moins de 1.3cm) forment un ensemble homogène, avec un bord abattu oblique, proche d'une troncature proximale. Les extrémités distales sont largement obtuses. Deux autres, de mêmes dimensions, portent un bord abattu parallèle à l'axe de débitage. Il n'y a pas de latéralisation préférentielle dans la retouche de ces éclats.

Deux éclats ont des bords abattus de forme irrégulière, l'un dièdre (l'extrémité distale est cassée, elle était peut-être tronquée), l'autre à bord abattu inverse sinueux.

Le petit éclat à deux bords abattus, qui ne mesure qu'un centimètre de long, s'écarte nettement des précédents : outre les deux bords abattus, il porte une troncature distale oblique, et se rapproche de certains microlithes géométriques.

Enfin, outre deux fragments, il faut signaler les deux éclats de plus grande dimension, à bord abattu et troncature proximale.

Les géométriques : 79

1) Triangles : 36

Les triangles sont bien représentés dans la phase VI, surtout si l'on prend en compte le nombre important de fragments qui n'ont pu être attribués avec certitude à cette classe (cf. fragments de microlithes géométriques ou de lamelles à bord abattu et troncature). Deux nouvelles formes de triangles font successivement leur apparition dans cette

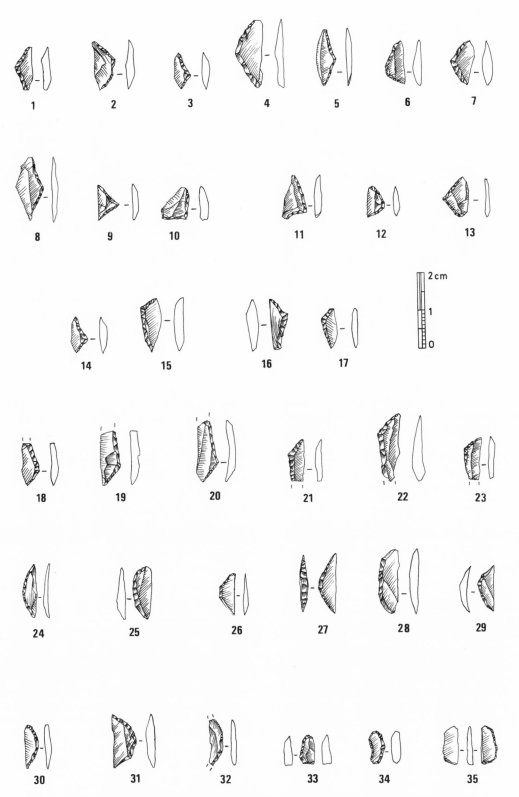

Figure 37 : Industrie lithique de la phase VI (suite). 1-8 : triangles isocèles. 9-13 : triangles isocèles rectangles. 14-17 : triangles scalènes. 18-20 : fragments proximaux de triangles scalènes ou de lamelles à bord abattu et troncature proximale. 21-23 : fragments distaux de triangles scalènes ou de lamelles à bord abattu et troncature distale. 24-32 : segments. 33-35 : microlithes bitronqués à extrémités arrondies.

phase : les triangles isocèles rectangles et les triangles scalènes à petit côté distal.

L'utilisation de la technique du microburin dans le processus de fabrication de ces pièces est attestée par la présence sporadique d'une facette de piquant-trièdre sur l'une des deux troncatures. Dans l'ensemble, toutefois, la retouche abrupte occulte toute trace d'une éventuelle facette de microburin. La retouche est toujours directe abrupte, sans amincissement des faces.

- Les triangles isocèles non rectangles (19) : cette classe était la seule rencontrée jusqu'ici, notamment dans les phases IV et V. Elle reste bien représentée, mais connaît une légère modification morphologique : l'angle entre les deux troncatures tend à se fermer, pour ne pas dépasser 120° dans la majorité des cas.

Ceci mis à part, c'est une classe assez peu homogène : les dimensions sont variables, de 1.1 à 1.8cm de longueur selon l'axe de débitage et 0.4 à 0.75cm de largeur. Il y a toutefois un groupement assez net entre 1.1 et 1.25 de long, 0.4 à 0.65 de large (doc. XIII.19). Les troncatures se répartissent également sur les bords droit et gauche, le bord non retouché étant rectiligne ou convexe, parfois abrupt. L'orientation des deux troncatures par rapport à l'axe de débitage varie de façon importante et elles peuvent être rectilignes ou très légèrement concaves. On ne retrouve nullement dans cette classe la standardisation qui caractérise les microlithes géométriques de bien d'autres industries.

En revanche, la retouche est toujours directe, et deux pièces portent encore la trace d'une facette de piquant-trièdre sur la troncature proximale.

Deux fragments ont été inclus dans cette classe, l'ambiguïté ne me paraissant pas possible.

- Les triangles isocèles rectangles (9) : la réduction de l'angle des triangles isocèles aboutit à de véritables triangles rectangles, plus courts et plus larges qu'aucun des triangles rencontrés dans les phases précédentes, et caractéristiques de la phase VI.

Ils constituent un groupe morphométrique différencié des autres triangles de cette phase, avec des longueurs plus faibles (doc. XIII.19). Sur plusieurs exemplaires, l'une des extrémités déterminées par la rencontre d'une troncature et du bord brut de débitage ne forme pas d'angle vif mais présente une morphologie mousse.

C'est un groupe techniquement homogène, avec des troncatures toujours directes et abruptes, mais leur orientation par rapport à l'axe de débitage varie assez largement. Aucune facette de piquant-trièdre n'est visible.

- Les triangles scalènes (8) : définis par une nette asymétrie des deux troncatures (la grande troncature est au moins deux fois plus longue que la petite troncature), ces triangles se multiplient au cours de cette phase.

Ils sont plus étroits et plus allongés que la plupart des triangles isocèles, ce qui est normal (doc. XIII.19). Toutes les troncatures sont directes et rectilignes, sans trace de facette de piquant-trièdre. La position de la petite troncature (proximale ou distale) et la latéralisation des troncatures varient : quatre pièces à petite troncature proximale et retouche à droite, trois pièces à petite troncature distale et retouche à gauche, une pièce à petite troncature distale mais à droite. En d'autres termes, et à une exception près, on

observe deux orientations symétriques. Si l'on place d'office la petite troncature en position "distale", les troncatures sont alors toujours à gauche (à une exception près) et l'on retrouve la latéralisation préférentielle des lamelles scalènes. La parenté avec les lamelles scalènes ne s'arrête pas là : les dimensions des triangles scalènes se situent complètement dans la marge de variabilité de celles des lamelles scalènes (doc. XIII.19) et l'angle entre les deux troncatures a les mêmes valeurs que l'angle entre la troncature et le bord abattu des lamelles (soit 110° à 130°). Si l'on ajoute à cela que les deux classes apparaissent simultanément dans la séquence de Franchthi, on peut penser qu'il s'agit en fait sinon d'un même groupe fonctionnel, du moins de deux groupes très voisins.

2) *Segments : 24*

Les segments font également leur apparition lors de cette phase, et en constituent un des éléments caractéristiques. Ils sont, pour la plupart, de belle qualité, étroits et allongés, avec des pointes acérées. L'indice d'allongement varie de 2.5 à 3, mais il n'y a en fait aucune corrélation entre la longueur et la largeur de ces pièces : la longueur varie de 1.05 à 1.85cm, tandis que la largeur ne varie que de 2mm (entre 0.4 et 0.6cm, à une exception près) et de façon tout à fait indépendante. On retrouve ici une observation faite sur l'ensemble des microlithes : la largeur est plus stable et plus discriminante que la longueur (doc. XIII.20).

La retouche des segments est abrupte et directe (un seul cas de retouche croisée). La technique du microburin est bien attestée : deux segments à facette de piquant-trièdre distale, quatre à facette proximale, trois à facettes proximale et distale, une pièce d'orientation indéterminée. C'est la seule classe de microlithes pour laquelle la technique de double segmentation par microburin soit attestée.

La latéralisation des segments paraît asymétrique (8 segments retouchés à droite, 15 à gauche, 1 indéterminé) mais un test binomial montre qu'on ne peut rejeter l'hypothèse d'une répartition aléatoire.

3) *Microlithes à extrémités arrondies : 8*

Cette classe, pour laquelle je ne connais pas d'équivalent dans la littérature, est caractéristique de la phase VI, même si elle ne comprend qu'un nombre très faible d'individus. Il s'agit de très petites pièces, de dimensions assez uniformes (1.2cm et moins de long, 0.4-0.5cm de large) (doc. XIII.20), présentant un bord abattu rectiligne ou légèrement convexe, adjacent à deux extrémités arrondies par troncatures convexes, ou une troncature convexe proximale et retouche partielle de l'extrémité distale si celle-ci présentait déjà une forme convexe. Huit pièces appartiennent à cette classe, dont deux, fragmentaires, qui m'ont paru pouvoir légitimement y être rapportées.

La retouche est directe abrupte, mais sans latéralisation préférentielle. Il n'y a aucune indication sur l'utilisation de la technique du microburin, qui paraît ici peu probable. Ces microlithes ont d'ailleurs une parenté morphologique certaine avec les lamelles à bord abattu et troncature convexe, et des rapports dimensionnels très comparables. Ici encore, la présence ou l'absence d'une troncature proximale n'est peut-être pas un élément déterminant du point de vue de la conception de ces outils.

4) *Divers : 10*

Il ne s'agit pas d'une véritable classe de microlithes, mais du groupement artificiel de pièces de formes rares ou de technique atypique. De ce fait, les pièces décrites ici sont fort variées.

- Trapèzes : 3

Ce sont des trapèzes de type proche-oriental, tels qu'on les connaît dans le Kébarien géométrique : ils présentent un bord abattu très court, adjacent à deux troncatures rectilignes formant un angle marqué avec le bord abattu. Deux d'entre eux sont symétriques (dont l'un avec une facette de piquant-trièdre distale), le troisième est asymétrique (troncature proximale normale et troncature distale oblique).

- Microlithes en forme de segments : 2

Ces deux pièces ont une morphologie de segment, mais n'en présentent pas les caractères techniques. L'une présente un bord abattu direct rectiligne adjacent à une troncature inverse très oblique de l'autre bord. L'autre présente deux troncatures directes très obliques et une retouche partielle d'un bord.

- Microlithe de forme triangulaire : 1

C'est une pièce de grandes dimensions pour ce groupe, à trois côtés retouchés : deux troncatures rectilignes abruptes, formant entre elles un angle aigu (et non obtus, comme sur un vrai triangle), et un bord retouché par retouche semi-abrupte.

- Microlithe en forme d'armature à tranchant transversal : 1

Cette pièce unique présente une double troncature oblique déterminant une pointe proximale. L'extrémité distale est brute de débitage et convexe.

- Microlithe bitronqué allongé à bord abattu : 1

C'est une pièce irrégulière, trop allongée pour être groupée avec les formes trapézoïdales, et présentant des angles trop marqués pour être qualifiée de segment.

- Microlithe en obsidienne : 1

C'est une pièce de morphologie unique, très courte (0.85 x 0.7 x 0.2cm), avec deux bords abattus, l'un convexe, l'autre rectiligne. Les deux bords abattus sont adjacents à une troncature proximale convexe-concave. Le bord distal est abrupt, mais non retouché. La rencontre du bord droit et de la troncature proximale isole une toute petite pointe latérale (micro-perçoir ?).

- Microlithe de forme irrégulière : 1

Dégagée transversalement sur éclat, cette pièce présente une troncature proximale oblique concave adjacente à une troncature distale convexe. Elle ne peut être rapportée à aucune forme géométrique.

Fragments de géométriques ou de lamelles à bord abattu et troncature : 57

Ces pièces présentent une troncature, proximale ou distale, formant un angle net avec une ligne de retouche abrupte qui peut correspondre soit à un bord abattu soit à une longue troncature oblique.

1) *Fragments à troncature proximale : 11*

La majorité de ces pièces (7) présente une petite troncature proximale oblique adjacente à une longue ligne de retouche abrupte. La retouche est toujours localisée à droite, et ces pièces sont en tout point analogues à des fragments proximaux de triangles scalènes à petit côté proximal. Toutefois, l'existence de deux lamelles à bord abattu obtuses et troncature proximale oblique interdit d'assigner ces pièces à une classe plutôt que l'autre.

Les quatre autres pièces sont de technique et de morphologie variées : deux d'entre elles sont probablement des fragments de triangle isocèle, les deux autres ne peuvent être rapportées à aucune classe reconnue dans cet outillage.

2) *Fragments à troncature distale : 16*

La plupart de ces pièces (13 sur 16) présentent des caractères métriques et techniques absolument semblables à des scalènes (triangles ou lamelles) à petit côté distal : on y retrouve la latéralisation préférentielle à gauche (12 pièces) et les angles sont comparables à ceux de ces deux classes. La partie proximale n'étant pas conservée, la discrimination entre les deux classes d'origine est impossible.

Les trois autres pièces pourraient appartenir à des classes diverses, mais elles ne sont guère caractérisables.

A ces fragments il faut rajouter :

3) *Fragments à troncature oblique convexe : 6*

Une troncature très oblique convexe est adjacente à un bord abattu ou une autre troncature de même nature. Il s'agit probablement de fragments proximaux ou distaux de segments, de lamelles à bord abattu et troncature convexe ou de microlithes à extrémités mousses.

4) *Fragments à troncature non orientée : 8*

Pratiquement seules la troncature et l'amorce d'une ligne de retouche abrupte sont conservées. Il y a cinq fragments possibles de triangles isocèles (quatre fragments distaux et un fragment proximal) et trois fragments de microlithes non identifiés.

5) *Fragments à bord abattu ou troncature : 17*

Sur ces pièces extrêmement fragmentées (et souvent brûlées), une ligne de retouche abrupte est reconnaissable sans que l'on puisse dire s'il s'agit d'un bord abattu ou d'une troncature.

Les microlithes géométriques constituent donc un élément important de l'industrie lithique de la phase VI. Plusieurs formes nouvelles y sont attestées : triangles isocèles rectangles, segments et microlithes à extrémités arrondies. Toutefois, il faut se demander si cet enrichissement typologique n'est pas un effet de l'augmentation numérique de l'échantillon, notamment par rapport à la phase V dont l'industrie était numériquement pauvre (le problème ne se pose pas en regard de la phase IV où l'industrie était riche). Nous avons vu en effet que, en ce qui concerne les lamelles à bords abattus, l'impression d'une plus grande richesse typologique dans la phase VI pouvait n'être qu'un effet d'échantillonnage. En est-il de même pour les microlithes géométriques ? Pour répondre à cette question (sur laquelle repose en fait la validité de la distinction entre les phases

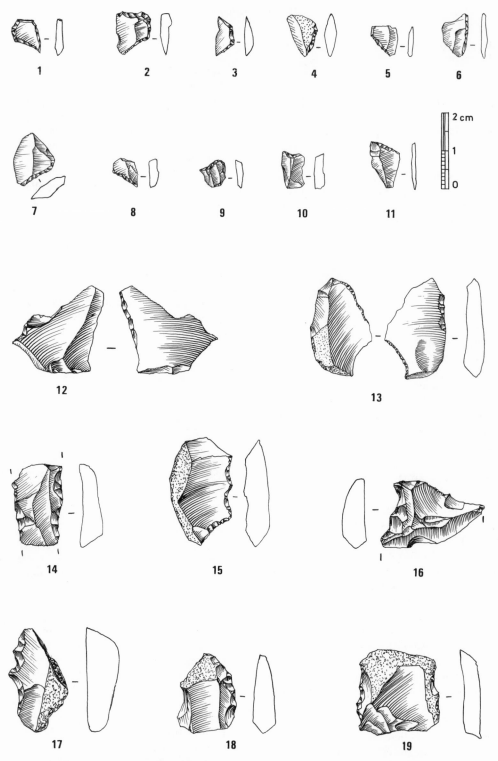

Figure 38 : Industrie lithique de la phase VI (suite). 1-3 : divers microlithes géometriques (le n° 1 en obsidienne). 4-6 : micro-éclats à bord abattu. 7-8 : éclats à troncature proximale oblique. 9-11 : éclats à troncature distale. 12-14 : pièces à retouches latérales. 15-19 : denticulés.

V et VI), j'ai effectué plusieurs tests du χ² comparant la distribution dans chaque phase des grands groupes d'outils. Tous ont révélé une différence très significative entre les deux distributions (avec un risque inférieur à 0.01). Le document XIII.21 présente le plus détaillé de ces tests : en comparant les distributions observées aux effectifs théoriques (c'est-à-dire à la distribution attendue s'il s'agissait d'une seule et même industrie), on voit clairement que l'opposition entre les deux phases porte sur la proportion de microlithes géométriques (et fragments) par rapport au gros outillage (grattoirs, denticulés, coches, etc.). En revanche, la proportion de lamelles à un et deux bords abattus reste strictement identique dans les deux phases, ce qui confirme les observations faites en conclusion de l'analyse de ces deux ensembles.

L'importance des microlithes géométriques est donc bien un élément propre à la phase VI, et justifie, du point de vue lithique, la distinction entre les phases V et VI, même si par ailleurs elles présentent de nombreux points communs.

Les troncatures simples : 18
Cette classe forme la transition entre le groupe morphologiquement microlithique et le groupe non-microlithique, mais elle appartient encore, pour l'essentiel, au premier cité.

A deux exceptions près, la longueur des pièces à troncature simple est inférieure à 1.5cm, et la majorité est comprise entre 0.5 et 1.2cm (doc. XIII.22). En revanche, les largeurs tendent vers les limites du groupe microlithique (huit pièces entre 0.8 et 1.1cm de large, mais une de 1.4cm de large), ce qui n'est guère surprenant puisqu'il n'y a, par définition, pas de réduction des largeurs par retouche latérale. Il n'en reste pas moins qu'il s'agit dans l'ensemble d'un groupe d'outils de très petites dimensions, et, ce qui est intéressant, avec une morphologie finale d'éclats et non de lamelles (l'indice d'allongement de l'outil fini est inférieur à 2). Les deux pièces les plus allongées, clairement manufacturées sur lamelles, présentent en fait des troncatures proximales très obliques et se rapprochent, morphologiquement, de lamelles à bord abattu.

Cette classe est en effet variée dans le détail. Si toutes les troncatures sont directes (à l'exception d'une troncature inverse), elles diffèrent par leur position et leur obliquité.

Treize pièces peuvent être qualifiées de troncatures simples, une partie des deux bords d'origine étant conservée ; toutes sont de dimensions microlithiques. Elles se répartissent de la façon suivante :

Troncature distale rectiligne oblique sur éclat : 2
Troncature distale rectiligne normale sur éclat : 1
Troncature distale sinueuse oblique sur éclat : 3
Troncature proximale concave oblique sur éclat : 1
Troncature proximale rectiligne normale sur éclat : 2
Troncature proximale rectiligne oblique sur éclat : 3
Troncature proximale rectiligne normale sur
  lamelle : 1

Sur trois autres pièces, la troncature, très oblique, recoupe complètement le bord qu'elle affecte. Ce seraient, à proprement parler, des pointes à troncature oblique. Mais deux d'entre elles sont très étroites et allongées, et s'apparentent en fait morphologiquement à des lamelles à bord abattu. La troisième, sur éclat Janus, est d'analyse plus incertaine.

Enfin, un éclat et une lamelle corticale présentent respectivement une troncature normale et oblique, s'écartent nettement du groupe des troncatures microlithiques, bien qu'elles soient toutes deux fragmentaires.

B) L'outillage non-microlithique

Il est nettement moins abondant que l'outillage microlithique et souvent de médiocre facture. L'un des points communs de ces diverses classes d'outils est la très grande importance relative des outils sur éclats par rapport aux outils sur lames et lamelles. Ceci reflète bien les caractéristiques du débitage brut.

Pièces à retouche linéaire : 43
Cet ensemble comprend, comme pour les autres phases, des pièces diverses présentant un ou deux bords retouchés mais ne formant ni coche, ni denticulé, ni bord abattu.

Quoique assez hétérogène, il présente quelques caractères qui le distinguent du groupe analogue de la phase IV notamment. En premier lieu, le choix des supports, ici presque exclusivement formé d'éclats (37 éclats, contre quatre lames et deux pièces à support indéterminé). Il n'y a cependant pas d'uniformité dans les dimensions ou les formes de ces éclats.

En second lieu, on observe une latéralisation préférentielle de la retouche à droite (20 pièces) plutôt qu'à gauche (8). Un test du χ² montre que cette différence peut être retenue comme significative avec un risque inférieur à 0.05 ; en outre, six pièces sont retouchées sur le bord distal, cinq sont à retouche bilatérale, et deux fragments sont d'orientation indéterminée.

La retouche inverse est assez fréquente dans ce groupe : 12 pièces à retouche inverse, 30 à retouche directe, 1 alternante.

La forme, l'ampleur et l'angle de la retouche sont eux extrêmement variables, mais on ne trouve pas de retouche subparallèle envahissante. Les différents caractères qui définissent la retouche ne montrent aucune association préférentielle entre eux.

Dans deux cas, la retouche latérale forme un bord convexe comparable à un front de grattoir.

Les grattoirs : 34
Les grattoirs de la phase VI permettent de confirmer les observations faites sur ceux de la phase précédente : ce sont des grattoirs très variés, de grande taille (pour Franchthi !) et dans l'ensemble peu soignés. Ces caractères confirment l'opposition entrevue avec les grattoirs de la phase IV.

Leur morphométrie est l'un des éléments essentiels dans la définition de ces grattoirs : dans une phase où l'outillage est dans l'ensemble très microlithique, et où l'on aurait pu attendre d'assez nombreux grattoirs unguiformes ou micrograttoirs, ils frappent au contraire par leurs grandes dimensions (doc. XIII.23) : il n'y a, en fait, dans les pièces

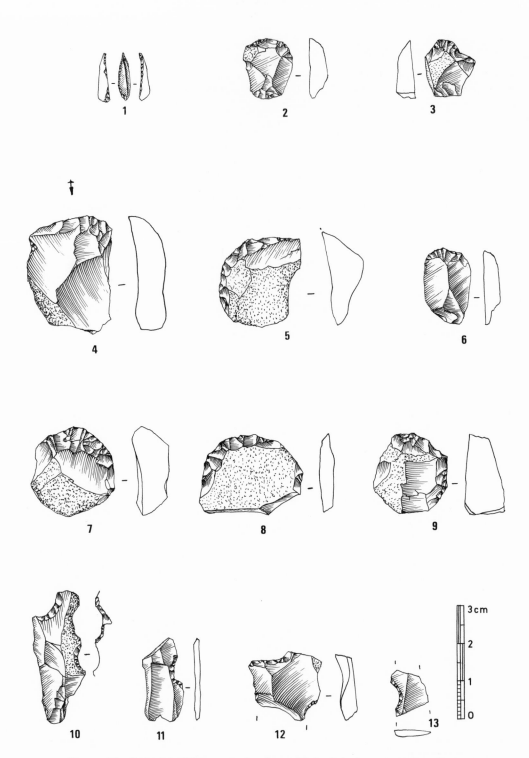

Figure 39 : Industrie lithique de la phase VI (suite). 1 : micro-perçoir sur lamelle d'obsidienne retouchée. 2-9 : grattoirs. 10 : bec burinant alterne. 11-13 : coches retouchées.

entières, que trois grattoirs courts, de longueur égale ou inférieure à 1.6cm.

Le choix de supports de relativement grande dimension explique sans doute la fréquence du cortex, observé sur 15 pièces, la présence de deux grattoirs sur plaquettes, et d'un grattoir sur tablette de ravivage. Plus difficile à expliquer est la reprise de supports anciens, roulés et patinés, observée sur trois pièces. Dans le même ordre d'idées, il faut souligner la présence d'un grattoir museau à enlèvements lamellaires, roulé et patiné, récupéré tel quel, et qui évoque tout à fait les grattoirs de la phase lithique I.

A cette variété des supports répond la variété des techniques de retouche. Celles-ci ne présentent guère comme point commun que leur médiocre qualité : les enlèvements sont irréguliers, amples ou très courts, et aboutissent souvent à former des fronts déjetés, en ligne brisée plutôt que régulièrement convexe. Il est difficile d'apprécier l'influence des matières premières et de l'utilisation sur ces caractères. Trois grattoirs, en revanche, ont un front denticulé, manifestement intentionnel, confirmant l'apparition de cette classe observée dans la phase précédente.

Les traces d'usure sont fortes sur plusieurs pièces, avec des modifications du front aboutissant à des fronts abrupts ou surplombants et une dernière ligne de "retouches" en écaille, très écrasée.

Cette variété des techniques et des formes aboutit à un éclatement morphotechnologique du groupe des grattoirs, qui est, en soi, un élément caractéristique de celui-ci :

- Grattoir à front denticulé sur éclat : 2
- Grattoir à front denticulé sur plaquette : 1
- Grattoir proximal à épaulement, sur éclat : 1
- Grattoir court à épaulement, sur éclat : 1
- Grattoir museau épais, sur éclat : 1 (roulé et patiné)
- Grattoir museau épais, sur plaquette : 1
- Grattoir proximal sur tablette de ravivage : 1
- Grattoir ogival, support indéterminé : 1
- Grattoir à front ogival, sur éclat retouché : 1
- Grattoir unguiforme sur éclat : 2
- Grattoir à front convexe sur éclat : 8
- Grattoir à front convexe sur éclat retouché : 5
- Grattoir à front convexe déjeté sur éclat : 2
- Grattoir à front convexe sur lame : 1
- Grattoir à front asymétrique sur éclat : 1
- Grattoir à front rectiligne sur éclat : 2
- Grattoir à front rectiligne sur éclat retouché : 1
- Grattoir court à front convexe sur éclat : 1
- Grattoir transversal sur éclat : 1

Coches et crans : 21

Cette classe regroupe des pièces de technique variée, présentant une retouche partielle formant une coche (ou un cran) bien marquée, même s'il s'agit de coches de petites dimensions. Comme pour les phases précédentes, nous admettrons que certaines de ces coches puissent provenir de l'utilisation elle-même.

Trois fragments présentent une fracture proximale ayant emporté une partie de ce qui était plus probablement un cran qu'une grande coche, latéralisé à gauche. La partie distale étant conservée et obtuse, on peut exclure qu'il s'agisse de pointes à cran.

Toutes les autres pièces portent des coches, et, à une exception près, sont manufacturées sur éclats. De même, elles sont toutes à retouche directe, sauf la lame pré-citée, à coche retouchée inverse. Il n'y a pas de latéralisation préférentielle, mais les coches sont en majorité mésiales. Les supports ne sont pas standardisés, hormis leur caractère non microlithique.

La technique est variée : on trouve quelques grandes coches clactoniennes, reprises ou non, mais surtout des coches retouchées dont l'angle varie de semi-abrupt à abrupt.

Denticulés : 19

Les denticulés constituent une classe morphologiquement et techniquement diversifiée (une partie des denticulés peut provenir de l'utilisation elle-même), mais dont la présence, de même que pour la phase précédente, est chronologiquement pertinente. Tous les denticulés sont sur éclats, de morphométrie variée (mais non-microlithique) ; tous aussi sont à retouche directe. Certains portent une série de coches clactoniennes adjacentes, d'autres une série de petites coches retouchées, en général par retouche très courte sur bord mince, formant un bord de délinéation irrégulière. Ces deux types de retouche peuvent se trouver associés sur une même pièce.

La retouche peut être distale (3), à gauche (4), à droite (6), bilatérale (4), latérale plus distale (1), ou indéterminée (1).

Divers : 5

C'est dans cette classe, artificielle, que se rencontrent les quelques pièces qui peuvent être considérées comme des outils perforants. Ceci souligne leur caractère exceptionnel dans cette industrie, fait commun à l'ensemble des phases paléolithiques de Franchthi, mais difficile à expliquer.

Ces pièces se répartissent ainsi :

- Courte lamelle à bord abattu à gauche et base tronquée, en obsidienne. Le bord droit, abrupt de débitage, est repris à l'extrémité distale par une courte retouche directe dégageant une épine distale. Celle-ci porte des traces d'usure rotative. Les dimensions de cette pièce sont les suivantes : 1.24 x 0.34 x 0.24cm.

Il n'est sans doute pas inutile de rappeler que la première pièce retouchée en obsidienne que nous avons décrite (petit éclat à deux bords abattus et troncature proximale) montrait aussi une petite pointe, par convergence d'un des bords et de la troncature. Ceci suggère une utilisation préférentielle de l'obsidienne.

- Petite épine sur éclat, distale, dégagée par courte retouche subparallèle du bord distal.

- Bec d'axe, sur fragment distal d'éclat, dégagé par convergence d'une retouche directe 3/4 abrupte continue du bord droit et d'une retouche directe limitée de l'extrémité distale du bord gauche.

- Bec burinant alterne, sur lame corticale irrégulière. Le bec est dégagé sur le bord droit, tandis que le bord gauche porte une coche directe très marquée à l'extrémité distale.

- Petit racloir convergent sur éclat de silex cortical. Retouche directe semi-abrupte en écaille, bilatérale, continue sur le bord droit, discontinue sur le bord gauche.

Fragments retouchés non identifiables : 8
Ce sont des fragments de très petite dimension, souvent brûlés, à retouche non abrupte. Il est regrettable de devoir compter parmi eux la troisième pièce retouchée en obsidienne, petit fragment à fractures latérales et transversale, présentant une très courte retouche, apparemment sur le bord distal.

Outillage non décrit : 3
Il s'agit de pièces non-microlithiques, mais dont la description précise a été omise.

4. Discussion

L'industrie lithique de la phase VI possède une personnalité très marquée et bien illustrée sur un ensemble riche de plus de 500 pièces retouchées. Les deux caractéristiques essentielles me paraissent être d'une part la diversification de l'outillage, d'autre part un microlithisme morphologique affirmé.

La diversification de l'outillage se marque aussi bien sur le plan qualitatif (augmentation du nombre de classes morphotechnologiques présentes), que sur le plan quantitatif (répartition de l'outillage plus équilibrée entre chaque classe). Cette diversification ne peut être tenue pour artificielle. Elle ne vient pas de l'opérateur, l'industrie ayant été analysée selon les mêmes principes que celles des phases précédentes. Elle n'est pas induite non plus par la seule augmentation numérique de l'échantillon traité (la phase VI étant la plus riche de tout le Paléolithique). Certes, il existe bien une relation entre le nombre de classes reconnues et l'importance numérique de l'échantillon de pièces retouchées, répondant à des principes d'échantillonnage auquel est soumis tout ensemble diversifié, et où les classes sont d'importance numérique différente [9]. Aussi, une certaine part de la diversification de l'outillage dans la phase VI doit-elle être mise sur le compte de la richesse relative de l'industrie de cette phase. Mais lorsque ce processus est seul en cause, il est, en quelque sorte, de nature additive : outre les classes normalement bien représentées, et seules attestées dans les échantillons les plus pauvres, on retrouve également, dans les échantillons plus riches, un certain nombre de classes rares, représentées par un très petit nombre d'individus. Or ce n'est pas du tout ce que l'on observe lorsque l'on compare la phase VI aux phases les plus anciennes (notamment les phases II à IV) : les nouvelles classes (microlithes géométriques notamment) sont bien représentées, et les classes anciennement prépondérantes (lamelles à bord abattu) connaissent une baisse trop importante pour être attribuée à ce type d'effet statistique (de 70 à 80% de l'outillage, elles ne constituent plus que 40% dans la phase VI, sans compter les microburins). On assiste en fait à un double phénomène : d'une part, par rapport aux phases II à IV, un rééquilibrage de l'outillage sur les différentes classes d'outils ; d'autre part, par rapport à la phase V, l'introduction de nouvelles classes au détriment de l'outillage non microlithique. En effet, ce processus de rééquilibrage était déjà entamé dans la phase V, et, en un sens, plus marqué dans celle-ci puisque l'outillage microlithique y tenait une place moindre.

Ceci nous conduit à la seconde caractéristique essentielle de cette phase, l'importance de l'outillage microlithique. Nous avons pu montrer qu'il s'agissait d'un ensemble morphométrique et technique très nettement individualisé : les pièces à bord abattu ou troncatures, et elles seules, ont une largeur inférieure à 1cm (et même 0.8cm pour la majorité). Ce groupe constitue un ensemble homogène comprenant les lamelles à un ou deux bords abattus, les éclats à bord abattu, les géométriques et les troncatures simples. La distinction entre les lamelles à bord abattu et les microlithes géométriques est apparue à plusieurs reprises comme ténue, et sans doute artificielle. Mais on peut préciser cette notion : la parenté morphologique entre microlithes géométriques et lamelles à bord abattu ne concernait que des classes de lamelles qui faisaient leur apparition dans cette phase, en même temps que ces microlithes géométriques eux-mêmes : par exemple, lamelles et triangles scalènes, lamelles à troncature convexe et microlithes à extrémités arrondies. Dès lors, on peut faire la proposition suivante : le groupe des lamelles à bord abattu de la phase VI comprend en réalité d'une part des lamelles de morphotechnologie traditionnelle (lamelles obtuses, lamelles pointues à deux bords abattus, etc.), appartenant à une structure technique analogue à celle des phases II et V, et jouant un rôle fonctionnel spécifique. D'autre part, des formes nouvelles qui s'apparentent en réalité aux microlithes géométriques, et appartiennent sans doute au même groupe fonctionnel.

C'est ce groupe, dans son ensemble, qui constitue l'originalité de la phase VI par rapport à celle qui la précède. Il s'ajoute, en fait, à un ensemble technique qui, lui, ne subit pas de modifications (et qui comprend aussi bien certaines des lamelles à un bord abattu, que les lamelles à deux bords abattus et l'outillage non-microlithique). Aucune différence morphotechnologique n'a pu être mise en évidence entre les phases V et VI en ce qui concerne ces catégories d'outils et si l'on retirait les microlithes géométriques et les lamelles assimilées, leurs proportions seraient très comparables. La nature du changement entre les phases V et VI est donc apparemment très différente de ce que nous avons observé précédemment : à un fond commun qui reste stable, s'ajoute une nouvelle gamme d'outils spécialisés. Il est curieux de constater, toutefois, que l'introduction de ce nouveau groupe entraîne une baisse proportionnelle de l'outillage non-microlithique mais pas des lamelles à bord abattu. Je pense qu'en fait ceci est dû précisément au fait qu'en toute rigueur, nous avons dû considérer toutes les lamelles à bord abattu comme un même ensemble technique, alors que certains indices conduisent à les dissocier en deux groupes fonctionnels (*supra*). Mais seules des analyses tracéologiques permettraient éventuellement d'étayer cette hypothèse.

Par ailleurs, et ceci confirme sans doute notre hypothèse sur la nature différente du changement entre les phases V et VI, il faut noter que l'introduction de nouvelles formes de microlithes géométriques et de lamelles à bord abattu n'est pas soudaine et immédiate, même au regard de notre résolution stratigraphique. En effet, pour ne pas subdiviser

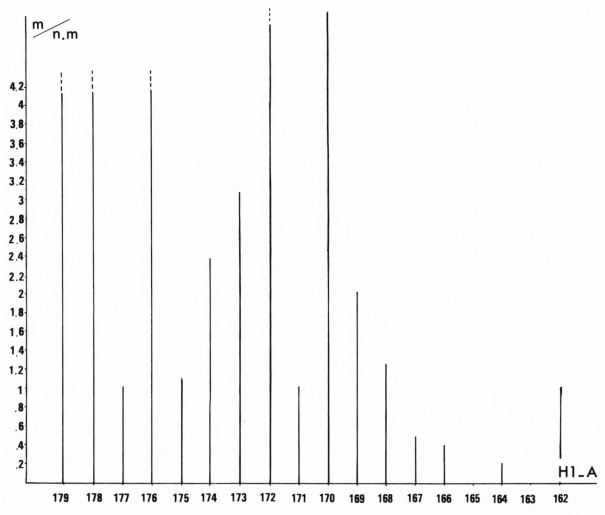

Figure 40 : Proportion de l'outillage microlithique par rapport à l'outillage non-microlithique dans la phase VI et le début du Mésolithique inférieur de H1-A.

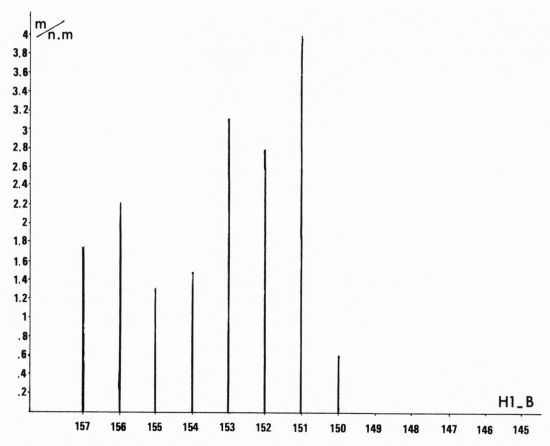

Figure 41 : Proportion de l'outillage microlithique par rapport à l'outillage non-microlithique dans la phase VI et le début du Mésolithique inférieur de H1-B.

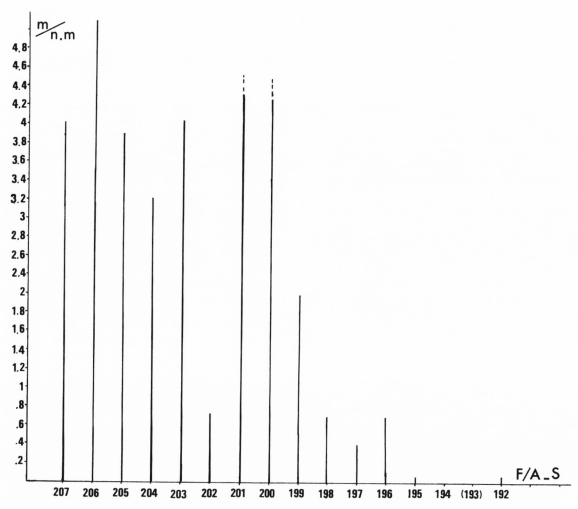

Figure 42 : Proportion de l'outillage microlithique par rapport à l'outillage non-microlithique dans la phase VI et le début du Mésolithique inférieur de F/A-S. F/A-S 193 n'a pas été étudiée.

la séquence chronologique sur la base d'effectifs trop faibles, et à un niveau de résolution stratigraphique peu fiable, j'ai fixé la limite inférieure de la phase VI dès l'apparition des premiers types originaux de microlithes géométriques. Mais en réalité ils n'apparaissent pas tous simultanément ; dans les trois tranchées étudiées, l'ordre d'apparition est le suivant : triangles isocèles rectangles (en début de phase), puis triangles scalènes, lamelles scalènes et fragments de scalènes, et, enfin, segments (cf. tableaux XXIII à XXV).

On pourrait donc argumenter en faveur d'une subdivision de la phase VI. Mais le caractère progressif et additif de ces innovations techniques me paraît en fait être l'élément essentiel. C'est lui qu'il faudra tenter d'expliquer en mettant en jeu l'ensemble des données économiques et techniques concernant cette période. En effet, si l'on peut arriver à comprendre le rôle qu'ont tenu ces microlithes dans l'exploitation de l'environnement, peut-être alors pourra-t-on comprendre leur étonnante diminution à la fin de la phase VI, lors de la transition entre le Pleistocène et l'Holocène. La discussion de cette transformation majeure dans les industries lithiques de Franchthi prendra place dans le volume consacré aux outillages du Mésolithique. Toutefois, il nous reste à justifier des limites que nous avons fixées à chacune de ces deux grandes périodes.

LA LIMITE
PALÉOLITHIQUE/MÉSOLITHIQUE

A l'outillage de la phase VI fait suite, très rapidement dans chacune des trois tranchées étudiées, une industrie où les microlithes sont rares ou complètement absents. Pour des raisons précédemment évoquées (cf. Introduction de la seconde partie), cette industrie a été attribuée au Mésolithique inférieur. Ce changement dans l'industrie lithique s'accompagne de changements dans la faune et la nature de la transition entre ces deux phases est importante pour la compréhension générale de la séquence de Franchthi. Elle sera, à ce titre, discutée dans le volume de synthèse sur Franchthi.

Pour une approche préliminaire du problème du point de vue lithique, nous nous appuierons sur la distribution des éléments microlithiques, dans la mesure où la pertinence de ce groupe dans la phase VI a pu être établie tant sur les plans morphométrique et technique que quantitatif, et que la baisse considérable qu'il connaît par la suite constitue l'un des éléments les plus caractéristiques du Mésolithique inférieur. Il n'en est pas le seul, et nous montrerons par exemple, dans le volume consacré aux industries lithiques du Mésolithique, que la baisse de proportion des microlithes s'accompagne d'une baisse de proportion générale de l'outillage retouché par rapport au débitage.

Dans chacune des trois tranchées, la baisse ou la disparition des microlithes est rapide : la chute de proportion est sensible sur une à trois *units* au maximum. Les figures 40 à 42 illustrent ce phénomène, en indiquant, pour chaque tranchée, la proportion numérique entre l'outillage microlithique (y compris les microburins) et l'outillage non-microlithique. Les niveaux les plus profonds, à gauche des graphiques,

présentent toujours une proportion de microlithes au moins égale à l'unité, et souvent nettement supérieure (jusqu'à quatre et plus). Inversement, les niveaux les plus récents, à droite des graphiques, présentent une proportion de microlithes nulle ou inférieure à 1. En dépit de variations à l'intérieur de chaque séquence, la transition est toujours rapide : elle est particulièrement nette en H1-B où les premières *units* considérées comme mésolithiques sont totalement dépourvues de microlithes, à l'exception de H1-B 150. Ce dernier niveau est peut-être un artefact de fouilles, par recoupement de dépôts appartenant aux deux phases. La transition est légèrement plus graduelle en H1-A et F/A-S, où l'on peut se demander si le même phénomène n'a pas joué de façon plus importante. Il est également possible que les microlithes eux-mêmes soient contaminants dans ces niveaux : de telles "remontées" de matériel ou de vestiges paléolithiques dans les niveaux du Mésolithique inférieur ont en effet été observées par plusieurs spécialistes travaillant sur Franchthi. C'est l'une des raisons pour lesquelles j'estime ne pas être en mesure d'interpréter, à l'heure actuelle, la présence de ces quelques microlithes dans les premiers niveaux du Mésolithique. La confrontation de l'ensemble des données pertinentes pour ce problème me paraît en effet indispensable.

En attendant, j'ai fixé la limite supérieure des industries paléolithiques à la dernière *unit* d'une séquence présentant un rapport microlithes/non-microlithes supérieur à l'unité : H1-B 151, H1-A 168, F/A-S 199. Les *units* qui les suivent présentent toujours un rapport nettement inférieur à celles-ci, justifiant la coupure que nous introduisons dans la séquence. Aussi le problème n'est-il pas tant de fixer cette limite, que de comprendre ce que signifient les microlithes, qui, en de moindres proportions, se retrouvent encore dans les *units* du début du Mésolithique inférieur. Outre les données non-lithiques précédemment évoquées, la solution de ce problème supposera la mise en oeuvre de l'ensemble des données technologiques et typologiques concernant les industries du Mésolithique inférieur. C'est pourquoi je réserverai une discussion plus approfondie du passage "Paléolithique/Mésolithique" au volume consacré aux industries mésolithiques.

Toutefois, on peut d'ores et déjà remarquer que la limite fixée sur la base des industries lithiques se reflète assez fidèlement dans la stratigraphie sédimentologique : dans chacune des trois séquences, les *units* rapportées à l'extrême fin du Paléolithique correspondent sensiblement à un épisode particulièrement caillouteux.

NOTES

[1] C'est sans doute en raison de ce caractère hypermicrolithique que j'ai écrit, à tort, que cette phase ne comportait plus d'éléments microlithiques (Perlès 1973) : cette étude était fondée uniquement sur le matériel provenant directement de la fouille, les résidus de tamisage n'étant pas encore disponibles.

[2] Je ne sais pas pourquoi cette phase est plus puissante en F/A-S qu'en H1-A ou H1-B alors que l'on pourrait s'attendre à l'inverse.

³ A l'Abri Mochi, en Italie du Nord, G. Laplace signale une pièce en obsidienne importée dans un niveau du Paléolithique final : il s'agit d'un grattoir (Laplace 1977).

⁴ Les quatre lamelles à bord abattu et facette de piquant-trièdre très courte, sans coche et d'angle très fermé, peuvent être considérées comme des accidents Krukowski (cf. Tixier 1963:144).

⁵ Il y a trop peu de microburins dans la phase V pour utiliser cet échantillon à des fins comparatives.

⁶ C'est la première fois que je pose la question en ces termes, car, dans les autres phases, la prédominance très forte des lamelles à bord abattu, opposées à des grattoirs, coches et denticulés seulement, indiquait d'emblée l'existence de deux groupes morphométriques. Le problème est ici de savoir si l'on peut adjoindre à ces lamelles d'autres types d'outils, pour la première fois représentés en plus grand nombre.

⁷ L'importance de la largeur des lamelles et des géométriques a déjà été reconnue au Proche-Orient : cf. Bar-Yosef 1981 par exemple. Ne serait-ce pas en relation avec des contraintes d'emmanchement ?

⁸ L'angle se situe entre 100° et 130° sauf sur trois pièces d'angle supérieur à 130°. La majorité se situe entre 120° et 130°. Ces mesures ont été prises au rapporteur d'angle, d'après les dessins.

⁹ Ceci sera développé et vérifié dans le chapitre suivant.

CHAPITRE XIV
Perspective diachronique

Tout au long des pages qui précèdent nous avons, dans le bloc espace-temps que constitue Franchthi, privilégié une certaine vision synchronique. Et ce au prix de répétitions certaines dans les thèmes abordés, façon comme une autre de souligner, s'il en était besoin, la similarité des problèmes auxquels étaient confrontés les artisans de la pierre taillée d'une période à l'autre. En effet, cette approche synchronique cherche à se placer au plus près de la vision qu'avaient les préhistoriques de leur propre univers technique ; et, à défaut de restituer tous les faits et gestes du quotidien, du moins vise-t-elle à en retrouver la structure au travers de la permanence des choix effectués.

Toute autre est l'approche diachronique, abstraction intellectuelle fort éloignée des réalités jadis vécues. C'est la vision du préhistorien et non celle du préhistorique. A l'échelle à laquelle nous nous plaçons, c'est le préhistorien, et lui seul, qui prend conscience des transformations. C'est lui qui en pose la nature comme un problème à élucider et prend alors le recul nécessaire pour considérer ses documents comme le lieu d'une expérimentation : mise en évidence des variables diachroniques, recherche des corrélations entre variables, etc. Enfin, c'est le préhistorien qui dispose des outils conceptuels permettant de tenter d'interpréter les structures et les transformations observées. Ces interprétations, comme dans toute expérience scientifique, ne peuvent être directement déduites des phénomènes eux-mêmes. Elles passent par la confrontation entre un cadre théorique préétabli (la théorie scientifique, ou, à une échelle plus limitée, les modèles explicatifs) et les documents eux-mêmes.

Notre tâche consistera donc en premier lieu à définir les éléments qui permettent d'exprimer la variabilité diachronique dans notre séquence, et à envisager ensuite les possibilités d'interprétation par confrontation avec différents modèles de changement. Bien entendu, si ces deux opérations sont disjointes dans le temps, elles ne le sont pas complètement conceptuellement : les variables envisagées dans l'analyse diachronique doivent permettre de répondre aux questions que l'on se pose quant aux causes des changements. Mon choix des variables a donc en fait été déterminé par la nature des modèles élaborés pour chaque cause de changement envisagée.

Les variables qui ont été le fondement de l'analyse synchronique (exploitation des matières premières, chaînes opératoires de débitage et de transformation, etc.), retrouveront ici une place importante. Mais, dans la mesure où nous introduisons maintenant une perspective supplémentaire, plus strictement "préhistorienne", il nous faudra également envisager certaines variables qui ne relèvent pas directement de ces chaînes opératoires et ne peuvent prendre leur sens que dans une optique comparative : densité du travail de la pierre taillée, intensité des processus de transformation par la retouche, équilibre des différents groupes d'outils, etc.

En outre, l'interprétation des ensembles lithiques ne saurait se satisfaire des seules analyses technologique et typologique, aussi approfondies soient-elles. Les variables fonctionnelles, reposant sur des études tracéologiques, y jouent en principe un rôle aussi important que les premières. Sans données sur la fonction des outillages étudiés, notre compréhension de ceux-ci ne peut être que partielle, et peut-être même parfois naïve.

Une liste minimale des variables jugées nécessaires pour répondre aux questions que nous posons est résumée dans le tableau XXXVIII. Bien que minimale du point de vue théorique, elle dépasse souvent, dans la réalité, les possibilités de l'étude pratique. Franchthi n'échappe pas à cette règle : notre analyse diachronique ne portera que sur la moitié environ des variables suggérées. Les possibilités d'interprétation s'en trouveront *ipso facto* limitées.

En attendant, l'analyse diachronique, en termes strictement lithiques, est l'étape première de notre démarche et doit rester valide quelles que soient les possibilités ultérieures d'interpréter ces variations diachroniques. Or la validité de cette analyse repose en partie sur la validité des séries étudiées.

Le travail qui va suivre repose sur la présomption que les échantillons étudiés sont bien représentatifs des populations dont ils ont été extraits, et que la variabilité mise en évidence n'est due ni à des phénomènes aléatoires, ni à des problèmes de répartition spatiale. Remettre en question cette présomption revient en fait à vider de son sens l'ensemble du travail présenté ici. Je ne pense pas, au demeurant, l'avoir acceptée aveuglément, et sa vérification, dans la mesure du possible, a été un souci constant au long de cette étude. La cohérence interne des résultats que nous obtiendrons dans l'analyse diachronique me paraît un argument de plus en faveur de cette hypothèse. En aucun cas, cependant, ne puis-je prétendre en avoir apporté de preuve. Ce sera au lecteur de se faire une opinion personnelle à ce sujet, quitte à considérer comme non fondés les résultats qui suivent. Inversement, si l'on admet la représentativité des industries étudiées, voici en quels termes leur variabilité diachronique peut être exprimée.

1. Importance de l'industrie lithique dans le système technologique

A se limiter simplement au système technologique [1], la place que tient l'industrie de la pierre taillée peut être une source d'informations considérable. En effet, l'importance de l'industrie lithique peut varier d'une part, de façon générale, selon la place dévolue au lithique plutôt qu'à d'autres matériaux dans le système technologique en vigueur ; d'autre part, de façon circonstancielle, selon la nature de l'occupation d'un site à un moment donné.

1.1. Place du travail de la pierre taillée au regard d'autres catégories technologiques

Il est peut-être certaines fonctions pour lesquelles la pierre taillée ne peut connaître de substitut, si ce n'est le métal ; ceci resterait à démontrer. En revanche, la preuve est faite que des armes de jet, par exemple, peuvent être intégralement en bois, ou bien armées de têtes en os ou en pierre ; on connaît aussi des perçoirs en pierre, en os, ou en différents végétaux, et ceci s'applique à bien d'autres groupes d'outils comme les racloirs à peaux. Dans ces conditions, la place donnée à la pierre taillée est sans doute le premier témoignage culturel (ou en partie culturel) que nous transmette une industrie lithique.

Ceci peut être évalué sommairement par des rapports numériques simples ou, de façon plus approfondie, par l'intermédiaire d'analyses tracéologiques sur la pierre et l'os. Mais le problème ne se pose pas dans le Paléolithique de Franchthi : quelle que soit la phase considérée, l'industrie lithique est le seul témoin technique qui nous soit parvenu. Or la faune en tout cas est bien conservée, et l'absence d'industrie osseuse ne peut être attribuée à un problème de conservation [2]. Mais cette apparente suprématie de l'industrie lithique ne doit pas faire illusion : la très large composante microlithique dans les industries paléolithiques de Franchthi suggère, pour le moins, l'usage généralisé d'emmanchements d'os ou de bois.

On peut certes envisager que l'absence d'industrie osseuse soit liée à la nature de l'occupation du site : le travail de l'os aurait été effectué ailleurs, dans d'autres sites occupés périodiquement par les habitants de Franchthi. Mais outre le fait que le manque d'outils brisés paraît alors difficilement explicable, la permanence de cette structure à travers tout le Paléolithique supérieur incite à chercher une autre explication.

Il est concevable en effet que le bois végétal ait été substitué à l'os, ce qui expliquerait l'absence de témoins façonnés en os, mais peut-être aussi des outils souvent caractéristiques de ce façonnage dans le Paléolithique supérieur : les burins. A vrai dire, cette option technologique n'est sans doute pas propre à Franchthi mais aux régions helléniques (et peut-être aussi balkaniques) car, sans être complètement absent dans les autres sites paléolithiques de Grèce, l'outillage osseux y est très rare en comparaison des sites contemporains de l'Europe plus septentrionale.

Si cette hypothèse est exacte, l'industrie de Franchthi relèverait d'un système technologique fondé sur la complémentarité matières végétales/pierre taillée. En l'absence du premier élément, les variations respectives de ces deux ensembles ne peuvent pas être évaluées. C'est pourquoi, l'importance du travail de la pierre dans le Paléolithique de Franchthi ne peut être estimée qu'en relation avec des variables non-technologiques.

1.2. Intensité du travail de la pierre taillée

Indépendamment de la place de l'outillage lithique dans le système technologique en général, on peut admettre, à la suite d'études ethnographiques en particulier (L. Binford 1978; Kelly 1983; Torrence 1983), que l'intensité du travail de la pierre varie selon la nature de l'occupation du site. C'est dans les "camps de base", d'occupation prolongée, que s'effectue en général l'essentiel de la production technique, et donc la fabrication des outils appropriés. C'est là, en conséquence, que l'on peut penser retrouver les vestiges d'activités de débitage et de retouche les plus intenses. Au contraire, dans des haltes de chasse par exemple, l'activité lithique serait limitée à l'entretien et la réparation de quelques armes défectueuses. A ce titre, des variations significatives au long d'une séquence comme celle de Franchthi pourraient apporter des informations tant sur la nature des activités lithiques que de l'occupation du site.

Mais toute notion d'intensité suppose une unité de référence, indépendante du phénomène étudié. Idéalement, cette unité pourrait être une unité temporelle : quelle quantité de matière première a-t-on travaillé lors d'une durée déterminée, au cours de chaque phase lithique ?

Mais à Franchthi tout au moins, cette unité de temps ne peut être envisagée. Nous ne connaissons pas la durée moyenne d'occupation du site lors de chaque phase lithique, ni même la durée de chaque phase pour une estimation plus grossière. Hormis la phase lithique VI, nos phases ne sont pas encadrées par des dates radiocarbones. Même sur le plan le plus général, il est impossible d'estimer la durée de certaines phases.

Aussi faut-il envisager le recours à des mesures indirectes de la durée. Dans leurs études comparatives de Kastritsa et Asprochaliko, G. Bailey et ses collègues ont rapporté le poids des matériaux lithiques travaillés au volume des sédiments excavés (les gros blocs d'effondrement étant exclus) (Bailey *et al.* 1983*b*). Ceci suppose un taux de sédimentation relativement constant ainsi qu'une granulométrie comparable d'une phase à l'autre ou d'un site à l'autre. Ces conditions ne sont pas remplies à Franchthi en raison de variations granulométriques importantes et de l'ampleur des apports anthropiques dans la partie supérieure de la séquence considérée. S. Payne a suggéré en conséquence l'utilisation d'une unité moins susceptible de variations : le volume des résidus du tamis de 2.8mm pour chaque *unit* (S. Payne, comm. orale).

Malheureusement, ces données ne sont pas disponibles et je ne vois quelle unité de référence leur substituer. Ceci est d'autant plus regrettable qu'il semble bien y avoir des variations considérables dans l'intensité du travail de la pierre dans notre séquence. Si l'on se rapporte au tableau XLV, on observe, par exemple, que le poids de l'industrie lithique pour la phase IV de H1-A est près de 10 fois supérieur à celui de la phase III et 20 fois supérieur à celui de la phase II, sans que nous n'ayons aucune raison de penser que les durées représentées soient dans un rapport de cet ordre.

Importance de l'industrie lithique dans le système technologique	- Importance relative de l'industrie lithique par rapport à d'autres éléments du système technologique. - Densité du travail de la pierre taillée : proportion de pierres taillées (en nombre ou en poids) par rapport à une variable indépendante du système technologique (durée, volume de sédiments), etc. - Intensité d'utilisation de la pierre taillée : proportion de pièces portant des traces d'utilisation. Etudes tracéologiques nécessaires. - Eventail des tâches accomplies par l'industrie lithique : matières premières travaillées, modalités d'action. Etudes tracéologiques nécessaires.
Stratégies d'exploitation des matières premières	- Nombre de sources exploitées simultanément. - Distance entre ces sources et le site. - Proportion d'éléments taillés dans chaque catégorie de matière première (en nombre ou en poids). - Proportion d'éléments utilisés dans chaque matière première. Etudes tracéologiques nécessaires. - Proportion des produits de débitage dans chaque matière première. - Proportion des différentes classes d'outils selon les matières premières.
Stratégies de débitage	- Préparation des nucleus en relation avec les matières premières et les produits recherchés. - Techniques de débitage en relation avec les matières premières et les produits recherchés. - Proportion des produits de débitage pour chaque technique. - Recherche de standardisation des produits.

Tableau XXXVIII : Liste des variables proposées pour l'analyse diachronique (à suivre).

Stratégie de l'outillage
retouché

- Intensité de transformation du matériel lithique : proportion de pièces transformées par retouche intentionnelle (en nombre ou en poids).
- Choix des supports en fonction des classes d'outils.
- Nature et fréquence relative des chaînes opératoires de transformation.
- Proportion des différentes classes morphotechnologiques.
- Equilibre fonctionnel (études tracéologiques nécessaires).
- A défaut : équilibre typologique. Recherche des écarts entre les groupes ou classes ; caractère spécialisé ou généralisé de l'outillage.
- Stratégies de rejet : intensité de l'utilisation, présence de réaf-fûtages ou de transformation, état de rejet final (en relation avec les matières premières, les différentes classes morphotechnologiques). Etudes tracéologiques en grande partie nécessaires.

Tableau XXXVIII (suite) : Liste des variables proposées pour l'analyse diachronique.

Dans ce cas précis, l'augmentation d'intensité du travail de la pierre paraît à peu près certaine, et doit peut-être être mise en relation avec des changements dans le mode d'occupation du site. Les variations éventuelles entre les autres phases lithiques restent, de ce point de vue, impossibles à saisir.

Quoi qu'il en soit, un fait paraît très probable : l'intensité générale du travail de la pierre taillée est faible dans toute notre séquence par rapport à d'autres sites contemporains. Pour une comparaison *très* approximative, j'ai calculé sommairement le nombre de pièces taillées pour un mètre cube de sédiments dans les phases V et VI (les seules où il n'y ait pas de gros blocs d'effondrement ; en revanche l'apport anthropique y est important). J'obtiens un chiffre d'environ 1200 pièces par mètre cube, chiffre sensiblement inférieur à ceux publiés pour Asprochaliko (1994 à 6720 selon les strates) et pour les niveaux supérieurs de Kastritsa (8874 pièces par mètre cube) (Bailey *et al.* 1983*b*). Il est également bien inférieur à ceux publiés par L. Straus pour différents sites magdaléniens du nord de l'Espagne : 3000 à 6000 pièces par mètre cube (Straus 1983). Mais il est difficile d'apprécier dans quelle mesure ces variations reflètent simplement des différences dans les taux de sédimentation ou dans les procédures, plutôt que des différences archéologiques réelles.

1.3. Intensité d'utilisation de l'industrie lithique et éventail des tâches accomplies

Nature et durée de l'occupation du site interviennent sur deux autres aspects de l'industrie lithique : la proportion de pièces utilisées par rapport à l'ensemble des pièces produites (qu'elles soient retouchées ou non), et l'éventail des tâches accomplies avec ces pièces. Mais ces deux points requièrent des analyses fonctionnelles et ne peuvent être pris en compte ici.

2. Exploitation des matières premières

L'exploitation des matières premières s'avère un des aspects les plus stables de la stratégie lithique à travers toute la séquence paléolithique de Franchthi. Au cours de chaque phase lithique, la quasi-totalité de l'industrie lithique est manufacturée sur des matériaux d'origine locale et facilement accessibles. Les très rares éléments d'obsidienne de la phase VI constituent l'exception, dont nous discuterons ultérieurement.

Deux faits négatifs sont donc à souligner :
- D'une part, les groupes qui s'installaient périodiquement à Franchthi n'apportaient pas avec eux, en quantité notable, d'éléments que l'on puisse reconnaître comme exogènes et de meilleure qualité. Selon toute vraisemblance, leur territoire d'exploitation annuel n'en contenait pas. Les formations géologiques de la région de Franchthi se retrouvent dans toute l'Argolide.
- Ils ne participaient pas non plus à des systèmes d'échanges sur de longues distances, dont certains éléments lithiques, de grande qualité, auraient été sinon l'objet, du moins l'un des supports matériels. Il faudra en fait attendre le Néolithique pour qu'un tel système soit attesté. L'industrie lithique paléolithique de Franchthi ne témoigne pas d'interaction à longue distance, non plus d'ailleurs qu'aucun autre vestige de la même période.

Il s'agit donc essentiellement d'une exploitation locale et autarcique, dont les caractères ne varient pas à travers la période étudiée. En effet, si l'on s'attache aux trois points suivants : extension de l'aire d'approvisionnement, sélection des matières premières et mode d'obtention, il n'est pas possible, dans l'état de nos données, de mettre en évidence des variations de stratégie entre les différentes phases du Paléolithique.

Ces matières premières étaient aisément accessibles dans un rayon de 5km autour du site, c'est-à-dire à l'intérieur de ce que l'on peut considérer comme le territoire d'exploitation quotidienne d'un groupe humain (Bailey et Davidson 1983). Toutefois, en l'absence de marqueurs caractéristiques, on ne peut préciser les limites exactes (et les éventuelles variations) de l'aire d'approvisionnement.

Ce sont également des matières premières variées dans leur texture et leur qualité à la taille. Il est possible à cet égard que la préférence pour les unes ou les autres ait légèrement varié selon les phases, mais de façon mineure seulement [3].

Le mode d'approvisionnement ne semble pas avoir changé non plus. En théorie, deux stratégies extrêmes peuvent être opposées : l'une consiste à se procurer des matières premières à l'occasion de déplacements spécifiques. L'autre consiste à collecter des blocs de matière première de façon occasionnelle, au cours de déplacements dont la finalité première était autre (collecte de végétaux, retour de chasse, collecte d'autres matériaux, etc.) : c'est le *"embedded procurement"*, ou approvisionnement intégré à d'autres activités (L. Binford 1979*a* et 1979*b*). Les "temps morts" dans ces déplacements sont mis à profit pour récolter quelques blocs de matière première.

Deux arguments me font penser qu'à travers tout le Paléolithique supérieur de Franchthi, c'est la seconde stratégie qui a été suivie : d'une part, la grande variété des matières premières et l'absence de choix manifeste à laquelle nous faisions allusion précédemment. D'autre part, le fait que les blocs ont été rapportés tels quels dans le site, sans même être testés pour leurs qualités à la taille : le nombre élevé de blocs rejetés après un seul essai de percussion en fait foi. Un tel gaspillage de temps et d'énergie paraît contradictoire avec l'hypothèse de déplacements spécifiques, mais acceptable si la raison d'être de ces déplacements était autre.

Un dernier niveau d'analyse concerne le choix, dans l'éventail des matières premières collectées et rapportées dans le site, de certaines d'entre elles pour la manufacture d'outils déterminés. Il apparaît qu'au moins dans les phases anciennes (II et III), la radiolarite brun foncé, de texture fine et homogène, a été utilisée préférentiellement pour la manufacture des lamelles à bord abattu. C'est d'ailleurs au cours de ces deux phases que l'on observe la fréquence la plus élevée de débitage lamellaire (*infra*, p. 182), auquel cette variété de roche se prête mieux que la majorité des matières premières localement disponibles.

On ne saurait enfin conclure ce paragraphe sur l'exploitation des matières premières sans évoquer l'obsidienne qui fait son apparition au cours de la phase lithique VI, ne fût-ce que pour souligner combien sa rareté, précisément, affecte peu l'économie des matières premières ! D'après les données de fouille, rien ne permet d'affirmer que l'obsidienne ait été acquise dans l'intention d'en faire des outils particuliers, ni qu'elle ait été travaillée selon des techniques spécifiques. Le contraire ne peut pas être démontré non plus : les données sont trop pauvres. Toutefois, une structure apparemment similaire sera observée lors du Mésolithique inférieur, où l'obsidienne apparaît encore trop sporadique pour acquérir une place originale dans l'économie de l'industrie lithique. Faute de sites de comparaison (Franchthi est le seul site paléolithique en Grèce où l'obsidienne ait été signalée) et en l'absence de traces d'occupation sur l'île de Milos, les mécanismes de circulation de l'obsidienne sont impossibles à saisir. Mais sa rareté même incite à penser qu'elle n'était pas l'objet premier des déplacements maritimes qui ont conduit certains chasseurs-collecteurs jusqu'à l'île de Milos.

Dans ces conditions, le concept même d' ''économie des matières premières'', ou gestion différentielle des ressources, paraît peu approprié pour interpréter la stratégie d'acquisition des matières premières lithiques dans le Paléolithique de Franchthi. Tout au long de cette période, et sans grand changement, nous avons affaire, semble-t-il, à une stratégie opportuniste et peu élaborée, qui conduira à ce que les techniques de taille soient adaptées aux propriétés des matières premières, et non l'inverse.

3. Stratégies de débitage

3.1. Organisation du débitage

Le dernier point évoqué est sans doute à l'origine de la caractéristique la plus frappante du débitage paléolithique de Franchthi : l'originalité et la constance à travers le temps de la conception du débitage et de son organisation en fonction des caractéristiques des matières premières :
- mise en forme des nucléus, avant un éventuel ''plein temps'' de débitage, rare ou inexistante ;
- très grande rareté des nucléus généralement caractéristiques des débitages du Paléolithique supérieur (quelques nucléus subconiques seulement) ;
- organisation préférentielle du débitage en fonction de modules parallélépipédiques, selon une ou plusieurs faces orthogonales, jointives ou non, ou dans l'épaisseur du bloc (plutôt que dans un plan d'allongement maximum) ;
- présence de débitage selon deux directions opposées.

L'originalité de cette conception a imposé la mise en oeuvre d'un système de classement des nucléus propre à ce site. Notre étude ayant été limitée, pour des questions de temps, à une approche qualitative et non quantitative des nucléus. Quelques grandes tendances ont été suggérées lors de l'étude phase par phase : importance relative du débitage dans l'épaisseur dans les phases anciennes, et du débitage périphérique dans les phases récentes. Ces variations (et celles que pourraient montrer des analyses quantitatives plus exhaustives), ne doivent pas de toute façon oblitérer le fait fondamental que constitue avant tout la permanence

des schémas de débitage à travers toute la période concernée. Dans la mesure où les phases lithiques sont parfois séparées de plusieurs millénaires, et témoignent d'une certaine variabilité des produits recherchés au débitage, on est en droit de penser que cette permanence ne reflète pas des choix culturels mais une solution rationnelle vis-à-vis de contraintes techniques extrêmement fortes : dimensions, modules et propriétés clastiques de ces matières premières.

Mais cette structure stable n'est pas pour autant statique ; des variations diachroniques sont perceptibles au moins sur les points suivants :
- intensité de l'exploitation des nucléus,
- nature des produits recherchés,
- existence ou non de chaînes opératoires spécifiques selon les produits recherchés.

3.2. Intensité d'exploitation des nucléus

Lors de l'étude de chaque phase, l'intensité d'exploitation des nucléus a d'abord été estimée qualitativement, puis contrôlée sur les produits de débitage eux-mêmes : faible exploitation des nucléus et fort pourcentage attendu de produits corticaux, forte exploitation des nucléus et faible pourcentage de produits corticaux. A l'exception de la phase lithique I, nous avons observé une bonne corrélation entre l'estimation faite d'après l'observation des nucléus et les résultats obtenus sur les produits de débitage.

Le tableau XXXIX résume les données sur les éclats bruts de débitage. Après vérification statistique de la validité des différences observées (tableau XL), on peut résumer la tendance de la façon suivante : il y a augmentation progressive de la proportion d'éclats corticaux (partiellement ou totalement) depuis la phase la plus ancienne jusqu'à la phase la plus récente. Cette augmentation se fait selon trois paliers : les phases lithiques I et II d'une part, peu corticales $m = 18.5\%$), s'opposent à toutes les phases suivantes. Avec la phase III et la phase IV, se marque une augmentation nette ($m = 41.2\%$), répétée pour les phases V et VI ($m = 51\%$) mais de façon moins importante (de fait, la phase VI ne diffère pas significativement de la phase III).

La proportion d'éclats corticaux dans ces dernières phases devient considérable, attestant un débitage des nucléus de plus en plus superficiel, au sens propre du terme. Ceci rejoint l'observation faite sur l'apparente diminution du débitage dans l'épaisseur des blocs dans les phases récentes. Toutefois, le caractère progressif de ce phénomène pose problème : est-il lié à la baisse de la production de lamelles (mais celle-ci ne suit pas exactement le même rythme), ou reflète-t-il une détérioration progressive de la qualité des matières premières disponibles dans les alentours du site ? Il me paraît en effet difficile de soutenir l'hypothèse de ''choix culturels'', plusieurs millénaires séparant vraisemblablement les phases lithiques III et IV, qui ne diffèrent pas de ce point de vue. Quant aux deux premiers facteurs mentionnés, ils participent peut-être de l'explication de ce phénomène, mais ne me paraissent pas être suffisants pour en rendre compte totalement.

3.3. Les produits recherchés

La finalité du débitage paraît, d'après les séries étudiées, avoir varié de façon importante et sans doute un peu

	Non corticaux	Corticaux à moins de 2/3	Corticaux à plus de 2/3	TOTAL
PHASE I (H1-B 210)	353 78%	69 15%	28 6%	450
PHASE II (H1-B 204, 203, 198 et 185)	250 83%	37 12%	13 4%	300
PHASE III (H1-B 174, 173 et 171, H1-A 211,207 et 206)	132 60%	50 23%	36 17%	218
PHASE IV (H1-A 195)	250 57%	130 30%	57 13%	437
PHASE V (H1-B 160 et 159, H1-A 183 et 181)	169 45%	135 36%	69 18%	373
PHASE VI (H1-B 156 et 153)	237 52%	135 29%	87 19%	459

Tableau XXXIX : Répartition du cortex sur les éclats bruts de débitage. Les pourcentages ont été arrondis à la plus proche unité.

PHASE I	I				
PHASE II	_	II			
PHASE III	+	+	III		
PHASE IV	+	+	_	IV	
PHASE V	+	+	+	+	V
PHASE VI	+	+	_	+	_	VI

Tableau XL : Signification statistique des différences de proportion d'éclats corticaux dans le débitage brut (test du χ^2). Rejet de H_o à $\alpha = 0.05$.

	Lamelles (L/l ≥ 2)	Eclats (L/l < 2)	TOTAL
PHASE I (H1-B 210)	72 14%	444 86%	516
PHASE II (H1-B 204, 203, 198 et 185)	85 21%	310 79%	395
PHASE III (H1-B 174, 173 et 171, H1-A 211, 207 et 206)	53 20%	212 80%	265
PHASE IV (H1-A 195)	57 10.5%	486 89.5%	543
PHASE V (H1-B 160 et 159, H1-A 183 et 181)	23 6%	378 94%	401
PHASE VI (H1-B 156 et 153)	46 9%	459 91%	505

Tableau XLI : Pourcentages de lamelles dans le débitage brut (arrondis à la demi-unité près).

PHASE I	I				
PHASE II	+	II			
PHASE III	+	−	III		
PHASE IV	−	+	+	IV	
PHASE V	+	+	+	+	V
PHASE VI	+	+	+	−	−	VI

Tableau XLII : Signification statistique des différences de proportion de lamelles dans le débitage brut (test du χ^2). Rejet de H_o à $\alpha = 0.05$.

surprenante au cours du Paléolithique. En effet, la proportion de lamelles varie de façon non linéaire, et indique, dans l'ensemble, une diminution des phases les plus anciennes aux phases les plus récentes (tableaux XLI et XLII).

La phase I présente un pourcentage de lamelles dans le débitage brut assez moyen (14%), mais difficile en réalité à comparer avec celui des autres phases dans la mesure où sont ici comprises des lamelles torses qui participent de chaînes opératoires bien particulières, et n'étaient peut-être que le sous-produit de la manufacture de certains grattoirs (cf. chapitre VIII).

Le pourcentage de lamelles augmente de façon très significative dans les phases II et III, comparables de ce point de vue (à l'inverse de ce que l'on observait en ce qui concerne la proportion d'éclats corticaux). Ces deux phases s'opposent, de façon statistiquement significative, à toutes les phases suivantes. C'est donc dans cette période ancienne (XXIVème-XXème millénaires B.P.) que la proportion de lamelles dans le débitage brut est la plus élevée. Elles sont, dans ces deux phases, issues de chaînes opératoires spécifiques.

Cette proportion va baisser de moitié dans la phase IV (10.5%) et à nouveau dans la phase V (5.7%), pour se rétablir à 9% dans la phase VI. Dans ces trois dernières phases, la proportion de lamelles est très faible pour une industrie du Paléolithique supérieur et contraste avec l'importance, dans les mêmes phases, des outils retouchés de morphologie lamellaire. Si la sélection préférentielle des lamelles pour l'outillage introduit inéluctablement une baisse proportionnelle de celles-ci dans le débitage brut, elle n'explique pas les variations observées puisque cette sélection affecte en réalité encore plus les phases anciennes (II et III) que les phases récentes. Il faut donc rendre compte des faits suivants :

- changements à travers les phases dans la finalité du débitage,

- conjonction entre production de supports lamellaires, chaînes opératoires spécifiques et morphologie de l'outillage retouché dans les phases II et III,

- disjonction entre production des supports et absence de chaînes opératoires spécifiques d'une part, morphologie de l'outillage retouché d'autre part dans les phases IV et V,

- disjonction partielle des trois éléments dans la phase VI : faible production de lamelles mais existence de chaînes opératoires spécifiques et importance des morphologies lamellaires dans l'outillage.

Or nous avons déjà montré lors de l'étude par phase que la baisse des lamelles dans le débitage intervenait à un moment où la structure typologique du groupe des lamelles à bord abattu se modifiait : dans les phases II et III, le pourcentage relativement élevé de lamelles brutes correspond à un outillage retouché dominé par des lamelles à bord abattu obtuses, à dos rectiligne et assez longues ; ces dernières sont sans doute pratiquement impossibles à obtenir sans un bon support lamellaire au départ. Au contraire, dans les phases où les lamelles brutes sont plus rares, dominent soit des lamelles à bord abattu retouchées latéralement et distalement (phases IV et VI), soit des lamelles à bord abattu obtuses, mais de petite dimension (phases V et VI). Et ce n'est sans doute pas un hasard si l'on retrouve dans la phase VI, où de grandes lamelles à bord abattu obtuses sont également présentes, une chaîne opératoire spécifique pour la production de lamelles.

On peut donc proposer l'interprétation suivante des variations de proportion de lamelles dans le débitage et de la présence ou absence de chaînes opératoires spécifiques : la production de lamelles régulières et allongées est, sinon indispensable, du moins très souhaitable lorsque l'on vise en dernier ressort à fabriquer de longues lamelles obtuses à bord abattu rectiligne, qui ne portent qu'une retouche latérale. Dans ce cas, les nucléus les plus appropriés seront sélectionnés pour extraire des lamelles selon une chaîne opératoire spécifique, et ce en dépit des difficultés rencontrées pour trouver des blocs adéquats : dimensions trop faibles (la mise en forme d'un nucléus conique entraîne beaucoup de déchets et suppose de partir d'un bloc nettement plus grand), existence de plans de clivage naturels, hétérogénéité de la roche. En revanche, les lamelles à bord abattu de plus petites dimensions, ou portant une retouche latérale et distale (retouche proprement dite ou segmentation par la technique du microburin) peuvent être obtenues à partir de supports plus irréguliers. Il en est de même, *a fortiori*, pour des microlithes géométriques comme les triangles [4]. Lorsque ces formes sont dominantes dans l'outillage, on évitera les difficultés de mise en oeuvre de chaînes opératoires spécifiques pour la production de lamelles, en se satisfaisant de lamelles plus irrégulières, obtenues occasionnellement lors du débitage d'un nucléus à éclats ; à la limite, on utilisera même directement des éclats, dont la forme sera complètement modifiée par la retouche.

Dans ces conditions, la proportion de lamelles dans le débitage ne serait pas une variable indépendante, à valeur "culturelle". Elle serait liée à deux autres facteurs techniques : d'une part, la difficulté d'obtenir de bonnes lamelles sur ces matières premières, d'autre part la nature des produits retouchés. Cette dernière variable serait, elle, déterminante.

L'ensemble de ces observations conduit donc à renforcer notre proposition première : les stratégies de débitage varient peu au cours du Paléolithique supérieur de Franchthi, sans doute sous l'effet de contraintes techniques très fortes. L'importance de ces contraintes laisse alors peu de place au développement d'une véritable "économie du débitage", qui suppose des chaînes opératoires à la fois bien différenciées dans leurs étapes, et aisément reproductibles d'un nucléus à l'autre. A défaut, il devient difficile d'associer, par exemple, une catégorie donnée d'outils retouchés avec des supports correspondant à un moment déterminé des chaînes opératoires. Mais, même si elle est peu développée, c'est bien dans le sens d'une "économie de débitage" que nous avons interprété les variations dans la proportion de débitage lamellaire. Pour l'outillage retouché, la question reste en suspens : le choix de supports spécifiques pour des catégories d'outils donnés est manifeste, mais rien n'indique que ces supports aient été délibérément produits à des moments différents des chaînes opératoires de débitage. Ici encore, les contraintes induites par la nature des blocs de matière première a pu conduire à adapter les étapes et les modalités du débitage aux particularités de chaque bloc.

En revanche, les produits retouchés échapperont dans une plus large mesure à ces contraintes techniques. C'est donc dans la stratégie de l'outillage retouché que nous sommes susceptibles de rencontrer la plus forte variabilité diachronique.

4. L'outillage retouché

4.1. Intensité de transformation par la retouche

La première variable qui peut caractériser l'outillage retouché est la proportion même de pièces intentionnellement retouchées par rapport à l'ensemble des produits de débitage. La relation entre cette variable et l'abondance locale des matières premières a été maintes fois démontrée. Dans notre cas, ce facteur de variabilité peut être écarté, la stabilité des paysages pendant toute la période concernée garantissant un accès égal aux sources de matières premières (cf. chapitre I). Si des variations peuvent être mises en évidence dans notre séquence, elles devront donc être mises en relation avec d'autres facteurs, notamment la nature des activités et la durée d'occupation du site.

Simple dans son principe, l'analyse de cette variable pose en pratique quelques difficultés. On peut en effet exprimer la proportion de pièces retouchées soit en nombre, soit en poids. J'ai utilisé ces deux approches, avec des résultats parfois contradictoires.

L'utilisation d'un rapport numérique (nombre de pièces retouchées par rapport au total du débitage) pose en premier lieu le problème de la fiabilité des décomptes. Il pose, en outre, celui de la limite dimensionnelle inférieure des pièces décomptées dans le débitage, de l'influence du taux de fracturation et de l'abondance des esquilles non intentionnelles. Pour essayer de limiter l'influence de certains de ces facteurs, je présenterai ici les résultats obtenus d'après le décompte des pièces retouchées, des nucléus, des lames et lamelles et des éclats de longueur égale ou supérieure à 1cm (sans distinguer les éclats entiers et les fragments). Ces chiffres ont été obtenus d'après les décomptes préliminaires du matériel ; de ce fait, ils ne sont pas absolument fiables en ce qui concerne le débitage, dont le nombre absolu tend à être sous-estimé dans ces décomptes (cf. chapitre IV). Mais on peut estimer que les *tendances* générales sont représentées de façon acceptable, dans la mesure où les erreurs de tri devaient être de même ordre et de même direction pour chaque série de *units*. A titre de contrôle, j'ai néanmoins comparé, pour chaque phase, les résultats individuels de chaque tranchée (H1-A, H1-B et, le cas échéant, F/A-S) : dans aucune des phases ces résultats ne différaient significativement d'une tranchée à l'autre (test du χ^2, risque fixé à $\alpha = 0.05$). D'après ces tris préliminaires, les résultats sont donc bien cohérents à l'intérieur de chaque phase. En outre, j'ai comparé ce tableau général (tableau XLIII) à celui élaboré uniquement d'après les *units* de référence, dont les décomptes sont plus fiables. Ce second tableau montre une proportion inférieure de pièces retouchées, ce qui était attendu : d'une part le nombre d'éclats reconnus (par opposition aux débris) est plus élevé dans ces décomptes définitifs, d'autre part la limite inférieure de décompte est ici fixée à 0.8cm en raison des modules utilisés. Mais ce qui

importe est que la différence entre les deux séries de chiffres est pratiquement constante pour chacune des phases, et que les variations entre les phases y sont de même direction.

Ainsi, dans l'ensemble, la concordance entre les deux tableaux est très satisfaisante et l'on peut considérer que les variations de proportion entre l'outillage retouché et le débitage sont correctement représentées. Ceci dit, l'analyse de ces tableaux est quelque peu décevante : seule la phase lithique I, avec une proportion de pièces retouchées bien inférieure à celle de toutes les autres phases, se distingue nettement de l'ensemble. Et l'on peut même douter que cette différence soit aussi importante qu'il n'y paraît en première estimation : deux facteurs, en effet, peuvent contribuer simultanément à faire baisser artificiellement la proportion de pièces retouchées dans cette phase. D'une part, il s'agit d'un outillage massif, bien moins susceptible de fracturation que celui des autres phases. D'autre part, la nature de la retouche dans cette phase (notamment sur les grattoirs, qui sont dominants) fournit des produits qui seront eux-mêmes décomptés dans le débitage brut : grands éclats de mise en forme et lamelles torses. Le total de référence est donc augmenté, dans une proportion que je ne peux estimer, des produits mêmes de la retouche. C'est certainement beaucoup moins vrai dans les autres phases, où dominent bords abattus et troncatures sur supports minces, qui ne peuvent fournir d'éclats de retouche de 0.8 ou 1cm de long (limite inférieure du décompte). Ceci dit, l'importance des différences technologiques et typologiques entre la phase lithique I et toutes celles qui suivent est assez grande pour envisager que cette différence de proportion ne soit pas seulement un artefact des décomptes.

Toutes les phases suivantes sont caractérisées par une augmentation très nette de la proportion de pièces retouchées, qui constituent jusqu'au cinquième du total du matériel. C'est une proportion très élevée, surtout si l'on tient compte du fait qu'il n'y a pas de pénurie en matières premières. Elle est à nuancer peut-être en raison du décompte des pièces fracturées, mais dans une faible mesure seulement puisque les pièces fracturées ont été également décomptées dans le débitage brut. L'importance des pièces retouchées peut indiquer soit une utilisation très intensive des matériaux rapportés dans la grotte, soit un déséquilibre des chaînes opératoires en faveur des activités de transformation et de maintenance de l'outillage (plutôt que de débitage), soit enfin l'enrichissement de l'outillage par des pièces apportées déjà manufacturées dans le site. On ne voit guère ce qui pourrait justifier la première hypothèse ; en revanche, les deux autres s'accorderaient bien avec la nature de l'outillage (lamelles à bord abattu et microlithes vraisemblablement associés à des activités de prédation). Elles tendraient à indiquer, pour l'ensemble des phases II à VI, un mode d'occupation et des activités assez spécialisés, au moins en ce qui concerne l'industrie lithique. Toutefois, l'absence de variabilité diachronique (si l'on fait exception de la phase I) reste assez surprenante. On peut alors se demander si la même analyse, conduite cette fois en étudiant les poids respectifs du matériel retouché et de l'ensemble de l'outillage, apporterait une meilleure discrimination temporelle. Mais l'intérêt potentiel des mesures de poids ne m'est apparu

	A Ensemble du matériel : nucleus lamelles, lames éclats ≥ 1cm pièces retouchées	B Matériel retouché: microburins et outillage propre- ment dit	C Matériel retouché: outillage (micro- burins exclus)	Rapport A/B	Rapport A/C
PHASE I	574	30	30	19.1	19.1
PHASE II	930	138	138	6.7	6.7
PHASE III	261	52	52	5	5
PHASE IV	1721*	409*	302*	4.2	5.6
PHASE V	482	96	85	5	5.6
PHASE VI	2680	547	485	4.9	5.5

Tableau XLIII : Proportion de l'ensemble du matériel par rapport au matériel retouché, d'après les décomptes préliminaires pour toutes les *units* de la séquence. * H1-A 198 n'a pas été pris en compte car le débitage n'a pas été décompté.

	A Ensemble du matériel : nucleus, lamelles, lames, éclats ≥ 0.8cm pièces retouchées	B Matériel retouché : microburins et outillage proprement dit	C Matériel retouché : outillage (micro-burins exclus)	Rapport A/B	Rapport A/C
PHASE I (H1-B 210)	476	18	18	26.4	26.4
PHASE II (H1-B 204, 203 198, 185)	340	35	35	9.7	9.7
PHASE III (H1-B 174, 173 171, H1-A 211, 207, 206)	267	35	35	7.6	7.6
PHASE IV (H1-A 195)	537	63	47	8.5	11.4
PHASE V (H1-B 160, 159 H1-A 183, 181)	399	59	48	6.7	8.3
PHASE VI (H1-B 156 et 153)	534	74	65	7.2	8.2

Tableau XLIV : Proportion de l'ensemble du matériel par rapport au matériel retouché, d'après les *units* de référence.

que très tardivement, bien après que l'étude du matériel ait été achevée. Aussi n'a-t-il été possible de prendre les poids que pour H1-A et quelques *units* de H1-B, mais sans retrier le matériel, c'est-à-dire sans retirer les débris. Ces données se prêtent donc mal à une analyse directe de la proportion entre le matériel retouché et l'ensemble du débitage : quelques gros débris, quelques blocs de matière première à peine travaillés ou autres éléments pondéreux peuvent introduire des variations considérables de *unit* à *unit*. De la même façon, l'importance des débris brûlés peut entraîner d'importantes différences d'une phase à l'autre.

Il semble bien que ce soit effectivement le cas : contrairement à ce qui se passait dans l'étude numérique qui précède, la comparaison des chiffres entre les deux tranchées indique à plusieurs reprises des différences statistiquement très significatives (phases III et V notamment). Les données fournies par le tableau XLV sont donc difficiles à utiliser pour le problème qui nous intéresse ici, trop de facteurs de variabilité aléatoire étant susceptibles d'influencer les résultats. Ils donnent, en revanche, une idée du poids de matières premières apportées dans les secteurs fouillés pour chaque phase.

En se limitant donc à l'analyse numérique, dont on a pu contrôler la cohérence des résultats, il nous faut conclure que la place de l'outillage retouché dans ces industries n'a pratiquement pas varié dans la séquence paléolithique de Franchthi. C'est donc à la nature des produits retouchés et aux techniques de transformation qu'il nous faut maintenant nous intéresser.

4.2. Le choix des supports

Ce problème a déjà été suffisamment discuté pour que nous n'en rappelions les données que de façon succincte :
- Phase I : choix de supports massifs ou de grande dimension, souvent corticaux. Utilisation, en outre, de blocs et plaquettes non débités. Grande rareté des supports lamellaires.
- Phases II et III : utilisation préférentielle de supports lamellaires.
- Phase IV : reconnaissance des supports plus difficile, la retouche affectant souvent une part plus importante de ceux-ci. Néanmoins, l'utilisation de supports lamellaires semble baisser, au profit d'éclats de petite et moyenne dimensions.
- Phases V et VI : difficultés accrues pour l'identification des supports (à l'importance des transformations par retouche s'ajoute la très petite taille d'une partie des outils). Utilisation de supports lamellaires probablement assez faible, mais choix en tout cas de supports de petites dimensions et de faible épaisseur.

Quatre stratégies de choix des supports peuvent donc être mises en évidence, dont nous avons déjà vu le lien étroit avec la nature des produits retouchés. Il est à noter que les moments de rupture ainsi définis correspondent aux plus importants hiatus chronologiques dans cette séquence : ces différentes stratégies ont donc une répartition chronologique bien différenciée.

4.3. Les chaînes opératoires de transformation

Celles-ci permettent en fait de faire ressortir les mêmes divisions que précédemment :

- Phase I : elle est toujours individualisée, avec l'utilisation d'une retouche lamellaire longue, la fréquence des retouches en position distale et l'absence de retouche abrupte formant un bord abattu.
- Phases II et III : elles sont à nouveau homogènes de ce point de vue et caractérisées par la disparition de la retouche lamellaire longue, la prépondérance de la retouche directe abrupte visant à obtenir bords abattus, et, plus rarement, troncatures. Il est possible, mais non démontré, que la retouche abrupte croisée soit plus fréquente dans la phase III.
- Phase IV : maintien de la prépondérance de la retouche abrupte (bords abattus et troncatures), mais existence d'une chaîne opératoire plus complexe intégrant l'abattage d'un bord, une segmentation par technique du microburin, puis reprise éventuelle de la facette de piquant-trièdre par retouche abrupte. Cette segmentation est toujours unique sur un support donné, l'autre extrémité étant laissée brute de débitage.
- Phases V et VI : la retouche abrupte devient souvent très fine en raison de la minceur de la pièce-support, d'autres retouches prennent plus d'importance, comme la retouche denticulée.

La technique du microburin est toujours employée, mais en moindre fréquence et intégrée à des chaînes opératoires différentes : elle n'est plus nécessairement consécutive à l'abattage d'un bord (c'est maintenant la technique classique, sur coche retouchée), et elle peut être répétée sur la même pièce en partie distale et proximale.

L'intérêt de ces variations diachroniques dans les chaînes opératoires de transformation est que l'on ne peut guère évoquer, à leur propos, de contraintes techniques ou fonctionnelles : elles reflètent, avant tout, des options "libres" des groupes qui les ont mises en oeuvre. Rien ne s'opposerait, par exemple, à l'utilisation de retouche inverse ou croisée pour obtenir des lamelles à bord abattu similaires à celles que nous observons. De même, il n'est nul besoin d'utiliser la technique du microburin pour fabriquer de petites lamelles pointues à bord abattu arqué (celles du Tardigravettien de Yougoslavie et d'Italie ne font pas appel à cette technique). La technique du microburin n'est pas non plus indispensable pour fabriquer des triangles : triangles et trapèzes du Mésolithique supérieur de Franchthi sont fabriqués en grand nombre sans jamais avoir recours à ce mode de segmentation.

La variabilité diachronique des chaînes opératoires de transformation est sans doute, à ce titre, l'un des meilleurs arguments que nous possédions pour mettre en évidence des traditions techniques différentes selon les périodes considérées. Or les moments de changement dans ces traditions techniques (comme dans le choix des supports) correspondent à des ruptures temporelles dans notre séquence. On peut donc avancer que nous sommes en présence d'au moins quatre grandes périodes (au demeurant fort longues) d'occupation de la grotte par des groupes de tradition différente.

C'est l'analyse morphotechnologique de l'outillage retouché qui conduira, dans deux cas, à subdiviser ces périodes en deux phases lithiques distinctes (respectivement II et III, V et VI). L'interprétation de ces différences sera

H1 - A	Ensemble des vestiges lithiques (y compris les débris)	Ensemble du matériel retouché (y compris les microburins)	H1 - B	Ensemble des vestiges lithiques (y compris les débris)	Ensemble du matériel retouché (y compris les microburins)
PHASE I	—	—	PHASE I (H1-B 210 et 208)	1326g	117g
PHASE II	363g	20g	PHASE II (H1-B 204, 200 et 184)	609g	21g
PHASE III	856g	22g	PHASE III (H1-B 181, 174 et 172)	267g	16g
PHASE IV	8250g	272g	PHASE IV (H1-B 165 et 163)	680g	24g
PHASE V	1245g	34g	PHASE V (H1-B 156 et 154)	501g	23g
PHASE VI	2882g	175g	PHASE VI	948g	49g

Tableau XLV : Poids du total du matériel lithique et de la fraction retouchée sur l'ensemble des *units* de H1-A et quelques *units* de H1-B.

plus délicate, dans la mesure où la morphotechnologie de l'outillage retouché est sans doute plus directement liée à la nature des activités techniques auquel correspond cet outillage. Dans ces conditions, des changements d'activités peuvent entraîner des variations dans l'outillage, même dans un cadre culturel homogène.

4.4. Variabilité morphotechnologique de l'outillage retouché

C'est la variabilité "typologique" classique, souvent quantifiée à l'aide d'indices ou de graphiques qui expriment la "distance" entre deux ensembles lithiques. Autant ceci ne pose pas de problème lorsqu'il s'agit simplement de comparer les proportions entre classes communes à deux ensembles, autant l'approche est plus délicate lorsque l'on s'interroge en termes de structure de l'industrie, nombre de classes, équilibre entre les classes, effets de substitution, etc.

En effet, dans le système où nous nous sommes placés (classifications élaborées d'après l'étude du matériel et non à partir de listes pré-établies), le nombre de classes et leur degré de précision dépend dans une large mesure de la construction elle-même. Celle-ci est à son tour étroitement dépendante de la richesse des échantillons étudiés. En effet, dans la mesure où nous avons défini comme classes des combinaisons stables d'attributs, un nombre minimum d'individus est nécessaire à la définition d'une classe. De ce fait, le degré de finesse de notre classification dans chaque groupe d'outils (qui étaient, eux, déterminés par une classification *a priori*) reflète dans une certaine mesure la richesse même des populations dont nous disposions : la finesse de classification des lamelles à bord abattu (et donc le nombre de classes) est de très loin supérieure à celle de tout autre groupe d'outils, mais ces lamelles représentent à elles seules plus du tiers de l'outillage paléolithique. Ce lien entre le nombre de classes reconnues et la richesse de l'échantillon rejoint un problème statistique classique, déjà évoqué : dans toute population constituée de n catégories d'importance décroissante, le nombre de catégories représentées dans un échantillon aléatoire sera fonction de l'importance numérique de l'échantillon. Dans un échantillon restreint, seules les catégories les plus abondantes seront représentées. Au contraire, dans un échantillon riche, même les catégories les plus rares apparaîtront.

Pour résoudre ces problèmes, nous procèderons par étapes, nous attachant d'abord à l'étude des groupes et sous-groupes d'outils qui, posés au départ de l'analyse, échappent en partie à ces difficultés : leur création ne dépend pas de la richesse des échantillons et celle-ci n'est susceptible d'influencer que leur présence ou leur absence dans telle ou telle série.

4.4.1. Variabilité des groupes et sous-groupes

Présentés dans un ordre inspiré de celui de la liste typologique du Paléolithique supérieur de D. de Sonneville-Bordes et J. Perrot (pour faciliter les comparaisons), ces groupes et sous-groupes sont les suivants : grattoirs, coches, denticulés, troncatures simples, lamelles à un bord abattu, lamelles à deux bords abattus, éclats à bord abattu, microlithes géométriques, divers. Pour mieux rendre compte

de l'industrie de la phase VI, j'ai en outre ajouté un groupe "fragments de microlithes géométriques ou lamelles à bord abattu et troncature". En revanche, les fragments non identifiés ne figurent pas dans les graphiques ; ceux-ci ont été établis en pourcentages sans tenir compte des microburins (fig. 43). Les chiffres avec microburins pourront être retrouvés à la lecture du tableau XLVI.

L'analyse des graphiques et du tableau général met en évidence des variations importantes dans la structure par groupes de l'outillage. La phase lithique I se retrouve à nouveau totalement isolée, avec une structure sans équivalent, même lointain, dans les autres phases : seuls sont présents les groupes des grattoirs, des coches, des denticulés et des retouches latérales. Il s'agit, certes, de notre industrie la plus pauvre dans l'ensemble de cette séquence, et les proportions exactes entre les groupes doivent être considérées avec la plus grande réserve. En revanche, les caractères aurignaciens de cette industrie permettent de penser, par analogie, que l'absence des groupes suivants (lamelles à bord(s) abattu(s), géométriques), n'est pas un effet d'échantillonnage.

Les phases II, III et IV sont marquées au contraire par la dominance des lamelles à bord abattu, et la faible représentation en conséquence des autres groupes. Au contraire, les phases V et surtout VI marquent une baisse des lamelles à un bord abattu, due à une meilleure représentation de l'ensemble des groupes d'outils. Or ceci ne peut pas être expliqué par un effet d'échantillonnage : il n'y a, pour l'ensemble des phases, qu'une corrélation moyenne entre la richesse de l'industrie et le nombre de groupes représentés ($r = 0.59$). Ainsi, l'industrie de la phase V est quatre fois plus pauvre que celle de la phase IV, mais le nombre de groupes est supérieur (fig. 44).

Du point de vue de la composition d'ensemble du matériel, nous retrouvons donc une division tripartite : la phase I d'une part, les phases II, III et IV d'autre part, les phases V et VI d'autre part. Mais si l'on tient compte de la place des microburins, c'est une division quadripartite que l'on observe, la phase IV s'isolant alors nettement des phases II et III.

A l'intérieur de ces ensembles, des différences plus nuancées, mais bien réelles, existent aussi : opposition entre les phases II et III sur le groupe des lamelles à deux bords abattus, opposition des phases V et VI sur les groupes des géométriques et des fragments de géométriques ou de lamelles à bord abattu et troncature.

La structure de groupe de l'outillage corrobore donc les oppositions mises en évidence dans la stratégie de débitage, affirmant du même coup le lien entre stratégies de débitage et outillage recherché.

4.4.2. Variabilité quantitative dans les classes d'outils

A cette analyse par groupes fait logiquement suite l'analyse plus détaillée fondée sur les classes d'outils à l'intérieur de chaque groupe. Les différences de représentation des classes d'outils dans chaque phase peuvent, en principe, être à

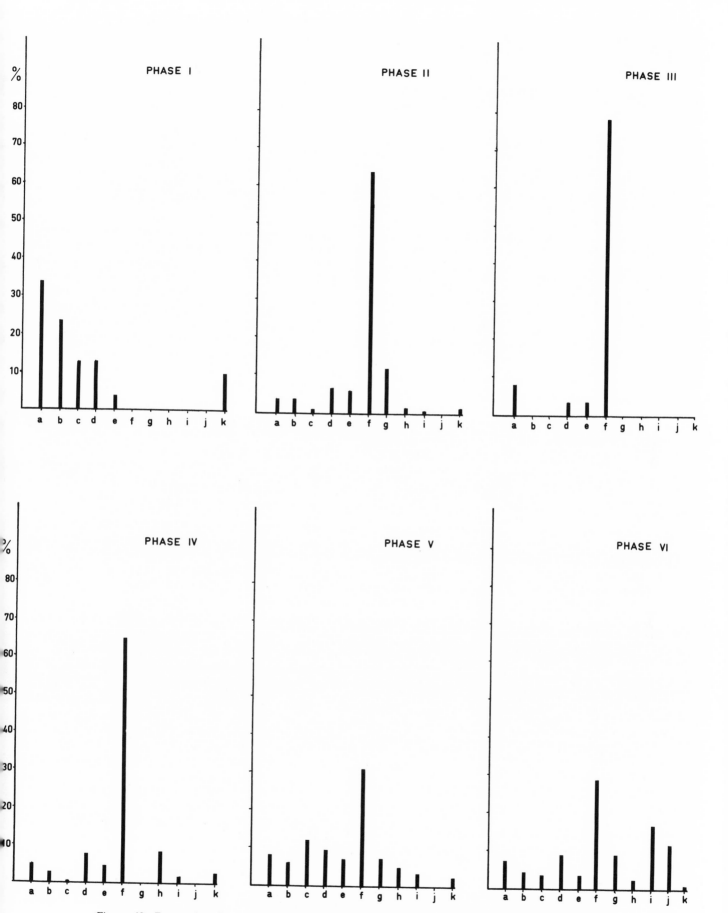

Figure 43 : Proportion des groupes et sous-groupes d'outils dans le Paléolithique. a : grattoirs, b : coches, c : denticulés, d : retouches linéaires, e : troncatures simples, f : lamelles à bord abattu, g : lamelles à deux bords abattus, h : éclats à bord abattu, i : géometriques, j : fragments de géometriques ou lamelles à bord abattu et troncature, k : divers.

Les industries paléolithiques

	Grattoirs	Coches	Denticulés	Retouches latérales	Troncatures simples	Lamelles à un bord abattu	Lamelles à deux bords abattus	Eclats à bord abattu	Fragments ind-dentifiés à bord abattu	Géométriques	Frag. de géomé-triq. ou lamelle à b.a. et tronc.	Divers	Fragments ind-dentifiés	Microburins	TOTAL (sans les microburins)	TOTAL (avec les microburins)	Nombre de grou-pes (sans les microburins)
PHASE I	33.3	23.3	13.3	13.3	3.3							9.9			30	30	6
PHASE II	3.6	3.6	0.7	6.5	5.8	63.7	11.6	1.44	0.7	0.7		1.4			138	138	9
PHASE III	7.7			3.8	3.8	78.8			3.8				1.92		52	52	4
PHASE IV	4.9 (3.5)	2.7 (1.9)	0.5 (0.4)	7.4 (5.3)	4.4 (3.1)	64 (45.6)		8 (5.8)	3.6 (2.5)	1.6 (1.1)		2.6 (1.6)		(28.5)	363	508	9
PHASE V	8 (7.3)	6 (5.2)	12 (10.4)	9.5 (8.3)	7 (6.2)	31.7 (28.1)	7 (6.2)	5 (4.1)	8 (7.3)	3.5 (3.1)		2.3 (2.1)		(11.4)	85	96	10
PHASE VI	7.1 (6.2)	3.8 (3.8)	3.9 (3.5)	8.9 (7.8)	3.7 (3.3)	28.6 (25.4)	9 (8)	2.4 (2.2)	3.5 (3.1)	16.2 (14.2)	11.7 (10.4)	1 (0.5)	1.6 (1.4)	(12)	478	547	10

Tableau XLVI : Proportion des groupes et sous-groupes d'outils dans le Paléolithique. Les pourcentages entre parenthèses sont calculés avec les microburins.

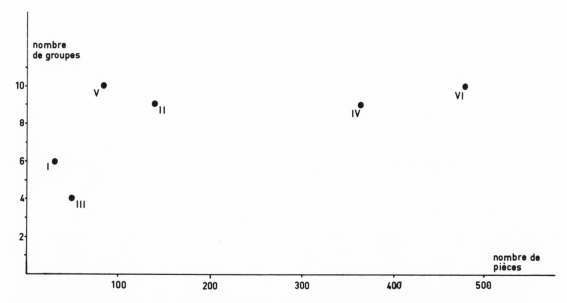

Figure 44 : Relation entre le nombre total de pièces retouchées dans l'outillage (sans les microburins) et le nombre de groupes représentés. Chaque point représente une phase lithique.

nouveau abordées soit sous l'angle qualitatif (présence ou absence de telle classe dans chaque phase) soit sous l'angle quantitatif (importance des différentes classes communes à plusieurs phases). Mais les variations qualitatives ayant servi de base à la définition même de nos phases lithiques (cf. chapitre VI), il serait tautologique d'y revenir en conclusion pour s'apercevoir, qu'effectivement, les classes représentées dans chaque phase ne sont pas les mêmes !

Reste alors à envisager les variations quantitatives dans la proportion des différentes classes, approche classique, souvent illustrée par l'établissement de diagrammes cumulatifs. Mais la séquence paléolithique de Franchthi se prête mal à une telle approche, au moins de façon globale : la phase lithique I diffère trop de toutes les autres phases, aussi bien sur le plan technologique qu'en ce qui concerne la nature de produits retouchés, pour justifier de comparaisons numériques approfondies. Quant aux phases II, III et IV, elles sont tellement massivement dominées par les éléments à bords abattus que les effectifs des autres groupes d'outils, une fois répartis en classes, ne peuvent plus autoriser des comparaisons numériques valides sur le plan statistique. Ainsi, pour ces trois phases réunies, nous n'avons que 27 grattoirs, 26 troncatures simples, 15 coches et trois denticulés. S'il est, à la limite, possible pour les deux premiers groupes, d'opposer la présence ou l'absence de certaines classes (micro-grattoirs, troncatures proximales très obliques, etc.), les comparaisons numériques n'ont plus de sens.

A cet égard, les deux dernières phases se prêteraient mieux à de telles comparaisons, puisque l'outillage y est mieux réparti entre les différents groupes. Mais ces comparaisons ont déjà été faites, et nous avons établi que l'opposition entre ces deux phases reposait uniquement sur les classes de géométriques et les lamelles à bord abattu correspondantes (cf. chapitre XIII). Il est donc inutile d'y revenir.

En conséquence seul le groupe dominant, les lamelles à bord abattu, peut en pratique être analysé sous l'angle des variations quantitatives entre les différentes classes. Or même dans ce cadre, une fois exclus les fragments proximaux et mésiaux qui ne participent pas vraiment de notre classificatif, le nombre de lamelles dans certaines phases devient trop faible pour autoriser des comparaisons exprimées en pourcentage. Toutefois, même de simples tableaux d'effectifs (tableaux XLVII et XLVIII) montrent à l'évidence d'importantes variations d'une phase à l'autre, et qui portent aussi bien sur la morphologie que la technique de préparation de l'extrémité distale.

En ce qui concerne la morphologie (tableau XLVII), chaque phase exprime des préférences différentes [5]:
- Phase II : dominance nette de la forme orthogonale suivie de la forme biseautée (formes 1 et 2).
- Phase III : équivalence numérique des formes orthogonale et pointue symétrique (formes 1 et 3).
- Phase IV : dominance nette des formes pointues, symétrique et asymétrique (formes 3 et 4).
- Phase V : dominance nette de la forme orthogonale, suivie de forme arrondie (formes 1 et 5).
- Phase VI : dominance de la forme biseautée, suivie de la forme arrondie (formes 2 et 5).

Ces différences s'expriment également sur le plan technique (tableau XLVIII), mais de façon moins nette :
- Phase II : dominance de la technique 1.
- Phase III : dominance de la technique 1, suivie de la technique 5.
- Phase IV : *idem*, mais importance en troisième position de la technique 4.
- Phase V : dominance de la technique 1.
- Phase VI : dominance de la technique 1 suivie de la technique 2.

Ces deux variables combinées nous donnent le schéma suivant (tableau XLVIX) :
- Phase II : dominance des classes obtuses (orthogonale et biseautée) obtenues par retouche d'un bord, sans retouche de l'extrémité distale (1/1 et 2/1).
- Phase III : dominance des lamelles obtuses (orthogonales) et des lamelles pointues symétriques obtenues par convergence du bord retouché vers l'extrémité distale (1/1 et 3/5).
- Phase IV : dominance des formes pointues, symétriques ou non, obtenues par convergence du bord retouché vers l'extrémité distale (3/5 et 4/5).
- Phase V : dominance des formes obtuses, orthogonale et arrondie, obtenues par retouche d'un bord, sans retouche de l'extrémité distale (1/1 et 5/1).
- Phase VI : *idem*, suivies de la forme biseautée obtenue par troncature de l'extrémité distale (1/1, 5/1 et 2/3).

Cette analyse permet donc d'opposer les six phases lithiques, renforçant la discrimination obtenue par l'analyse simplement qualitative. Elle témoigne de différences de trois ordres : nature des classes représentées dans chaque phase [6], importance relative des classes communes à plusieurs phases, mais aussi nombre de classes dans chaque phase. En ce qui concerne ce dernier point, il convient de vérifier dans quelle mesure ce nombre est lié à la richesse totale de l'outillage dans chaque phase ; en termes plus archéologiques, ceci revient à se demander s'il y a, ou non, diversification des classes de lamelles à bord abattu dans certaines phases.

4.4.3. Diversification des classes d'outils

En fait, il y a une forte corrélation entre le nombre de pièces et le nombre de classes de lamelles à bord abattu ($r = 0.82$) ; l'examen du graphique de distribution (fig. 45) montre que cette corrélation est très étroite pour les phases II, III, V et VI. En revanche, la phase lithique IV montre une plus grande diversité des classes de lamelles à bord abattu que ce que l'on aurait attendu. Il y a donc, dans cette phase, une relative diversification des classes de lamelles à bord abattu qui n'est pas seulement due à la richesse de l'industrie.

Cette diversification se retrouve-t-elle si l'on considère non plus seulement les lamelles à bord abattu, mais l'ensemble de l'outillage retouché ?

J'ai déjà indiqué précédemment qu'il y a une corrélation inévitable entre le nombre de classes dans l'outillage et la richesse de celui-ci, en raison de la façon même dont ont été élaborées les classifications. Le problème n'est donc pas

Classe	1/-	2/-	3/-	4/-	5/-
Forme	orthogona-le	biseautée	pointue symétrique	pointue asymétrique	arrondie
PHASE II	23	8	3	5	6
PHASE III	8	5	8	0	4
PHASE IV	25	28	52	29	12
PHASE V	9	1	2	1	4
PHASE VI	23	39	5	5	27

Tableau XLVII : Distribution des lamelles à bord abattu selon leur morphologie distale (fragments non distaux exclus).

Classe	-/1	-/2	-/3	-/4	-/5
Technique	Extrémité distale non retouchée	Extrémité distale = deux bords retouchés conver-gents	Extrémité distale retouchée	Extrémité distale = facette de piquant-trièdre	Un bord retouché convergent avec un bord non retouché
PHASE II	40		2	0	3
PHASE III	18	Impossible avec des lamelles à un bord abattu	0	0	7
PHASE IV	51		12	28	55
PHASE V	12		1	1	3
PHASE VI	62		31	1	5

Tableau XLVIII : Distribution des lamelles à bord abattu selon la technique de l'extrémité distale (fragments non distaux exclus).

CLASSE	Lamelles à un bord abattu obtuses					Lamelles à bord abattu et troncature distale			Lamelles à bord abattu et facette de piquant-trièd.			Lamelles pointues	
	1/1	2/1	3/1	4/1	5/1	2/3	4/3	5/3	2/4	3/4	4/4	3/5	4/5
PHASE II	23	6		5	6	2						3	
PHASE III	8	5	1		4							7	
PHASE IV	25	9		5	12	12			7	13	8	39	16
PHASE V	9				3			1	1			2	1
PHASE VI	23	17			22	21	5	5	1			5	

Tableau XLIX : Distribution par classes morphotechnologiques des lamelles à un bord abattu (fragments proximaux et mésiaux exclus).

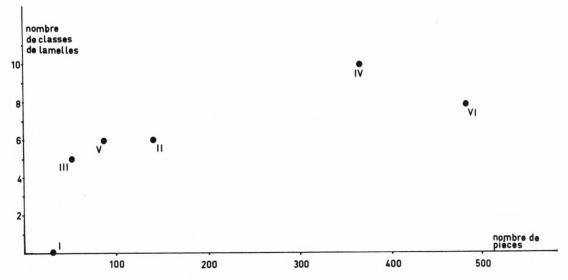

Figure 45 : Relation entre le nombre total de pièces retouchées et le nombre de classes de lamelles à bord abattu représentées. Les chiffres romains renvoient à la numérotation des phases.

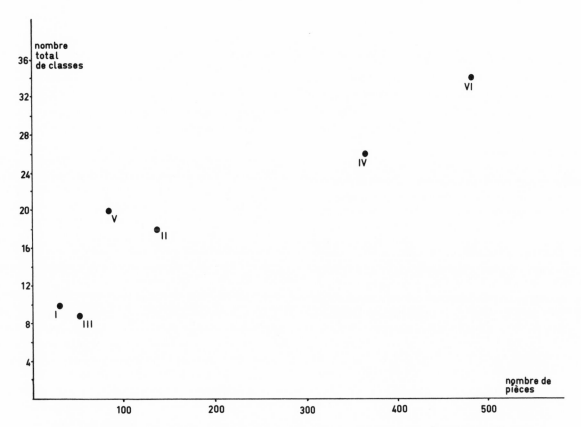

Figure 46 : Relation entre le nombre total de pièces retouchées et le nombre total de classes dans l'outillage.

de voir si ce lien existe, mais s'il peut rendre compte, à lui seul, de toute la variabilité observée. N'y a-t-il pas, en plus, des facteurs réellement archéologiques qui interviennent également pour expliquer la diversité relative de l'outillage dans chaque phase ?

Le coefficient de corrélation calculé entre le nombre de classes dans l'outillage et l'effectif total de celui-ci est de 0.94. C'est un coefficient extrêmement fort, mais l'examen de la répartition graphique (fig. 46) montre qu'il est nettement influencé par les phases les plus riches (II, IV et VI), où la relation est pratiquement linéaire, tandis que les phases I et V s'écartent de cette droite de régression. Ceci est particulièrement net pour la phase V, où le nombre de classes est nettement supérieur à ce que l'on attendrait si la relation était la même que pour les autres phases. On peut donc en déduire au moins pour la phase V et, dans une moindre mesure, pour la phase I, une réelle diversité de l'outillage en termes de classes représentées. En ce qui concerne les autres phases au contraire, le nombre de classes ne présente pas de variations archéologiquement significatives.

4.5. Equilibre de l'outillage

En fait, idéalement, c'est l'équilibre fonctionnel qui nous renseignerait le mieux sur le caractère diversifié ou spécialisé de ces industries et des activités dont elles témoignent. Ne disposant pas d'analyses tracéologiques, nous ne pouvons aborder ce problème directement. A titre d'indication indirecte, nous pouvons cependant étudier l'équilibre typologique (au sens classique du terme, c'est-à-dire concernant l'outillage retouché), en admettant qu'il y a quand même une certaine relation entre forme et fonction, même si elle n'est pas univoque.

Pour ce faire, revenons aux histogrammes de distribution de l'outillage par groupes, mais en nous attachant cette fois non plus à la structure typologique elle-même (quels sont les groupes représentés, les groupes dominants, etc.), mais simplement à l'équilibre ou au déséquilibre entre les divers groupes présents dans chaque phase. Chacun des groupes représente-t-il une part égale de l'outillage ? Y a-t-il, au contraire, un très grand écart de proportion entre un groupe dominant et les suivants ? Ou une structure intermédiaire ?

Dans chaque phase, les groupes ont été reclassés par ordre d'importance numérique, depuis le groupe dominant jusqu'au groupe le plus faiblement représenté (sans tenir compte de leur nature typologique) ; les écarts entre deux groupes successifs ont ensuite été calculés et exprimés en différences de pourcentage par rapport au total de l'industrie (par exemple, dans la phase I, l'écart entre les deux premiers groupes est de 10%, tandis qu'il est de 55.7% entre les deux premiers groupes de la phase II). Théoriquement, plus une industrie sera diversifiée et équilibrée, plus l'écart entre les différents groupes sera faible. A l'inverse, plus une industrie sera spécialisée, plus l'écart entre le ou les groupes dominants et les suivants sera marqué. Ceci peut être exprimé par un graphique, en portant en abscisse l'écart de pourcentage entre chaque couple de groupes, et en ordonnée les groupes classés par ordre d'importance décroissante dans chaque phase.

Le graphique établi pour les six phases paléolithiques de Franchthi (fig. 47) met en évidence deux structures opposées : d'une part, une structure très déséquilibrée, où la différence entre les deux premiers groupes est extrêmement forte (phases II, III et IV), atteignant plus de 70% pour la phase III. D'autre part, une structure mieux équilibrée, où la différence entre les deux groupes les plus riches ne dépasse pas 20% (phases I, V et VI). C'est la phase VI qui se rapproche le plus d'une structure vraiment équilibrée.

En termes archéologiques, ceci peut se traduire en disant que les outillages des phases II, III et IV sont probablement très spécialisés, tandis que ceux des phases I et surtout V et VI apparaissent nettement plus diversifiés. Dans une certaine mesure, difficile à apprécier faute de données sur l'utilisation précise de ces outils, ceci doit refléter le caractère plus ou moins spécialisé des activités dont le site était le cadre. Cette proposition, si elle ne peut être vérifiée directement d'après l'outillage lithique, devrait néanmoins pouvoir être testée en faisant appel à l'ensemble des vestiges mis au jour et en particulier aux données de la faune et de la flore. La discussion de ce problème relève du volume de synthèse sur les occupations préhistoriques de Franchthi, mais il semble, en première approximation, que les phases lithiques V et VI correspondent effectivement à des activités plus diversifiées : chasse, collecte des mollusques terrestres et marins, collecte des céréales et de divers végétaux, pêche et navigation maritime y sont attestées.

4.6. Une économie de l'outillage retouché ?

Ayant étudié la variabilité des outils produits à l'issue des chaînes opératoires de débitage et de transformation, il reste à s'interroger sur le devenir de ces outils lors de leur utilisation jusqu'au moment où ils sont définitivement rejetés. Y a-t-il, dans ces industries paléolithiques, une véritable économie de l'outillage, c'est-à-dire une gestion différentielle des outils, les uns étant, par exemple, vite rejetés, tandis que d'autres seraient plusieurs fois repris et retouchés, voire transformés avant d'être rejetés ?

La réponse précise à ces questions supposerait la mise en oeuvre à la fois du remontage des éclats de retouche sur les outils, et d'analyses fonctionnelles [7]. Ni l'un ni les autres n'étaient envisageables à Franchthi. Toutefois, à en juger par l'analyse strictement technologique, nous n'avons guère d'indices qu'une telle économie de l'outillage ait été développée. Seuls certains grattoirs paraissent témoigner d'une utilisation de longue durée, assortie de reprises du front. Les autres groupes d'outils ne paraissent pas avoir subi de reprises ou de transformations. Ceci dit, la nature même de l'outillage paléolithique de Franchthi ne se prête guère, dans l'ensemble, à de tels processus : lamelles à bord abattu et géométriques y sont dominants. Or ce sont des outils qui devaient se fracturer bien avant d'être rendus inutilisables par l'usure, et qui ne pouvaient guère, une fois cassés, être repris ou transformés. A ceci s'ajoute la proximité des sources de matières premières et l'absence de différences qualitatives nettes entre celles-ci. Les conditions de développement d'une véritable "économie de l'outillage retouché" n'étaient donc pas réunies.

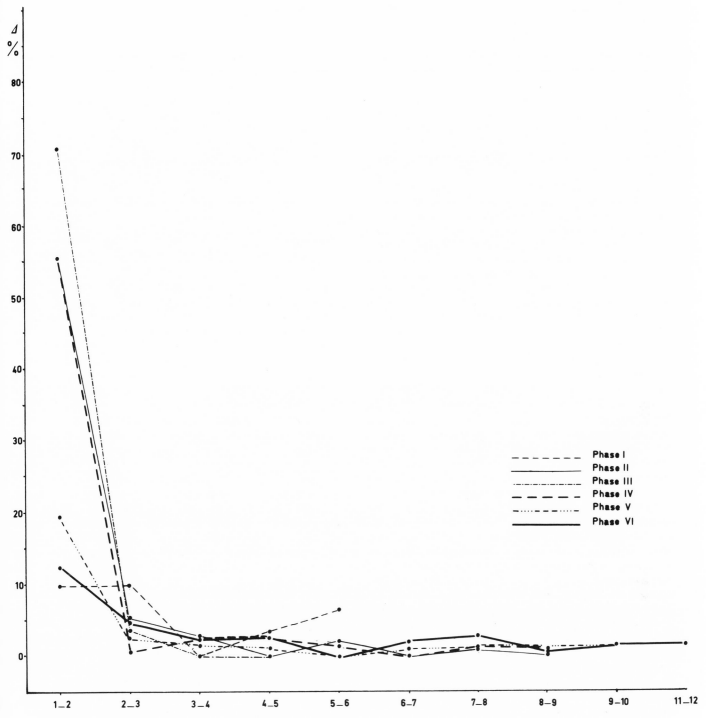

Figure 47 : Ecart en pourcentage entre les groupes d'outils retouchés dans chaque phase, classés par ordre d'importance numérique décroissante.

5. Nature de la variabilité diachronique dans les industries paléolithiques de Franchthi

Cette analyse diachronique a été conduite en respectant pour l'essentiel l'ordre chronologique des options qui s'offraient aux artisans préhistoriques, depuis celle même qui consistait à utiliser la pierre taillée pour résoudre certains problèmes techniques, jusqu'au détail technomorphologique des outils retouchés.

Pour mieux comprendre ce que reflète la variabilité mise en évidence, et avant de tenter d'en offrir une interprétation, il est intéressant de voir à quels moments de ces chaînes opératoires intervient cette variabilité diachronique.

Or il est un fait notable, et qui n'avait rien d'évident *a priori* : dans l'ensemble, la différenciation diachronique s'est affinée au fur et à mesure que nous avancions dans le déroulement des chaînes opératoires. Tout en amont de celles-ci (place de l'industrie lithique dans le système technologique, choix des matières premières et conception générale de l'organisation du débitage), il y a très peu, si ce n'est pas de différences tout au long de cette séquence. Les chaînes opératoires de débitage, la nature des produits de débitage, puis le choix des supports pour l'outillage retouché, apportent déjà plus de résolution chronologique en mettant en évidence chacun deux moments de rupture dans la séquence (mais ce ne sont pas toujours les mêmes). Avec les chaînes opératoires de transformation des supports, une nouvelle division s'ajoute. Mais il faut attendre la dernière étape du travail de la pierre taillée, c'est-à-dire le détail morphotechnologique de l'outillage retouché, pour qu'apparaisse la plus forte variabilité diachronique, permettant d'opposer six phases lithiques au cours de cette séquence.

Cette diversification progressive au long des chaînes opératoires n'a, nous l'avons dit, aucun caractère de nécessité : nombreux seraient les contre-exemples dans d'autres séquences diachroniques, et l'étude des industries néolithiques de Franchthi même en fournira un témoignage parfait. On verra en effet que, dans le même site, l'opposition diachronique peut au contraire jouer au maximum sur le choix des matières premières et les techniques de débitage, bien plus que sur la nature des supports produits et de l'outillage retouché [8].

A l'inverse, nous sommes donc, dans le Paléolithique, en présence d'une structure technique de base peu différenciée, la personnalité de chaque phase lithique se manifestant au mieux sur les produits finis, l'outillage retouché. L'explication la plus probable de cette structure de base stable (compte tenu des écarts chronologiques très importants qui séparent certaines phases), est l'importance des contraintes techniques induites par la nature des matières premières locales, et dont les artisans paléolithiques de Franchthi n'ont pas voulu, ou pas pu, se dégager. De ce fait, leur liberté d'action, dans le cadre de leurs propres traditions techniques et en réponse à des besoins changeants, résidait dans le choix des techniques de retouche, et, plus encore, de la morphologie de leur outillage. C'est là, en conséquence, que se rencontre la plus forte variabilité diachronique, variabilité qu'il nous reste à tenter d'expliquer même de façon très préliminaire :

peut-on préciser les facteurs qui sont à l'origine des changements lithiques mis en évidence dans la séquence paléolithique de Franchthi ?

6. Quelques jalons pour l'interprétation du changement dans les industries paléolithiques de Franchthi

La démarche suivie dans cette tentative a déjà été exposée ailleurs (Perlès 1984*b*), et son intérêt s'étant révélé plus théorique que pratique, je n'en reprendrai ici que les points essentiels.

Mon propos initial n'était pas d'offrir une théorie de la variabilité lithique mais, au contraire, de tenter d'élucider les causes de changement dans une séquence archéologique donnée sans privilégier, *a priori*, un facteur potentiel de changement plutôt qu'un autre. C'est donc d'une recension d'une partie de la littérature consacrée à ce problème que j'ai extrait une liste de facteurs susceptibles d'induire des transformations dans les industries lithiques. Toutefois, l'absence fréquente de précisions quant aux effets attendus, l'utilisation de variables descriptives différentes selon les publications, la faiblesse des propositions quant aux possibilités de discriminer entre plusieurs facteurs potentiels, m'ont interdit d'utiliser directement les modèles exposés dans la littérature spécialisée pour les confronter immédiatement aux données de Franchthi. Une étape intermédiaire était nécessaire : reformuler les modèles de changement et les effets attendus sur l'industrie lithique, de manière à rendre comparaisons et discriminations possibles.

Je me suis limitée, pour l'établissement de ces modèles, à deux ou trois niveaux de causalité [9] et m'attacherai plus particulièrement aux deux premiers, potentiellement accessibles au travers de l'enquête archéologique :

- La cause immédiate (ou cause de niveau 1), qui déclenche le phénomène observé. Par exemple : un changement dans les besoins techniques auxquels répond tout ou partie de l'industrie lithique.

- La cause intermédiaire, directement à l'origine de la précédente, ou cause de niveau 2. Dans l'exemple cité, on peut envisager plusieurs causes intermédiaires : changements dans les ressources localement disponibles, modifications du mode d'exploitation de l'environnement, ou du mode d'occupation du site.

- Les causes lointaines (ou causes de niveau 3), en amont des précédentes : instabilité climatique, changements dans la démographie, etc. Elles seront évoquées le cas échéant, mais sans être considérées dans le détail.

Les causes de changement retenues, comme étant, *a priori*, les plus compatibles avec un contexte socio-économique de chasse-collecte, sont résumées dans le tableau L. Des cinq causes proximales envisagées, deux ont été subdivisées selon les différentes causes intermédiaires possibles.

Les modèles élaborés pour transcrire ces causes de changements en constructions susceptibles d'être testées archéologiquement [10] tiennent compte simultanément des effets prédits pour chaque cause de changement sur l'industrie lithique, et des données archéologiques non-

	CAUSE PROXIMALE	CAUSE INTERMEDIAIRE	CAUSE LOINTAINE
1 –	Changements dans les besoins techniques auxquels répond l'industrie lithique	1A : Modifications des ressources localement disponibles 1B : Transformations dans le mode d'occupation du site (durée, saison, fonction) 1C : Transformations dans le mode d'exploitation des ressources (intensification, diversification, sélection)	Changements climatiques, changements anthropiques (démographie; surexploitation de certaines ressources, modifications du cycle annuel, etc.)
2 –	Changements dans l'accessibilité des matières premières	Surexploitation des sources traditionnelles, nouvelles techniques d'extraction, transformations dans le mode d'exploitation du territoire ou réseaux d'échange, etc.	Causes anthropiques variées, plus rarement, causes naturelles
3 –	Changements dans d'autres composantes du système technologique se répercutant sur l'industrie lithique	Augmentation de l'efficacité de l'outillage, accès à de nouvelles matières premières, mode, etc.	Invention, diffusion, échanges
4 –	Dynamique interne du système lithique	Augmentation de l'efficacité de l'outillage, mode, etc.	Invention, diffusion, mode
5 –	Groupe de traditions différentes	5A : Occupation du site par un nouveau groupe 5B : Acculturation du groupe local	Changements dans la structure d'occupation régionale, déplacements de populations

Tableau L : Facteurs de changement dans l'industrie lithique ayant servi de base à la construction des modèles.

lithiques qui peuvent aider à les discriminer : données climatologiques, faune, flore, saison et durée d'occupation du site, autres données technologiques, etc. Les effets attendus sur l'industrie lithique sont exprimés à l'aide de variables multiples, dont une liste a été fournie au début de ce chapitre (tableau XXXVIII).

Dans la mesure où la validité même des modèles restait à éprouver et qu'un grand nombre des données nécessaires nous manquait encore en ce qui concerne Franchthi, la confrontation des modèles avec les documents de Franchthi a été conçue uniquement comme une tentative préliminaire pour tester le potentiel heuristique de ces modèles. Si l'on juge que cette démarche peut être poursuivie, cela ne pourra se faire, en tout état de cause, que dans le cadre d'une discussion collective, intégrant l'ensemble des spécialistes collaborant aux recherches sur Franchthi.

Néanmoins, même de façon préliminaire, la confrontation des modèles de changement avec chaque moment de rupture dans notre séquence a apporté des éléments intéressants, tant sur le plan de l'analyse de Franchthi, que, surtout, sur le plan méthodologique.

Le résultat le plus important à cet égard est le fait qu'en aucun cas la confrontation des modèles avec les données, pour chaque épisode de changement, n'a permis d'obtenir une corrélation univoque entre les observations et un modèle unique.

Le changement entre les phases lithiques I et II, caractérisé par des transformations importantes dans la technologie, l'outillage et l'équilibre typologique, pourrait, à ce stade de l'analyse, correspondre à l'occupation du site par des groupes de traditions différentes, couplée à une modification des activités dont le site était le cadre. Il reste à voir dans quelle mesure cette dernière est liée à des transformations de l'environnement, aisément envisageables si l'on admet le hiatus chronologique entre ces deux phases (cf. chapitre IX).

Au contraire, le changement entre les phases II et III est limité au matériel retouché et ne concerne que deux classes d'outils : les lamelles pointues à deux bords abattus (qui disparaissent), et les lamelles pointues à un bord abattu (qui apparaissent). Cette configuration se rapproche de celle des modèles 3 et 4 (transformations du système lithique lui-même induites ou non par des changements dans d'autres composants du système technologique) sans que l'on puisse discriminer entre ces deux modèles. En revanche, l'hypothèse de groupes de tradition culturelle différente paraît pouvoir être rejetée.

Avec les phases III et IV, nous avons manifestement affaire à des facteurs de changement complexes. On possède des indications sur des changements dans l'environnement et dans la sélection des ressources exploitées, qui vont de pair avec d'importantes modifications dans l'outillage lithique (baisse de production des lamelles, introduction de nouvelles techniques de transformation des supports avec les microburins, prépondérance des lamelles à bord abattu pointues, etc.). De plus, une augmentation de l'intensité du travail de la pierre taillée paraît ici vraisemblable, mais sans que l'équilibre typologique ne soit modifié. Ce schéma général pourrait correspondre à une adaptation à de nouvelles ressources (modèle 1A) couplée avec une

différence dans le mode d'occupation du site (modèle 1B) par des groupes de tradition technique différente (modèle 5A). L'importance du hiatus chronologique qui peut être suggéré entre les phases III et IV autorise à envisager ces changements complexes.

Les différences entre les phases IV et V sont au moins aussi importantes en ce qui concerne l'industrie lithique. Elles concernent à nouveau la technologie (place différente de la technique du microburin), l'outillage retouché, et aussi l'équilibre typologique, ici profondément modifié. Les modèles fondés sur des différences dans l'exploitation des ressources ou le mode d'occupation du site (1B et 1C) pourraient rendre compte d'une partie de ces changements, mais pas de tous. Ici encore, il faut envisager l'occupation du site par un groupe de traditions techniques différentes (modèle 5A) qui pourrait être rendue vraisemblable par le bref hiatus chronologique suggéré entre ces deux phases (cf. chapitre XII).

Le dernier changement dans la séquence paléolithique de Franchthi, entre les phases V et VI, porte uniquement sur certains outils : la technologie ne change pas. Il ne s'agit pas toutefois, contrairement à ce que l'on observait entre les phases II et III, de substitutions de classes, mais au contraire de l'adjonction de nouvelles classes d'outils (dans les géométriques et les lamelles à bord abattu). L'hypothèse de groupes de tradition différente paraît pouvoir être éliminée du fait de la permanence de la technologie et de l'outillage de base, de même que celles qui font appel à des modifications dans l'environnement ou son exploitation (pour lesquelles il n'y a pas d'indices). Ici à nouveau, la configuration observée se rapproche au mieux des modèles théoriques 3 et 4 (transformations du système lithique lui-même), sans que l'on puisse opter en faveur de l'un plutôt que de l'autre.

Sans prétendre que les résultats obtenus ne soient autre chose que des hypothèses de travail, ils confirment l'impression initiale selon laquelle plusieurs facteurs de changement sont en jeu, et que les transformations observées d'une phase à l'autre ont des causes différentes : réponses à des sollicitations de l'environnement, transformation interne de l'outillage lithique, occupation du site par des groupes de traditions techniques différentes, etc. Les oppositions entre nos différentes phases lithiques n'ont donc pas toutes le même statut. Elles sont d'importance différente. Elles sont loin de refléter toutes des changements dits ''culturels'', au sens restreint de changements dans les traditions techniques. Par voie de conséquence, les phases lithiques elles-mêmes n'ont pas toutes le même statut. Elles ne constituent pas un concept classificatoire homogène mais un simple outil descriptif dénué, en lui-même, de connotations sociologiques. Ceci est fondamental pour définir le cadre dans lequel pourront être, à l'avenir, effectuées des comparaisons entre la séquence paléolithique de Franchthi et celle d'autres sites helléniques. On ne saurait envisager que nos phases lithiques s'y retrouvent avec des caractéristiques absolument analogues (notamment sur le plan quantitatif) si la nature des occupations préhistoriques n'y est pas la même.

Certes, il manque encore bien des éléments pour définir avec précision ce qu'étaient les modes d'occupation du site dans chaque phase, et la nature des activités qui s'y déroulaient. Mais, même si ces résultats préliminaires n'apportent pas à ce sujet de réponse univoque et ne permettent donc pas d'associer chaque épisode de changement avec un ensemble de causes bien définies, au moins aident-ils à cerner le problème, en en rejetant certaines comme fort peu vraisemblables. Du même coup, il devient alors plus aisé de préciser dans quel sens pourraient s'orienter recherches et discussions futures, si l'on tient à préciser la nature des changements observés.

Toutefois, je ne pense pas que, même en disposant de données supplémentaires, il soit possible de faire correspondre étroitement un seul modèle de changement et les données d'observations. La construction des modèles reposait en effet sur l'hypothèse selon laquelle chacun des facteurs de changement agissait séparément. L'analyse des données de Franchthi, aussi bien que le sens commun, indiquent qu'il n'en est rien. Dans la majorité des cas, nous avons affaire à des changements complexes, mettant en jeu simultanément plusieurs facteurs. Dans ce cas, leurs effets sont cumulatifs, conduisant à une situation où la discrimination entre des modèles combinés ne peut se faire par une analyse qualitative des variables considérées (présence ou absence de changement pour chacune d'elle). Il faudrait passer à une analyse plus approfondie, mettant en jeu une quantification des effets du changement sur chaque variable. Mais l'intensité des transformations, pour chaque variable, est étroitement dépendante de l'intensité avec laquelle se manifestent le ou les facteurs de changement dans chaque cas : une modification graduelle des ressources disponibles n'aura pas les mêmes effets quantitatifs (ou même, à la limite, qualitatifs) sur l'outillage lithique que les transformations de l'environnement observables après un hiatus d'occupation de plusieurs millénaires. En fait, pour chaque facteur de changement considéré, on peut montrer que, selon son intensité, les effets sur l'industrie lithique peuvent être d'ordre simplement quantitatif, ou, au contraire, qualitatif (modification de la structure même de l'industrie lithique). Or je ne pense pas que nous disposions, à l'heure actuelle, des informations nécessaires à la construction de modèles quantifiés, ce qui limite de facto nos possibilités d'interprétation à une estimation très grossière.

L'intérêt d'une telle démarche est donc avant tout d'aider à préciser les domaines de recherche qu'il est nécessaire d'explorer, tant au niveau de l'analyse d'une séquence archéologique précise que sur le plan plus général des facteurs de variabilité dans les industries lithiques. En outre, elle souligne combien peut être trompeur le fait, au demeurant courant, de tester sur une série de données la validité d'un seul modèle explicatif. Car ce qui ressort de notre approche est qu'il est aisé, vu le caractère encore très schématique des modèles que nous utilisons, d'obtenir une bonne corrélation entre un modèle et les données d'observation. Le problème est d'éliminer tous les autres modèles, c'est-à-dire d'éliminer les autres facteurs de changement qui, à notre échelle de travail, auraient pu produire des effets similaires sur les industries étudiées.

NOTES

[1] B. Hayden a démontré de façon fort convaincante la place variable de l'industrie lithique dans le système social en général (Hayden 1982).

[2] De très rares fragments d'andouillers ou esquilles osseuses portent quelques traces possibles d'utilisation (R. Payne, à paraître), mais rien qui ne puisse être rapporté à une véritable industrie de l'os.

[3] Ceci aurait nécessité une étude précise des sources et des proportions des diverses catégories de matières premières locales. Cette étude avait été confiée à D. Van Horn, et je n'ai donc pas cherché à la répliquer. Malheureusement, elle a dû être interrompue avant d'aboutir.

[4] Rappelons qu'il n'y a peu de trapèzes dans ces industries. Or dès qu'ils sont un tant soit peu allongés, ceux-ci nécessitent des supports laminaires.

[5] Observation qui conduit à vouloir revenir au débitage lui-même, et voir dans quelle mesure celles-ci sont le reflet de variations subtiles dans la préparation et la technique de débitage des nucléus. Mais il ne m'a pas été possible de le faire.

[6] C'est elle qui avait servi dans une large mesure à définir les phases lithiques elles-mêmes.

[7] En voir une démonstration remarquable dans Van Noten 1978.

[8] Etude préliminaire dans Perlès 1984*a*.

[9] En éliminant les causes artificielles de variabilité, telles que variation spatiale, influence de l'importance numérique de l'échantillon étudié, etc.

[10] Ces modèles sont présentés dans Perlès 1984*b*.

CHAPITRE XV

Sites et industries du Paléolithique supérieur de Grèce

Présentation et eléments de comparaison

Pour de multiples raisons, évoquées dans la première partie de ce travail, la portée des comparaisons possibles entre les industries lithiques de Franchthi et celles d'autres gisements du Paléolithique supérieur de Grèce sera très limitée. Mais, en l'absence de toute synthèse publiée, une présentation même succincte s'impose, ne fût-ce que pour situer Franchthi parmi les autres gisements connus et fixer le cadre de recherches futures.

1. Historique des recherches sur le Paléolithique supérieur de Grèce

Un historique détaillé des recherches sur le Paléolithique de Grèce a été récemment établi par G. Kourtessi-Philippakis (Kourtessi-Philippakis 1980-1981) ; il n'y a donc pas lieu de le reprendre ici dans le détail, mais les quelques jalons qui suivent permettront de mieux comprendre les difficultés que présente une tentative de synthèse sur cette période.

La première référence à une pièce que l'on puisse considérer comme paléolithique remonte au XIXème siècle : il s'agissait, apparemment, d'un biface, découvert en surface (Lenormant 1867:18). Cinquante ans plus tard, l'abbé Breuil signale à son tour trois pièces d'aspect paléolithique supérieur conservées au musée de Manchester (Breuil 1923).

La première séquence du Paléolithique supérieur fut mise au jour en 1941 dans l'abri sous roche de Seïdi, en Béotie, par R. Stampfuss (*infra*) mais il faut attendre les années soixante pour que soient entreprises les premières recherches systématiques. Ce sont d'abord celles de V. Milojčić et ses collaborateurs dans la vallée du Pénios, en Thessalie, et les travaux de A. Leroi-Gourhan, J. et N. Chavaillon et F. Hours dans l'Elide (*infra*). Ils sont suivis des fouilles des sites de l'Epire de 1964 à 1966 par une équipe anglaise dirigée par E. Higgs (*infra*). Enfin, en 1967, débutent les fouilles de Franchthi [1].

Les recherches se sont nettement ralenties dans la décennie suivante : outre la poursuite des travaux sur Franchthi, on ne peut signaler que les fouilles de Kephalari, par R. Felsch puis L. Reisch, et celle d'Arvenitsa par E. Deïlaki, en Argolide.

Très récemment heureusement, une équipe britannique dirigée par G. Bailey a entamé les fouilles d'un nouvel abri sous roche, Klithi, en Epire. Ce sont, à ma connaissance, les seules fouilles en cours sur un site paléolithique en Grèce.

L'extrême rareté des fouilles paléolithiques en Grèce, dont personne ne conteste par ailleurs ni l'intérêt ni la richesse, mérite sans doute quelque explication. La raison en est pour une grande part d'ordre historique et institutionnel. En premier lieu, la préhistoire paléolithique n'est pas enseignée dans les universités grecques et les archéologues helléniques n'ont ni les compétences ni les motivations pour fouiller des sites de cette période. De plus, les archéologues en poste appartiennent pratiquement tous aux circonscriptions régionales qui ont déjà le plus grand mal à faire face aux multiples fouilles de sauvetage sur des sites plus récents, menacés par l'urbanisation croissante. Quant aux fouilles étrangères, elles sont strictement limitées par une législation qui n'accorde, à chaque "Ecole" étrangère, que trois permis de fouille annuels. Or très rares sont celles qui acceptent de consacrer l'un de leur trois permis à des fouilles paléolithiques, au détriment de fouilles helladiques ou classiques ! Toutefois un certain nombre d'étudiants grecs sont actuellement en cours de formation dans diverses universités étrangères, ce qui ouvre l'espoir d'un développement des recherches consacrées au Paléolithique et au Mésolithique dans ce pays.

En attendant, le nombre de sites ayant livré des séquences stratigraphiques du Paléolithique supérieur s'élève à huit seulement (fig. 48), ce qui est encore très limité [2]. De plus, aucun d'entre eux n'a fait jusqu'à présent l'objet d'une publication détaillée. Si l'on ajoute à cela les différences de méthodes de fouille et d'analyse du matériel [3], on concevra aisément que les comparaisons entre ces gisements et Franchthi ne puissent être que très limitées, comme sera tout à fait préliminaire la tentative de synthèse qui conclura ce chapitre. Avant d'aborder celle-ci, je présenterai de façon succincte les différents gisements concernés.

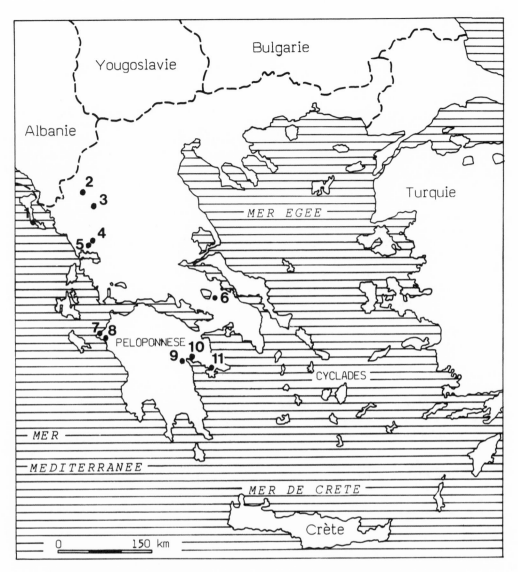

Figure 48 : Localisation géographique des sites mentionnés dans ce chapitre.

1 - Grava	7 - Kastron
2 - Klithi	8 - Amalias
3 - Kastritsa	9 - Kephalari
4 - Asprochaliko	10 - Arvenitsa
5 - Kokkinopilos	11 - Franchthi
6 - Seïdi	

2. Les séquences stratigraphiques
du Paléolithique supérieur de Grèce

1) Argolide

ARVENITSA (Nauplie, Argolide - Fouilles E. Deïlaki).
Rien n'a été publié du matériel de cette petite grotte. Une partie (?) du matériel est exposée dans une vitrine du musée de Nauplie, les pièces reposant malheureusement pour la plupart sur leur face supérieure. D'après ce que j'ai pu voir, il semble y avoir des grattoirs de types variés dont des grattoirs carénés, des denticulés et des éclats à retouche latérale continue. En revanche, on ne trouve ni lamelle à bord abattu, ni microlithe géométrique, ni microburin. Il est difficile de dire si ces absences sont réelles ou simplement dues aux techniques de fouille. Il n'est donc pas possible de suggérer de date pour cette industrie, ce qui est d'autant plus regrettable qu'il s'agit du site fouillé le plus proche géographiquement de Franchthi.

KEPHALARI (Argos, Argolide - Fouilles R. Felsch 1972 et L. Reisch 1975-1976)
La séquence archéologique de cette grotte comprend du Moustérien à la base, du Paléolithique supérieur, du Néolithique et des niveaux historiques. Voici la présentation qu'en fait L. Reisch :

R. Felsch, de l'Institut Archéologique Allemand d'Athènes a le premier fouillé la grotte en 1972 et découvert des niveaux du Paléolithique supérieur final à faible profondeur (Felsch 1973). Ceci a donné l'occasion à l'auteur de faire deux saisons de fouilles initiales, qui ont révélé une riche succession de niveaux culturels du Paléolithique supérieur (C1-F2) sous un remplissage moderne remanié (niveaux A-B). Le niveau le plus profond atteint par les fouilles contient un Paléolithique moyen final (niveau G) caractérisé par des outils de relativement petite dimension.
Le niveau D2 était particulièrement riche en trouvailles et composé d'un sédiment limoneux gris-brun rempli d'éboulis. L'industrie lithique doit être attribuée au Paléolithique supérieur final et elle est caractérisée par de nombreuses lamelles à bord abattu, des grattoirs variés mais surtout de petite taille, des pièces esquillées et, à un degré bien moindre, des pointes de la Gravette et des microgravettes. Les burins, perçoirs et lames tronquées sont spécialement rares. En addition, il y a quelques outils en os, quelques éléments de parure en coquillage et des restes de colorants (Reisch 1976:261).

Reisch ne publie au demeurant ni coupe stratigraphique ni dessins de l'outillage. Or, s'il ne signale pas de pointe à cran par exemple, il en est au moins une de très belle qualité provenant de Kephalari et exposée au musée d'Argos.
Seule la faune a fait l'objet d'une description plus précise : dans le niveau D2 ont été découverts de nombreux restes de hérissons, chauves-souris, lièvres, loups, renards, lynx, chats sauvages, hémiones, sangliers, cerfs, bouquetins et bovidés, sans compter les restes de rongeurs, poissons et

surtout oiseaux qui font en fait l'objet réel de cette publication.
L'outillage ainsi décrit ne correspond de façon précise à aucune des phases reconnues à Franchthi. La présence de gravettes et de microgravettes, éventuellement aussi de pointes à cran, inciterait plutôt, compte tenu des dates obtenues pour de telles industries en Yougoslavie (Montet-White 1983) à situer l'industrie du niveau D2 de Kephalari quelque part dans le grand hiatus chronologique observé à Franchthi entre les phases lithiques III et IV, c'est-à-dire entre le XXème et le XIVème millénaire B.P. En revanche, nous ne pouvons rien dire des autres phases d'occupation du Paléolithique supérieur éventuellement représentées dans cette séquence stratigraphique.

2) Grèce centrale

SEIDI (Mavromathi, Béotie - Fouilles R. Stampfuss 1941 et E. Schmid 1956)
R. Stampfuss a relevé dans cet abri la stratigraphie suivante, que reprendra E. Schmid :
- Couche I, remaniée, 60cm d'épaisseur, matériel paléolithique, classique et hellénistique.
- Couche II : brun clair, sableuse, avec blocs anguleux, fortement concrétionnée par endroits. Faune et outillage du Paléolithique supérieur.
- Couche IIa : sableuse, brun foncé à noir. Faune et industrie du Paléolithique supérieur, plus pauvres. D'après Stampfuss, les couches II et IIa, d'une puissance totale de 1.20 à 1.40m, constitueraient un seul ensemble culturel.
- Couche III : stérile, avec sables et galets, d'apport lacustrine.
- Couche IV : couche sableuse, avec galets, stérile.

Stampfuss indique que le matériel lithique est manufacturé sur des radiolarites, du silex, de la quartzite et du cristal de roche. Il n'en donne pas de décompte, mais indique :

Les grattoirs simples sur éclat, carénés (au nombre de 15) et circulaires viennent en première place. Les pointes sont formées par une retouche tantôt grossière, tantôt fine, le groupe des pointes à cran ainsi que celui du type de la Gravette sont aussi bien représentés. Les lamelles arquées portent partiellement ou entièrement sur les bords une retouche fine. D'autres ont un bord abattu. Une lame à coche figure dans cet inventaire. Enfin, les burins comptent deux exemplaires de burins dièdres d'axe (Stampfuss 1942, d'après Kourtessi-Philippakis 1980-1981:121).

Vingt ans plus tard, E. Schmid publie un décompte global de l'industrie provenant de ses propres fouilles, qui ont porté sur une surface de 12m² ; ce décompte est singulièrement pauvre et peu informatif (Schmid 1965) :

- 27 lames à retouche simple
- 13 lames à retouche bifaciale
- 2 lames à coche
- 5 microcouteaux
- 7 pointes
- 18 grattoirs sur lames
- 11 racloirs
- 1 microburin
- 1 percuteur

Même avec des indications aussi succinctes, il me paraît clair que l'industrie n'est pas homogène, ce qui ne surprendra pas compte tenu de l'épaisseur du "niveau culturel" considéré ! Les grattoirs carénés paraissent indiquer un faciès aurignacien, tandis que les pointes de la Gravette et les pointes à cran suggèrent une ou deux phases comparables au Gravettien et à l'Epigravettien des pays les plus proches, et qui ne seraient pas représentées à Franchthi.

Les deux planches d'outillage publiées par Stampfuss confirment en effet la présence de grattoirs carénés et de pointes à cran, ainsi que de beaux grattoirs sur éclat et en éventail, mais n'apportent pas véritablement d'indications supplémentaires par rapport aux descriptions précitées.

3) Elide

Bien que les recherches sur le Paléolithique de l'Elide n'aient pas donné lieu à de véritables fouilles, il convient d'en faire mention car ce sont parmi les premières recherches sérieuses sur le Paléolithique et la géologie du Quaternaire jamais effectuées en Grèce. Elles ont débuté en 1962, sous la direction de A. Leroi-Gourhan avec la collaboration de J. et N. Chavaillon, F. Hours et M. Brézillon, et se sont poursuivies en 1963 et 1964 (J. et N. C., F. H.). Plusieurs publications détaillées ont vu le jour à la suite de ces recherches (Leroi-Gourhan *et al.* 1963*a* et 1963*b* ; J. Chavaillon *et al.* 1967 et 1969).

La région prospectée se situe en Elide occidentale, entre les villes de Patras et Pyrgos. Il s'agit d'une plaine basse constituée par le remblaiement du petit fleuve Pénée, et aujourd'hui vigoureusement attaquée par l'érosion. Cette érosion fluviatile a dégagé de nombreuses coupes dans des dépôts du Pléistocène récent, où ont été repérées, soit en place, soit au pied des coupes, des industries paléolithiques. Les lieux de découverte sont nombreux et ont été publiés en deux ensembles géographiques, les sites de la région d'Amalias et ceux du Kastron (figs. 49 et 50).

Dix-huit sites ont été repérés dans la première de celles-ci :

Ces sites se présentent toujours de la même façon : un palier dégagé par l'érosion est presque toujours surmonté par un petit escarpement, dont la hauteur peut varier de quelques centimètres à trois mètres. Sur le palier reposent les éléments lourds que l'érosion n'a pas évacués : graviers, petits galets et outils. Les mêmes éléments se retrouvent en coupe, et il est parfois possible de rattacher ces trouvailles à un niveau précis (J. Chavaillon *et al.* 1967:159).

Le faible nombre de pièces dans chaque site et les conditions de découvertes limitent l'interprétation chronologique de ces ensembles. Pratiquement partout, des mélanges sont sensibles. Les auteurs ont distingué quatre groupes d'outils : le groupe Levallois, le groupe moustérien, le groupe paléolithique supérieur et le groupe des denticulés. Le groupe paléolithique supérieur, qui rassemble les grattoirs, les burins, les perçoirs, les couteaux à dos et les lames à dos, ne domine que dans cinq sites (Amalias 1, 2, 10, 11 et 19). Dans le dernier site seulement, Amalias 19, le groupe paléolithique supérieur n'était pas associé à des

outils du groupe Levallois ; de plus, sa position stratigraphique était nettement plus élevée que celle des niveaux à débitage Levallois. C'est donc lui qui a servi de base à la définition des industries du Paléolithique supérieur de la région :

- Le débitage Levallois a presque disparu, il n'en reste que des traces,
- il reste quelques racloirs, sur éclats laminaires minces,
- les grattoirs épais sont nombreux, et de style varié: carénés, museaux et nucléiformes,
- les burins sont très rares,
- il n'y a pratiquement pas de pièces à bord abattu, en tout cas pas de pointes d'allure gravettienne.
Les traces de Levallois et l'absence de pièces à bord abattu inciteraient à placer cette industrie dans les débuts du Paléolithique supérieur (J. Chavaillon *et al.* 1967:199).

Les 28 sites de la région du Kastron (Kastron proprement dit, Lutra et quelques sites plus éloignés) sont dans l'ensemble plus pauvres que les précédents, mais témoignent des mêmes mélanges d'industries. Là encore, le groupe Levallois n'est rare que dans un seul site : Kastron 14. Son industrie est proche de celle d'Amalias 19 avec des grattoirs épais, un perçoir, un burin, une lame à bord abattu, trois coches, six denticulés, une lame à retouche continue et un fragment de racloir. Sa position stratigraphique est également similaire : sommet des sédiments fluviatiles argilo-sableux (couche B) (J. Chavaillon *et al.* 1969).

Les comparaisons avec la séquence de Franchthi, où le début du Paléolithique supérieur est faiblement représenté, ne sont pas très aisées. Les outils qui caractérisent les ensembles de l'Elide, pour le Paléolithique supérieur, sont en fait pratiquement présents tout au long de la séquence de Franchthi. Seule la présence de grattoirs carénés et museaux, l'abondance relative des denticulés, et l'extrême rareté des éléments à bord abattus, autorisent à un rapprochement avec la phase lithique I de Franchthi. Mais ces séries sont, pour l'essentiel, le résultat d'une érosion différentielle : pour peu que les pièces les plus légères aient été emportées (lamelles à bord abattu, microburins et géométriques) il pourrait s'agir en fait d'industries correspondant à n'importe quelle phase paléolithique de Franchthi !

4) Corfou

Les prospections intensives conduites par A. Sordinas à Corfou de 1964 à 1966 ont permis la découverte de très nombreux vestiges du Paléolithique moyen, en surface ou dans des coupes alluviales.

Le Paléolithique supérieur, pendant lequel Corfou était rattachée à la terre ferme, a été découvert en stratigraphie, dans l'abri sous roche de Grava.

GRAVA (Corfou - Fouilles A. Sordinas 1966)

Ni les dimensions du sondage, ni la stratigraphie ne sont précisées. En revanche, Sordinas indique que ses fouilles n'ont atteint que la partie superficielle des dépôts : une

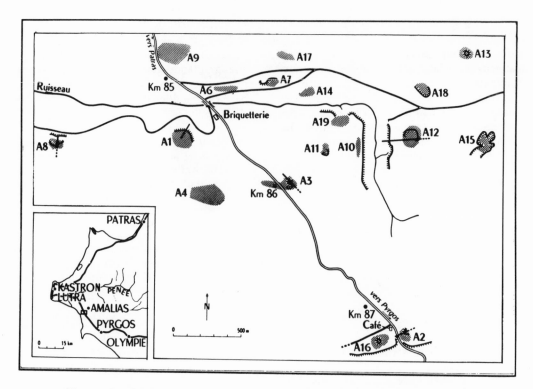

Figure 49 : Carte schématique de la région d'Amalias et industrie lithique d'Amalias, site 19. 1 : fragment de lame retouchée. 2 : burin dièdre d'angle. 3 : grattoir caréné. 4 : grattoir sur bout de lame retouchée. 5 : couteau à dos naturel. 6 et 7 : éclats denticulés. 8 : racloir à dos naturel (d'après J. Chavaillon *et al.* 1967 : figs. 1 et 20).

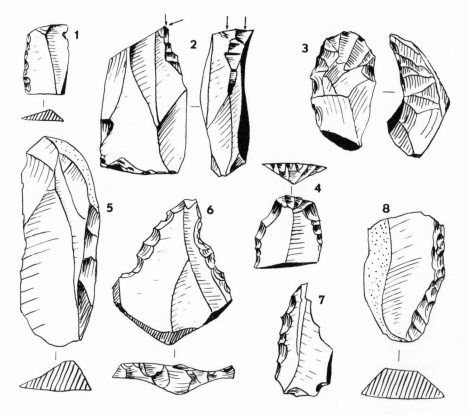

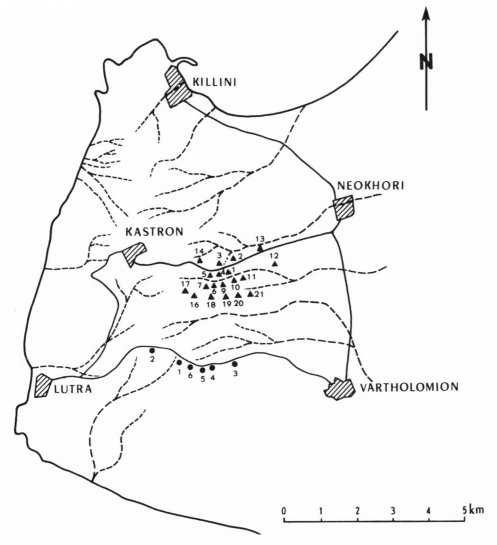

Figure 50 : Carte schématique de la région de Kastron et Lutra et industrie lithique de Kastron, site 14. 1 : lame à retouche continue. 2 : éclat Levallois denticulé. 3 : grattoir. 4 : pointe à dos abattu. 5 : racloir latéral. 6 : grattoir sur bout d'éclat. 7 : nucléus Levallois (d'après J. Chavaillon *et al.* 1969 : figs. 1 et 9).

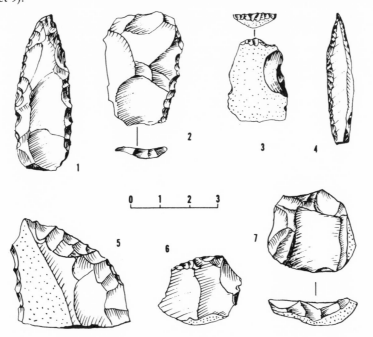

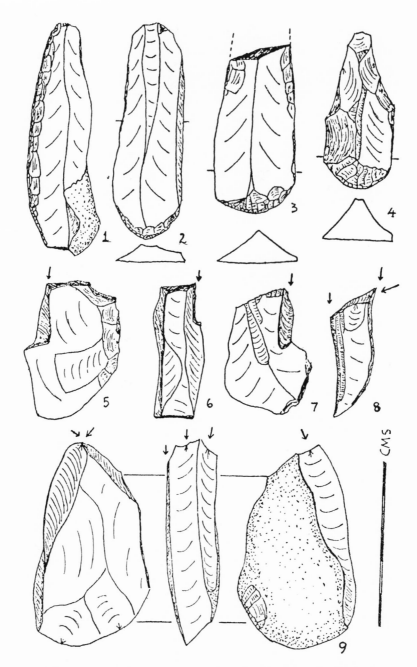

Figure 51 : Industrie lithique de Grava, Corfou. 1-4 : grattoirs plano-convexes épais. 5-9 : burins (d'après Sordinas 1969 : fig. 2).

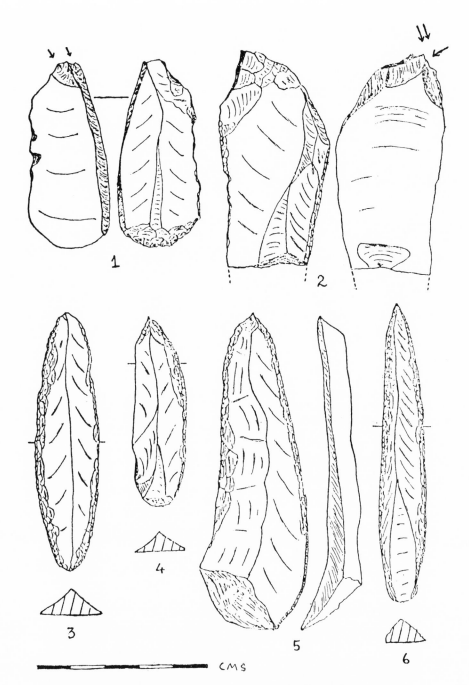

Figure 52 : Industrie lithique de Grava, Corfou. 1-2 : grattoirs-burins. 3-6 : lames et éclats appointis (d'après Sordinas 1969 : fig. 3).

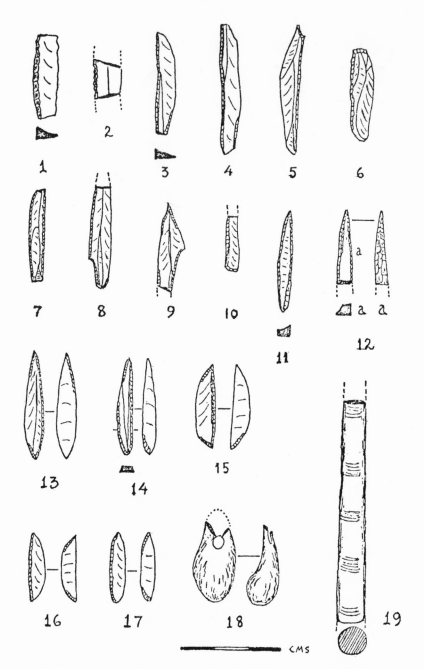

Figure 53 : Industrie lithique, parure et os travaillé de Grava, Corfou. 1-17 : lamelles à bord abattu (d'après Sordinas 1969 : fig. 4).

brèche ossifère indurée, comprenant une industrie riche en lamelles à bord abattu (Sordinas 1969:399).

La faune était composée d'oiseaux, de cerf, de daim, de chevreuil, d'équidés, de bovidés et de hyène. L'industrie lithique qui lui était associée est décrite comme suit :

> There is a variety of scrapers, but thick plano-convex end-scrapers are very characteristic. There is a fairly large number of nucleiform burins and atypical angle burins with beaked pointed ends, generally with many and clumsy spall removals. Various composite burin-scrapers were obtained. There are comparatively few pointed retouched blades or flakes but some are carefully worked bilaterally.
> The most characteristic elements are without doubt several points on small dexterously backed and retouched (but not truncated) bladelets often with partial bifacial retouch at the base and/or the tip (Sordinas 1969:400).

Sordinas considère que le caractère de cette industrie est essentiellement romanellien, point du vue qui me semble peu fondé. L'examen des figures (fig. 51-53) montre effectivement de grands grattoirs sur lames mais pas de micrograttoirs, de grandes lames appointies, des burins apparemment grossiers. Dans l'outillage à bord abattu, on remarque des pointes à cran (apparemment de petites dimensions, et par retouche fine), des lamelles obtuses, des lamelles bipointes à deux bords abattus et les petites pointes à un bord abattu et retouche inverse que mentionne Sordinas. Microburins et géométriques ne sont ni mentionnés ni figurés.

A supposer que cette industrie soit homogène, elle paraît effectivement assez tardive, mais sans doute pas autant que le Romanellien. Elle paraît en effet correspondre assez bien par sa composition (notamment avec les lamelles à bord abattu et retouche inverse et les petites pointes à cran) à des industries épigravettiennes de Yougoslavie, en particulier des séries comme celles de Kadar, étudiées par A. Montet-White (Montet-White 1979 et 1983). Ces industries n'ont pas été datées radiométriquement, mais cet auteur considère, à partir de données géologiques, qu'elles peuvent être attribuées à l'interstade de Philippi, daté approximativement du XVIIème millénaire B.P. Des industries similaires ont été retrouvées à Badanj et Sandalja, mais en position chronostratigraphique plus incertaine (Basler 1979).

Si l'équivalence que je propose est exacte, elle explique alors aisément pourquoi rien de comparable à l'industrie de Grava n'a été découvert à Franchthi : nous nous situerions à nouveau lors du long hiatus entre les phases III et IV.

5) Epire

Les recherches conduites en Epire par E. Higgs et son équipe entre 1962 et 1966, puis par G. Bailey à partir de 1982 font de cette région la plus riche en sites en stratigraphie connue en Grèce, notamment pour le Paléolithique supérieur. Parmi la dizaine de sites dont l'existence est reconnue, quatre gisements de cette période ont fait ou font l'objet de fouilles.

KOKKINOPILOS, site alpha (Aghios Georgios, Epire - Fouilles S. Dakaris et E. Higgs 1962)

Kokkinopilos, site alpha, est le seul gisement de plein air du Paléolithique supérieur qui ait fait l'objet de fouilles véritables en Grèce. L'industrie a été découverte à trois mètres de profondeur, dans un sédiment alluvial très homogène. C'était un site très riche (plus de 8000 pièces ont été recueillies, provenant d'un niveau d'occupation unique), mais qui n'a malheureusement fait l'objet que de mentions très préliminaires et fort laconiques. Ces publications (Dakaris *et al.* 1964 ; Higgs 1968) signalent la présence de grattoirs à front élevé épais, de petits grattoirs, de "lames débitées au punch", de chutes de burin, de lames et lamelles à bord abattu. Higgs précise en outre que les géométriques sont absents.

Ni cette description, ni les quelques pièces dessinées (grattoirs sur éclats, lamelles obtuses à bord abattu rectiligne, fragment de pièce à bord abattu et troncature distale : lamelle ou triangle ?) ne permettent d'aller très loin dans un diagnostic chronologique. L'absence de pointes à cran et sans doute de géométriques, la prédominance apparente des lamelles à bord abattu obtuses, inciterait plutôt à y voir une phase ancienne des industries à lamelles à bord abattu, mais sans aller jusqu'à la date de >35.000 avancée par les auteurs sur des bases géologiques.

KLITHI

Klithi est un vaste abri sous roche, dans les montagnes au Nord de Ioannina. Les fouilles ont débuté au cours de l'été 1983, et doivent être poursuivies plusieurs années. Les premiers sondages ont livré des industries riches en lamelles à bord abattu [4].

ASPROCHALIKO (Aghios Georgios, Epire - Fouilles E. Higgs 1964-1966)

Nous disposons pour cet abri sous roche de deux sources d'information : les publications préliminaires de E. Higgs, entre 1966 et 1971, et deux publications collectives récentes fondées sur le réexamen des carnets de fouilles, des stratigraphies et d'une partie du matériel [5]. Ces deux sources divergent trop fondamentalement pour que je tente d'en proposer une synthèse.

1) Publications de E. Higgs :

Higgs présente une coupe stratigraphique d'Asprochaliko, vraisemblablement synthétique (bien que lui-même ne le précise pas), et qui concerne uniquement le remplissage de l'intérieur de l'abri. On y voit (fig. 54) une séquence de 26 niveaux de 20cm d'épaisseur environ, couvrant une période s'étendant du Moustérien à la fin du Paléolithique supérieur. Dans la partie la plus superficielle, quelques contaminations par des vestiges plus récents ont été relevées. Le contenu de chaque niveau est décrit de manière allusive, et quelque peu contradictoire selon les publications. D'après les deux publications principales (Higgs et Vita-Finzi 1966 ; Higgs 1968) la stratigraphie peut être reconstituée de la manière suivante :

- Niveaux 1-4 : remaniés, avec une industrie à microlithes géométriques.

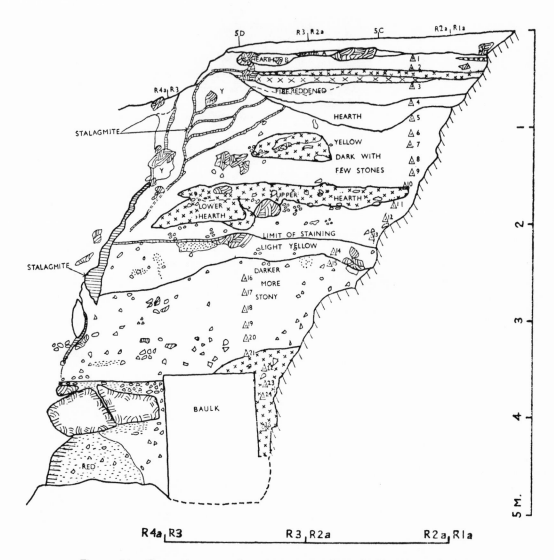

Figure 54 : Coupe à travers les niveaux en place de l'intérieur de l'abri d'Asprochaliko, montrant la face ouest de la tranchée B (d'après Higgs et Vita-Finzi 1966 : fig. 8).

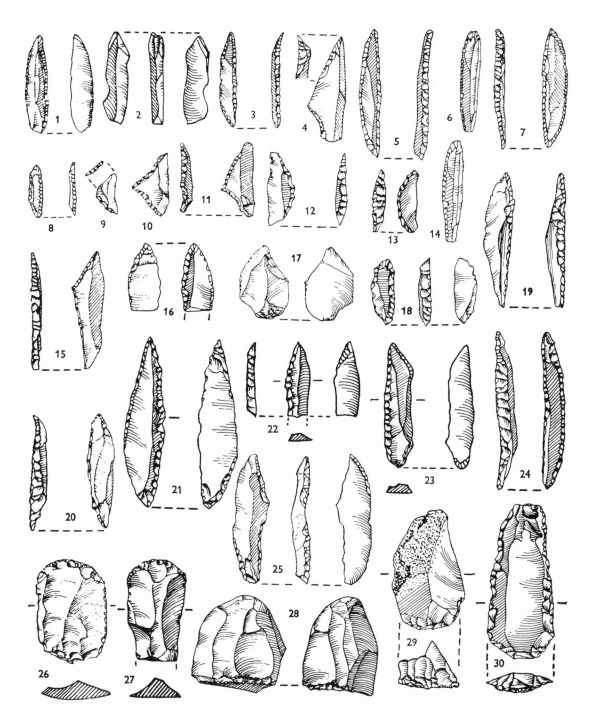

Figure 55 : Industrie lithique des "niveaux supérieurs" d'Asprochaliko (d'après Higgs et Vita-Finzi 1966 : fig. 9). Grandeur nature.

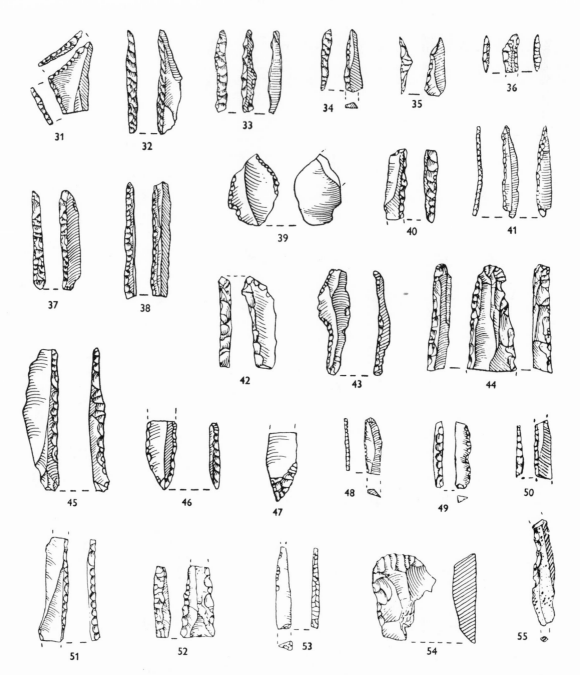

Figure 56 : Industrie lithique d'Asprochaliko (suite). 31-44 : "outillage provenant d'au-dessus du niveau 5". 45-55 : outillage des niveaux 6 et 7 (d'après Higgs et Vita-Finzi 1966 : fig. 10). Grandeur nature.

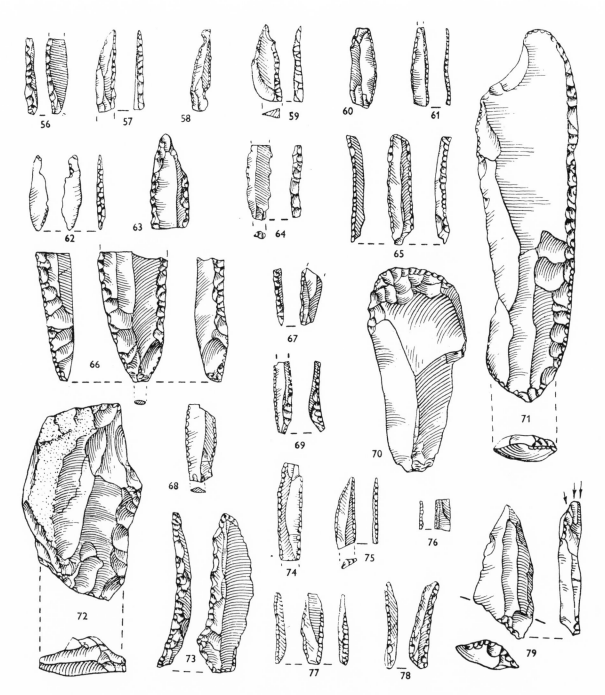

Figure 57 : Industrie lithique d'Asprochaliko (suite). 56-72 : ''outillage provenant du même niveau que celui où fut effectué la datation au radiocarbone'', sans doute le niveau 9. 73-79 : outillage de niveaux situés sous le précédent (d'après Higgs et Vita-Finzi 1966 : fig. 11). Grandeur nature.

Secteur	Tranchée B	R2-R4	R41-R62	Industrie
Niveaux	1	1 (crottes de moutons)	1 (crottes de moutons)	Récent
	2	2 (humus)	-	
	3/4	3 (gris-brun)	3 (brun)	Helladique
		4 (jaune)	4 (jaune)	
	5 (jaune)	5 (rouge)	-	Paléolithique supérieur
		10 (brun clair)	-	id.
	6 (jaune)	13 (jaune, sans pierres)	5 (ocre, sans pierres)	Stérile
	7	14 (orange)	9 (rouge foncé)	Micromousté-rien
		16 (rouge-brun)	11 (rouge foncé)	Stérile
	8	18 (marron)	12 (noir)	Moustérien typique
		19 (noirâtre)	15 (brun foncé)	
			17 (gris)	

Tableau LI : Stratigraphie révisée d'Asprochaliko (d'après Bailey *et al*. 1983*b*).

Niveau / Groupe	4	7	10
Eclats triangulaires	0	3	1
Racloirs	8	5	5
Grattoirs	8	5	9
Grattoirs carénés ou ronds	1	2	3
Pièces à coches	1	2	4
Divers	10	1	1
Pointes bifaciales	0	0	0
Microburins	0	0	0
Géométriques	0	0	1
Lamelles à bord abattu	34	23	29
Pointes de la Gravette	0	0	0
Pointes à cran	1	0	0
TOTAL	68	42	55

Tableau LII : Décompte partiel de l'outillage d'Asprochaliko (d'après Bailey *et al.* 1983*b*).

- Stalagmite Y : recoupe les niveaux précédents. Industrie à microlithes géométriques, comprenant des lamelles à bord abattu, des triangles isocèles et scalènes, des segments, un trapèze, des petits burins, des grattoirs et de nombreux microburins.

- Niveau 5 : zone de contact avec les niveaux remaniés. Industrie comprenant toujours des microlithes géométriques.

- Niveaux 6 et 7 : plus de microlithes géométriques. L'outillage consiste presque entièrement en lamelles à bord abattu et grattoirs.

- Niveau 8 : ?

- Niveau 9 : comprend un vaste foyer ayant donné une date de 26.100 ± 900 B.P. (I-1965) selon Higgs et Vita-Finzi 1966, ou 26.000 ± $^{900}_{800}$ B.P. (I-1956 [*sic*]) selon Higgs 1968. L'industrie est décrite comme contenant une certain nombre de lames à bord abattu (''de type gravettien'') et des lamelles étroites à bord abattu. Cette industrie se retrouverait sous le foyer de la couche 9 et jusqu'à la couche 12.

- Niveaux 10, 11, 12 : la seule indication les concernant est celle qui vient d'être mentionnée.

- Niveaux 13 et 14 : stériles.

- Niveau 15 : micromoustérien.

- Niveaux 16 à 28 : moustérien et niveaux stériles.

Il est indiqué par ailleurs que des pointes à cran apparaissent ''seulement dans les niveaux supérieurs d'Asprochaliko et de Kastritsa'' (Higgs et Vita-Finzi 1966), et il est exact qu'une pointe à cran figure dans l'outillage des ''couches supérieures'' d'Asprochaliko (Higgs 1968:fig. 8).

Il est en effet assez difficile de faire correspondre, à ces informations textuelles, les données graphiques fournies par les illustrations car les légendes ne permettent pas de situer avec précision les industries représentées dans la séquence stratigraphique. Les points les plus importants à noter sont :

- On reconnaît effectivement, dans l'industrie des ''couches supérieures'' (fig. 55) des géométriques et des microburins, mais aussi des lamelles pointues à deux bords abattus, et des lamelles pointues à un bord abattu et retouche inverse de l'extrémité distale ou proximale.

- Dans les niveaux 6 et 7, les lamelles obtuses sont les plus nombreuses, mais il y aussi des lamelles à un (ou deux ?) bord abattu et retouche inverse, avec un fragment possible de pointe à cran.

- Dans les niveaux inférieurs du Paléolithique supérieur (figs. 56 et 57), on relève des lamelles à bord abattu rectiligne, de grandes lames à retouche unilatérale ou bilatérale. Les dessins ne permettent pas de décider s'il y a ou non des lamelles à deux bords abattus. C'est possible.

Pour rajouter encore aux difficultés, il faut mentionner les séries que j'ai pu examiner moi-même :

- Les deux premières (64-138 et 64-139) étaient étiquetées respectivement : 3ème et 4ème niveau à partir de la base de l'abri sous roche, indications qu'il est impossible de faire correspondre avec les indications stratigraphiques précitées. Ces deux séries étaient peu différentes l'une de l'autre, et dominées par des lamelles obtuses à bord abattu rectiligne et des lamelles bipointes, à deux bords abattus (dont un souvent partiel), asymétriques, et de belle facture.

- La troisième série (64-140) comprend les mêmes pièces, mais associées cette fois à un microburin, de grands triangles isocèles et des pointes à cran.

L'impression que l'on retire de tout cela est celle d'industries où dominent, certes, des lamelles à bord abattu de type varié, mais sans que la sériation chronologique n'apparaisse clairement. La raison majeure en serait l'imprécision de la stratigraphie, si l'on en croit les publications plus récentes de G. Bailey et ses collègues.

2) Les publications récentes sur Asprochaliko :

Voulant mener à bien la publication d'Asprochaliko après la mort de E. Higgs, G. Bailey, P. Carter, C. Gamble et H. Higgs se sont en effet heurtés d'entrée à des problèmes stratigraphiques. C'est pourquoi : ''... in attempting to solve the various problems associated with the stratigraphy we have re-examined the existing trench sections as well as the unpublished excavation records'' (Bailey *et al.*, 1983*b*:15).

Il en résulte une stratigraphie profondément remaniée par rapport à celle que publiait E. Higgs : d'une part, les niveaux de l'intérieur de l'abri sont différenciés de ceux du talus extérieur, d'autre part, à l'intérieur même de l'abri, les niveaux (1-19 selon la numérotation de Higgs) sont en partie juxtaposés par secteurs et non plus en succession stratigraphique. En effet, trois secteurs de fouille fournissent trois stratigraphies parallèles (tableau LI) reprenant les anciens niveaux et la numérotation de Higgs. Mais bien que cette dernière soit sensée être la même que celle de Higgs, plusieurs problèmes se posent : ainsi, le niveau 6 devient stérile, les niveaux 9, 11 et 12 deviennent moustériens et non plus paléolithiques supérieurs, et la datation d'environ 26.000 est maintenant indiquée comme provenant de la couche 10.

Le matériel étudié par D. Sturdy en 1968-1970 sur un échantillon provenant de trois ''rectangles'' de fouille (2, 3, et 42) est présenté sous forme d'un décompte (tableau LII). Ce décompte est extrêmement difficile à comparer aux données lithiques qui avaient été fournies par E. Higgs. Aucun microburin n'y apparaît, un seul géométrique et une seule pointe à cran y sont mentionnés. Par ailleurs, les groupes typologiques utilisés, très larges, ne sont guère à même de mettre en évidence des changements chronologiques : les différentes formes de lamelles à un et deux bords abattus ne sont pas distinguées, pas plus que les grattoirs des micrograttoirs, etc.

En conséquence, nous ne pouvons que souscrire à l'opinion de G. Bailey lui-même, disant que les données d'Asprochaliko étaient trop imprécises et trop contradictoires pour être utilisées, sinon dans les termes les plus généraux (*in litt.* 10/83).

En ces termes très généraux, on peut faire les remarques suivantes :

- La phase I de Franchthi, de caractère aurignacoïde, paraît être absente à Asprochaliko.

- Les lamelles à bord abattu semblent apparaître encore plus tôt qu'à Franchthi, à une phase très ancienne du

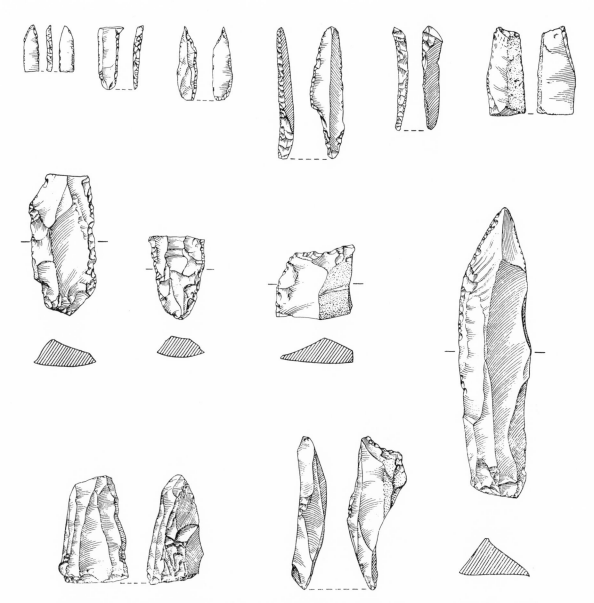

Figure 58 : Industries paléolithiques de Kastritsa, découvertes dans le talus (d'après Higgs 1968 : fig. 9). Grandeur nature.

Strate Groupe	1 niveaux 1-6	3 niveaux 7 et 11	5 niveaux 12-15	7 niveaux 16-20	9 niveaux 21-32
Eclats triangu- laires	7	1	4	0	0
Racloirs	60	35	90	2	4
Grattoirs	281	37	155	1	6
Grattoirs caré- nés ou ronds	1	1	2	0	1
Pièces à coches	38	17	106	2	6
Divers	131	25	33	3	4
Burins	152	40	96	0	1
Pointes bifa- ciales	6	2	5	0	0
Microburins	46	1	2	0	0
Géométriques	6	1	4	0	0
Lamelles à bord abattu	1817	204	473	8	13
Pointes de la Gravette	9	0	9	0	1
Pointes à cran	35	4	2	0	0
TOTAL	2589	369	981	16	36

Tableau LIII : Décompte partiel de l'outillage de Kastritsa (d'après Bailey *et al.* 1983*b*).

Paléolithique supérieur par rapport aux autres pays d'Europe ou du Proche-Orient.

- La partie inférieure de la séquence, qui ne semble posséder ni pointes à cran ni éléments géométriques, pourrait correspondre aux phases II ou III de Franchthi. Toutefois, les lamelles à deux bords abattus, bipointes et dissymétriques, n'ont pas leur équivalent dans les séries de Franchthi.

- La phase supérieure, avec triangles, microburins et segments, évoque la phase VI de Franchthi. Mais si ces éléments sont effectivement associés à des pointes à cran, comme le suggère Higgs, il s'agit alors d'un ensemble différent (ou d'un mélange d'industries, ce qui est aussi assez probable).

KASTRITSA (Kastritsa, Epire - Fouilles Higgs 1966-1967).
On dispose pour cette grotte de sources documentaires analogues à celles d'Asprochaliko, les deux sites ayant été l'objet des mêmes projets de recherche. Toutefois, les informations fournies par E. Higgs sont beaucoup plus succinctes, et par là même moins contradictoires que pour Asprochaliko. Par ailleurs, la stratigraphie y paraît moins complexe.

Higgs indique une séquence stratigraphique de 6m d'épaisseur, comprenant à la base des sédiments lacustres (Kastritsa était à l'époque juste au bord du lac de Ioannina), puis des sédiments de plage correspondant à une série de hauts niveaux du lac. Ces dépôts sont recouverts d'une puissante série d'origine terrestre. Des vestiges archéologiques ont été mis au jour dans ces derniers comme dans les niveaux de plages lacustres, encadrés par des dates du XXIème millénaire B.P. à la base et du XIVème millénaire B.P. au sommet [6].

Dans cette séquence, Higgs indique la présence de petites lamelles à bord abattu jusqu'à 6m de profondeur, associées à des burins et des grattoirs variés. La seule précision est la suivante :

> There appears to be a shouldered point horizon between 3.50 and 4.70m below datum, a new element in the lamellar industries of this area. One striking contrast with the Asprochaliko sequence is the absence at Kastritsa of the geometric element present in the Upper Deposits at Asprochaliko (Higgs *et al.* 1967:21) [7].

Puisqu'une date de 13.400 ± 210 B.P. (I-1960) a été obtenue dans un foyer "près du sommet" (Higgs 1968:232) et que les pointes à cran n'apparaîtraient qu'à 3.50m sous la surface, la fin de cette phase serait assez nettement antérieure au XIVème millénaire. Les illustrations concernant l'industrie de Kastritsa confirment la présence de pointes à cran et de lamelles à bord abattu, mais n'aident en rien à préciser la succession des industries puisqu'aucune référence de niveau n'est fournie.

G. Bailey et ses collaborateurs ont repris l'étude de Kastritsa, où ils reconnaissent une stratigraphie plus simple qu'à Asprochaliko, avec les trois ensembles sédimentaires déjà mentionnés. Mais la coupe qu'ils fournissent est difficilement comparable à celle de Higgs.
Les 32 niveaux de Higgs ont été regroupés en "strates", et c'est par strates qu'un décompte partiel de l'outillage

(également dû à D. Sturdy), est publié (cf. tableau LIII). Là encore il n'apparaît que très peu de changements tout au long d'une séquence qui couvre au moins sept millénaires : les lamelles à bord abattu dominent partout massivement, suivies des grattoirs, des racloirs et des burins. En très faibles proportions, les pointes à cran, géométriques et microburins sont mentionnés dans les deux premières strates (les deux dernières étant de toute façon trop pauvres pour que l'on en tienne compte). Quelques différences se font jour dans les proportions, qui tendraient à individualiser la strate 1 des deux suivantes, mais elles ne sont pas très importantes : baisse des coches et augmentation des lamelles à bord abattu. Ici encore, il est probable que cette très faible (trop faible) variabilité tient essentiellement à l'utilisation de groupes typologiques peu appropriés.

Dans ces conditions, la comparaison avec Franchthi est délicate, sauf sur trois points saillants :

1) La présence de pointes à cran. Le seul fragment possible de pointe à cran à Franchthi provient d'une phase plus ancienne que toute la séquence de Kastritsa. Les dates obtenues pour la base de la séquence de Kastritsa sont en effet les suivantes : niveau 15, 19.900 ± 370 B.P. (I-2465) ; niveau 20, 20.800 ± 810 B.P. (I-2446) ; niveau 21, 21.800 ± 470 (I-2467) et 20.200 ± 480 B.P. (I-2468). Ces datations confirmeraient l'existence d'une phase à pointes à cran en Grèce, reconnue à Grava et Kephalari notamment, et qui se situerait dans l'important hiatus entre les phases III et IV de Franchthi.

2) L'absence de véritable phase à microlithes géométriques. En dépit des pièces sporadiques signalées dans les strates 1, 3 et 5 (0.2% à 0.4% de l'outillage), il semble bien qu'il n'y ait rien à Kastritsa qui corresponde à la phase VI de Franchthi. Les dates radiocarbone confirment à nouveau cette interprétation, puisque la phase lithique VI de Franchthi est datée du 11ème millénaire B.P.

3) Le dernier point à noter est une plus grande diversité de l'outillage à Kastritsa qu'à Franchthi, avec une meilleure représentation du groupe des grattoirs, des "racloirs" et aussi des burins qui peuvent atteindre 10% de l'outillage dans certaines strates. Ceci m'incite à penser que l'industrie de Kastritsa ne diffère pas seulement de celles de Franchthi par sa position chronologique, mais aussi par la nature des activités représentées dans les deux sites. G. Bailey et ses collaborateurs sont arrivés à la même conclusion en comparant Kastritsa et Asprochaliko : ils estiment que Kastritsa était un site occupé beaucoup plus "intensivement" que le précédent (Bailey *et al.* 1983*a* et 1983*b*).

3. Essai de synthèse chronologique

Une tentative de synthèse dans ces conditions ? Tout lecteur raisonnable jugera l'entreprise non seulement peu fondée scientifiquement, mais également dangereuse ! Convaincue toutefois que la recherche scientifique procède largement - sinon uniquement - par réfutation des théories erronées, je ne priverai pas mes collègues d'une telle possibilité... En tout état de cause, il me semble qu'il faut bien essayer à un moment donné de commencer à ordonner la masse d'informations dont on dispose, aussi médiocre soit-elle. Le schéma chronologique que je proposerai ici n'est donc qu'une construction théorique destinée à être réfutée. Au moins aura-t-elle l'avantage de pouvoir servir d'hypothèse pour les recherches à venir.

3.1. Les plus anciennes industries du Paléolithique supérieur de Grèce

Ces plus anciennes industries sont encore très mal connues, car les séries en stratigraphie sont ou bien très pauvres, ou bien non publiées. Toutefois, l'abondance des grattoirs carénés et des grattoirs museaux, découverts dans les séries alluviales de l'Elide, dans le lit du Penios en Thessalie (Milojčić *et al.* 1965), à la base de la séquence de Franchthi, et sans doute aussi de Seïdi, suggère que des industries de faciès aurignacien pouvaient être assez largement représentées en Grèce.

Aucune datation ne peut être proposée pour celles-ci, sinon qu'elles sont au moins pour partie antérieures au XXVème millénaire, époque à laquelle apparaissent les premières industries à bords abattus à Asprochaliko et Franchthi.

3.2. Les plus anciennes industries à lamelles à bord abattu : XXVIème-XXIXème millénaires B.P. ?

C'est en se fondant sur la date obtenue dans la couche 9 (ou 10) d'Asprochaliko : 26.100 ± 900 (I-1956), que l'on peut situer les plus anciennes industries à bords abattu de Grèce dans cette fourchette chronologique, au demeurant très large !

Nous ne disposons pratiquement pas d'éléments pour caractériser ces industries : le groupe des lamelles à bord abattu, au sens large, y domine, mais quelles lamelles ? D'après les illustrations, il semble y avoir des lamelles obtuses à bord abattu rectiligne et des lamelles pointues à deux bords abattus.

Higgs indiquait la présence de niveaux plus anciens contenant des industries similaires, mais ceci n'est pas confirmé par les révisions stratigraphiques de G. Bailey et ses collaborateurs. Il est par ailleurs impossible de déterminer s'il existe des niveaux contemporains dans d'autres gisements de Grèce.

3.3. Industries du XXVème-XXIème millénaires B.P.

Cette estimation chronologique, à nouveau peu précise, est fournie par les deux dates ¹⁴C de la phase lithique II de Franchthi (cf. chapitre IX). Au niveau très général où nous pouvons nous placer, ces industries paraissent être en continuité avec les précédentes : dominance massive des lamelles à bord abattu, et, plus particulièrement, des lamelles obtuses à un bord abattu rectiligne. Y sont associées des lamelles bipointes à deux bords abattus, et de très rares éléments pointus à un bord abattu, de plus grande dimension, comprenant peut-être des pointes à cran.

Nous n'avons pas la certitude que des industries contemporaines aient été mises au jour dans d'autres sites que Franchthi, mais c'est une possibilité, notamment à Kephalari et Asprochaliko.

3.4. Industries du XXème (?) millénaire B.P.

C'est à cette période que l'on peut approximativement rapporter l'industrie de la phase lithique III de Franchthi, mais sans s'appuyer sur des datations radiométriques (cf. chapitre X). Cette phase est caractérisée, dans ce site, par une structure lithique comparable à celle de la phase précédente, mais avec la disparition des lamelles à deux bords abattus et l'augmentation des lamelles pointues à un bord abattu, parfois à retouche croisée et base retouchée.

Il n'est pas impossible que les niveaux inférieurs de Kastritsa, datés des XXème et XXIème millénaires B.P., ne soient comparables à la phase III de Franchthi. Si l'on suit les indications de Higgs et les décomptes publiés, il n'y aurait en effet pas encore de pointes à cran dans ces niveaux. Mais l'industrie est trop pauvre et les données trop succinctes pour que l'on puisse étayer cette hypothèse.

3.5. Industries du XIXème au XVème millénaires B.P. (approximativement)

D'après les dates ¹⁴C de Kastritsa et les indications sur la répartition stratigraphique des niveaux riches en pointes à cran, on peut proposer de situer dans cet intervalle chronologique les niveaux à pointes à cran de ce site. D'après les illustrations, ces pointes à cran paraissent associées, tant à Kastritsa qu'à Grava (et peut-être Kephalari) à des lamelles à bord abattu pointues et retouche inverse d'une ou des deux extrémités.

Aucun de ces éléments n'a été reconnu à Franchthi, mais leur absence est corroborée par les dates ¹⁴C (hiatus entre les phases III et IV).

3.6. Industries du XIIIème millénaire B.P.

On peut rapporter à cette période l'industrie de la phase lithique IV de Franchthi, industrie originale, caractérisée par l'abondance des microburins (près de 30% du total du matériel retouché) provenant de la manufacture de petites pointes à bord abattu et facette de piquant-trièdre et non de microlithes géométriques (cf. chapitre XI). De manière générale, les lamelles à bord abattu sont extrêmement abondantes, les formes pointues dominent sur les formes obtuses, les lamelles à deux bords abattus sont absentes. Il y a aussi des lamelles à bord abattu et troncature distale, des pointes à troncature oblique et de très rares triangles isocèles. Les grattoirs de cette phase sont de petite dimension et comprennent de véritables micrograttoirs.

Les sondages effectués dans l'été 1983 à Klithi ont mis au jour une industrie qui semble, en première approximation, présenter des caractères analogues : nombreux microburins, présence de lamelles à bord abattu et facette de piquant-trièdre, absence de microlithes géométriques [8].

3.7. Industries du XIIème millénaire B.P.

C'est encore à Franchthi que nous ferons référence, avec l'industrie de la phase V (cf. chapitre XII). Les pointes à bord abattu et facette de piquant-trièdre ont disparu, les microburins sont toujours présents, mais en moindre quantité, et servent maintenant à obtenir des microlithes géométriques. Les lamelles obtuses à un bord abattu dominent à nouveau, mais les lamelles pointues à deux bords abattus ont fait leur réapparition. Triangles isocèles, grattoirs, denticulés sont proportionnettement plus nombreux.

Il n'est pas impossible qu'une partie des niveaux ''à microlithes géométriques'' d'Asprochaliko corresponde à la phase V de Franchthi.

3.8. Industries du XIème millénaire B.P.

Là encore, Franchthi est le seul site à avoir, jusqu'à présent, fourni des industries datées de cette période par le ¹⁴C (cf. chapitre XIII), mais elles semblent avoir leur équivalent dans les niveaux supérieurs d'Asprochaliko. Ce sont à Franchthi des industries très riches et très caractéristiques : microlithisme marqué, avec une proportion importante de géométriques (triangles isocèles, équilatéraux et scalènes, segments), de lamelles à un bord abattu obtuses et deux bords abattus obtuses et pointues ainsi que de lamelles à bord abattu et troncature distale. Les microlithes géométriques sont fabriqués en faisant appel à la technique du microburin. Dans le reste de l'outillage, denticulés et grattoirs grossiers sont bien représentés.

Je me limiterai conventionnellement au XIème millénaire B.P. dans la définition de cette séquence du Paléolithique supérieur. Les industries qui lui font suite (reconnues seulement à Franchthi) présentent des caractères très tranchés : disparition de la technique du microburin, disparition des microlithes géométriques, extrême rareté des lamelles à bord abattu, dont il reste encore à déterminer si elles sont intrusives ou non. Ces industries seront traitées dans le volume consacré aux industries lithiques mésolithiques de Franchthi.

Incontestablement, les termes utilisés pour définir cette séquence du Paléolithique supérieur de Grèce sont très vagues et généraux : mais ceci est volontaire. En dire plus, pour les sites autres que Franchthi, eût été dépasser les possibilités de la documentation existante. Pour les périodes définies en se fondant sur les industries de Franchthi on pourra se reporter aux descriptions plus détaillées dans les chapitres précédents, en se rappelant toutefois qu'il serait dangereux de considérer la séquence de Franchthi comme une séquence de référence pour la Grèce, tant les industries de certaines phases présentent de caractères spécialisés.

En outre, le schéma chronologique proposé ne veut éliminer *a priori* ni les possibilités de variations synchroniques (entre régions, ou à l'intérieur d'une même région), ni la possibilité de mettre au jour des industries qui n'ont pas encore trouvé leur place dans ce schéma. C'est pour toutes ces raisons que je limiterai volontairement les comparaisons entre ces industries de Grèce et celles des pays qui l'environnent.

4. Quelques suggestions pour une comparaison du Paléolithique supérieur de Grèce et des régions avoisinantes

Les manques et les imprécisions dans la définition des termes de la séquence paléolithique de Grèce interdisent en effet toute comparaison approfondie avec d'autres pays, et ce d'autant plus que l'état des recherches n'y est pas toujours beaucoup plus avancé...

Ma participation au colloque organisé à Sienne en octobre 1983 par le Prof. A. Palma di Cesnola, et intitulé ''Position taxonomique et chronostratigraphique des industries à pointes à dos autour de la Méditerranée européenne'', a confirmé le bien-fondé de ce point de vue. On pourra se référer aux actes de ce colloque pour connaître les séquences régionales détaillées des régions circum-méditerranéennes (Palma di Cesnola (ed.) 1983).

Quelques points peuvent néanmoins être soulevés :

- Par la place extrêmement importante qu'y tiennent les éléments à bords abattus, la séquence grecque s'inscrit dans la grande lignée ''gravettienne'', au sens large, représentée tout autour de la Méditerranée européenne. Elle en constitue le pôle le plus oriental, et paraît à cet égard marquée par la prépondérance encore plus marquée des éléments à bord abattu (à moins que ceci ne soit lié à la nature des occupations préhistoriques dans les sites fouillés).

- La date d'apparition de ces industries à lamelles à bord abattu en Grèce, même encore peu précise, paraît néanmoins parmi les plus anciennes d'Europe, comme l'avait déjà remarqué E. Higgs. Mais elles diffèrent en outre par leur structure : que ce soit en Italie du Sud (La Cala), en Autriche (Willendorf), ou en URSS (Molodova V), les plus anciennes industries à bord abattu sont dominées par les formes pointues à un bord abattu (notamment les pointes de la Gravette). Au contraire en Grèce il semble, en première analyse, que les formes obtuses dominent. De surcroît il existe en Grèce dans ces industries d'assez nombreuses lamelles à deux bords abattus pointues, qui ne paraissent pas avoir d'équivalent aussi ancien, sinon sous une forme très sporadique [9].

- En revanche, l'ensemble des industries à pointes à cran (qu'il conviendra certainement de subdiviser ultérieurement), paraît correspondre assez bien, tant par les dates qui l'encadrent que par certains détails typologiques, à ce qui est connu en Yougoslavie et dans certaines régions d'Italie : Paglici ou Romanelli, par exemple (Palma di Cesnola 1975 ; Blanc 1928).

- Les industries qui leur font suite, datées du XIIIème millénaire à Franchthi, avec leurs nombreux microburins et les lamelles à bord abattu et facette de piquant-trièdre ne paraissent avoir aucun équivalent connu en Europe. Certes, les uns comme les autres sont présents sporadiquement dans les industries à lamelles à bord abattu, ne fût-ce qu'en raison des accidents de retouche Krukowski. Mais lorsque le pourcentage de microburins dans l'industrie atteint 30%, cette explication ne peut être invoquée. C'est le caractère intensif et systématique de l'utilisation de la technique du microburin dans la fabrication des lamelles à bord abattu qui différencie ces industries de celles où la présence de microburins est signalée sporadiquement.

- Quant aux industries plus récentes, avec microlithes géométriques obtenus par la technique du microburin, elles trouvent plus aisément des répondants dans le reste de la Méditerranée européenne, et plus particulièrement en Italie, dans le Trentin-Frioul [10]. Mais l'abondance de microlithes géométriques aux XIIème et XIème millénaires B.P. n'est pas propre à une région donnée : c'est un phénomène qui s'observe sur des aires géographiques beaucoup plus vastes, y compris le Proche-Orient et l'Afrique du Nord. Les analogies constatées entre les industries de Grèce et celles d'autres régions de la Méditerranée européenne ne témoignent donc pas forcément de traditions techniques communes. Peut-être faut-il y voir simplement l'expression d'un phénomène beaucoup plus général. Il est un fait que des rapprochements peuvent être faits non seulement avec les régions européennes, mais aussi avec des contrées plus orientales.

A cet égard, des comparaisons avec la Turquie s'imposent. En effet, dès lors qu'une certaine forme de navigation en mer est attestée (dès au moins la fin du Paléolithique supérieur), le franchissement du Bosphore ne peut être considéré comme un obstacle, et les liens avec la côte ionienne pouvaient participer d'un même réseau de circulation maritime que celui qui a permis aux paléolithiques de Franchthi de se procurer de l'obsidienne en mer Egée.

Malheureusement, le Paléolithique supérieur de la Turquie est fort mal connu. Les seuls sites sur lesquels nous puissions nous appuyer sont ceux de Magračik, non loin d'Antakya, de Beldibi et Belbaşı sur la côte méridionale, près d'Antalya[11].

D'après M. Şenyürek et E. Bostancı, la grotte de Magraçik I aurait en effet livré deux niveaux d'Aurignacien, surmontant des dépôts du Paléolithique moyen (Şenyürek et Bostancı 1958*a* et 1958*b*). Mais je partage entièrement l'opinion de F. Hours, L. Copeland et O. Aurenche (1973:265, note 3), qui indiquent à leur propos : ''[...]les illustrations donnent plutôt l'impression d'un Moustérien (situé dans la ligne de celui du Zagros ?)''. En tout état de cause, les connaissances sur l'Aurignacien de la Grèce sont elles aussi trop pauvres pour que des comparaisons précises aient un sens.

Les deux abris sous roche de Beldibi et Belbaşı, situés à 5km l'un de l'autre, ont tous deux été fouillés par E. Bostancı dans les années 1959-1960. Celui-ci a consacré à la publication de ses fouilles plusieurs articles importants, en turc et en anglais, témoignant d'un souci très méritoire d'analyser l'industrie lithique de manière approfondie. Manière très imaginative aussi … c'est pourquoi, même en ayant recours aux illustrations (très médiocres), il est parfois difficile d'utiliser ses données comparatives à des fins typologiques.

Beldibi est, des deux sites, celui qui offre la plus longue séquence archéologique. Le niveau le plus ancien est sans doute paléolithique moyen ou transitionnel Paléolithique moyen/Paléolithique supérieur (une belle pointe d'Emireh en provient) (Bostancı 1959:pl. XII). Au-dessus, le niveau E est caractérisé par : ''[...]oblique-fronted and hoof-shaped steep scrapers and a high percentage of nose-scrapers and triangular flakes with prepared striking platforms and the upper surface of the butt refined by flaking'' (Bostancı 1959:159). Les quelques croquis témoigneraient de la persistance d'éléments du Paléolithique moyen, sans que l'on puisse en dire plus.

L'outillage de la couche D est : ''[...]Upper Palaeolithic in type, in particular polyedric burins with the working edge twisted, oblique-fronted steep scrapers, nose scrapers, small Chatelperron points and straight blunted-backed leaf-shaped blades of Gravette type'' (Bostancı 1959:157). Malheureusement, Bostancı n'illustre aucun de ces éléments présumés à bords abattus, rendant toute comparaison impossible. C'est d'autant plus regrettable que nous avons peut-être là un équivalent chronologique des niveaux anciens à bords abattus de Grèce.

De tout autre caractère est la couche C2, où les outils sont généralement microlithiques, et les microburins présents au moins dans la partie supérieure de cette couche. L'outillage y est pour l'essentiel similaire à celui de la couche C1 (*infra*) à ceci près que les grattoirs y sont plus grands.

La couche C1 est définie comme très microlithique, et comprend :

> … angle, bec-de-flute, polyedric and microburins, sickle-blades, backed blades, borers, end-scrapers, small flake scrapers, notched blades, small cores and core-scrapers, mostly pyramidal in type, blunted backed type lunates, triangles, trapezes, roughly Chatelperron curved points, one thumb-nail scraper…(Bostancı 1959:147).

En fait, on voit sur les figures (Bostancı 1959:pl. VI et VII) des microburins, des grattoirs sur lames, des lamelles obtuses à bord abattu, des segments parfois assez grands, des triangles, surtout isocèles. Aucun trapèze n'est illustré. Pour voir apparaître ceux-ci, il faut se tourner vers une publication plus récente (fig. 59 et 60) où l'on voit un trapèze associé aux triangles et segments précités, ainsi qu'à des formes variées de microlithes non-géométriques, que Bostancı qualifie, faute de mieux, de ''U shaped, V shaped, fish-hooks'', etc. Cette richesse de formes, qui rappelle tout à fait le Mésolithique supérieur de Franchthi, au IXème millénaire B.P., n'a en tout cas pas de répondant dans les séries grecques examinées dans le cadre de ce travail. F. Hours et ses collaborateurs y voient un exemple de Kébarien géométrique B[12], et, en l'absence de tout élément de datation, Bostancı les qualifie tantôt de paléolithiques, tantôt de mésolithiques (en raison de la présence de géométriques). Pour ma part, je ne serais pas étonnée qu'il s'agisse effectivement d'industries assez tardives, contemporaines du Mésolithique européen (dont le rapprocherait la présence de galets peints à l'ocre dans la couche en question). Tout dépend en fait de la valeur que l'on accorde à la présence des trapèzes, qui apparaissent plus anciennement au Proche-Orient qu'en Grèce ou dans le reste de l'Europe.

Le niveau le plus récent de Beldibi (couche B) est un niveau néolithique à céramique. Les éléments géométriques y sont toujours présents.

La séquence archéologique de Belbaşı est fort différente : elle se développe sur une profondeur de 1.60m (dont environ 50cm de niveaux très mélangés et remaniés en surface), et a livré une industrie microlithique riche mais peu différenciée, du moins selon les catégories typologiques et la stratigraphie utilisées (Bostancı 1962:tableau p. 269-270). Bostancı y distingue trois ensembles :

- L'ensemble inférieur (III) ''[...]is characterized by thin backed blades pointed at both ends, together with typical microburins and plentiful blade points, shouldered points, stemmed tools and a better made tanged point. All types of burins and cores were plentiful but scrapers on blades were rare''[13].

- Dans l'ensemble moyen (II), on trouve : ''[...]plentiful core-scrapers, blades, burins and [...]tanged points on flakes, large lunates, one with ridge-backed technique, one Heluan point, some small truncated points together with triangular flake points and microburins'' (Bostancı 1962:265).

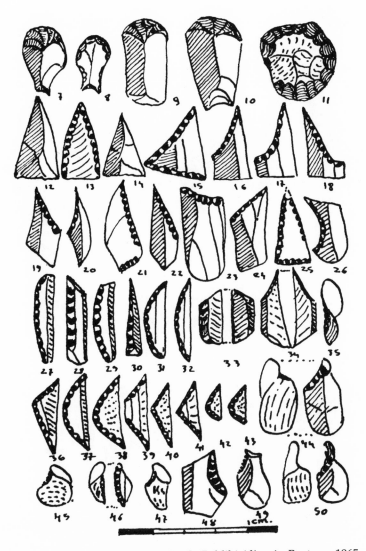

Figure 59 : Outillage de la couche C1 de Beldibi (d'après Bostancı 1965 : pl. III).

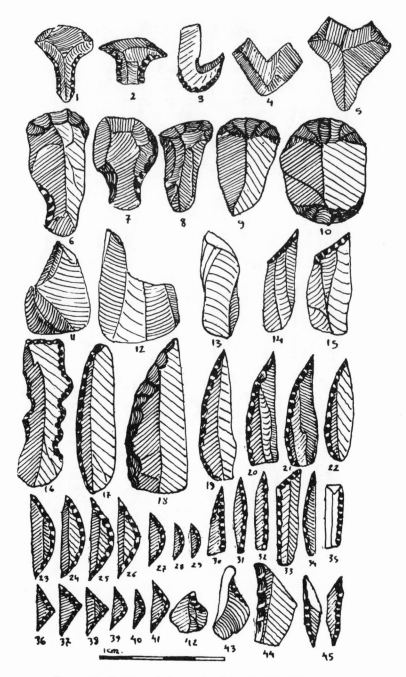

Figure 60 : Outillage de la couche C2 de Beldibi (d'après
Bostancı 1965 : pl. IV).

- L'ensemble supérieur (I) est remanié.

L'un des problèmes majeurs posés par la publication de Belbaşı est l'absence de toute référence stratigraphique dans les illustrations, où les pièces sont groupées selon leur parenté typologique. Il est donc difficile de se faire une idée précise de l'industrie de chaque phase. Or lorsque l'on observe ces figures, on croit y retrouver des lamelles à bord abattu et troncature distale (identiques aux lamelles scalènes de la phase lithique VI de Franchthi), des lamelles pointues à bord abattu arqué, des lamelles bipointes asymétriques, des lamelles à deux bords abattus pointues, outre des segments et des fragments de lames tronquées. Pour trouver figurés les triangles mentionnés, il faut se tourner vers la publication de 1965 (fig. 61) qui montre des triangles, en majorité isocèles.

Ce qui importe, c'est que l'on trouve ici, bien plus nettement qu'à Beldibi, tous les éléments qui caractérisent les phases V et VI de Franchthi et les niveaux supérieurs d'Asprochaliko. Il n'est pas interdit de penser que l'on soit également en présence d'éléments comparables à ceux de la phase IV ; en effet, il est possible que ce que Bostancı décrit (sans en indiquer la provenance stratigraphique) comme "microburins de Belbaşı" ou "coup de microburin antérieur de Belbaşı" soient en fait l'homologue de nos lamelles à bord abattu et facette de piquant-trièdre : "The facet of the burin is at an acute angle to the cutting edge of the blade and this edge near the top of the burin is steeply retouched and sharpened transversely" (Bostancı 1962:264). Toutefois, les deux pièces figurées évoquent simplement des lamelles à bord abattu cassées.

L'impression d'ensemble que l'on retire de cette étude est celle d'une grande similarité dans la nature des outils présents à Belbaşı et dans les phases terminales du Paléolithique supérieur de Franchthi. Mais on ne peut affirmer que la structure des ensembles successifs soit la même (en particulier en ce qui concerne l'ordre d'apparition des types et leurs occurrences simultanées), puisqu'il est impossible de reconstituer avec précision la succession des industries à Belbaşı. Ceci me conduit à accepter l'hypothèse de Bostancı selon laquelle les industries de Belbaşı seraient au moins partiellement antérieures à celles des couches B et C de Beldibi, selon le schéma suivant :

Beldibi B1 : Néolithique
Beldibi B2, C1 et C2 : "Mésolithique"
Belbaşı III et II : Paléolithique supérieur tardif
Beldibi D : Paléolithique supérieur plus ancien.

La parenté suggérée entre les éléments typologiques de Belbaşı et des phases récentes du Paléolithique supérieur de Franchthi conduit à poser le problème des rapports avec le Proche-Orient, puisque F. Hours et ses collaborateurs, par exemple, voient dans l'industrie de Belbaşı un Kébarien géométrique A (Hours *et al.* 1973:454). Les industries du Proche-Orient étant mieux connues que celles de Turquie et beaucoup plus éloignées de la Grèce, nous n'y ferons qu'une allusion rapide :
- La première moitié du Paléolithique supérieur paraît connaître des développements assez différents dans ces deux régions. Les industries du tout début du Paléolithique

supérieur au Proche-Orient, à forte tradition du Paléolithique moyen, n'ont pas d'équivalent connu à ce jour en Grèce, non plus que les industries laminaires qui leur font suite au Negev (Gilead 1981 ; Marks 1981). Certes, à peu près à la même époque, des industries de caractère aurignacien sont attestées au Levant comme en Grèce, sans que cela n'indique nécessairement de parenté étroite. De plus, ces industries paraissent connaître une longévité plus importante au Proche-Orient qu'en Grèce, où les industries à bords abattus (par retouche abrupte) semblent bien plus précoces [14].

- A partir du XIXème millénaire B.P. environ, certaines convergences se font jour en raison de l'abondance des éléments à bord abattu et des troncatures en Grèce comme dans le Kébarien (Bar-Yosef 1981 ; Besançon et al. 1975-1977). Mais les analogies restent très générales : si ma reconstitution est exacte, l'essentiel du Kebarien correspond chronologiquement aux industries à pointes à cran de Grèce, qui n'ont pas, à ma connaissance, de répondant au Proche-Orient.

- Le Kebarien se poursuit entre le XIVème et le XIIème millénaires B.P. avec le Kébarien géométrique (ancien Kébarien géométrique A) qui est en règle générale très riche en trapèzes (à l'exception de rares sites dominés par les triangles et les segments, comme dans la couche 7 de Nahal Oren). Pour les périodes équivalentes, nous ne connaissons pas d'industries riches en microlithes géométriques en Grèce, puisque nous nous situons alors à l'époque de la phase IV de Franchthi.

Il est incontestable en revanche que cette dernière présente, d'après les publications, d'assez fortes ressemblances avec le Mushabien, industrie contemporaine du Kébarien géométrique, et définie notamment par l'utilisation systématique de la technique du microburin sur les lamelles à bord abattu [15] (Bar-Yosef 1981 ; Phillips et Mintz 1977). Mais avant d'explorer cette hypothèse, il conviendrait de l'appuyer sur une comparaison directe des deux industries.

- Contrairement au Proche-Orient, où industries à lamelles à bord abattu et facette de piquant-trièdre et industries à microlithes géométriques semblent contemporaines, elles se succèderaient en Grèce, au moins d'après la séquence de Franchthi. En effet, les industries riches en géométriques sont limitées, dans ce site, aux phases V et VI, c'est-à-dire essentiellement au XIème millénaire B.P. Le Proche-Orient connaît alors les premiers développements du Natoufien (période I de Aurenche *et al.* 1981) ; celui-ci comprend certes des éléments à bord abattu et des microlithes géométriques, mais dans un contexte qui ne souffre guère de comparaisons avec nos industries de Franchthi et correspond à des modes de vie déjà très éloignés.

Exception faite de la phase IV de Franchthi, il semble donc que les rapprochements que l'on puisse faire avec le Levant témoignent surtout de grandes tendances communes (généralisation des éléments à bord abattu, apparition des microlithes géométriques, de la technique du microburin), dont la portée géographique est en fait bien plus vaste que les deux régions considérées. Ces grandes tendances s'expriment en effet aussi bien en Europe méditerranéenne qu'au Proche-Orient ou en Afrique du Nord, mais à travers des structures de détail qui varient fortement d'une région

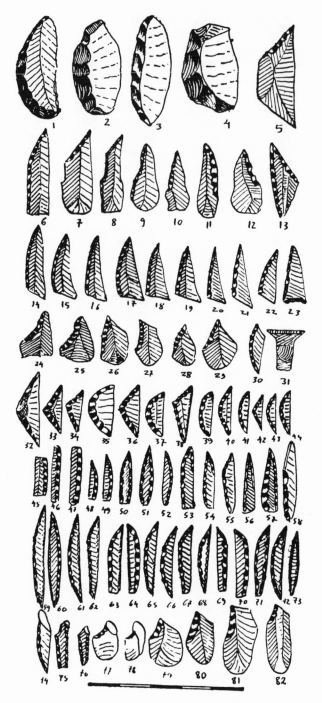

Figure 61 : Outillage de Belbaşı, sans indication de niveau (d'après Bostancı 1965 : pl. V).

à l'autre, et sans que le synchronisme soit absolu. L'existence même de ces grandes tendances pose problème et mériterait que l'on s'y attache. Mais ceci nous éloigne de notre propos.

5. Conclusion

La séquence du Paléolithique supérieur de Grèce, telle que je l'ai suggérée, ne trouve donc de répondant exact ni vers l'Italie ou la Yougoslavie d'une part, ni vers le Proche-Orient d'autre part ; au moins est-ce le cas en l'état des recherches dans chacune de ces régions. Dans tous les cas, les analogies observées pour une période donnée ne sont pas nécessairement confirmées pour la suivante. De plus, selon les périodes, on est tenté de se tourner tantôt vers l'ouest ou le nord, tantôt vers l'est. En d'autres termes, s'il est possible de proposer des analogies pour chaque phase prise individuellement, la séquence complète, elle, paraît bien originale.

Il faudrait toutefois se garder d'être trop affirmatif, au stade encore très préliminaire où se trouvent actuellement les études sur le Paléolithique supérieur de Grèce : le schéma chronologique proposé peut fort bien être infirmé par des recherches futures. Dans l'hypothèse la plus optimiste, il devra au moins être nuancé, et intégrer des variations régionales qui ne pourront manquer de se faire jour. Ceci dit, il reste néanmoins très possible que par sa position géographique, la Grèce soit ouverte dès le Paléolithique supérieur à des influences venant alternativement du nord et de l'est.

Quoi qu'il en soit, on ne saurait de toute façon conclure sans souligner la personnalité marquée de ces industries grecques, très tôt dominées par les éléments à bord abattu, où la technique du microburin est ancienne et d'utilisation variée, où les microlithes géométriques constituent, à la fin du Paléolithique, une fraction étonnamment importante de l'outillage. La présence de types tels que les lamelles bipointes à deux bords abattus, étroites et allongées, dès la première moitié du Paléolithique supérieur, confère en outre un caractère très évolué à des industries pourtant fort anciennes. Mais l'ensemble de ces particularités de l'industrie lithique ne prendra sa véritable signification que lorsqu'il sera possible d'intégrer celles-ci dans leur contexte socio-économique : à quels modes de vie, à quelles activités, à quelles formes d'exploitation de l'environnement correspondent ces industries ? L'aspect déjà très "mésolithique" des industries du Paléolithique récent de Grèce ne vient-il pas de ce que les activités de subsistance : chasse aux cervidés, pêche, collecte des mollusques et des végétaux, étaient déjà fort proches de celles que l'on observera dans l'Europe post-glaciaire ? Est-ce un hasard si ces dernières apparaissent plus tôt dans la partie la plus méridionale de ce continent ?

Relations peut-être séduisantes, mais que viendront immédiatement remettre en question les industries mésolithiques de Franchthi, qui feront l'objet du second fascicule de ce travail.

NOTES

[1] Il faudrait aussi mentionner les fouilles très controversées de Petralona en Chalcidique, dont j'ignore quand elles furent entamées.

[2] En réalité, il faut ajouter le site d'Ulbrich en Argolide, dont je n'ai eu connaissance qu'après l'achèvement de ce texte (cf. tome II). Le matériel des niveaux paléolithiques, rapporté à de l' "Aurignacien" et du "Magdalénien" n'a pas été décrit de façon précise.

[3] Comme la plupart de ces collections étaient en cours d'étude, et de surcroît excessivement riches, il ne m'a pas été possible d'en envisager l'étude personnelle. Je ne traiterai ici que des sites en place, à l'exclusion donc des recherches de Milojčić *et al.* dans la vallée du Penios en Thessalie (1965).

[4] Bailey *in litt.*, 10/83. Je viens d'apprendre (Bailey *et al.* 1984) que celles-ci comprennent des lamelles à bord abattu et facette de piquant-trièdre, associées à de nombreux microburins, mais sans géométriques.

[5] Voir notamment : Higgs 1965 ; Higgs 1966 ; Higgs et Vita-Finzi 1966 ; Higgs 1968 ; Higgs et Webley 1971. Pour les publications récentes, voir Bailey *et al.* 1983*a* et 1983*b*.

[6] Voir spécialement Higgs et Vita-Finzi 1966 ; Higgs *et al.* 1967 ; Higgs 1968.

[7] Indication en contradiction avec ce qui avait été dit au sujet d'Asprochaliko.

[8] Bailey *et al.* 1984. On s'attendrait alors logiquement à trouver des industries analogues en Yougoslavie.

[9] On trouve néanmoins, à des dates sensiblement comparables, des "bipointes" de technique un peu différente, à Willendorf II (C.5), Pavlov II et Dolni Vestonice II (cf. Otte 1981).

[10] Des références bibliographiques récentes concernant toutes les régions concernées dans cette discussion peuvent être trouvées dans Palma di Cesnola (ed.) 1983.

[11] Je n'ai pas cherché à utiliser les données du site de Karaïn (Kökten 1955 et 1963), par trop confuses et imprécises. En revanche, il m'a semblé utile de présenter en détail Beldibi et Belbaşı dont les publications sont mal connues et qui présentent un grand intérêt pour notre propos.

[12] Hours, Copeland et Aurenche 1973:455. Ce Kébarien géométrique B est maintenant reconnu comme contemporain du Natoufien (Aurenche *et al.* 1981).

[13] Bostancı 1962:265. Les groupes "pédonculés" doivent être considérés avec la plus grande prudence.

[14] Les lamelles à retouche marginale continue de Ksar'Aqil par exemple, abondantes des les niveaux anciens, ne présentent pas de véritable bord abattu par retouche abrupte (Tixier et Inizan 1981).

[15] J. Phillips a confirmé cette analogie d'après les figures de la présente publication.

TROISIÈME PARTIE

Documents

Document I.1 (à suivre)

GROTTE ET SECTEUR DU PORCHE

	H1-A	H1-B	F/A-S	F/A-N
PALEOLITHIQUE	220 - 167	215 - 150	227 - 200	non fouillé
MESOLITHIQUE INFERIEUR	166 - 164 163 162 - 161 160 - 120	149 - 117	199-194, 192 189, 187, 185, 182 180, 178, 175-172	non étudié
MESOLITHIQUE SUPERIEUR	119 - 100	116 - 100	171 - 152	198 - 173 : étude partielle (microlithes seulement)
MESO. FINAL	absent ?	absent ?	151 - 148	172 - 164
NEOLITHIQUE	99 - 80	99 - 73	147 - 73 72 - 59	163 - 120 119 - 104 103 - 59

Liste des *units* étudiées :

▨ *units* tamisées à l'eau

◨ tamisage à l'eau partiel

▢ tamisage à sec jusqu'à 3mm

* tamisage à sec jusqu'à 10mm

Document I.1 (suite)

GROTTE ET SECTEUR DU PORCHE

G1	H	F/F-1	H pedestal	B/E	F/A	H2-A
66, 67	57-60, 70, 71					
	62 - 67					
	61, 50 - 53	44, 43	37AA-37EE			203-199 163 - 153
		42 - 39, 38 - 1 *	37 - 37A	21 - 1	58 - 1	152 - 41

Document I.2 (à suivre)

PARALIA

	L5	L5-NE	05	05-NE	P5
NEOLITHIQUE	1 - 84	1 - 68	1-19, 23-26, 34, 36-37, 39 46-51, 56-67 73-74, 77-78, 80-81, 83-86 88, 90, 106 - 138.	11-18, 20, 23 30-33, 35-36, 38	1-30, 32-40 42, 47, 49, 54, 56, 58- 59, 61, 63, 67, 70, 72, 79-81, 87-93, 95, 99, 100, 102, 104, 112 113, 115, 117 118-122, 127- 129, 132, 134 135-137, 140 143, 145, 147 148, 150, 154 155, 158, 162 180-183, 186- 188, 190-191, 193-194

Liste des *units* étudiées :
même légende que pour le document I.1.

Document I.2 (suite)

PARALIA

P5/Q5	Q4	Q5-N	Q5-S et Q5-W	Q6-N	Q/R
1 - 50	3-6, 10, 14, 17 20-24, 26, 29-39, 40-46, 81-100, 106-111, 123-134	6-31, 38-41, 43-45, 47-51 53-58, 60-61 63-65 **69, 71, 75, 77 80, 85-87, 97-106**	23-25, 38, 46, 62-64, 68-69, 71-72 **75-77, 80-98,** 114-115, 117, 119, 120, 131, 132, 135, 143, 145-146, 148 **156** 158, 161, 169, 173, 175, 181-233	7-10, 12-15 17-19, 23-25, 28-31, 33, 35-38, 40, 50-51, 54-56, 58-60, 62-65 61, 66 **67-69,** 70-72	1-12, 14-17 22, 24, 29, 31-35, **36-41**

Document V.1

Provenance	Description
F/A-S 227	2 éclats à talon facetté
H1-B 210	1 éclat à talon facetté "en chapeau de gendarme"
H1-A 195	2 éclats à talon facetté, dont 1 à patine blanche
F/A-S 219	1 éclat à patine blanche et 1 éclat à double patine
F/A-S 218	1 éclat à patine blanche
F/A-S 215	1 éclat à patine blanche
H1-A 207	1 éclat à double patine
H1-Terrasse	2 éclats Levallois
F/F1 1-3	1 nucléus Levallois et une pointe de type moustérien

Paléolithique moyen : Quelques indices de la présence de Paléolithique moyen dans la grotte (cette liste n'est pas exhaustive).

Document VII.1

Origine / Units	Tranchée	Résidus > 10mm	Résidus 5-10mm	Résidus 2.8-5mm (échantillon)	Résidus non spécifiés	Tranferts	Notes
F/A-S 227	*	*	*	1/4 et 1/8 - Ø		coquillages os	nombreux gravillons
F/A-S 226			*	1/4 et 1/8 - Ø		coquillages os	nombreux gravillons
F/A-S 225				1/8 - Ø		os	fragment d'obsidienne (transf.)
F/A-S 224				1/4 et 1/4 - Ø		os	nombreux gravillons
F/A-S 223			*	1/4 et 1/4 - Ø		os	nombreux gravillons
F/A-S 222		*		1/4 - Ø		coquillages os	nombreux gravillons
F/A-S 221	*	*		1/4 : *	*	os	nombreux gravillons
H1-B 215	*	*	*				très concrétionné
H1-B 214		*	*				très concrétionné
H1-B 213	*		*				

PHASE 0 : Origine du matériel étudié dans chaque niveau.

* : échantillon présent, avec matériel travaillé
Ø : échantillon présent, pas de matériel travaillé

Document VII.2

	Calcite, graviers	Débris de calcaire < 1cm	Débris de calcaire ≥ 1cm	Débris de silex < 1cm	Débris de silex ≥ 1cm	Nucléus et fragments	Eclats de silex < 1cm	Eclats de silex ≥ 1cm	Lames et lamelles	Eclats de calcaire < 1cm	Eclats de calcaire ≥ 1cm	Pièces retouchées	Total minimal assurément travaillé
F/A-S 227	●	●		○	○	○	○	○		●	○	1	8
F/A-S 226	●	◯		◯			○			○		0	3
F/A-S 225	◯	◯	○				○					0	1
F/A-S 224	◯	○		○			○					0	5
F/A-S 223	●	◯		○		○	◯	○	○			1	13
F/A-S 222	●	○		○			○					0	1
F/A-S 221	◯	◯		○	○	○	●	◯	○	○		1	34
H1-B 215	◯	○		○	◯	○		◯			○	1	36
H1-B 214	◯				○	○						0	6
H1-B 213	◯					○						0	9

PHASE 0 : Indication de l'abondance du matériel dans chaque *unit*.

○ : 1–9 pièces
◯ : 10–19 pièces
● : 20–49 pièces

Document VIII.1

Origine / Units	Tranchée	Résidus >10mm	Résidus 5-10mm	Résidus 2.8-5mm	Résidus non spé-cifiés	Transferts	Notes
F/A-S 220	*	*	*	échantil-lon 1/4		os **	gravillons
F/A-S 219	*	*	*	*		os *	gravillons
F/A-S 218	*	*	*	*		os *	gravillons
F/A-S 217	*	*	*	*		os **	gravillons
H1-B 212		*	*				gravillons ; très concrétionné.
H1-B 211	*	*	*			os *	gravillons rares, moins de concré-tions
H1-B 210	*	*	*			os *	bp. de concré-tions, pièces brûlées.
H1-B 209		*	*			os *	gravillons, pièces brûlées
H1-B 208	*	*	*			os **	gravillons, nbs. concrétions

PHASE I : Origine du matériel étudié dans chaque *unit*.

Document VIII.2

Unit	Calcite, graviers	Débris de calcaire <1cm	Débris de calcaire ≥1cm	Débris de silex <1cm	Débris de silex ≥1cm	Nucléus et fragments	Eclats de silex <1cm	Eclats de silex ≥1cm	Lames et lamelles	Eclats de calcaire <1cm	Eclats de calcaire ≥1cm	Pièces retouchées	Total minimal assurément travaillé
F/A–S 220	●	o		●	O	O	■	●	O	o		1	150
F/A–S 219	O	o		O	o	o	●	O	O	o		3	70
F/A–S 218	●	o		o	o	o	●	O	O			0	65
F/A–S 217	●			●	O	O	■■	■	●			3	>270
H1–B 212	O						o	o	o			0	10
H1–B 211	o	O		O	O	o	■	■	O			1	123
H1–B 210			O	●	●	O	■■	■■	■			18	580
H1–B 209	O			o			o	o				0	12
H1–B 208	O			o	●	O	●	●	o			4	105

PHASE I : Indication de l'abondance du matériel dans chaque *unit*.

Légende :
- o : 1-9 pièces
- O : 10-19 pièces
- ● : 20-49 pièces
- ■ : 50-99 pièces
- ■ : 100 pièces et plus

Document VIII.3

Module / Longueur	Cassé	Très large (0.66/1)		Large (1/1)		Assez long (1.5/1)		TOTAL
0 - 0.8cm	25	3	1%	22	7.5%	8	3%	58
0.8 - 1.5cm	105	52	18%	87	30%	65	22%	309
1.5 - 3cm	19	8	3%	16	5.5%	28	9.5%	71
3 - 4.5cm	2	0		1	0.5%	2	0.5%	5
4.5 - 6 cm	0	0		1	0.5%	0		1
≥ 6cm	0	0		0		0		0
TOTAL	151	63	21.5%	127	44%	103	35%	444

PHASE I : Modules et longueurs des éclats bruts de débitage (H1-B 210).

Les pourcentages sont calculés sans les pièces cassées (n=293) et arrondis à la plus proche demi-décimale.

Document VIII.4

Module \\ Longueur	Cassé	Laminaire (2/1)	Lame (3/1)	Etroit (4/1)	Très étroit (5/1)	TOTAL
0 – 2cm	17	16	16	8	0	57
2 – 3cm	0	1	2	4	1	8
3 – 4 cm	0	0	0	1	0	1
4 – 5cm	0	0	0	0	0	0
≥ 5cm	0	0	0	0	0	0
TOTAL	17	17	18	13	1	66

PHASE I : Module et longueur des lamelles brutes
de débitage (H1-B 210).

Talons \\ Lamelles	Cassés	Corticaux	Lisses	Punctiformes	Facettés	Linéaires	Dièdres	Indéterminés	TOTAL
Nombre	22	0	20	14	1	9	2	1	69

PHASE I : Talons des lamelles brutes de débitage
(H1-B 210).

Document VIII.5

Cortex / Longueur	Eclats non corticaux	Eclats partielle-ment corticaux	Eclats corticaux à plus de 2/3	TOTAL
< 1.5cm	237	27	14	278
≥ 1.5cm	29	16	8	53
Cassés	87	26	6	119
TOTAL	353 _78%_	69 _15%_	28 _6%_	450

PHASE I : Répartition du cortex sur les éclats bruts de débitage, selon leur longueur (H1-B 210).

Document VIII.6

TALONS / DIMENSIONS	Cassés	Corticaux	Lisses	Puncti-formes	Facettés	Linéaires	Dièdres	Indéter-minés	Total
Eclats < 1.5 cm	30	43 13.7 %	84 26.9 %	70 22.4 %	1 0.3 %	37 11.8 %	16 5.1 %	4 1.2 %	255
Eclats ≥ 1.5 cm	-	10 3.2 %	30 9.6 %	3 0.9 %	1 0.3 %	-	6 1.9 %	3 0.9 %	53
Cassés	115	-	3	-	-	1	-	-	4
TOTAL	145	53	117	73	2	38	22	7	312 +145 / 457

PHASE I : Talons des éclats bruts de débitage (HI-B 210).

Document VIII.7

Module / Longueur	Cassé	Très large (0.66/1)	Large (1/1)	Assez long (1.5/1)	Laminaire (2/1)	TOTAL
0.8 - 1.5cm	1		1		2	4
1.5 - 3cm	6	1	6	2	4	19
3 - 4.5cm	2		2	2	1	7
TOTAL	9	1	9	4	7	30

PHASE I : Module des pièces retouchées.

Document VIII.8

	Retouches latérales continues	Coches	Denticulés	Retouche abrupte fine	Grattoirs carénés	Grattoirs museaux	Grattoirs à front élevé	Becs	Troncatures sur lamelles	Pièces esquillées	TOTAL
F/A-S 220		1									1
F/A-S 219		1	1	1							3
F/A-S 218											0
F/A-S 217					1		1		1		3
H1-B 212											0
H1-B 211			1								1
H1-B 210	3	4	2		4	1	1	2		1	18
H1-B 209											0
H1-B 208	1	1					2				4
TOTAL	4	7	4	1	5	1	4	2	1	1	30

PHASE I : Tableau récapitulatif de l'outillage retouché.

Document IX.1 (à suivre)

Provenance : / Unit :	Tranchée	Résidus ≥ 10 mm	Résidus 5 - 10 mm	Résidus 2.8 - 5 mm	Résidus non spéci-fiés	Transferts	Notes
HI-B 207	*	*	*			os *	très nombreux gra-villons; ocre rouge
HI-B 206	*	*	*			os ***	
HI-B 205		*	*			os **	très peu de concré-tions
HI-B 204	*	*	*			os ***	très peu de concré-tions; pièces brûlées
HI-B 203	*	*	*			os *** flottation *	très peu de concré-tions; obsidienne dans les résidus
HI-B 202	*	*	*			os **	
HI-B 201	*	*	*				
HI-B 200	*	*	*				
HI-B 199		*	*				
HI-B 198	*	*	*				
HI-B 197		*	*			escargots *	
HI-B 196	*	*	*				
HI-B 195		*	*				
HI-B 194	*	*	*				
HI-B 193		*	*				
HI-B 192		*	*				
HI-B 191	*	*	*				
HI-B 190		*	*				
HI-B 189	*	*	*				
HI-B 188	*	*	*				
HI-B 187		*	*				
HI-B 186		*	*				
HI-B 185	**	*	*				
HI-B 184	*	*	*				

PHASE II : Origine du matériel dans chaque niveau.

Document IX.1 (suite)

Provenance : Unit :	Tranchée	Résidus ≥ 10 mm	Résidus 5 - 10 mm	Résidus 2.8 - 5 mm	Résidus non spéci- fiés	Transferts	Notes
F/AS 216	*	*	*	*		os *	gravillons
F/AS 215	*	*	*	*		os *	gravillons
F/AS 214	*	*	*	*		os **	gravillons
F/AS 213	*	*	*	*		os *	gravillons
F/AS 212	*	*	*			os * coquillages *	
F/AS 211							
F/AS 210	*	*	*			os *	
F/AS 209		*	*	*		os **	
HI-A 220	*				*	os *	pièces brûlées
HI-A 219	*				*	os *	pièces brûlées
HI-A 218	*				*	os *	pas de pièces brûlées
HI-A 217	*				*	os *	pièces brûlées
HI-A 216	*				*	os **	pas de pièces brûlées
HI-A 215	*				*	os *	pièces brûlées
HI-A 214	*				*		gravillons
HI-A 213	*				*	os *	

PHASE II : Origine du matériel dans chaque niveau (suite).

Document IX.2

	Calcite, graviers	Débris de calcaire <1cm	Débris de calcaire ≥1cm	Débris de silex <1cm	Débris de silex ≥1cm	Nucléus et fragments	Eclats de silex <1cm	Eclats de silex ≥1cm	Lames et lamelles	Eclats de calcaire <1cm	Eclats de calcaire ≥1cm	Pièces retouchées	Total minimal assurément travaillé
F/A-S 216	○	○	o	○	o	o	●	○			o	3	>50
F/A-S 215	●	○	o	○	o	o	■	●	○		o	3	>123
F/A-S 214	●	o		○	○	o	■	●	●			2	>116
F/A-S 213	●	o	o	o	o	o	●	●	o			3	>52
F/A-S 212	o	o		o	o	o	○	o	o			3	26
F/A-S 211												0	0
F/A-S 210	o			o	o	o	o	o	o			4	17
F/A-S 209	o	o		o	o	o	●	o	o			3	>38
H1-A 220	o	o		○	○	o		○	o			2	46
H1-A 219	o	o		○	○	o	●	○	o			11	76
H1-A 218	o	o		●	o	o	○	o	o	o		3	30
H1-A 217	o	o		o	○	o	o	o	o			5	14
H1-A 216	○	o	o	o	o	o	o	o	o			4	26
H1-A 215	○	o		○	o		●	o	o			1	31
H1-A 214	○	o		o				o	o			0	5
H1-A 213	○	o	o	o	o		o	o	o			0	9
H1-B 207	■	o		o	o	o	■	●	○			6	140
H1-B 206	●	o	o	○	o	o	●	○	○	o		7	92
H1-B 205	○				o		o	o				3	13
H1-B 204	o			o	o	o	■	●	○		o	12	147
H1-B 203	●	o		●	○	o	⬛	■	○			18	221
H1-B 202	o				o	o	■	●	o			6	110
H1-B 201	o	o		○	o		●	●	○		o	16	>65
H1-B 200	○	o		○	o	o	o	o	○			4	>25
H1-B 199	o			o			o	o				0	5
H1-B 198	○			o	o	o	o	o	o			3	33
H1-B 197				○	o		o	o	o			2	>15
H1-B 196	o			o			o	o	o		o	1	12
H1-B 195	o	o	o	o	o		o	o	o		o	0	7
H1-B 194	o			o	o			o				2	4
H1-B 193	○	o	o		o		o	o				0	9
H1-B 192	o				o		o	o	o			0	8
H1-B 191	o			o	o		o	o	o			0	14
H1-B 190	o							o				0	1
H1-B 189	o			o	o		○	o	o			1	28
H1-B 188				o	o		o	o	o			4	19
H1-B 187	o						o	o	o			1	7
H1-B 186				o			o	o				0	3
H1-B 185		o	o	○	o		○	o	o			2	27
H1-B 184	○	o	o	o	o		o	o	o			3	12

PHASE II : Indication de l'abondance du matériel dans chaque *unit*.

o : 1-9 pièces ■ : 50-99 pièces

○ : 10-19 pièces ⬛ : 100 pièces et plus

● : 20-49 pièces

Document IX.3

Module / Longueur	Cassé	Laminaire (2/1)	Lame (3/1)	Etroit (4/1)	Très étroit (5/1)	TOTAL
0 - 2cm	51	12	6	2		71
2 - 3cm	1	4	3	1		9
3 - 4cm			2			2
4 - 5cm		2	1			3
≥ 5cm						0
TOTAL	52	18	12	3	0	85

PHASE II : Module et longueur des lamelles brutes de débitage (H1-B 204, 203, 198, 185).

Talons / Lamelles	Cassés	Corticaux	Lisses	Punctiformes	Facettés	Linéaires	Dièdres	Indéterminés	TOTAL
Effectif	30	2	21	16	3	11	2	1	86

PHASE II : Talons des lamelles brutes de débitage (H1-B 204, 203, 198, 185).

Document IX.4

Module / Longueur	Cassé	Très large (0.66/1)	Large (1/1)	Assez long (1.5/1)	TOTAL
0 - 0.8cm	18	5 (3%)	16 (9%)	3 (2%)	42
0.8 - 1.5cm	103	27 (16%)	40 (23%)	41 (24%)	211
1.5 - 3cm	9	6 (3.5%)	14 (8%)	14 (8%)	44
3 - 4.5cm			1 (0.5%)	3 (2%)	4
4.5 - 6cm					0
≥ 6cm					0
TOTAL	130	38	71	62	130 +171 / 301

PHASE II : Modules et longueurs des éclats bruts de débitage (H1-B 204, 203, 198 et 185).

Les pourcentages sont calculés sans les pièces cassées (n = 130) et arrondis à la plus proche demi-décimale.

Document IX.5

Cortex / Longueur	Eclats non corticaux	Eclats partielle-ment corticaux	Eclats corticaux à plus de 2/3	TOTAL
< 1.5cm	119	12	9	140
≥ 1.5cm	31	9		40
Cassés	100	16	4	120
TOTAL	250 (83%)	37 (12%)	13 (4%)	300

PHASE II : Répartition du cortex sur les éclats bruts de débitage, selon leur longueur (H1-B 204, 203, 198 et 185).

Document IX.6

TALONS / UNIT	Cassés	Corticaux	Lisses	Dièdres	Facettés	Puncti-formes	Linéaires	Indéter-minés	TOTAL
H 1-B 203	55	8	34	5	2	28	18	2	152
H 1-B 204	39	12	15	4	1	11	15	5	63
TOTAL	94	20 *12.5%*	49 *31%*	9 *6%*	3 *2%*	39 *24%*	33 *20%*	7 *4%*	160 + 94 = 254

PHASE II : Talons des éclats bruts de débitage (HI-B 203, HI-B 204).

Les pourcentages ont été calculés sans les talons cassés, sur un total de 160 éclats.

Document IX.7

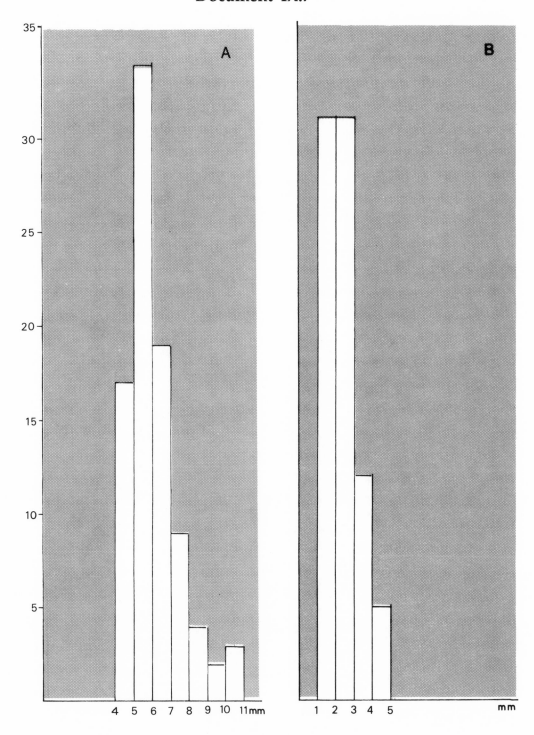

PHASE II : Histogrammes de distribution les largeurs
(A) et des épaisseurs (B) des lamelles à 1 bord abattu.
La borne inférieure est comprise.

Document IX.8

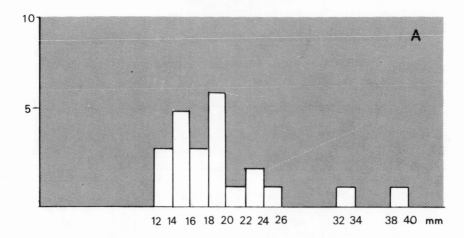

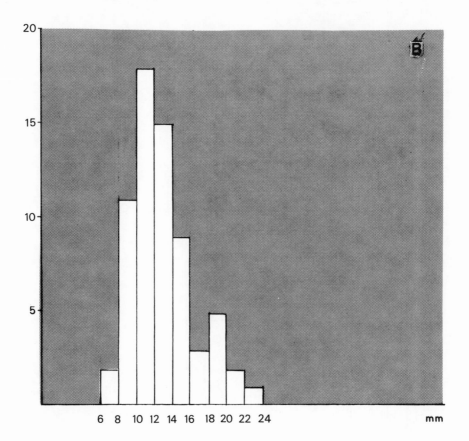

PHASE II : Histogramme de distribution des longueurs
des lamelles à 1 bord abattu. A : pièces entières,
B : pièces cassées.

Document IX.9 (à suivre)

PHASE II

ANALYSE DES CARACTERES ET REPARTITION DES LAMELLES A UN BORD ABATTU

Fragments non distaux de lamelles à bord abattu : 42

H1-A 220	Ind.	S1	Croi.	Rect.	Non ret.
H1-A 219	G	S1	Dir.	Rect.	Non ret.
	G	S1	Dir.	Rect.	Non ret.
	G	S1	Dir.	Ind.	Non ret.
	G	S2	Dir.	Rect.	Cassé
	Ind.	S1	Dir.	Ind.	Cassé
H1-A 217	D	S4	Dir.	Ind.	Ret.
	G	S4	Dir.	Rect.	Non ret.
H1-A 216	D	S3	Dir.	Rect.	Non ret.
H1-B 207	D	S1	Dir.	Rect.	Non ret.
H1-B 206	D	S2	Dir.	Rect.	Cassé
	Ind.	S1	Dir.	Ind.	Cassé
H1-B 205	G	S1	Dir.	Rect.	Non ret.
H1-B 204	D	S4	Dir.	Rect.	Non ret.
	Ind.	S1	Dir.	Ind.	Non ret.
	D	S3	Dir.	Ind.	Non ret.
H1-B 203	D	S1	Dir.	Rect.	Cassé
	G	S1	Dir.	Rect.	Cassé
	G	S3	Dir.	Rect.	Cassé
H1-B 202	D	S4	Dir.	Rect.	Cassé
	Ind.	S1	Dir.	Ind.	Cassé
H1-B 201	D	S2	Dir.	Rect.	Non ret.
	D	S2	Dir.	Rect.	Non ret.
	D	S2	Dir.	Rect.	Non ret.
	D	S1	Dir.	Ind.	Cassé
	D	Ind.	Dir.	Rect.	Cassé
	G	S3	Dir.	Ind.	Non ret.
H1-B 200	Ind.	S1	Dir.	Rect.	Cassé
	G	S1	Dir.	Rect.	Non ret.
	Ind.	S2	Dir.	Rect.	Cassé
H1-B 198	G	S1	Dir.	Rect.	Non ret.
H1-B 197	D	S2	Dir.	Ind.	Non ret.
H1-B 194	Ind.	S2	Dir.	Rect.	Cassé
H1-B 188	D	S2	Dir.	Rect.	Cassé
	Ind.	S1	Croi.	Rect.	Cassé
H1-B 187	D	S2	Dir.	Sin.	Cassé
H1-B 185	Ind.	S1	Croi.	Rect.	Cassé
H1-B 184	G	S3	Dir.	Rect.	Non ret.
	D	S3	Dir.	Rect.	Non ret.
F/A-S 216	G	S1	Croi.	Rect.	Non ret.
F/A-S 210	G	S1	Dir.	Rect.	Non ret.
	D	S2	Dir.	Rect.	Cassé

Document IX.9 (à suivre)

LAMELLES A UN BORD ABATTU OBTUSES : 40

Lamelles de morphotechnologie distale 1/1 : 23

H1-A 220	G	S2	Dir.	Rect.	Non ret.
H1-A 219	G	S3	Dir.	Rect.	Cassé
	G	S1	Dir.	Rect.	Cassé
H1-A 218	G	S1	Dir.	Rect.	Cassé
	G	S1	Dir.	Rect.	Non ret.
H1-B 207	D	S2	Dir.	Rect.	Cassé
H1-B 206	D	S1	Alt.	Rect.	Cassé
	D	S1	Dir.	Rect.	Cassé
H1-B 204	D	S2	Dir.	Rect.	Non ret.
	D	S3	Dir.	Rect.	Cassé
H1-B 203	G	S4	Dir.	Rect.	Non ret.
	G	S2	Dir.	Rect.	Non ret.
	D	S2	Dir.	Rect.	Cassé
	D	S2	Dir.	Rect.	Cassé
	G	S1	Dir.	Rect.	Cassé
H1-B 202	D	S3	Dir.	Rect.	Non ret.
	D	S4	Dir.	Rect.	Cassé
H1-B 201	D	S4	Dir.	Rect.	Non ret.
	D	S2	Dir.	Rect.	Non ret.
	D	S2	Dir.	Rect.	Non ret.
	D	S2	Dir.	Rect.	Cassé
H1-B 194	D	S2	Dir.	Rect.	Non ret.
F/A-S 212	G	S2	Dir.	Rect.	Non ret.

Lamelles de morphotechnologie distale 2/1 : 6

H1-A 219	G	S2	Dir.	Rect.	Cassé
H1-A 217	G	S2	Dir.	Rect.	Cassé
H1-B 207	D	S2	Dir.	Rect.	Non ret.
F/A-S 213	G	S3	Dir.	Rect.	Non ret.
	D	S2	Dir.	Rect.	Cassé
F/A-S 209	G	S2	Dir.	Rect.	Ret.

Lamelles de technomorphologie distale 4/1 : 5

```
H1-B 203   G   S3  Dir.  Rect.  Cassé
           D   S3  Dir.  Rect.  Cassé
           D   S4  Dir.  Rect.  Cassé
F/A-S 213  D   S2  Dir.  Rect.  Ret.
F/A-S 210  D   S1  Dir.  Rect.  Cassé
```

Lamelles de technomorphologie distale 5/1 : 6

```
H1-A 219   D   S3  Dir.  Sin.   Non ret.
H1-A 217   D   S2  Dir.  Rect.  Cassé
H1-A 216   G   S2  Dir.  Rect.  Cassé
H1-B 203   D   S1  Dir.  Rect.  Non ret.
H1-B 198   D   S3  Dir.  Rect.  Cassé
H1-B 196   D   S1  Dir.  Ind.   Cassé
```

LAMELLES A BORD ABATTU ET TRONCATURE DISTALE : 2

Lamelles de morphotechnologie distale 2/3 : 2

```
H1-A 215   D   S3  Dir.  Rect.  Non ret.  (la tronc. distale est inverse).
H1-B 198   G   S4  Dir.  Dièd.  Non ret.
```

LAMELLES A UN BORD ABATTU POINTUES : 3

Lamelles de technomorphologie distale 3/5 : 3

```
H1-A 216   G   S4  Dir.  Dièd.  Cassé (amorce de cran proximal)
H1-B 204   D   S2  Dir.  Rect.  Cassé
H1-B 201   G   S2  Dir.  Rect.  Cassé
```

LAMELLES NON ANALYSEES : 1

Document IX.10

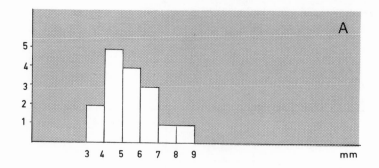

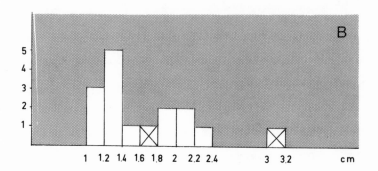

PHASE II : Histogrammes de distribution des largeurs
(A) et des longueurs (B) des lamelles à deux bords
abattus. Sur l'histogramme B, les deux pièces marquées
d'une croix sont entières.

Document IX.11

ANALYSE DES CARACTERES ET REPARTITION DES LAMELLES A DEUX BORDS ABATTUS

Fragments non distaux de lamelles à deux bords abattus : 9

```
H1-A 217    G/D    S2    Dir.      Rect.    Ret.
H1-B 207    G/D    S2    Dir.      Rect.    Cassé
H1-B 204    G/D    S1    Dir.      Ind.     Cassé
H1-B 201    G/D    S2    Dir.      Rect.    Ret.
            G/D    S3    Dir.      Rect.    Cassé
H1-B 200    G/D    S2    Dir.      Rect.    Cassé
H1-B 197    G/D    S2    Dir.      Rect.    Cassé
F/A-S 210   G/D    S3    Dir.      Rect.    Ret.
F/A-S 209   G/D    S2    Dir.      Rect.    Ret.
```

LAMELLES OBTUSES A DEUX BORDS ABATTUS : 1

Lamelles de technomorphologie distale 1/2 : 1

```
F/A-S 212   G/D    S2    Dir/Croi. Rect.   Cassé (extrémité rétrécie, à la
                                                 limite d'une extrémité pointue)
```

LAMELLES POINTUES A DEUX BORDS ABATTUS : 6

Lamelles de technomorphologie distale 3/2 : 6

```
H1-B 206    G/D    S4    Dir.      Ind.        Cassé
H1-B 203    G/D    S3    Dir.      Rect.       Ret.
H1-B 202    G/D    S2    Dir.      Rect.       Cassé
H1-B 188    G/D    S2    Dir.      Rect.       Ret.
H1-B 185    G/D    S3    Dir.      Rect.       Cassé
H1-B 184    G/D    S3    Dir.      Rect./Sin. Cassé
```

Document IX.12 (à suivre)

	Frag. non distal de lamelle à 1 b.a.	Lamelles à 1 b.a. obtuses	Lamelles à 1 b.a. pointues	Lamelles à 1 b.a. tronquées	Frag. non distal de lamelle à 2 b.a.	Lamelles à 2 b.a. pointues	Eclats à bord abattu	Frag. à 1 b.a. inidentifié	Retouches latérales	Troncatures prox. sur éclats	Troncatures distales	Troncatures indéterminées	Coches	Denticulés	Grattoirs sur lames	Grattoirs sur éclats	Triangles	Racloirs	Burins	TOTAL
H1-B 207	1	2			1					1			1							6
H1-B 206	2	2				1			1									1		7
H1-B 205	1										1	1								3
H1-B 204	3	2	1		1				2		1		1		1					12
H1-B 203	3	9				1			1	2					1	1				18
H1-B 202	2	2				1			1											6
H1-B 201	6	4	1		2						1					1			1	16
H1-B 200	3				1															4
H1-B 199																				0

PHASE II : Tableau récapitulatif de l'outillage retouché de H1-B.

Document IX.12 (suite)

																				Total
H1-B 198	1	1	1																	3
H1-B 197	1	1																		2
H1-B 196		1																		1
H1-B 195																				0
H1-B 194	1	1																		2
H1-B 193																				0
H1-B 192																				0
H1-B 191																				0
H1-B 190																				0
H1-B 189															1					1
H1-B 188	2				1				1											4
H1-B 187	1																			1
H1-B 186																				0
H1-B 185	1				1															2
H1-B 184	2				1															3
TOTAL	30	24	2	1	6	6	0	1	5	3	3	1	2	0	2	2	1	1	1	138

PHASE II : Tableau récapitulatif de l'outillage retouché de H1-B.

Document IX.13

	Frag. non distal de lamelle à 1 b.a.	Lamelles à 1 b.a. obtuses	Lamelles à 1 b.a. pointues	Lamelles à 1 b.a. tronquées	Frag. non distal de lamelle à 2 b.a.	Lamelles à 2 b.a. pointues	Eclats à bord abattu	Frag. à 1 b.a. inidentifiés	Retouches latérales	Troncatures prox. sur éclats	Troncatures distales	Troncatures indéterminées	Coches	Denticulés	Grattoirs sur lames	Grattoirs sur éclats	Triangles	Racloirs	Burins	TOTAL
H1-A 220	1	1																		2
H1-A 219	5	4							1	1										11
H1-A 218		2					1													3
H1-A 217	2	2			1															5
H1-A 216	1	1	1											1						4
H1-A 215				1																1
H1-A 214																				0
H1-A 213																				0
TOTAL	9	10	1	1	1		1		1	1				1						26

PHASE II : Tableau récapitulatif de l'outillage retouché en H1-A.

Document IX.14

	Frag. non distal de lamelle à 1 b.a.	Lamelles à 1 b.a. obtuses	Lamelles à 1 b.a. pointues	Lamelles à 1 b.a. tronquées	Frag. non distal de lamelle à 2 b.a.	Lamelles à 2 b.a. pointues	Eclats à bord abattu	Frag. à 1 b.a. indentifié	Retouches latérales	Troncatures prox. sur éclats	Troncatures distales	Troncatures indéterminées	Coches	Denticulés	Grattoirs sur lames	Grattoirs sur éclats	Triangles	Racloirs	Burins	TOTAL
F/A-S 216	1												2							3
F/A-S 215									1				1			1				3
F/A-S 214									2											2
F/A-S 213		3																		3
F/A-S 212		1				1	1													3
F/A-S 211																				0
F/A-S 210	2	1			1															4
F/A-S 209		1			1			1												3
TOTAL	3	6			2	1	1	1	3				3			1				21

PHASE II : Tableau récapitulatif de l'outillage retouché en F/A-S.

Document IX.15

Origine / Unit	Tranchée	Résidus >10mm	Résidus 5-10mm	Résidus 2.8-5mm	Résidus non spé-cifiés	Transferts	Notes
H1-B 183		*	*				
H1-B 182	*	*	*				
H1-A 212	*				*		

INTERPHASE II/III : Origine du matériel dans chaque *unit*.

	Graviers	Débris de cal-caire <1cm	Débris de silex <1cm	Débris de nucleus	Eclats de silex <1cm	Eclats de silex ≥1cm	Lames et lamelles	Pièces retou-chées
H1-B 183	nbs.		—	—		—	—	0
H1-B 182	nbs.				□	—	—	4
H1-A 212	—	—	—	—				0

INTERPHASE II/III : Importance du matériel dans les grandes
classes technologiques.
—   1 à 9 pièces
□   10 à 19 pièces

Matériel retouché / Unit	Description
H1-B 183	Ø
H1-B 182	Frgt. distal de lamelle à deux bords abattus asymétrique (4/2) Lamelle à 1 bord abattu obtuse (5/1) et b.a. sinueux Lamelle à 1 bord abattu obtuse (2/1) et b.a. rectiligne Lamelle à 1 bord abattu pointue (3/5) et b.a. rectiligne
H1-A 212	Ø

INTERPHASE II/III : Matériel retouché.

Document X.1

Provenance: / Unit	Tranchée	Résidus ≥ 10 mm	Résidus 5 - 10 mm	Résidus 2.8 - 5 mm	Résidus non spécifiés	Transfert	Notes
HI-B 181		*	*				
HI-B 180		*	*				
HI-B 179		*	*			escargots *	
HI-B 178		*	*				
HI-B 177	*	*	*				
HI-B 176	*		*				
HI-B 175	*	*	*				
HI-B 174		*	*			escargots *	
HI-B 173	*	*	*				
HI-B 172	*	*	*				
HI-B 171	*	*	*				
HI-A 211	*				*	os *	pièces brû-lées
HI-A 210	*				*		pièces brû-lées
HI-A 209	*				*	os *	pièces brû-lées
HI-A 208	*				*	os *	pièces brû-lées
HI-A 207	*				*		pièces brû-lées
HI-A 206	*				*	os *	pièces très brûlées
HI-A 205	*				*	os *	pièces très brûlées

PHASE III : Origine du matériel dans chaque niveau.

Document X.2

	Calcite, graviers	Débris de calcaire < 1cm	Débris de calcaire ≥1cm	Débris de silex < 1cm	Débris de silex ≥1cm	Nucléus et fragments	Eclats de silex < 1cm	Eclats de silex ≥1cm	Lames et lamelles	Eclats de calcaire < 1cm	Eclats de calcaire ≥1cm	Pièces retouchées	Total minimal assurément travaillé
H1-B 181	x	x		o	o	o	●	o	o			0	33
H1-B 180	x	x				o	o	o	o			2	16
H1-B 179	x	x					o	o				0	3
H1-B 178	x	x			o		o	o				0	9
H1-B 177	x	x			o		o	o	o			1	11
H1-B 176	x	x						o				0	1
H1-B 175	x	x	o	o	o	o	O	o	o			4	33
H1-B 174	x	x		O	o	o	●	O	o			12	51
H1-B 173	x	x		o	o		O	O	o		o	2	34
H1-B 172	x	x	o		o		O	o	o			2	14
H1-B 171	x	x	o	o	o	o	O	o	o			3	27
H1-A 211	x			O	o	o	●	o	o	o		7	53
H1-A 210	x		o	o	o	o	o	o	o			2	10
H1-A 209	x		O	O	O	o	●	O	o	o		1	47
H1-A 208	x	o		O	o	o	O	o	o			1	26
H1-A 207	x	o	o	o	O	o	o	o	o		o	0	14
H1-A 206	x	o		●	●	o	■	●	O		o	11	121
H1-A 205	x	o		O	●	o	●	●	o		o	4	76

PHASE III : Indication de l'abondance du matériel dans chaque *unit*.

o : 1-9 pièces   ● : 20-49 pièces   ■ : 50-99 pièces

O : 10-19 pièces   x : non décomptés

Document X.3

Module / Longueur	Cassé	Très large (0.66/1)	Large (1/1)	Assez long (1.5/1)	TOTAL
0 – 0.8cm	11	4 (3%)	16 (11%)	1 (1%)	32
0.8 – 1.5cm	44	27 (18%)	43 (29%)	20 (13%)	134
1.5 – 3cm	6	5 (3%)	15 (10%)	13 (9%)	39
3 – 4.5cm			4 (3%)	1 (1%)	5
4.5 – 6cm				1 (1%)	1
≥ 6cm					0
TOTAL	61	36	78	36	211

PHASE III : Modules et longueurs des éclats bruts de débitage (H1-B 174, 173 et 171, H1-A 211, 207 et 206). Les pourcentages ont été arrondis à la plus proche unité, et calculés sans les pièces cassées (n=150).

Document X.4

Cortex / Longueur	Eclats non corticaux	Eclats partiel-lement corticaux	Eclats corti-caux à plus de 2/3	TOTAL
< 1.5cm	78	28	16	122
≥ 1.5cm	24	9	13	46
Cassés	31	13	7	50
TOTAL	132 (60,5%)	50 (23%)	36 (16,5%)	218

PHASE III: Cortex des éclats bruts de débitage (H1-B 174, 173 et 171, H1-A 211, 207 et 206).

Document X.5

TALONS UNITS	Cassés	Corticaux	Lisses	Dièdres	Facettés	Puncti-formes	Linéaires	Ecrasés	Indéter-minés	Total
HI – B 173	10	6	4	1	0	2	4	0	0	17 + 10
HI – B 174	15	5	8	1	0	2	3	0	0	19 + 15
HI – A 206	26	22	33	0	0	14	5	0	0	75 + 26
HI – A 207	1	6	3	0	0	1	1	0	1	12 + 1
HI – A 211	13	5	5	1	0	5	3	0	1	20 + 13
Total	65 *31.2%*	44 *21.1%*	53 *25.4%*	3 *1.4%*	0	24 *16.7%*	16 *7.6%*	0	3 *1.4%*	143 + 65 / 208

PHASE III : Talons des éclats bruts de débitage (HI-B 173, HI-B 174, HI-A206, HI-A 207, HI-A 211).

Document X.6

Module / Longueur	Cassé	Laminaire (2/1)	Lame (3/1)	Etroit (4/1)	Très étroit (5/1)	TOTAL
0 – 2cm	14	10	4	4	0	37
2 – 3cm	1	4	7	1	0	13
3 – 4cm	1	4	1			6
4 – 5cm			1			1
≥ 5cm						
TOTAL	21	18	13	5	0	57

PHASE III : Modules et longueurs des lamelles brutes de débitage (H1-B 174, 173 et 171, H1-A 211, 207 et 206).

Talons / Lamelles	Cassés	Corticaux	Lisses	Punctiformes	Facettés	Linéaires	Dièdres	Indéterminés	TOTAL
Effectif	19	6	15	9		2	1	1	53

PHASE III : Talons des lamelles brutes de débitage (H1-B 174, 173 et 171, H1-A 211, 207 et 206).

Document X.7

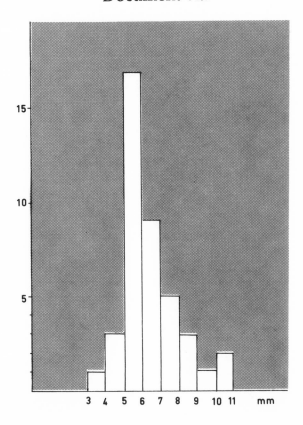

PHASE III : Histogramme de distribution des largeurs de lamelles
à un bord abattu (n = 40). Borne
inférieure comprise.

Document X.8 (à suivre)

PHASE III

ANALYSE DES CARACTERES ET REPARTITION DES LAMELLES A UN BORD ABATTU

Fragments non distaux de lamelles à bord abattu : 16

H1-A 211	G	S3	Dir.	Rect.	Cassé
	D	S3	Dir.	Rect.	Non ret.
	Ind.	S4	Dir.	Rect.	Non ret.
	D	S2	Dir.	Rect.	Non ret.
H1-A 210	Ind.	S1	Dir.	Ind.	Cassé
H1-A 208	Ind.	S1	Dir.	Rect.	Cassé
H1-A 206	D	S3	Dir.	Rect.	Cassé
	G	S4	Dir.	Rect.	Non ret.
H1-A 205	D	S1	Dir.	Ind.	Non ret.
	G	S3	Dir.	Rect.	Non ret.
H1-B 175	G	S1	Dir.	Sin.	Non ret.
H1-B 174	Ind.	S1	Dir.	Rect.	Cassé
	D	S2	Croi.	Rect.	Cassé
	D	S3	Dir.	Rect.	Cassé
H1-B 172	G	S3	Dir.	Rect.	Non ret.
H1-B 171	D	S3	Dir.	Rect.	Cassé

LAMELLES A UN BORD ABATTU POINTUES : 7

Lamelles de morphotechnologie distale 3/5 : 7

H1-A 206	G	S1	Croi.	Rect.	Cassé
H1-B 180	G	S2	Dir.	Arq.	Retouché
H1-B 175	Ind.	S1	Croi.	Arq.	Retouché
	G	S3	Dir.	Arq.	Cassé
H1-B 174	D	S1	Croi.	Rect.	Retouché
	D	S3	Dir.	Arq.	Cassé
H1-B 172	D	S2	Dir.	Arq.	Retouché

Document X.8 (suite)

LAMELLES A UN BORD ABATTU OBTUSES : 18

Lamelles de morphotechnologie distale 1/1 : 8

H1-A 211	G	S3	Dir.	Rect.	Cassé
	D	S2	Dir.	Rect.	Cassé
H1-A 210	G	S3	Dir.	Rect.	Non ret.
H1-A 209	D	S3	Dir.	Rect.	Cassé
H1-A 206	D	S1	Dir.	Rect.	Non ret.
H1-A 205	G	S4	Dir.	Rect.	Cassé
H1-B 180	G	S4	Dir.	Rect.	Cassé
H1-B 171	G	S2	Dir.	Rect.	Non ret.

Lamelles de morphotechnologie distale 2/1 : 5

H1-A 211	G	S4	Dir.	Rect.	Cassé
H1-A 206	G	S3	Dir.	Rect.	Non ret.
H1-A 205	G	S1	Dir.	Rect.	Non ret.
H1-B 177	D	S1	Dir.	Rect.	Cassé
H1-B 174	G	S2	Dir.	Sin.	Non ret.

Lamelles de morphotechnologie distale 5/1 : 5

H1-A 206	G	S2	Dir.	Rect.	Cassé
	G	S2	Dir.	Rect.	Cassé
H1-B 174	D	S1	Dir.	Ind.	Cassé
	G	S1	Dir.	Rect.	Cassé
H1-B 173	D	S4	Dir.	Ind.	Cassé

Document X.9

	Frag. non distal de lamelle à l.b.a.	Lamelles à l b.a. obtuses	Lamelles à l b.a. pointues	Frag. à l b.a. inidentifié	Grattoirs	Troncatures prox. sur éclats	Troncatures prox. sur lamelles	Retouches latérales	TOTAL
H1-A 211	4	3							7
H1-A 210	1	1							2
H1-A 209		1							1
H1-A 208	1								1
H1-A 207									0
H1-A 206	2	4	1		3			1	11
H1-A 205	2	2							4
H1-B 181									0
H1-B 180		1	1						2
H1-B 179									0
H1-B 178									0
H1-B 177		1							1
H1-B 176									0
H1-B 175	1		2	1					4
H1-B 174	3	3	2	1	1			2	12
H1-B 173		1					1		2
H1-B 172	1		1						2
H1-B 171	1	1				1			3
TOTAL	16	18	7	2	4	1	1	3	52

PHASE III : Tableau récapitulatif de l'outillage retouché.

Document X.10

Origine / Unit	Tranchée	Résidus >10mm	Résidus 5-10mm	Résidus 2.8-5mm	Résidus non spé-cifiés	Transferts	Notes
H1-B 170		*	*				
H1-A 204	*				*	os * *	

INTERPHASE III/IV : Origine du matériel étudié dans chaque *unit*.

	Graviers	Débris de cal-caire	Débris de silex	Eclats de silex < 1cm	Eclats de silex ≥1cm	Nucleus	Lames et lamelles	Pièces retou-chées
H1-B 170		très nbs.	■	—	□	—	—	0
H1-A 204		—	■	—	■	□	—	2

INTERPHASE III/IV : Importance numérique du matériel dans
les grandes classes technologiques : — 1 à 9 pièces
□ 10 à 19 pièces
■ 20 à 50 pièces

Matériel retouché / Unit	Description
H1-B 170	Ø
H1-A 204	Frag. distal de lamelle à bord abattu pointue et b.a. rectiligne (3/5) Lamelle à bord abattu obtuse, à b.a. arqué et extrémité distale retouchée (5/5)

INTERPHASE III/IV : Matériel retouché.

Document XI.1

Provenance: / Units	Tranchée	Résidus ≥ 10 mm	Résidus 5 - 10 mm	Résidus 2.8 - 5 mm	Résidus non spé-cifiés	Transfert	Notes
HI-A 203	*				*	os *	
HI-A 202	*				*	os *	
HI-A 201	*				*	os * "micro"*	unit de nettoyage
HI-A 200	*				*	os *	
HI-A 199	*				*	os *	nombreuses pièces brûlées
HI-A 198	*				*	os *	nombreuses pièces brûlées
HI-A 197	*				*	os *	
HI-A 196	*				*	os *	
HI-A 195	*				*	os *	
HI-A 194	*				*		
HI-A 193	*				*	os *	
HI-A 192	*				*	os *	pièces brû-lées
HI-A 191					*	os *	pièces brû-lées
HI-A 190	*				*	os *	
HI-B 169		*	*				
HI-B 168	*	*	*				
HI-B 167	*	*	*				
HI-B 166	*	*	*				
HI-B 165	*	*	*				
HI-B 164	*	*	*				
HI-B 163	*	*	*				
HI-B 162	*	*	*				
HI-B 161	*	*	*				

PHASE IV : Origine du matériel dans chaque niveau.

Document XI.2

	Calcite, graviers	Débris de calcaire <1cm	Débris de calcaire ≥1cm	Débris de silex <1cm	Débris de silex ≥1cm	Nucléus et fragments	Eclats de silex <1cm	Eclats de silex ≥1cm	Lames et lamelles	Eclats de calcaire <1cm	Eclats de calcaire ≥1cm	Pièces retouchées	Total minimal assûrément travaillé*
H1-A 203	○			●	◯	○	●	◯	◯			9	70
H1-A 202				○	○		○	○	○			5	16
H1-A 201 *				○	○	○	○	○	○			2	10
H1-A 200	○			■	●	○	■	■	◯			28	188
H1-A 199	◯			⬛	⬛	●	⬛	⬛	●	○	○	75	505
H1-A 198				⬛	⬛	●	⬛	⬛	●			99	x
H1-A 197	○			●	○		■	■	◯			39	309
H1-A 196				◯	○		●	●	○			8	68
H1-A 195				■	■		■	■	●			63	409
H1-A 194					○		○		○			1	5
H1-A 193	○			○	○		◯	◯	○			0	25
H1-A 192	◯			●	◯		●	■	○			16	132
H1-A 191	●			●	○		■	○	○			10	77
H1-A 190	●	○	○	■	●		■	◯	●			37	291
H1-B 169		○	○	○	◯		○	○	○			3	18
H1-B 168				◯	○	○	○	◯	○			6	41
H1-B 167				◯	●	○	○	◯	◯			6	38
H1-B 166	○	○		◯	◯	○	●	■	◯			20	141
H1-B 165				●	●	◯	●	■	○			21	136
H1-B 164				◯	●	◯	■	●	◯			19	130
H1-B 163				●	◯	○	■	●	◯			4	109
H1-B 162				●	●	○	■	●	◯			23	182
H1-B 161				●	●	◯	■	■	●			13	173

PHASE IV : Indication de l'abondance du matériel dans chaque *unit*.

- ○ : 1-9 pièces
- ◯ : 10-19 pièces
- ● : 20-49 pièces
- ■ : 50-99 pièces
- ⬛ : 100 pièces et plus
- * : *unit* de nettoyage

Note : le "total des pièces assurément travaillées" ne comprend pas les petites esquilles et fragments d'éclats inférieurs à 1cm.

Document XI.3

Cortex / Longueur	Eclats non corticaux	Eclats partiellement corticaux	Eclats corticaux à plus de 2/3	TOTAL
< 1.5cm	116	40	18	174
≥ 1.5cm	46	52	19	117
Cassés	88	38	20	146
TOTAL	250 (57%)	130 (30%)	57 (13%)	437

PHASE IV : Répartition des éclats bruts de débitage en fonction du cortex (H1-A 195). Les pourcentages ont été arrondis à la plus proche unité.

Document XI.4

Module / Longueur	Cassé	Très large (0.66/1)	Large (1/1)	Assez long (1.5/1)	TOTAL
0 - 0.8cm	6	4 (1%)	10 (4%)	3 (1%)	23
0.8 - 1.5cm	96	54 (19%)	66 (23%)	35 (12%)	251
1.5 - 3cm	50	7 (2%)	45 (16%)	55 (19%)	157
3 - 4.5cm	3		3	3 (1%)	9
4.5 - 6cm					0
TOTAL	155	65	124	96	440

PHASE IV : Modules et longueurs des éclats bruts de débitage (H1-A 195). Les pourcentage ont été arrondis à la plus proche unité, et calculés sans les pièces cassées (n=285).

Document XI.5

Talons / Unit	Cassés	Corticaux	Lisses	Dièdres	Facettés	Puncti-formes	Linéaires	Indéter-minés	TOTAL
H1-A 195	146	85 (29%)	116 (41%)	15 (5%)	8 (3%)	41 (14%)	19 (7%)	5 (2%)	435

PHASE IV : Talons des éclats bruts de débitage (H1-A 195).
Les pourcentages ont été calculés sans les talons cassés
(n=289) et arrondis à la plus proche unité.

Document XI.6

Module / Longueur	Cassé	Laminaire (2/1)	Lame (3/1)	Etroit (4/1)	Très étroit (5/1)	TOTAL
0 – 2cm	13	11	3	1		28
2 – 3cm	6	8	5			19
3 – 4cm			2			2
4 – 5cm			2			2
⩾ 5cm	1					1
TOTAL	19	20	12	1		52

PHASE IV : Module et longueur des lamelles brutes de débitage (H1-A 195).

Talons / Lamelles	Cassés	Corticaux	Lisses	Puncti-formes	Facettés	Linéaires	Dièdres	Indétermi-nés	TOTAL
Effectif	15	7	18	7	0	3	1	0	51

PHASE IV : Talons des lamelles brutes de débitage (H1-A 195).

Document XI.7

Latéralisation / Position	Coche à gauche	Coche à droite	Indéterminée	TOTAL
Coche proximale	8 (6%)	23 (17%)		31
Coche distale	83 (58%)	18 (13%)		101
Indéterminée	1	1	9	11
TOTAL	92	42	9	143

PHASE IV : Distribution des microburins. Les pourcentages ont été calculés sans les pièces indéterminées et arrondis à la plus proche unité.

Document XI.8

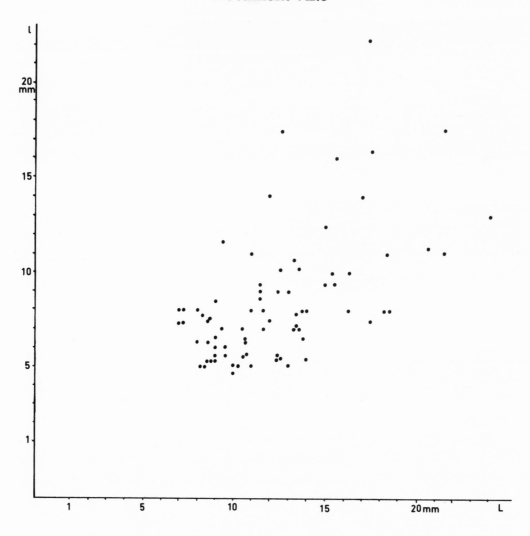

PHASE IV : Longueur et largeur des microburins
(échantillon partiel).

Document XI.9

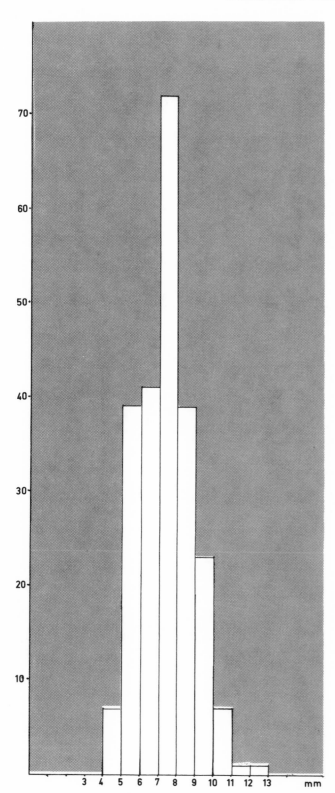

PHASE IV : Histogramme de
distribution des largeurs
des lamelles à un bord abattu
(n= 230). La borne inférieure
est comprise.

Document XI.10

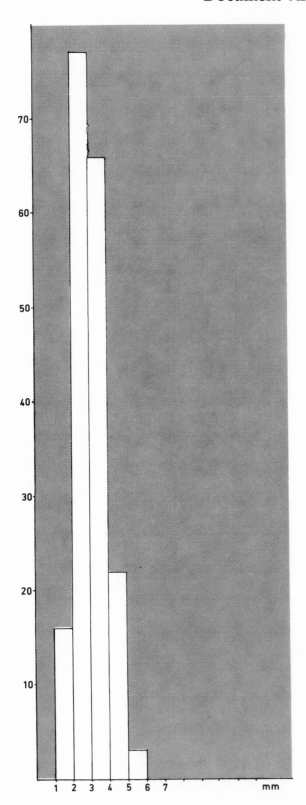

PHASE IV : Histogramme de distribution des épaisseurs des
lamelles à 1 bord abattu en H1-A
(n=184). La borne inférieure est
comprise.

Document XI.11

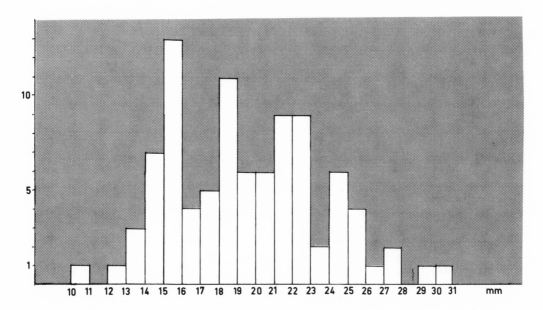

PHASE IV : Histogramme de distribution des
longueurs des lamelles à un bord abattu entières
(n = 94).

Document XI.12 (à suivre)

PHASE IV

ANALYSE DES CARACTERES ET REPARTITION DES LAMELLES A UN BORD ABATTU

Fragments non distaux de lamelles à bord abattu : 81

H1-A 203	G	S4	Dir.	Ind.	Non ret.
	G	S1	Dir.	Ind.	Cassé
H1-A 202	G	S1	Dir.	Rect.	Cassé
	Ind.	S1	Dir.	Rect.	Cassé
H1-A 200	G	S3	Dir.	Ind.	Non ret.
	G	S1	Dir.	Rect.	Cassé
	G	S1	Dir.	Rect.	Non ret.
	G	S1	Croi.	Rect.	Cassé
	D	S1	Dir.	Rect.	Cassé
	D	S1	Dir.	Rect.	Ind.
	Ind.	S1	Dir.	Ind.	Cassé
H1-A 199	G	S2	Dir.	Rect.	Non ret.
	G	S2	Dir.	Rect.	Non ret.
	G	S2	Dir.	Rect.	Cassé
	G	S2	Dir.	Ind.	Non ret.
	G	S2	Dir.	Sin.	Non ret.
	G	S1	Dir.	Ind.	Non ret.
	G	S1	Dir.	Rect.	Non ret.
	G	S1	Dir.	Ind.	Non ret.
	G	S4	Dir.	Ind.	Cassé
	G	S4	Dir.	Ind.	Non ret.
	G	S3	Dir.	Sin.	Cassé
	G	Ind.	Ind.	Ind.	Cassé
	D	S2	Dir.	Ind.	Non ret.
	D	S3	Dir.	Ind.	Cassé
	Ind.	S2	Dir.	Ind.	Cassé
	Ind.	S2	Dir.	Rect.	Cassé
	Ind.	S4	Dir.	Rect.	Cassé
	Ind.	S1	Dir.	Ind.	Cassé
H1-A 198	G	S1	Dir.	Arq.	Ret.
	G	S1	Dir.	Ind.	Cassé
	G	S1	Dir.	Arq.	Cassé
	G	S2	Dir.	Ind.	Non ret.
	G	S2	Dir.	Ind.	Non ret.
	G	S2	Dir.	Ind.	Non ret.
	G	S2	Dir.	Ind.	Non ret.
	G	S2	Dir.	Rect.	Cassé
	G	S2	Dir.	Arq.	Cassé
	G	S3	Dir.	Rect.	Cassé
	G	S4	Dir.	Ind.	Cassé
	Ind.	S1	Dir.	Rect.	Cassé
	Ind	S3	Dir.	Ind.	Cassé

(à suivre)

Document XI.12 (à suivre)

Fragments non distaux de lamelles à bord abattu (suite)

H1-A 197	G	S2	Dir.	Rect.	Non ret.
	G	S2	Dir.	Rect.	Cassé
	G	S3	Dir.	Ind.	Cassé
H1-A 196	G	S1	Dir.	Ind.	Cassé
	G	S2	Dir.	Rect.	Non ret.
H1-A 195	G	S1	Dir.	Arq.	Non ret.
	G	S1	Dir.	Arq.	Ret.
	G	S2	Dir.	Ind.	Cassé
	G	S2	Dir.	Ind.	Non ret.
	G	S2	Dir.	Ind.	Non ret.
	G	S3	Dir.	Ind.	Non ret.
	D	S1	Dir.	Ind.	Non ret.
	D	S1	Dir.	Ind.	Non ret.
	D	S1	Dir.	Rect.	Cassé
	D	S1	Dir.	Rect.	Non ret.
	Ind.	S3	Dir.	Ind.	Cassé
	Ind.	S3	Dir.	Ind.	Non ret.
H1-A 192	G	S1	Alt.	Rect.	Non ret.
	G	S3	Dir.	Ind.	Cassé
	Ind.	S1	Ind.	Croi.	Cassé
	Données manquantes				Non ret.
H1-A 191	G	S1	Dir.	Rect.	Non ret.
	Ind.	S1	Croi.	Ind.	Cassé
	Ind.	S3	Dir.	Ind.	Cassé
H1-A 190	G	S1	Dir.	Ind.	Non ret.
	G	S2	Dir.	Ind.	Non ret.
	Ind.	S1	Dir.	Rect.	Cassé
	Ind.	S1	Dir.	Ind.	Cassé
	Données manquantes				
H1-B 168	G	S1	Dir.	Ind.	Cassé
H1-B 166	G	S3	Dir.	Sin.	Non ret.
H1-B 165	G	S1	Dir.	Rect.	Cassé
H1-B 163	G	S3	Dir.	Rect.	Non ret.
	G	S3	Dir.	Rect.	Cassé
H1-B 162	G	S1	Dir.	Sin.	Non ret.
	G	S2	Dir.	Died.	Non ret.
	G	S2	Dir.	Rect.	Non ret.
	G	S2	Dir.	Rect.	Non ret.
H1-B 161	G	S1	Dir.	Sin.	Non ret.

Document XI.12 (à suivre)

LAMELLES A UN BORD ABATTU OBTUSES : 51

Lamelles de morphotechnologie distale 1/1 : 25

H1-A 203	D	S1	Dir.	Rect.	Cassé
H1-A 200	D	S3	Dir.	Rect.	Cassé
H1-A 199	G	S1	Dir.	Rect.	Non ret.
	G	S2	Dir.	Rect.	Cassé
	G	S3	Dir.	Rect.	Non ret.
	D	S3	Dir.	Arq.	Non ret.
	D	S4	Dir.	Rect.	Non ret.
	G	S2	Dir.	Rect.	Cassé
H1-A 198	G	S1	Dir.	Rect.	Non ret.
	G	S2	Dir.	Rect.	Cassé
	G	S3	Dir.	Ind.	Non ret.
H1-A 197	G	S2	Dir.	Rect.	Cassé
H1-A 195	G	S1	Dir.	Arq.	Ret.
	D	S2	Dir.	Ind.	Cassé
H1-A 190	G	S2	Dir.	Rect.	Cassé
	G	S3	Dir.	Rect.	Non ret.
H1-B 166	G	S2	Dir.	Arq.	Non ret.
H1-B 165	G	S1	Croi.	Rect.	Non ret.
H1-B 164	G	S2	Dir.	Sin.	Cassé
	G	S3	Dir.	Ind.	Cassé
	D	S3	Dir.	Rect.	Non ret.
H1-B 162	G	S1	Dir.	Rect.	Non ret.
	G	S3	Dir.	Rect.	Non ret.
	D	S1	Dir.	Rect.	Cassé
	D	S2	Dir.	Arq.	Ret.

Lamelles de morphotechnologie distale 2/1 : 9

H1-A 199	G	S3	Dir.	Rect.	Non ret.
	G	S3	Dir.	Rect.	Cassé
	D	S1	Inv.	Rect.	Cassé
H1-A 198	D	S3	Dir.	Rect.	Cassé
H1-A 197	G	S2	Dir.	Rect.	Cassé
H1-A 196	G	S1	Dir.	Sin.	Cassé
H1-A 190	G	S1	Dir.	Rect.	Cassé
	G	S2	Dir.	Sin.	Non ret.
	D	S4	Dir.	Rect.	Non ret.

Document XI.12 (à suivre)

Lamelles de morphotechnologie distale 4/1 : 5

```
H1-A 202   G   S2   Dir.   Arq.   Non ret.

H1-A 199   D   S3   Dir.   Ind.   Cassé

H1-A 197   D   S4   Dir.   Rect.  Cassé

H1-B 166   G   S3   Dir.   Arq.   Cassé
           D   S4   Dir.   Rect.  Non ret.
```

Lamelles de morphotechnologie distale 5/1 : 12

```
H1-A 199   D   S1   Dir.   Arq.   Non ret.

H1-A 198   D   S1   Inv.   Sin.   Non ret.
           D   S2   Dir.   Ind.   Cassé
           D   S4   Dir.   Ind.   Cassé
           D   S4   Dir.   Rect.  Cassé

H1-A 197   D   S2   Dir.   Rect.  Cassé

H1-A 195   D   S1   Dir.   Sin.   Non ret.
           D   S4   Dir.   Rect.  Cassé

H1-A 190   G   S2   Dir.   Sin.   Cassé

H1-B 167   G   S2   Dir.   Ind.   Cassé

H1-B 166   G   S3   Dir.   Rect.  Cassé

H1-B 165   G   S2   Dir.   Rect.  Non ret.
```

LAMELLES A UN BORD ABATTU POINTUES : 55

Lamelles de morphotechnologie distale 3/5 : 39

```
H1-A 201   D     S1   Dir.   Ind.   Cassé

H1-A 200   G     S1   Dir.   Arq.   Non ret.
           G     S1   Dir.   Rect.  Cassé
           G     S2   Dir.   Rect.  Non ret.
           D     S1   Dir.   Rect.  Non ret.
           D     S2   Dir.   Arq.   Non ret.

H1-A 199   G     S1   Dir.   Rect.  Non ret.
           G     S1   Dir.   Arq.   Cassé
           G     S2   Dir.   Rect.  Ret.
           G     S2   Dir.   Rect.  Non ret.
           G     S2   Dir.   Rect.  Non ret.
           G     S2   Dir.   Arq.   Ret.
           G     S3   Dir.   Arq.   Cassé
           D     S2   Dir.   Arq.   Non ret.
           Ind.  S1   Croi.  Arq.   Cassé
```

                                      (à suivre)

Document XI.12 (à suivre)

Lamelles de morphotechnologie distale 3/5 (suite)

H1-A 198	G	S2	Dir.	Arq.	Non ret.
	G	S2	Dir.	Arq.	Non ret.
	G	S2	Dir.	Rect.	Non ret.
	G	S4	Dir.	Rect.	Cassé
	D	S1	Dir.	Rect.	Non ret.
	D	S1	Dir.	Rect.	Cassé
	D	S2	Dir.	Ind.	Cassé
H1-A 197	G	S1	Dir.	Rect.	Non ret.
	G	S4	Dir.	Rect.	Non ret.
	D	S1	Dir.	Rect.	Non ret.
	D	S1	Croi.	Ind.	Cassé
	G	S2	Dir.	Rect.	Cassé
H1-A 195	G	S2	Dir.	Arq.	Ret.
	G	S2	Dir.	Rect.	Cassé
H1-A 190	D	S1	Dir.	Died.	Cassé
H1-B 169	G	S1	Dir.	Ind.	Cassé
H1-B 167	G	S2	Dir.	Arq.	Non ret.
H1-B 166	D	S2	Dir.	Ind.	Cassé
	G	S4	Dir.	Ind.	Cassé
H1-B 165	D	S1	Dir.	Rect.	Cassé
H1-B 164	G	S2	Dir.	Arq.	Non ret
	G	S3	Dir.	Arq.	Non ret.
H1-B 162	G	S2	Dir.	Arq.	Cassé
H1-B 161	G	S3	Dir.	Arq.	Non ret.

Lamelles de morphotechnologie distale 4/5 : 16

H1-A 200	G	S2	Dir.	Arq.	Non ret.
	D	S4	Dir.	Arq.	Cassé
H1-A 199	G	S1	Dir.	Arq.	Non ret.
	D	S3	Dir.	Arq.	Ret.
	D	S4	Dir.	Arq.	Non ret.
H1-A 198	G	S2	Dir.	Ind.	Cassé
	D	S1	Dir.	Arq.	Cassé
H1-A 197	G	S1	Dir.	Arq.	Cassé
H1-A 195	D	S2	Dir.	Arq.	Cassé
H1-B 169	D	S2	Dir.	Rect.	Cassé
H1-B 168	D	S1	Dir.	Arq.	Non ret.
H1-B 166	D	S3	Dir.	Arq.	Non ret.
H1-B 165	G	S3	Dir.	Arq.	Non ret.
	D	S3	Dir.	Arq.	Non ret.
H1-B 162	G	S3	Dir.	Arq.	Cassé
H1-B 161	G	S1	Dir.	Rect.	Cassé

Document XI.12 (à suivre)

LAMELLES A BORD ABATTU ET FACETTE DE PIQUANT- TRIEDRE : 31

Lamelles de morphotechnologie distale 2/4 : 7

```
H1-A 196   D   S1   Dir.   Died.   Facette proximale
           G   S1   Dir.   Died.   Non ret.

H1-A 195   D   S1   Dir.   Died.   Facette proximale

H1-A 190   G   S1   Dir.   Ind.    Cassé
           G   S3   Dir.   Died.   Non ret.

H1-B 168   G   S1   Dir.   Arq.    Non ret.

H1-B 165   G   S1   Dir.   Dièd.   Facette proximale
```

Lamelles de morphotechnologie distale 3/4 : 13

```
H1-A 199   G   S2   Dir.   Ind.    Cassé
           G   S4   Dir.   Sin.    Cassé
           D   S2   Dir.   Arq.    Ret.
           D   S2   Dir.   Ind.    Cassé

H1-A 198   G   S3   Dir.   Arq.    Non ret.
           G   S4   Dir.   Arq.    Non ret.
           D   S3   Dir.   Arq.    Non ret.

H1-A 190   G   S3   Dir.   Arq.    Cassé

H1-B 165   G   S4   Dir.   Rect.   Cassé

H1-B 164   G   S1   Dir.   Rect.   Non ret.
           G   S2   Dir.   Rect.   Non ret.

H1-B 162   G   S1   Dir.   Arq.    Facette proximale
           G   S2   Dir.   Rect.   Cassé
```

Lamelles de morphotechnologie distale 4/4 : 8

```
H1-A 199   G   S2   Dir.   Arq.    Non ret.

H1-A 198   G   S2   Dir.   Arq.    Non ret.

H1-A 195   G   S2   Dir.   Arq.    Cassé
           D   S1   Dir.   Ind.    Cassé

H1-A 192   D   S2   Dir.   Ind.    Ret.

H1-A 190   G   S1   Dir.   Arq.    Non ret.

H1-B 164   G   S2   Dir.   Rect.   Cassé

H1-B 161   G   S3   Dir.   Arq.    Cassé
```

Lamelles de technique 4, morphologie indéterminée : 3

```
H1-A 198   G   S2   Dir.   Arq.    Cassé

H1-A 197   G   S4   Dir.   Rect.   Cassé

H1-A 191   G   S2   Dir.   Ind.    Non ret.
```

Document XI.12 (suite)

LAMELLES A BORD ABATTU ET TRONCATURE DISTALE : 12

Lamelles de morphotechnologie distale 2/3 : 12

H1-A 199	G	S4	Dir.	Sin.	Non ret.
H1-A 198	G	S3	Dir.	Died.	Ret.
	G	S3	Dir.	Died.	Non ret.
H1-A 197	G	S2	Dir.	Died.	Cassé
	G	S3	Alt.	Died.	Non ret.
H1-A 195	D	S3	Dir.	Died.	Non ret.
H1-A 194	G	S1	Dir.	Died.	Ret.
H1-A 190	G	S2	Dir.	Died.	Ret.
	D	S4	Dir.	Died.	Ret.
H1-B 166	G	S3	Dir.	Died.	Non ret.
H1-B 162	G	S1	Dir.	Died.	Cassé
	G	S3	Dir.	Died.	Non ret.

LAMELLES DE MORPHOTECHNOLOGIE INDETERMINEE : 2

H1-A 199	D	S1	Dir.	Rect.	Non ret.
H1-A 197	G	S2	Dir.	Arq.	Cassé

Document XI.13

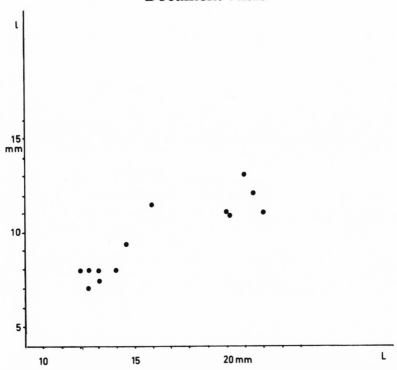

PHASE IV : Longueur (L) et largeur (l) des éclats
à bord abattu et facette de piquant-trièdre.

Document XI.14

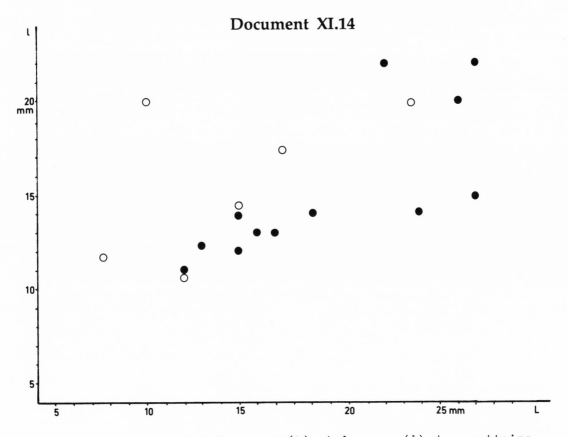

PHASE IV : Longueur (L) et largeur (l) des grattoirs.

● : grattoirs entiers
○ : grattoirs cassés

Document XI.15 (à suivre)

	Frag. non distaux de lamelle à b.a.	Lamelles à 1 b.a. obtuses	Lamelles à 1 b.a. pointues	Lamelles à b.a. et facette de piquant-trièdre	Lamelles à b.a. et troncature	Lamelles à b.a. indéterminées	Éclats à deux bords abattus	Éclats à un bord abattu	Éclats à b.a. et facette de piquant-trièdre	Fragment à l b.a. indentifié	Retouches latérales	Micrograttoirs	Grattoirs courts et fragments.	Troncatures obliques distales	Troncatures très obliques	Troncatures normales	Coches	Denticulés	Triangles isocèles	Triangles scalènes	Burins	Divers	Microburins	Lamelles de piquant-trièdre	TOTAL
H1-A 203	2	1															1	1					4		9
H1-A 202	2	1						1									1								5
H1-A 201			1																				1		2
H1-A 200	7	1	7					1					1		1		2				1	1	6		28
H1-A 199	18	11	12	5	1					2	3		1		3						1		18		75
H1-A 198	13	8	9	5	2	1	1	2	4	1	2	3	3	1	2		1				1	3	36	1	99
H1-A 197	3	4	6	1	2	1		1	2	2	4	1			1				1			1	9		39
H1-A 196	2	1		2					1														2		8
H1-A 195	12	4	3	3	1		1	3	2	4	5	1	2	1			2	1				1	16	1	63
H1-A 194					1																				1
H1-A 193																									0
H1-A 192	4			1							4					1							6		16
H1-A 191	3			1						1	1								1	1	1		1		10
H1-A 190	5	6	1	4	2			1		2	5			1			1		2				7		37
TOTAL	71	37	39	22	9	2	2	9	9	12	24	5	7	3	7	1	8	2	4	1	4	6	106	2	392

PHASE IV : Tableau récapitulatif de l'outillage retouché dans H1-A.

Document XI.15 (suite)

	Frag. non distaux de lamelles à b.a.	Lamelles à 1 b.a. obtuses	Lamelles à 1 b.a. pointues	Lamelles à b.a. et facette de piquant-trièdre	Lamelles à b.a. et troncature	Lamelles à b.a. indéterminées	Eclats à deux bords abattus	Eclats à un bord abattu	Eclats à b.a. et facette de piquant-trièdre	Frag. à 1 b.a. ind-denticulés trièdre	Retouches latérales	Micrograttoirs	Grattoirs courts et fragments	Troncatures obliques distales	Troncatures très obliques	Troncatures normales	Coches	Denticulés	Triangles isocèles	Triangles scalènes	Burins	Divers	Microburins	Lamelles de piquant-trièdre	TOTAL
H1-B 169			2																				1		3
H1-B 168	1		1	1										1			1						1		6
H1-B 167	1	1	1						1														2		6
H1-B 166	1	4	3		1			1	1						1								8		20
H1-B 165		2	3	2				1	1	1	1	1	3		2								4		21
H1-B 164		3	2	3							1	1							1				8		19
H1-B 163	2								1														1		4
H1-B 162	4	4	2	2	2		1				1		1										6		23
H1-B 161	1		2	1					1					1			1						6		13
TOTAL	10	14	16	9	3	0	1	2	5	1	3	2	4	2	3	0	2	0	1	0	0	0	37	0	115

PHASE IV : Récapitulatif de l'outillage retouché dans H1-B.

Document XI.16 (à suivre)

Origine / Unit	Tranchée	Résidus > 10mm	Résidus 5-10mm	Résidus 2.8-5mm	Résidus non spé-cifiés	Transferts	Notes
H1-A 189	*				*	* os	peu de pièces brûlées
H1-A 188	*				*	* os	peu de pièces brûlées

INTERPHASE IV/V : Origine du matériel dans chaque *unit*.

	Graviers	Débris de cal-caire	Débris de silex	Débris de nucléus	Eclats de silex < 1cm	Eclats de silex > 1cm	Lames et lamelles	Pièces retou-chées
H1-A 189	rares		■		■	■	-	6
H1-A 188	rares	■	■		■	■	-	13

INTERPHASE IV/V : Importance du matériel dans les grandes
classes technologiques.
Nombre de pièces : - 1-9, ■ 10-19, ■ 20-49, ■ 50-99, ■ ≥100.

Document XI.16 (suite)

	Description
H1-A 189	2 microburins 1 lamelle à 2 bords abattus et base tronquée (dist. cassée) 1 fgt. prox. de lamelle à bord abattu rectiligne 1 lamelle à bord abattu et tronc. dist. (2/3) d'angle < 130° 1 éclat à retouche inverse rasante continue bord droit.

INTERPHASE IV/V : Matériel retouché de H1-A 189.

	Description
H1-A 188	4 microburins 1 frgt. de lame à retouche inverse du bord gauche 1 éclat à retouche directe abrupte 1/3 prox. du bord droit 1 segment 1 lamelle à troncature proximale rectiligne très oblique 1 lamelle à bord abattu obtuse (5/1) 2 lamelles à bord abattu et facette de piquant-trièdre (3/4, 4/4) 2 lamelles à bord abattu pointues (3/5) dt. 1 sur lamelle cortic.

INTERPHASE IV/V : Matériel retouché de H1-A 188.

Document XII.1

Provenance / Unit:	Tranchée	Résidus > 10 mm	Résidus 5 - 10 mm	Résidus 2.8 - 5 mm	Résidus non spécifiés	Transfert	Notes
HI-A 187	*				*	os *	pièces brû-lées.
HI-A 186	*				*	os *	
HI-A 185	*				*		
HI-A 184	*				*		pièces brû-lées.
HI-A 183	*			partiel-lement	*	os *	pièces brû-lées.
HI-A 182	*				*	os *	
HI-A 181	*				*	os *	pièces brû-lées.
HI-A 180	*				*	os *	pièces brû-lées.
HI-B 160	*	**	**	*		escar-gots **	
HI-B 159	*	**	*	partiel-lement		escar-gots **	
HI-B 158	*	***	*	*		escar-gots *	

PHASE V : Origine du matériel dans chaque niveau.

Document XII.2

Legend (symbol sizes):
- o : 1-9 pièces
- O : 10-19 pièces
- ● : 20-49 pièces
- ■ : 50-99 pièces
- ■■ : 100 pièces et plus

	Calcite, graviers	Débris de calcaire < 1cm	Débris de calcaire ≥ 1cm	Débris de silex < 1cm	Débris de silex ≥ 1cm	Nucléus et fragments	Eclats de silex < 1cm	Eclats de silex ≥ 1cm	Lames et lamelles	Eclats de calcaire < 1cm	Eclats de calcaire ≥ 1cm	Pièces retouchées	Total minimal assurément travaillé
H1-A 187	o		o	O	o	o	●	o	o			3	36
H1-A 186	o	o	o	O	o	o	●	O	o			4	46
H1-A 185	o			o	o		O	O	o			1	30
H1-A 184	o	o		o	o	o	o	O				1	18
H1-A 183	O			●	O	o	●	●	O			13	109
H1-A 182	O	o		O	O		■	●	o			6	102
H1-A 181	O	O	o	●	O	o	●	●	o		o	15	119
H1-A 180	●	o	o	■	O	o	■■	■	O			13	225
H1-B 160			o	■	●	o	■	■	o			16	>148
H1-B 159	o	O	o	●	●	o	●	●	o			15	112
H1-B 158				■	●		■	■	o			9	>144

PHASE V : Abondance du matériel dans chaque *unit*.

o : 1-9 pièces
O : 10-19 pièces
● : 20-49 pièces

■ : 50-99 pièces
■■ : 100 pièces et plus

Document XII.3

Cortex / Longueur	Eclats non corticaux	Eclats partiel-lement corticaux	Eclats corticaux à plus de 2/3	TOTAL
0 - 0.8cm	39	9	8	56
0.8-1.5cm	75	68	37	180
≥ 1.5cm	30	52	14	96
Cassés	25	6	10	41
TOTAL	169 (45%)	135 (36%)	69 (18%)	373

PHASE V : Répartition des éclats bruts de débitage en fonction du cortex (H1-B 160 et 159, H1-A 183 et 181). Les pourcentages ont été arrondis à la plus proche unité.

Document XII.4

Module \ Longueur	Cassé	Très large (0.66/1)	Large (1/1)	Assez long (1.5/1)	TOTAL
0 - 0.8cm	12	14 (5%)	26 (9%)	5 (2%)	57
0.8 - 1.5cm	64	47 (17%)	53 (19%)	52 (18%)	216
1.5 - 3cm	19	6 (2%)	27 (10%)	47 (17%)	99
3 - 4.5cm			2 (1%)	5 (2%)	7
4.5 - 6cm					0
TOTAL	95	67	108	109	379

PHASE V : Modules et longueurs des éclats bruts de débitage (H1-B 160 et 159, H1-A 183 et 181). Les pourcentages ont été arrondis à la plus proche unité et calculés sans les pièces cassées (n = 284).

Document XII.5

Talons / Unit	Cassés	Corticaux	Lisses	Dièdres	Facettés	Punctiformes	Linéaires	Indéterminés	TOTAL
H1-B 160	12	21	36	9	0	10	18	1	97
H1-B 159	23	14	26	5	0	12	16	1	107
H1-A 183	18	23	15	0	1	5	4	0	66
H1-A 181	24	22	17	6	0	10	14	1	94
TOTAL	77	80 (28%)	94 (33%)	20 (18%)	1 (0%)	37 (13%)	52 (18%)	3 (1%)	364

PHASE V : Talons des éclats bruts de débitage. Les pourcentages ont été calculés sans les talons cassés (n = 287) et arrondis à la plus proche unité.

Document XII.6

Module / Longueur	Cassé	Laminaire (2/1)	Lame (3/1)	Etroit (4/1)	Très étroit (5/1)	TOTAL
0 - 2cm	5	7	5	3		20
2 - 3cm	2	1	2			5
3 - 4cm						0
4 - 5cm				1		1
5cm						0
TOTAL	7	8	7	4		26

PHASE V : Modules et longueurs des lamelles brutes de débitage (H1-B 160 et 159, H1-A 183 et 181).

Talons / Lamelles	Cassés	Corticaux	Lisses	Punctiformes	Facettés	Linéaires	Dièdres	Indéterminés	TOTAL
Effectif	7	1	6	6	0	6	0	0	26

PHASE V : Talons des lamelles brutes de débitage (H1-B 160 et 159, H1-A 183 et 181).

Document XII.7

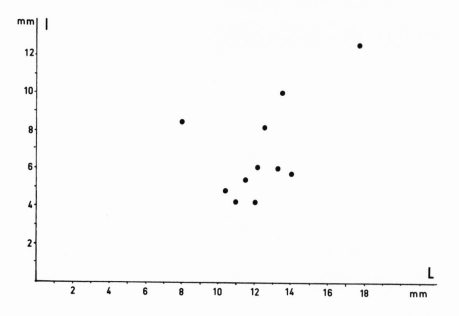

PHASE V : Longueur et largeur des microburins.

Latéralisa-tion ⟍ Position	Coche à gauche	Coche à droite	Indéter-minée	TOTAL
Coche proximale	0	2	0	2
Coche distale	8	1	0	9
Indéterminée	0	0	0	0
TOTAL	8	3	0	11

PHASE V : Distribution technique des microburins.

Document XII.8

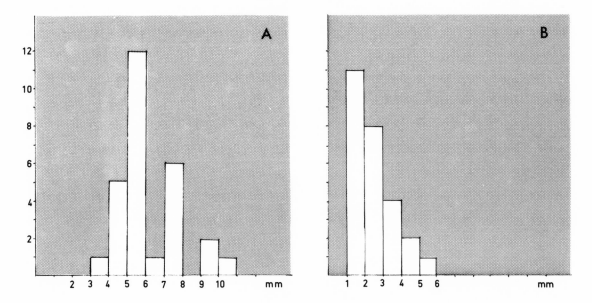

PHASE V : Histogramme de distribution des largeurs (A)
et des épaisseurs (B) des lamelles à un bord abattu.
La borne inférieure est comprise.

ANALYSE DES CARACTERES ET REPARTITION DES LAMELLES A UN BORD ABATTU

Fragments non distaux de lamelles à un bord abattu : 9

```
Hl-A 187    D     Sl   Dir.   Rect.   Cassé
Hl-A 186    D     Sl   Sir.   Rect.   Cassé
Hl-A 184    G     Sl   Dir.   Rect.   Ret.
Hl-A 183    G     Sl   Dir.   Ind.    Non ret.
Hl-A 180    D     S2   Inv.   Ind.    Non ret.
            D     S4   Dir.   Died.   Cassé
Hl-B 158    G     S2   Dir.   Sin.    Non ret.
            G     Sl   Dir.   Rect.   Non ret.
            G     S2   Dir.   Rect.   Non ret.
```


LAMELLES A UN BORD ABATTU OBTUSES : 12

Lamelles de morphotechnologie distale 1/1 : 9

```
Hl-A 182   Ind.  Sl   Dir.   Rect.   Ind.   (la pièce est en fait une tronc.
            D     Sl   Dir.   Rect.   Non ret.                      prox.)
Hl-A 181    G     Sl   Dir.   Rect.   Cassé
            G     Sl   Dir.   Rect.   Cassé
Hl-A 180    G     S3   Dir.   Rect.   Cassé
            D     S3   Dir.   Rect.   Ret.
Hl-B 159    D     S2   Dir.   Rect.   Non ret.
            D     S4   Dir.   Rect.   Non ret. (hypermicrolithique)
Hl-B 158    G     Sl   Dir.   Rect.   Non ret.
```


Lamelles de morphotechnologie distale 4/1 : 1

```
Hl-B 158    G     Sl   Dir.   Ind.    Cassé
```


Lamelles de morphotechnologie distale 5/1 : 2

```
Hl-A 181    D     Sl   Dir.   Rect.   Cassé
            G     S2   Dir.   Sin.    Cassé
```

LAMELLES A UN BORD ABATTU POINTUES : 3

Lamelles de morphotechnologie distale 3/5 : 2

```
H1-B 160   G    S1   Dir.   Rect.   Non ret. (ret. ½abrupte de l'autre bord)
           G    S1   Dir.   Rect.   Cassé
```

Lamelles de morphotechnologie distale 4/5 : 1

```
H1-B 159   G    S3   Dir.   Arq.    Cassé
```

LAMELLES A BORD ABATTU ET FACETTE DE PIQUANT-TRIEDRE : 1

Lamelles de morphotechnologie distale 2/4 : 1

```
H1-A 183   G    S2   Dir.   Sin.    Cassé (pièce douteuse)
```

LAMELLES A BORD ABATTU ET TRONCATURE DISTALE : 1

Lamelles de morphotechnologie distale 2/3 : 1

```
H1-A 183   G    S1   Dir.   Died.   Non ret.
```

LAMELLES A BORD ABATTU ET RETOUCHE DE L'EXTREMITE DISTALE : 1

Lamelles de morphotechnologie distale 5/3 : 1

```
H1-B 159   G    S2   Dir.   Died.   Non ret.
```

Document XII.10

ANALYSE DES CARACTERES ET REPARTITION DES LAMELLES A DEUX BORDS ABATTUS

Fragments non distaux de lamelles à deux bords abattus : 2

H1-A 183   G/D   S4   Dir.   Rect. Cassée (microburin K.)
H1-A 180   G/D   S2   Dir.   Rect. Ret.

Lamelles de morphotechnologie distale 5/1 : 1

H1-A 186   G/D   S2   Dir.   Rect. Non ret. (de petites dimensions)

Lamelles de morphotechnologie distale 5/3 : 1

H1-B 159   G/D   S2   Dir./Croisée Rect.   Cassée

Lamelles de morphotechnologie distale 3/2 : 2

H1-A 181   G/D   S2   Dir.   Rect.   Cassée
H1-B 158   G/D   S4   Dir./Croisée Arq.   Ret.

Document XII.11

	Frag. non distaux de lamelle à 1 b.a.	Lamelles à 1 b.a. obtuses	Lamelles à 1 b.a. pointues	Lamelles à b.a. et facette de piq.-tr.	Lamelles à b.a. et troncature	Lamelles à b.a. et retouche distale	Frag. non distaux de lamelle à 2 b.a.	Lamelles obtuses à 2 bords abattus	Lamelles à deux b.a. et extr. dist. ret.	Lamelles pointues à deux bords abat.	Eclats à bord abattu	Micro-éclats à bord abattu	Frag. à 1 b.a. inidentifiés	Denticulés	Retouches latérales	Grattoirs simples sur éclats	Grattoirs denticulés	Grattoirs à épaulement	Micro-grattoirs	Troncatures normales	Troncatures prox. très obliques	Coches	Triangles	Divers	Microburins	TOTAL
H1-A 187	1													1						1						3
H1-A 186	1												1		1							1				4
H1-A 185								1																		1
H1-A 184	1																									1
H1-A 183	1			1	1		1							2		2				1			1	1	2	13
H1-A 182		1								1				3	1											6
H1-A 181		5										2		1	2	1				1	1		1		1	15
H1-A 180	2	2					1						2	1	2							2	1			13
H1-B 160			2										3	1	1		2	1			2	1			3	16
H1-B 159		2	1			1			1					1	1				1			1		1	5	15
H1-B 158	3	2								1	2		1													9
TOTAL	9	12	3	1	1	1	2	1	1	2	2	2	7	10	8	3	2	1	1	3	3	5	3	2	11	96

PH ASE V : Récapitulatif de l'outillage retouché.

Document XIII.1 (à suivre)

Provenance / Unit	Tranchée	Résidus ≥ 10 mm	Résidus 5 - 10 mm	Résidus 2.8 - 5 mm	Résidus non spécifiés	Transfert	Notes
HI-A 179	*	*	*	échant.			
HI-A 178	*	*	*	échant.		os *	
HI-A 177	*	*	*	échant.		os *	
HI-A 176	*	*	*	échant.			
HI-A 175	*	*	*	échant.		os *	
HI-A 174	*	*	*	échant.		os *	
HI-A 173		*	*	échant.		os *	
HI-A 172	*	*	*	échant.		os *	
HI-A 171		*	*	échant.		os *	
HI-A 170	*	*	*	échant.		os *	
HI-A 169	*	*	*	échant.		os *	
HI-B 157	*	****	*	*		escar-gots *	
HI-B 156	*	****	**	*			
HI-B 155	*	*****	***	*		escar-gots *	
HI-B 154	*	*	*	*			
HI-B 153	*	*	*	*			
HI-B 152	*	*	*	*			
HI-B 151	*	*	*	*			

PHASE VI : Origine du matériel dans chaque *unit*.

Document XIII.1 (suite)

Provenance / Unit	Tranchée	Résidus ≥ 10 mm	Résidus 5 - 10 mm	Résidus 2.8 - 5 mm	Résidus non spécifiés	Transfert	Notes
F/A -S 208		*	*	**		os *	
F/A -S 207	*	*	*	**		os * coquil-lage *	pièces brû-lées
F/A -S 206	*	*	*	**		os *	
F/A -S 205		*	*	**		os *	
F/A -S 204	*	*	*	*	*	os *	
F/A -S 203		*	*	**		os *	
F/A -S 202	*	*	*	**		os *	
F/A -S 201		*	*	*		os *	
F/A -S 200	*	*	*	*		os * escargots *	pièces brû-lées
F/A-S 199	*	*	*	**		os *	pièces brû-lées

PHASE VI : Origine du matériel dans chaque *unit*.

Document XIII.2

	Calcite, graviers	Débris de calcaire <1cm	Débris de calcaire ≥1cm	Débris de silex <1cm	Débris de silex ≥1cm	Nucléus et fragments	Eclats de silex <1cm	Eclats de silex ≥1cm	Lames et lamelles	Eclats de calcaire <1cm	Eclats de calcaire ≥1cm	Pièces retouchées	Total minimal assûrément travaillé
H1-A 179				nbs	nbs	○	■■	●	○			4	148
H1-A 178				nbs	nbs	○	●	○	○			3	50
H1-A 177				nbs	nbs	○	●	◯	○			2	42
H1-A 176				nbs		○	○	●	○			5	45
H1-A 175				très nbs	nbs	◯	■■	■	○			13	264
H1-A 174				nbs	nbs	◯	■■	■	◯			17	x
H1-A 173				nbs	nbs	○	■■	■	◯	○		25	353
H1-A 172				nbs	nbs	◯	■	■	●		○	39	334
H1-A 171				nbs	nbs	○	■	●	○			10	148
H1-A 170				nbs	nbs	●	■■	■■	◯			28	416
H1-A 169				nbs	très nbs	◯	■■	■■	◯			39	373
H1-B 157		x	x	■	●	○	■	●	○		○	11	>123
H1-B 156	x	x	x	■	●	○	■	■	◯			36	330
H1-B 155	x	◯	○	■	■	◯	■	■	◯			34	365
H1-B 154		x	x	■	●	◯	■	■	◯			32	>410
H1-B 153		○	nbs	●	●	○	■	■	●			38	388
H1-B 152			○	●	◯	○	■	●	○			19	>152
H1-B 151		●	◯	■	◯	○	■	●	○			5	>148
F/A-S 208	◯		○	■	●	○	■	●	○		○	18	>143
F/A-S 207	●		●	■	●	◯	■■	●	●			24	>205
F/A-S 206	nbs		○	■	●	◯	■	●	○			12	>139
F/A-S 205	nbs			■■	■	●	■	■■	◯			44	421
F/A-S 204				x	x	◯	■■	■	○			23	246
F/A-S 203	x			x	x	○	■■	■	◯			25	>239
F/A-S 202				x	x	○	■	●	○			5	90
F/A-S 201				x	x	○	◯	●	○			3	26
F/A-S 200				x	x	○	●	◯	○			7	122
F/A-S 199		x	x	x	x	○	■	●	○			5	109

PHASE VI : Indication de l'abondance du matériel
dans chaque *unit*.

○ : 1-9 pièces   ■ : 50-99 pièces
◯ : 10-19 pièces   ■■ : 100 pièces et plus
● : 20-49 pièces   x : non décomptés
            nbs : nombreux

Document XIII.3

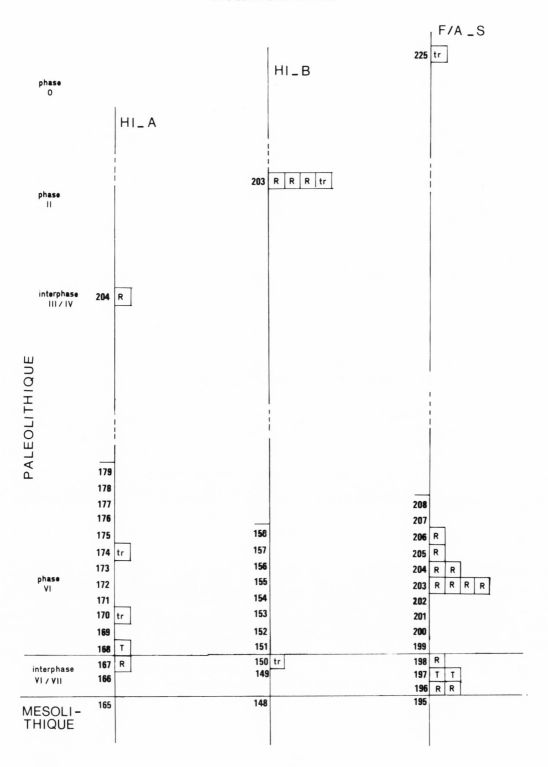

PALEOLITHIQUE : Répartition des pièces en obsidienne. L'échelle stratigraphique n'est pas respectée. T : pièce découverte dans la tranchée, au moment de la fouille. R : pièce découverte dans les résidus de tamisage lithiques. tr : pièce découverte lors du tri de résidus de tamisage par S. Payne.

Document XIII.4

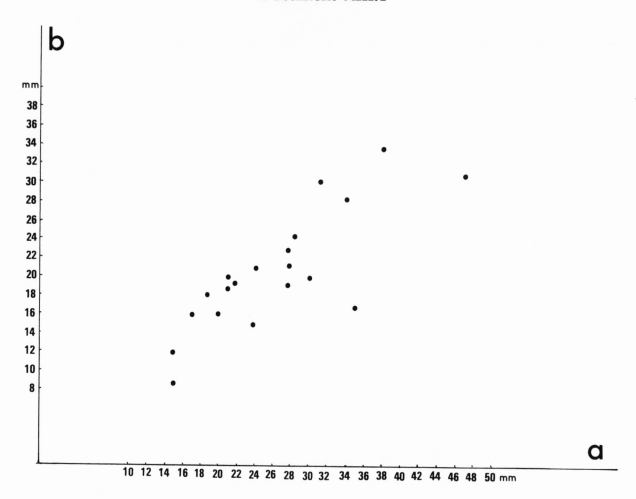

PHASE VI : Diagramme de distribution des nucléus (H1-B
156 et 153) selon l'axe d'allongement maximal (a) et la
plus grande dimension orthogonale (b).

Document XIII.5

Cortex / Longueur	Eclats non corticaux	Eclats partiel-lement corticaux	Eclats corti-caux à plus de 2/3	TOTAL
0-0.8cm	35	7	1	43
0.8-1.5cm	106	67	31	204
1.5-3cm	30	38	24	92
≥ 3cm		1	4	5
Cassés	66	22	27	115
TOTAL	237 (52%)	135 (29%)	87 (19%)	459

PHASE VI : Répartition des éclats bruts de débitage en fonction du cortex (H1-B 156 et 153). Les pourcentages ont été arrondis à la plus proche unité.

Document XIII.6

Module / Longueur	Cassé	Très large (0.66/1)	Large (1/1)	Assez long (1.5/1)	TOTAL
0-0.8cm	4	14 (4%)	20 (6%)	6 (2%)	44
0.8-1.5cm	98	64 (19%)	71 (21%)	65 (19%)	298
1.5-3cm	14	8 (2%)	38 (11%)	49 (14%)	109
3-4.5cm	2			5 (1%)	7
4.5-6cm					0
TOTAL	118	86	129	125	458

PHASE VI : Module et longueur des éclats bruts de débitage (H1-B 156 et 153). Les pourcentages ont été arrondis à la plus proche unité et calculés sans les pièces cassées.

Document XIII.7

Talons Effectif	Cassés	Corticaux	Lisses	Dièdres	Facettés	Puncti- formes	Linéaires	Indéter- minés	TOTAL
	115	80 (23%)	118 (35%)	27 (8%)	2 (1%)	61 (18%)	47 (14%)	6 (2%)	456

PHASE VI : Talon des éclats bruts de débitage (H1-B 165 et 153).
Les pourcentages ont été arrondis à la plus proche unité et calculés sans les talons cassés.

Document XIII.8

Module \ Longueur	Cassé	Laminaire (2/1)	Lame (3/1)	Etroit (4/1)	Très étroit (5/1)	TOTAL
0 – 2cm	11	14	6	3	1	35
2 – 3cm	1	2	1	2		6
3 – 4cm		2	2	1		5
4 – 5cm						0
> 5cm						0
TOTAL	12	18	9	6	1	46

PHASE VI : Module et longueur des lamelles brutes de débitage (H1-B 156 et 153).

Talons \ Effectif	Cassées	Corticaux	Lisses	Puncti-formes	Facettés	Linéaires	Dièdres	Indéterminés	TOTAL
	14	5	12	3	0	8	2	0	46

PHASE VI : Talons des lamelles brutes de débitage (H1-B 156 et 153).

Document XIII.9

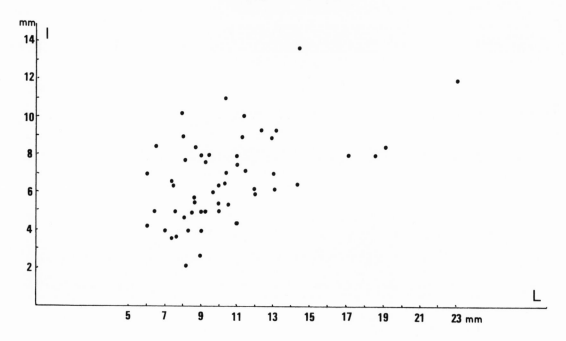

PHASE VI : Distribution des microburins selon
leur longueur et leur largeur.

Document XIII.10

Latéralisation Position	Coche à gauche	Coche à droite	Indéterminée	TOTAL
Coche proximale	4 (7%)	13 (21%)		17
Coche distale	36 (59%)	8 (13%)		44
Indéterminée			2	2
TOTAL	40	21	2	63

PHASE VI : Distribution des microburins. Les pourcentages ont été calculés sans les pièces indéterminées et arrondis à la plus proche unité.

Document XIII.11

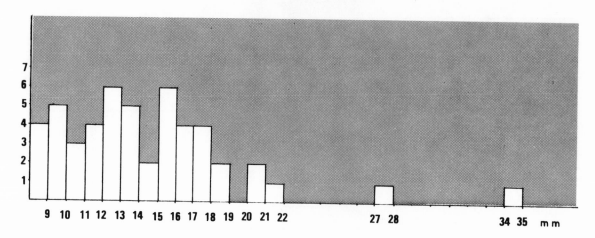

PHASE VI : Histogramme de distribution des longueurs
des lamelles à 1 bord abattu entières (n=50). La borne
inférieure est comprise.

Document XIII.12

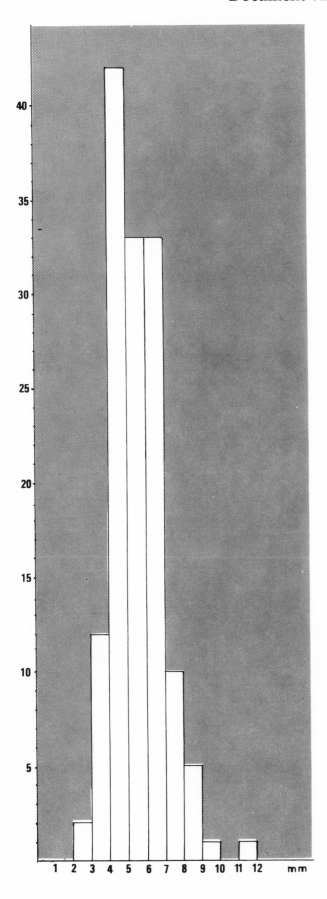

PHASE VI : Histogramme de distribution des largeurs des
lamelles à 1 bord abattu (n=139).
La borne inférieure est comprise.

Document XIII.13

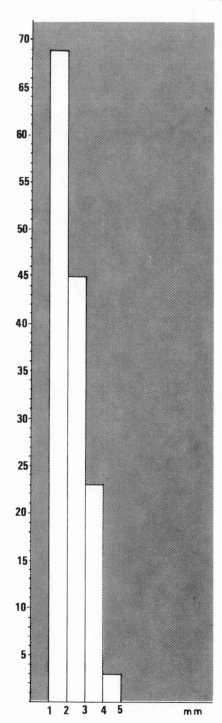

PHASE VI : Histogramme de distribution des épaisseurs des lamelles à
1 bord abattu (n=140). La borne inférieure est comprise.

PHASE VI

ANALYSE DES CARACTERES ET REPARTITION DES LAMELLES A UN BORD ABATTU

Fragments non distaux de lamelles à bord abattu : 38

```
H1-B 156   G    S2   Dir.  Rect.  Cassé
H1-B 155   G    S2   Dir.  Rect.  Cassé
           G    S3   Dir.  Rect.  Non ret.
H1-B 154   G    S2   Dir.  Rect.  Non ret.
           G    S3   Dir.  Ind.   Non ret.
           D    S2   Dir.  Ind.   Cassé
           Ind.S2   Dir.  Ind.   Cassé
H1-B 153   G    S2   Dir.  Rect.  Non ret.
           Ind.S1   Dir.  Ind.   Cassé
           Ind.S1   Dir.  Ind.   Cassé
H1-B 152   Ind.S2   Dir.  Ind.   Cassé
H1-A 176   G    S3   Dir.  Rect.  Cassé
H1-A 175   G    S2   Dir.  Rect.  Non ret.
H1-A 174   D    S1   Dir.  Ind.   Cassé
           D    S2   Dir.  Sin.   Cassé
H1-A 173   D    S1   Dir.  Rect.  Cassé
H1-A 172   G    S2   Dir.  Rect.  Non ret.
           G    S1   Dir.  Rect.  Ret.
           D    S1   Dir.  Rect.  Cassé
           D    S1   Dir.  Rect.  Cassé
           D    S1   Dir.  Rect.  Non ret.
H1-A 171   G    S2   Dir.  Rect.  Cassé
H1-A 170   G    S3   Dir.  Rect.  Cassé
H1-A 169   G    S1   Dir.  Sin.   Non ret.
           D    S2   Dir.  Ind.   Cassé
           D    S3   Dir.  Rect.  Non ret.
F/A-S 208  G    S1   Dir.  Ind.   Cassé
           D    S1   Inv.  Rect.  Non ret.
           D    S1   Dir.  Ind.   Non ret.
           D    S3   Dir.  Rect.  Non ret.
F/A-S 207  D    S1   Dir.  Rect.  Non ret.
           G    S2   Dir.  Rect.  Non ret.
F/A-S 206  Ind  S2   Dir.  Ind.   Cassé
F/A-S 205  G    S3   Dir.  Ind.   Non ret.
           Ind  S1   Dir.  Rect.  Cassé
F/A-S 204  D    S2   Dir.  Rect.  Non ret.
           D    S2   Dir.  Ind.   Non ret.
F/A-S 203  G    S3   Dir.  Rect.  Cassé
```

Document XIII.14 (à suivre)

LAMELLES A UN BORD ABATTU OBTUSES : 63

Lamelles de morphotechnologie distale 1/1 : 23

```
H1-B 156  G    S3    Dir.  Rect. Cassé  (ret. inverse bord droit)

H1-B 155  G    S2    Dir.  Rect. Cassé

H1-B 154  G    S1    Croi. Rect. Cassé
          G    S1    Dir.  Rect. Cassé
          G    S2    Dir.  Rect. Cassé

H1-B 153  D    S1    Dir.  Rect. Ret.
          D    S3    Dir.  Rect. Cassé

H1-B 151  G    S1    Dir.  Rect. Non ret.

H1-A 174  D    S3    Dir.  Sin.  Non ret.

H1-A 173  D    S2    Dir.  Rect. Non ret.
          D    S3    Dir.  Rect. Cassé

H1-A 172  G    S3    Dir.  Rect. Non ret.

H1-A 170  D    S2    Dir.  Sin.  Cassé

H1-A 169  D    S1    Dir.  Rect. Non ret.

F/A-S 207 G    S3    Dir.  Rect. Non ret.
          D    S1    Dir.  Ind.  Cassé
          D    S2    Dir.  Rect. Cassé

F/A-S 206 D    S2    Dir.  Rect. Non ret.

F/A-S 205 D    S1    Dir.  Rect. Non ret.
          D    S1    Dir.  Rect. Non ret.
          D    S1    Dir.  Rect. Cassé

F/A-S 204 D    S1    Dir.  Rect. Non ret.

F/A-S 203 G    S1    Dir.  Rect. Cassé
```

Lamelles de morphotechnologie distale 2/1 : 17

```
H1-B 157  G    S3    Dir.  Ind.  Cassé

H1-A 179  D    S1    Dir.  Rect. Cassé

H1-A 177  G    S1    Dir.  Rect. Non ret.

H1-A 176  D    S3    Dir.  Sin.  Cassé

H1-A 174  G    S1    Dir.  Rect. Cassé
          G    S2    Dir.  Rect. Cassé

H1-A 172  G    S3    Dir.  Sin.  Ret.
          D    S3    Dir.  Ind.  Cassé

H1-A 170  D    S1    Dir.  Rect. Cassé (fract. acc. en microburin K.)
          D    S2    Dir.  Sin.  Ret.
```

(à suivre)

Lamelles de morphotechnologie distale 2/1 (suite)

```
F/A-S 208 G    S1    Dir.   Rect.  Cassé
F/A-S 207 G    S3    Dir.   Sin.   Non ret.
F/A-S 206 D    S3    Dir.   Rect.  Cassé
F/A-S 204 G    S1    Dir.   Rect.  Cassé
F/A-S 203 D    S2    Dir.   Rect.  Non ret.
          D    S2    Dir.   Rect.  Non ret.
F/A-S 201 D    S3    Dir.   Rect.  Non ret.
```

Lamelles de morphotechnologie distale 5/1 : 22

```
H1-B 157 G    S2    Dir.   Rect.  Cassé
         D    S1    Dir.   Rect.  Cassé
         D    S2    Dir.   Rect.  Cassé
H1-B 156 G    S2    Dir.   Rect.  Non ret.
H1-B 154 G    S1    Dir.   Rect.  Non ret. (la pièce est une tronc. prox.)
         G    S4    Dir.   Rect.  Cassé
H1-B 153 G    S1    Dir.   Rect.  Cassé
H1-A 174 D    S3    Dir.   Rect.  Non ret.
H1-A 173 G    S1    Dir.   Died.  Non ret.
H1-A 172 G    S1    Dir.   Arq.   Non ret.
         G    S3    Dir.   Arq.   Non ret.
         G    S2    Dir.   Ind.   Cassé
H1-A 170 G    S3    Dir.   Sin.   Non ret.
         D    S2    Dir.   Ind.   Cassé
H1-A 169 G    S1    Dir.   Ind.   Cassé
         G    S2    Dir.   Died.  Cassé
F/A-S 208 D   S1    Dir.   Rect.  Non ret.
F/A-S 207 G   S1    Dir.   Arq.   Non ret.
F/A-S 206 D   S3    Dir.   Rect.  Cassé
F/A-S 205 G   S3    Dir.   Rect.  Non ret. (la pièce est une tronc. prox.)
          D   S3    Dir.   Rect.  Cassé
F/A-S 203 D   S2    Dir.   Rect.  Non ret.
```

Lamelle obtuse indéterminée : 1

```
H1-A 178 G    S1    Dir.   Rect.  Non ret.
```

LAMELLES A UN BORD ABATTU POINTUES : 5

Lamelles de morphotechologie distale 3/5 : 5

```
H1-B 154  D   S1   Dir.  Ind.  Cassé
          D   S2   Dir.  Ind.  Cassé

H1-A 174  G   S3   Dir.  Rect. Cassé (sur lamelle à crête)

F/A-S 205 G   S1   Dir.  Rect. Cassé

F/A-S 204 G   S1   Dir.  Arq.  Non ret.
```

LAMELLES A BORD ABATTU ET FACETTE DE PIQUANT-TRIEDRE : 1

Lamelles de morphotechnologie distale 2/4 : 1

```
F/A-S 207 G   S1   Dir.  Sin.  Non ret.
```

LAMELLES A BORD ABATTU ET TRONCATURE DISTALE : 31

Lamelles de morphotechnologie distale 2/3 (tronc. rectiligne) : 21

```
H1-B 156  D   S2   Dir.  Died. Non ret.
          G   S1   Dir.  Died. Non ret.
          G   S1   Dir.  Died. Non ret.

H1-B 155  G   S1   Dir.  Died. Non ret.
          G   S2   Dir.  Died. Non ret.
          G   S1   Dir.  Died. Cassé

H1-B 153  G   S3   Dir.  Died. Non ret.

H1-A 176  D   S2   Dir.  Died. Cassé

H1-A 175  G   S1   Dir.  Died. Non ret.

H1-A 174  G   S2   Dir.  Died. Non ret.

H1-A 173  G   S3   Dir.  Died. Non ret.

H1-A 172  D   S2   Dir.  Died. Non ret.

H1-A 170  G   S1   Alt.  Died. Non ret.

H1-A 169  G   S3   Dir.  Died. Non ret.

F/A-S 208 G   S3   Dir.  Died. Cassé (atypique : tronc. et b.a. non adj.)

F/A-S 207 G   S2   Dir.  Died. Non ret.

F/A-S 206 G   S2   Dir.  Died. Non ret.

F/A-S 205 G   S3   Dir.  Died. Non ret.

F/A-S 203 G   S1   Croi. Died. Non ret.
          G   S3   Dir.  Died. Non ret.

F/A-S 200 G   S1   Dir.  Died. Non ret.
```

Lamelles de morphotechnologie distale 4/3 (tronc. convexe) : 5

```
H1-B 155   D   S2   Dir.   Arq.   Cassé
H1-B 153   G   S1   Dir.   Arq.   Non ret.
H1-A 172   G   S3   Dir.   Arq.   Non ret.
F/A-S 208  G   S2   Dir.   Arq.   Non ret.
F/A-S 205  D   S3   Dir.   Arq.   Cassé
```

Lamelles de morphotechnologie distale 5/3 (tronc. convexe) : 5

```
H1-B 155   G   S2   Dir.   Arq.    Cassé
H1-A 174   D   S1   Dir.   Rect.   Cassé
F/A-S 204  G   S1   Dir.   Sin.    Non ret.
           G   S3   Dir.   Arq.    Non ret.
           D   S1   Dir.   Arq.    Cassé
```

LAMELLES A BORD ABATTU DE MORPHOTECHNOLOGIE INDETERMINEE : 1

H1-A 168   Données manquantes

Document XIII.15

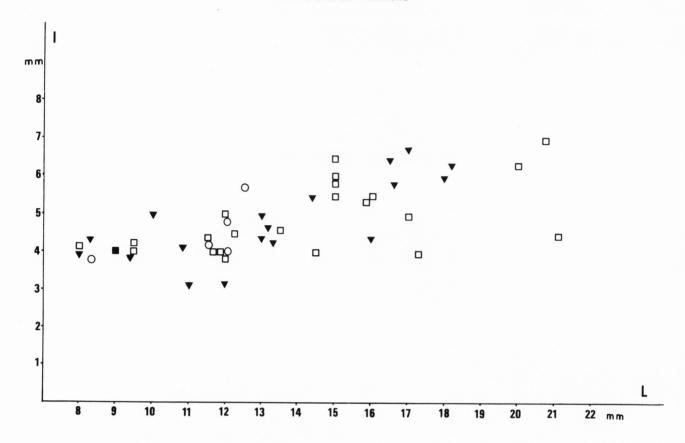

PHASE VI : Répartition des lamelles à 1 bord abattu intactes
selon la largeur (l) et la longueur (L). Une lamelle obtuse de
34mm de long et 8mm de large n'a pas pu être représentée.

□   Lamelles obtuses

■   Lamelles obtuses à base tronquée

▼   Lamelles à bord abattu et troncature distale rectiligne
    (lamelles scalènes)

○   Lamelles à bord abattu et troncature distale convexe

Document XIII.16

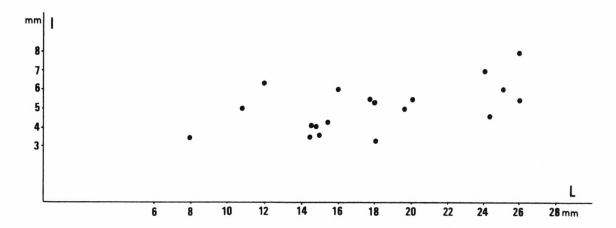

PHASE VI : Répartition des lamelles à deux bords abattus
entières selon la longueur (L) et la largeur (l) (n = 20).

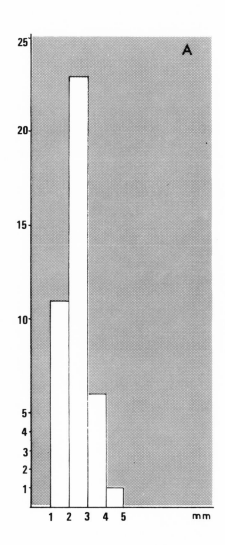

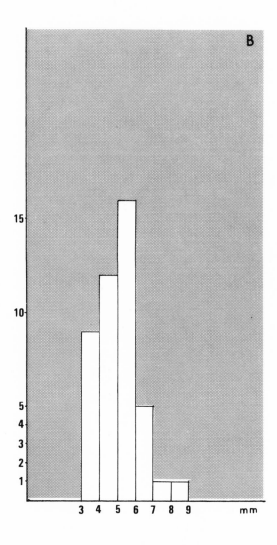

PHASE VI : Histogrammes de distribution des épaisseurs (A)
et des largeurs (B) des lamelles à deux bords abattus
(n = 44).

PHASE VI

ANALYSE DES CARACTERES ET REPARTITION DES LAMELLES A DEUX BORDS ABATTUS

Fragments non distaux de lamelles à deux bords abattus : 11

```
H1-B 154  G/D  S2  Dir.  Sin.   Ret. (pointue)
          G/D  S2  Dir.  Rect.  Cassé

H1-B 153  G/D  S2  Dir.  Rect.  Ret. (tronquée)

H1-A 174  G/D  S2  Dir.  Rect.  Ret. (tronquée)

H1-A 173  G/D  S2  Inv.  Rect.  Ret. (tronquée)
          G/D  S2  Dir.  Ind.   Ret. (pointue)

F/A-S 207 G/D  S2  Dir.  Rect.  Ret. (tronquée)

F/A-S 206 G/D  S3  Dir.  Rect.  Ret. (tronquée)

F/A-S 205 G/D  S2  Dir.  Rect.  Non ret.
          G/D  S2  Dir.  Rect.  Fracture antérieure à la ret. des bords.

F/A-S 204 G/D  S3  Dir.  Ind.   Ret. (pointue)
```

LAMELLES OBTUSES A DEUX BORDS ABATTUS : 9

Lamelles de morphotechnologie distale 1/1 : 4

```
H1-A 172  G/D  S2  Dir.  Sin.   Ret. (tronquée)
          G/D  S2  Dir.  Rect.  Ret. (pointue)

H1-A 170  G/D  S2  Dir.  Sin.   Cassé

F/A-S 204 G/D  S2  Dir.  Ind.   Cassé
```

Lamelles de morphotechnologie distale 2/1 : 1

```
F/A-S 203 G/D  S2  Dir.  Rect.  Cassé
```

Lamelles de morphotechnologie distale 5/1 : 4

```
H1-B 152  G/D  S2  Dir.  Rect/Died.  Cassé

H1-A 175  G/D  S2  Dir.  Rect.  Non ret.
          G/D  S2  Dir.  Sin.   Cassé

H1-A 172  G/D  S2  Dir.  Rect.  Ret. (pointue)
```

LAMELLES POINTUES A DEUX BORDS ABATTUS : 20

Lamelles de morphotechnologie distale 3/2 : 15

```
H1-B 157  G/D  S2  Dir.  Sin.       Ret. (pointue)
H1-B 156  G/D  S2  Dir.  Arq.       Cassé
          G/D  S2  Dir.  Ind.       Cassé
H1-B 154  G/D  S3  Dir.  Rect.      Ret. (pointue)
H1-B 152  G/D  S3  Dir.  Rect/Died  Ret. (pointue)
H1-A 173  G/D  S2  Dir.  Arq.       Ret. (pointue)
H1-A 172  G/D  S2  Dir.  Arq.       Non ret.
          G/D  S2  Dir.  Ind.       Cassé
H1-A 170  G/D  S2  Dir.  Arq.       Cassé
H1-A 169  G/D  S2  Dir.  Rect.      Non ret.
          G/D  S2  Dir.  Rect/Sin.  Ret. (pointue)
H1-A "B"  G/D  S2  Dir.  Rect/Sin.  Ret. (pointue) Unit exacte inconnue.
F/A-S 204 G/D  S4  Dir.  Arq.       Cassé
          G/D  S2  Dir.  Rect.      Cassé
          G/D  S2  Dir.  Ind.       Cassé
```

Lamelles de morphotechnologie distale 3/5 : 5

```
H1-B 156  G/D  S2  Dir.  Rect.      Ret. (pointue)
H1-B 153  G/D  S2  Dir.  Rect/Arq.  Cassé
H1-A 174  G/D  S4  Dir.  Arq.       Ret. (pointue)
H1-A 169  G/D  S3  Dir.  Rect/Died  Ret. (tronquée)
F/A-S 207 G/D  S2  Dir.  Rect/Died  Ret. (pointue)
```

LAMELLES A DEUX BORDS ABATTUS ET TRONCATURE DISTALE : 4

Lamelles de morphotechnologie distale 2/3 (tronc. rect.) : 2

```
H1-A 178  G/D  S3  Dir.  Rect.      Non ret.
F/A-S 203 G/D  S3  Dir.  Died/Rect  Cassé
```

Lamelles de morphotechnologie distale 5/3 (tronc. convexe) : 2

```
H1-A 170  G/D  S4  Dir.  Rect.      Cassé
F/A-S 205 G/D  S2  Dir.  Rect.      Cassé
```

Document XIII.18

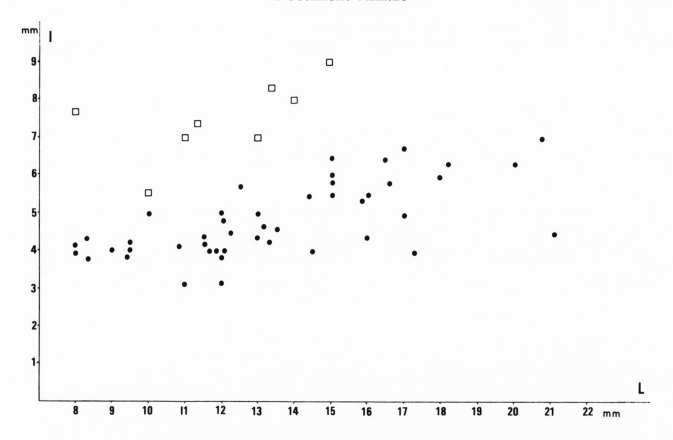

PHASE VI : Comparaison de la répartition selon la largeur (l)
et la longueur (L) des lamelles à bord abattu entières (●) et
des éclats à bord abattu entiers (□). Un éclat de 2.9 sur 1.4cm
n'a pas pu être représenté.

Document XIII.19

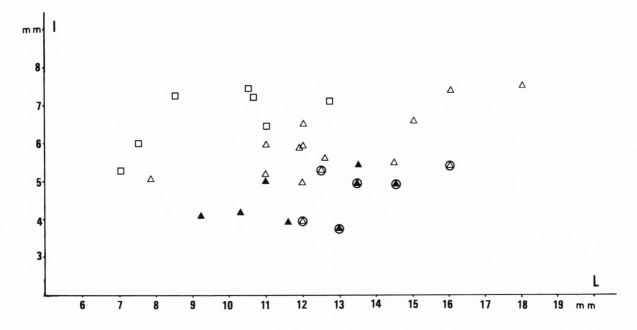

PHASE VI : Longueur (L) et largeur (l) des triangles entiers, ou dont la longueur a pu être reconstituée (pointe légèrement cassée).

Triangles isocèles non-rectangles :   △ entiers   ◬ valeur reconstituée
Triangles isocèles rectangles :   ☐ entiers
Triangles scalènes :   ▲ entiers   ◭ valeur reconstituée

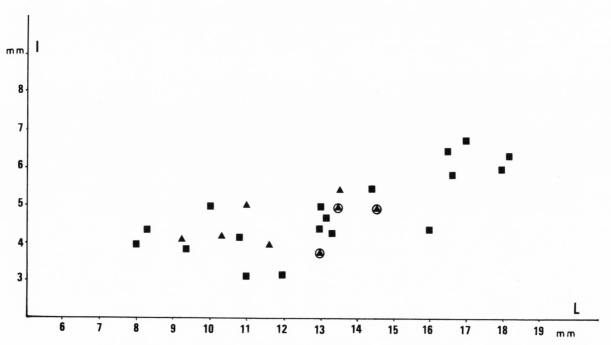

PHASE VI : Comparaison des longueurs (L) et des largeurs (l) des lamelles scalènes entières (■) et des triangles scalènes entiers (▲) ou dont les valeurs ont pu être reconstituées (◭).

Document XIII.20

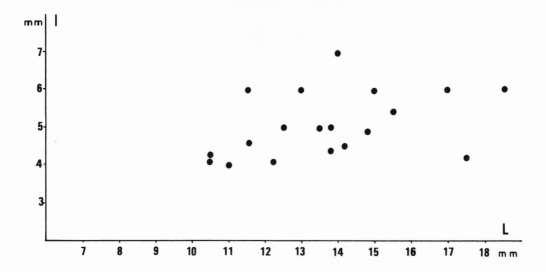

PHASE VI : Répartition des segments entiers selon la longueur (L) et la largeur (1).

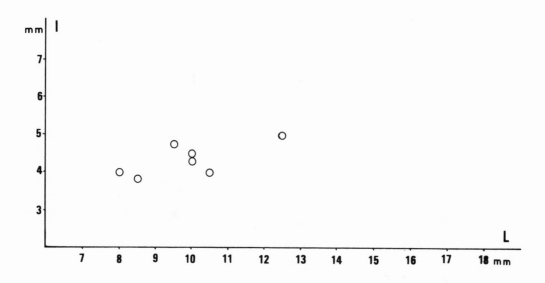

PHASE VI : Répartition des microlithes à extrémités arrondies
entiers, selon la longueur (L) et la largeur (1).

Document XIII.21

PHASE	Lamelles à 1 bord abattu	Lamelles à deux bords abattus	Eclats à bord abattu	Microlithes géomé-triques	Fragments de micro-lithes géométriques ou de lamelles à b.a. et troncature	Fragments à b.a. ou troncature	Reste de l'outilla-ge (non microlithi-que).	TOTAL
VI	139	44	12	77	40	16	149	477
V	27	6	4	3	0	7	38	85
TOTAL	166	50	16	80	40	23	187	562

PHASES V ET VI : Distribution de l'outillage dans les groupes principaux (effectifs réels).

VI	140.9	42.43	13.58	67.9	33.9	19.5	158.7	476.9
V	25.1	7.56	2.4	12.09	6.04	3.5	28.2	84.9

PHASES V ET VI : Effectifs calculés selon H_o ; d.d.l. = 6, χ^2 = 23.3, H_o peut être rejetée avec un risque inférieur à .01 ; les deux industries diffèrent significativement.

Document XIII.22

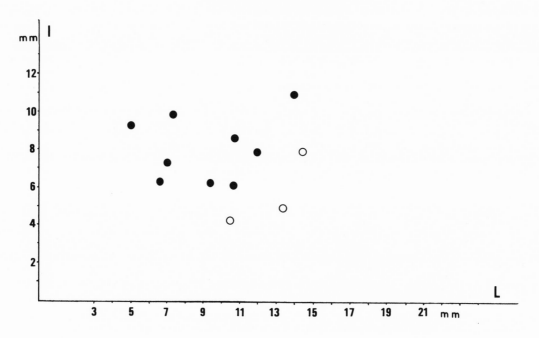

PHASE VI : Distribution selon la largeur (1) et
la longueur (L) des troncatures simples entières,
normales ou légèrement obliques (●), très obliques (O).

Document XIII.23

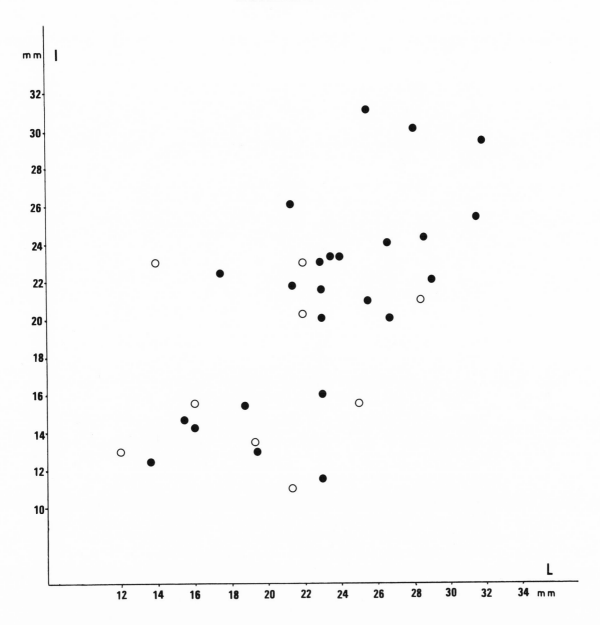

PHASE VI : Distribution des grattoirs entiers (●) et
cassés (O) selon leur longueur (L) et leur largeur (l).

Document XIII.24 (à suivre)

Type	F/A-S 208	F/A-S 207	F/A-S 206	F/A-S 205	F/A-S 204	F/A-S 203	F/A-S 202	F/A-S 201	F/A-S 200	F/A-S 199	TOTAL
Frag. non distaux de lamelles à 1 b.a.	4	2	1	2	2	1					12
Lamelles à 1 b.a. obtuses	2	5	3	5	2	4		1			22
Lamelles à 1 b.a. pointues				1	1						2
Lamelles à 1 b.a. et facette de piq.-tr.		1									1
Lamelles à 1 b.a. et tronc. dist. rect.	1	1	1	1		2			1		7
Lamelles à 1 b.a. et tronc. dist. conv.	1			1	3						5
Lamelles à 1 b.a. indéterminées											0
Frag. non distaux de lamelles à 2 b.a.		1	1	2	1						5
Lamelles à 2 b.a. obtuses				1	1						2
Lamelles à 2 b.a. pointues		1		3							4
Lamelles à 2 b.a. et tronc. dist.				1		1					2
Éclats à bord abattu											0
Micro-éclats à bord abattu	1										1
Triangles isocèles non rectangles				2	1	1				1	5
Triangles isocèles rectangles	1										1
Triangles scalènes		1		1	1						3
Segments				1	1	2		1	1		6
Microlithes à extrémités mousses	1			2							3
Microlithes divers		1 (obs.)		2							3
Frag. prox. à b.a. et tronc. ou bitron.					1				1		2
Frag. dist. à b.a. et tronc. ou bitron.				3	1				1		5
Frag. à b.a. et tr. convexe ou bitron.						1					1
Frag. microlithes divers				2	1				1	1	5
Frag. à ret. abrupte indentifiés		1		2				1	1	1	6
Tronc. simples microlithiques				1		1	2				4
Tronc. prox. très obliques	1										1
Troncatures non microlithiques											0
Retouches latérales		2		3	2						7
Grattoirs courts ou unguiformes					1	1					2
Grattoirs denticulés											0
Grattoirs divers		1	2	2		2					7
Coches et crans	2	1		2	2		1				8
Denticulés					1	1	1			1	4
Divers				2	1 (obs)						3
Pièces retouchées indentifiées	1				2 (1obs)	1	1			1	6
Pièces non décrites											0
Lamelles de piquant-trièdre				1	1						2
Microburins	3	6	3	8	2	5			1	1	29
TOTAL	18	24	12	44	33	25	5	3	7	5	176

PHASE VI : Récapitulatif de l'outillage retouché en F/A-S.

Document XIII.24 (à suivre)

Type	H1-A 179	H1-A 178	H1-A 177	H1-A 176	H1-A 175	H1-A 174	H1-A 173	H1-A 172	H1-A 171	H1-A 170	H1-A 169	H1-A 168	H1-A "bagB"	TOTAL
Fragments non distaux de lamelles à 1 b.a.			1	1		2	1	5	1	1	3			15
Lamelles à 1 b.a. obtuses	1	1	1	1	4	3		6		5	3	2		25
Lamelles à 1 b.a. pointues					1									1
Lamelles à 1 b.a. et facette de piq.-tr.														0
Lamelles à 1 b.a. et tronc. dist. rect.				1	1	1	1	1		1	1			7
Lamelles à 1 b.a. et tronc. dist. conv.						1		1						2
Lamelles à 1 b.a. indéterminées												1		1
Frag. non distaux de lamelles à 2 b.a.						1	2							3
Lamelles à 2 b.a. obtuses					2			3		1				6
Lamelles à 2 b.a. pointues						1	1	2		1	3	1		9
Lamelles à 2 b.a. et tronc. distale		1								1				2
Éclats à bord abattu					1									1
Micro-éclats à bord abattu							1			1	1			3
Triangles isocèles non rectangles						1			1	4	2	1		9
Triangles isocèles rectangles	2													2
Triangles scalènes							1	2						3
Segments					1		1	3	2	3	2			12
Microlithes à extrémités mousses														0
Microlithes divers		1									3			4
Frag. prox. à b.a. et tronc ou bitron.				1			1	2		1				5
Frag. dist. à b.a. et tronc ou bitron.				1		1	2	1			2			7
Frag. à b.a. et tr. convexe ou bitronq.					1		1	1						3
Frag. microlithes divers						1	1	1	1					4
Frag. à retouche abrupte indent.										1				1
Troncatures simples microlithiques										1				1
Tronc. prox. très obliques														0
Troncatures non microlithiques									1					1
Retouches latérales					1	4	5	1		4	7			22
Grattoirs courts ou unguiformes										1				1
Grattoirs denticulés									1					1
Grattoirs divers								1	3		4	1		9
Coches et crans			1		1	2	1	2			2			9
Denticulés					1	1		2			1			5
Divers											1			1
Pièces retouchées inidentifiées														0
Pièces non décrites											3			3
Lamelles de piquant-trièdre									1	1				2
Microburins	1				1		3	6			4	1		16
TOTAL	4	3	2	5	13	17	25	40	10	28	39	9	1	196

PHASE VI : Récapitulatif de l'outillage retouché en H1-A.

Document XIII.24 (suite)

	H1-B 157	H1-B 156	H1-B 155	H1-B 154	H1-B 153	H1-B 152	H1-B 151	TOTAL
Fragments non distaux de lamelles à 1 b.a.		1	2	4	3	1		11
Lamelles à 1 b.a. obtuses	4	2	1	5	3		1	16
Lamelles à 1 b.a. pointues				2				2
Lamelles à 1 b.a. et facette de piq.-tr.								0
Lamelles à 1 b.a. et tronc. dist. rect.		3	3		1			7
Lamelles à 1 b.a. et tronc. dist. conv.			2		1			3
Lamelles à 1 b.a. indéterminées								0
Frag. non distaux de lamelles à 2 b.a.				2	1			3
Lamelles à 2 b.a. obtuses						1		1
Lamelles à 2 b.a. pointues	1	3		1	1	1		7
Lamelles à 2 b.a. et tronc. distale								0
Éclats à bord abattu		1						1
Micro-éclats à bord abattu		1			3	2		6
Triangles isocèles non rectangles		1	1			1	2	5
Triangles isocèles rectangles	2	1	1	1	1			6
Triangles scalènes			1	1				2
Segments			1		4	1		6
Microlithes à extrémités mousses		1		4				5
Microlithes divers		1		1	1			3
Frag. prox. à b.a. et tronc ou bitron.			2	1	1			4
Frag. dist. à b.a. et tronc ou bitron.			3	1				4
Frag. à b.a. et tr. convexe ou bitrong.		1						1
Frag. microlithes divers								0
Frag. à retouche abrupte indent.		3	1	2	3			9
Troncatures simples microlithiques		3		1	2	2		8
Tronc. prox. très obliques				1		1		2
Troncatures non microlithiques			1					1
Retouches latérales	1	2	7		2	2		14
Grattoirs courts ou unguiformes		1						1
Grattoirs denticulés					1	1		2
Grattoirs divers	2		2	1	4	1	1	11
Coches et crans		2		1	1			4
Denticulés	1	3	4		1	1		10
Divers			1					1
Pièces retouchées inidentifiées		2						2
Pièces non décrites								0
Lamelles de piquant-trièdre								0
Microburins		5		3	4	4	1	17
TOTAL	11	36	34	32	38	19	5	175

PHASE VI : Récapitulatif de l'outillage retouché en H1-B.

BIBLIOGRAPHIE

AUDOUZE, F., D. CAHEN, L. H. KEELEY, et B. SCHMIDER
1981 Le site magdalénien du Buisson Campin à Verberie (Oise). *Gallia Préhistoire* 24(1) : 99-143.

AURENCHE, O., J. CAUVIN, M.-C. CAUVIN, L. COPELAND, F. HOURS, et P. SANLAVILLE
1981 Chronologie et organisation de l'espace dans le Proche Orient de 12000 à 5600 avant J.-C. In *Préhistoire du Levant : Chronologie et organisation de l'espace depuis les origines jusqu'au VIe millénaire*, pp. 571-578. Colloques internationaux du CNRS, n° 598, organisé par J. Cauvin et P. Sanlaville. CNRS, Paris.

BAILEY, G. N.
1983a Primary Data Sources : Problems of Theory and Method. Editorial. In *Hunter-gatherer Economy in Prehistory : A European Perspective*, edited by G. N. Bailey, pp. 7-10. Cambridge University Press, Cambridge.

BAILEY, G. N. (editeur)
1983b *Hunter-gatherer Economy in Prehistory : A European Perspective*. Cambridge University Press, Cambridge.

BAILEY, G. N., P. CARTER, C. GAMBLE, et H. HIGGS
1983a Epirus Revisited : Seasonality and Inter-site Variation in the Upper Palaeolithic of North-west Greece. In *Hunter-gatherer Economy in Prehistory : A European Perspective*, edited by G. N. Bailey, pp. 64-78. Cambridge University Press, Cambridge.
1983b Asprochaliko and Kastritsa : Further Investigations of Palaeolithic Settlement and Economy in Epirus (North-west Greece). *Proceedings of the Prehistoric Society* 49 : 15-42.

BAILEY, G. N., P. L. CARTER, C. S. GAMBLE, H. P. HIGGS, et C. ROUBET
1984 Palaeolithic Investigations in Epirus : The Results of the First Season's Excavations at Klithi, 1983. *Annual of the British School at Athens* 79 : 7-22.

BAILEY, G. N., et I. DAVIDSON
1983 Site Exploitation Territories and Topography : Two Case Studies from Palaeolithic Spain. *Journal of Archaeological Science* 10 : 87-115.

BAR-YOSEF, O.
1980 Prehistory of the Levant. *Annual Review of Anthropology* 9 : 101-133.
1981 The Epi-Palaeolithic Complexes in the Southern Levant. In *Préhistoire du Levant : Chronologie et organisation de l'espace depuis les origines jusqu'au VIe millénaire*, pp. 389-408. Colloques internationaux du CNRS, n° 598, organisé par J. Cauvin et P. Sanlaville. CNRS, Paris.

BASLER, Dj.
1979 Le Paléolithique final en Herzégovine. In *La fin des temps glaciaires*, pp. 345-355. Colloque international du CNRS, sous la direction de D. de Sonneville-Bordes. CNRS, Paris.

BENZÉCRI, J.-P., et collaborateurs
1973 *L'analyse des données. II : L'analyse des correspondances*. Dunod, Paris.

BESANÇON, J., L. COPELAND, et F. HOURS
1975-1977 Tableaux de préhistoire Libanaise. *Paléorient* 3 : 5-46.

BEYRIES, S.
1984 *Approche fonctionnelle de la variabilité des faciès du Moustérien*. Thèse de 3ème cycle, département d'ethnologie, université de Paris X, Paris.

BEYRIES, S., et E. BOËDA
1983 Etude technologique et traces d'utilisation des ''éclats débordants'' de Corbehem (Pas-de-Calais). *Bulletin de la Société Préhistorique Française* 80(9) : 275-279.

BINDER, D.
1980 L'industrie lithique épipaléolithique de l'Abri Martin (Gréolières, Alpes-Maritimes). Etude préliminaire. *Bulletin du Musée d'Anthropologie préhistorique de Monaco* 24 : 71-96.
1983 *Approche des industries lithiques du Néolithique ancien provençal*. Thèse de 3ème cycle, département d'ethnologie, université de Paris X, Paris.

BINFORD, L. R.
1968 Archeological Perspectives. In *New Perspectives in Archeology*, edited by S. R. and L. R. Binford, pp. 5-32. Aldine, Chicago.
1972 A Consideration of Archaeological Research Design. In *An Archaeological Perspective*, pp. 135-162. Seminar Press, New York.
1973 Interassemblage Variability - The Mousterian and the ''Functional'' Argument. In *The Explanation of Culture Change : Models in Prehistory*, edited by C. Renfrew, pp. 227-254. Duckworth, London.
1978 *Nunamiut Ethnoarchaeology*. Academic Press, New York.
1979a Organization and Formation Processes : Looking at Curated Technologies. *Journal of Anthropological Research* 35 : 255-273.
1979b Problems/Solutions. *Flintknappers Exchange* 2 : 19-25.

BINFORD, S. R.
1968 Variability and Change in the Near East Mousterian of Levallois Facies. In *New Perspectives in Archeology*, edited by S. R. and L. R. Binford, pp. 49-60. Aldine, Chicago.

BLANC, G. A.
1928 Grotta Romanelli, II : Dati ecologici e paletnologici. *Archivio per l'Anthropologia e la Etnologia* 58 : 365-411.

BORDES, F.
1950 Principes d'une méthode d'étude des techniques de débitage et de la typologie du Paléolithique ancien et moyen. *L'Anthropologie* 54(1-2) : 19-34.
1961 *Typologie du Paléolithique ancien et moyen*. Mémoires de l'institut de Préhistoire de l'université de Bordeaux, n° 1. Delmas, Bordeaux.
1973 On the Chronology and Contemporaneity of Different Paleolithic Cultures in France. In *The Explanation of Culture Change*, edited by C. Renfrew, pp. 217-225. Duckworth, London.

BOSTANCI, E. Y.
1959 Researches on the Mediterranean Coast of Anatolia. A New Palaeolithic Site at Beldibi near Antalya. *Anatolia* 4 : 129-178.

1962 A New Upper Palaeolithic and Mesolithic Facies at Belbaşı Rock Shelter on the Mediterranean Coast of Anatolia. *Türk Tarih Kurumu, Belleten* 26(102) : 259-292.

1965 The Mesolithic of Beldibi and Belbaşı and the Relation with the Other Findings in Anatolia. *Antropoloji* 3 : 91-134.

BOTTEMA, S.
1974 *Late Quaternary Vegetation History of Northwestern Greece*. V. R. B. Offsetdrukkerij, Rijksuniversiteit te Groningen.

1979 Pollen Analytical Investigations in Thessaly (Greece). *Palaeohistoria* XXI : 19-40.

BREUIL, H.
1923 Notes de voyage paléolithique en Europe centrale. *L'Anthropologie* 33 : 323-346.

CAUVIN, J.
1978 *Les premiers villages de Syrie-Palestine du IXème au VIIème millénaire avant J.-C.* Maison de l'Orient, Lyon.

1983 Typologie et fonction des outils préhistoriques : Apport de la tracéologie à un vieux débat. In *Traces d'utilisation sur les outils néolithiques du Proche Orient*, table ronde CNRS tenue à Lyon du 8 au 10 juin 1982, sous la direction de M.-C. Cauvin, pp. 259-274. Travaux de la Maison de l'Orient, n° 5. Maison de l'Orient, Lyon.

CAUVIN, M.-C.
1981 L'Epipaléolithique de Syrie d'après les premières recherches dans la cuvette d'El Kown (1978-1979). In *Préhistoire du Levant : Chronologie et organisation de l'espace depuis les origines jusqu'au VIe millénaire*, pp. 375-388. Colloques internationaux du CNRS, n° 598, organisé par J. Cauvin et P. Sanlaville. CNRS, Paris.

CAUVIN, M.-C. (éditeur)
1983 *Traces d'utilisation sur les outils néolithiques du Proche Orient*, table ronde CNRS tenue à Lyon du 8 au 10 juin 1982. Travaux de la Maison de l'Orient, n° 5. Maison de l'Orient, Lyon.

CAUVIN, M.-C., et D. STORDEUR
1978 *Les outillages lithiques et osseux de Mureybet, Syrie (fouilles Van Loon 1965)*. Publications de URA, n° 17. Cahiers de l'Euphrate, n° 1. CNRS, Paris.

CHAVAILLON, J., N. CHAVAILLON, et F. HOURS
1967 Industries paléolithiques de l'Elide. I - Région d'Amalias. *Bulletin de Correspondance Hellénique* XCI : 151-201.

1969 Industries paléolithiques de l'Elide. II - Région du Kastron. *Bulletin de Correspondance Hellénique* XCIII : 97-151.

CHERRY, J. F., C. GAMBLE, et S. SHENNAN (éditeurs)
1978 *Sampling in Contemporary British Archaeology*. BAR n° 50. British Archaeological Reports, Oxford.

CLARK, J. E., et T. A. LEE
1982 *The Changing Role of Obsidian Exchange in Chiapas, Mexico : An Experimental Analysis of Production*. New World Archaeological Foundation, Brigham Young University, Provo, Utah.

CLARKE, D. L.
1978 *Analytical Archaeology*. 2nd ed. Methuen, London.

COMING, P. A.
1983 *The Synergism Hypothesis*. Blond and Briggs, London.

COURBIN, P.
1982 *Qu'est-ce que l'archéologie ?* Payot, Paris.

CRESSWELL, R.
1983 Transferts de techniques et chaînes opératoires. *Technique et Culture*, nouvelle série 2 : 143-163.

DAKARIS, S. I., E. S. HIGGS, et R. W. HEY
1964 The Climate, Environment and Industries of Stone Age Greece, Part I. *Proceedings of the Prehistoric Society* 30 : 199-246.

DAVID, N. C.
1973 On Upper Palaeolithic Society, Ecology and Technological Change : The Noaillian Case. In *The Explanation of Culture Change : Models in Prehistory*, edited by C. Renfrew, pp. 277-303. Duckworth, London.

DEMARS, P. Y.
1982 *L'utilisation du silex au Paléolithique supérieur : Choix, approvisionnement et circulation*. CNRS, Paris.

DIAMANT, S.
1979 A Short History of Archaeological Sieving at Franchthi Cave, Greece. *Journal of Field Archaeology* 6 : 203-217.

DIXON, J., et C. RENFREW
1973 The Source of the Franchthi Obsidians. In T. W. Jacobsen, Excavations in the Franchthi Cave, 1969-1971. Part I. *Hesperia* XLII(1) : 82-85.

DROST, B.
1974 *Late Quaternary Stratigraphy of the Southern Argolid (Peloponnese, Greece)*. Unpublished Master's thesis, Department of Geology, University of Pennsylvania, Philadelphia.

FARRAND, W.
à paraître *General Geology, Sedimentology and Lithostratigraphy of Franchthi Cave*. Excavations at Franchthi Cave, Greece, T. W. Jacobsen, general editor. Indiana University Press, Bloomington and Indianapolis.

FELSCH, R.
1973 Die Höhle von Kephalari. Eine jungpaläolithische Siedlung in der Argolis. *Athens Annals of Archaeology* 6 : 13-27.

FORNEY, G.
1971 *Geology of the Kranidi Region, Argolid Peninsula, Greece*. Unpublished senior thesis, Department of Geology, University of Pennsylvania, Philadelphia.

GARDIN, J.-Cl.
1979 *Une archéologie théorique*. Hachette, Paris.

GAST, M.
1983 Systèmes techniques, éthique sociale et idéologie. *Technique et Culture*, nouvelle série 2 : 127-141.

G.E.E.M.
1969 Epipaléolithique-Mésolithique. Les microlithes géométriques. *Bulletin de la Société Préhistorique Française* 66 (Etudes et Travaux) : 355-366.

1972 Epipaléolithique-Mésolithique. Les armatures non géométriques. 1. *Bulletin de la Société Préhistorique Française* 69 (Etudes et Travaux 1) : 364-375.

GILEAD, I.
1981 Upper Palaeolithic Tool Assemblages from the Negev and Sinaï. In *Préhistoire du Levant : Chronologie et organisation de l'espace depuis les origines jusqu'au VIe millénaire*, pp. 331-342. Colloques internationaux du CNRS, n° 598, organisé par J. Cauvin et P. Sanlaville. CNRS, Paris.

GOBERT, E.-G.
1955 Notions générales acquises sur la préhistoire de la Tunisie. In *Congrès panafricain de préhistoire : Actes de la IIe session, Alger 1952*, édité par L. Balout, pp. 221-239. Arts et Métiers Graphiques, Paris.

GUTHRIE, D.
1983 Osseous Projectile Points : Biological Considerations Affecting Raw Material Selection and Design Among

Palaeolithic and Paleoindian Peoples. In *Animals and Archaeology*, vol. I, edited by J. Clutton-Brock and C. Grigson, pp. 273-294. BAR International Series 163. British Archaeological Reports, Oxford.

HANSEN, J. M.

1980 *The Palaeoethnobotany of Franchthi Cave, Greece*. Unpublished Ph.D. dissertation, Department of Classics, University of Minnesota, Minneapolis.

à paraître *The Palaeoethnobotany of Franchthi Cave*. Excavations at Franchthi Cave, Greece, T. W. Jacobsen, general editor. Indiana University Press, Bloomington and Indianapolis.

HARRIS, E. C.

1979 *Principles of Archaeological Stratigraphy*. Academic Press, New York.

HAYDEN, B.

1982 Interaction Parameters and the Demise of Paleo-Indian Craftsmanship. *Plains Anthropologist* 27(96) : 109-124.

HENRY, D. O.

1974 The Utilization of the Microburin Technique in the Levant. *Paléorient* 2(2) : 389-398.

HIGGS, E. S.

1965 Some Recent Old Stone Age Discoveries in Epirus. *Archaiologikon Deltion* 20 (*Chronika*) : 361-374.

1966 Excavations at the Rock Shelter of Asprochaliko. *Archaiologikon Deltion* 21 (*Chronika*) : 292-294.

1968 The Stone Industries of Greece. In *La Préhistoire, problèmes et tendances*, pp. 223-235. CNRS, Paris.

HIGGS, E. S., et C. VITA-FINZI

1966 The Climate, Environment and Industries of Stone Age Greece, Part II. *Proceedings of the Prehistoric Society* 32 : 1-29.

HIGGS, E. S., C. VITA-FINZI, D. R. HARRIS, et A. E. FAGG

1967 The Climate, Environment and Industries of Stone Age Greece, Part III. *Proceedings of the Prehistoric Society* 33 : 1-29.

HIGGS, E. S., et D. WEBLEY

1971 Further Information Concerning the Environment of Palaeolithic Man in Epirus. *Proceedings of the Prehistoric Society* 37 : 367-380.

HOURS, F., L. COPELAND, et O. AURENCHE

1973 Les industries paléolithiques du Proche-Orient. Essai de corrélation. *L'Anthropologie* 77(3-4) : 229-280 et 77(5-6) : 437-496.

INIZAN, M.-L.

1976 *Nouvelle étude d'industries lithiques du Capsien*. Thèse de 3ème cycle, département d'ethnologie, université de Paris X, Paris.

JACOBSEN, T. W.

1969 Excavations at Porto Cheli and Vicinity. Preliminary Report II : The Franchthi Cave, 1967-1968. *Hesperia* XXXVIII(3) : 343-381.

1973 Excavations in the Franchthi Cave, 1969-1971. Part I. *Hesperia* XLII(1) : 45-88.

1979 Excavations at Franchthi Cave, 1973-1974. *Archaiologikon Deltion* 29 (*Chronika*) : 268-282.

1976 17,000 years of Greek Prehistory. *Scientific American* 234 : 76-87.

1981 Franchthi Cave and the Beginning of Settled Village Life in Greece. *Hesperia* L(4) : 303-319.

à paraître *The Franchthi Project : The Site and the Excavations*. Excavations at Franchthi Cave, Greece, T. W. Jacobsen, general editor. Indiana University Press, Bloomington and Indianapolis.

JACOBSEN, T. W., et T. CULLEN

1981 A Consideration of Mortuary Practices in Neolithic Greece : Burials from Franchthi Cave. In *Mortality and Immortality : The Anthropology and Archaeology of Death*, edited by S. C. Humphreys and H. King, pp. 79-101. Academic Press, New York.

JACOBSEN, T. W., et W. FARRAND

1987 *Franchthi Cave and Paralia : Maps, Plans and Sections*. Excavations at Franchthi Cave, Greece, fasc. 1, T. W. Jacobsen, general editor. Indiana University Press, Bloomington and Indianapolis.

JAMESON, M. H., C. N. RUNNELS, et Tj. H. VAN ANDEL

à paraître *The Southern Argolid : A Greek Countryside from Prehistory to the Present Day*. Stanford University Press, Stanford.

KEELEY, L. H.

1980 *Experimental Determination of Stone Tool Uses*. University of Chicago Press, Chicago.

KELLY, R. L.

1983 Hunter-gatherer Mobility Strategies. *Journal of Anthropological Research* 39(3) : 277-306.

KELLY, R. L. (sous la direction de)

1984 The Organization of Hunter-gatherer Lithic Technology : Recent Analysis. Symposium, 49th Annual Meeting of the Society for American Archaeology, Portland, Oregon.

KÖKTEN, K.

1955 Ein allgemeiner Überblick über die prähistorischen Forschungen in Karain-Hohle bei Antalya. *Türk Tarih Kurumu, Belleten* 19 : 284.

1963 Die Stellung von Karain innerhalb der türkischen Vorgeschichte. *Anatolia* VII : 59-86.

KOURTESSI-PHILIPPAKIS, G.

1980-1981 *Le Paléolithique de la Grèce continentale. Etat de la question et perspectives de recherche*. Thèse de 3ème cycle, U.E.R. d'Art et d'Archéologie, université de Paris I, Paris.

LALANDE, A.

1947 *Vocabulaire technique et critique de la philosophie*. 5ème ed. Presses Universitaires de France, Paris.

LAPLACE, G.

1966 *Recherches sur l'origine et l'évolution des complexes leptolithiques*. De Boccard, Paris.

1977 Il Riparo Mochi ai Balzi Rossi di Grimaldi (fouilles 1938, 1949). Les industries leptolithiques. *Rivista di Scienze Preistoriche* 32(1-2) : 3-124.

LEACH, F., et J. DAVIDSON (éditeurs)

1981 *Archaeological Studies of Pacific Stone Resources*. BAR International Series 104. British Archaeological Reports, Oxford.

LEMONNIER, P.

1983 L'étude des systèmes techniques, une urgence en technologie culturelle. *Techniques et Culture*, nouvelle série 1 : 11-34.

LENORMANT, F.

1867 L'âge de la pierre en Grèce. *Revue Archéologique* I : 16-19.

LEROI-GOURHAN, A.

1943 *Evolution et techniques. I. L'homme et la matière*. Albin Michel, Paris.

1945 *Evolution et techniques. II. Milieu et techniques*. Albin Michel, Paris.

LEROI-GOURHAN, A., J. CHAVAILLON, et N. CHAVAILLON

1963a Premiers résultats d'une prospection de divers sites préhistoriques en Elide Occidentale. *Annales géologiques des pays helléniques* 14 : 324-329.

1963b Paléolithique du Péloponèse. *Bulletin de la Société Préhistorique Française* LX (c.r.s.m. 3 - 4) : 249-265.

LEROI-GOURHAN, A., et M. BRÉZILLON

1966 L'habitation magdalénienne n° 1 de Pincevent près Montereau (Seine-et-Marne). *Gallia Préhistoire* IX(2) : 263-385.

MARKS, A.

1981 The Upper Paleolithic of the Negev. In *Préhistoire du Levant : Chronologie et organisation de l'espace depuis les origines jusqu'au VIe millénaire*, pp. 343-352. Colloques internationaux du CNRS, n° 598, organisé par J. Cauvin et P. Sanlaville. CNRS, Paris.

MAZEL, A., et J. PARKINGTON

1978 Sandy Bay Revisited : Variability Among Late Stone Age Tools. *South African Journal of Science* 74 : 381-382.

MELLARS, P.

1969 The Flaked Stone Industries. In T. W. Jacobsen, Excavations at Porto Cheli and Vicinity, Preliminary Report II : The Franchthi Cave 1967-1968. *Hesperia* XXXVIII(3) : 354-361.

MILOJČIĆ, V., J. BOESSNECK, D. JUNG, et H. SCHNEIDER

1965 *Paläolithikum um Larissa in Thessalien*. Beiträge zur Ur- und Frühgeschichtlichen Archäologie des Mittelmeer-Kulturraumes, Band 1. Rudolf Habelt, Bonn.

MONTET-WHITE, A.

1979 Ensembles d'outils et structures latentes dans un site gravettien de Yougoslavie. In *La fin des temps glaciaires* colloque international du CNRS, sous la direction de D. de Sonneville-Bordes, pp. 357-362. CNRS, Paris.

1983 Les industries à pointes à dos en Yougoslavie. In *La position taxonomique et chronostratigraphique des industries à pointes à dos autour de la Méditerranée européenne*, colloque international, édité par A. Palma di Cesnola, Sienne, pp. 347-364 (prétirages).

MUELLER, J. W. (éditeur)

1975 *Sampling in Archaeology*. The University of Arizona Press, Tucson.

OTTE, M.

1981 *Le Gravettien en Europe centrale*. Dissertationes Archaeologicae Gandnenses, vol. XX. De Tempel, Brugge.

PALMA DI CESNOLA, A.

1975 Il Gravettiano nella Grotta Paglici nel Gargano. *Rivista di Scienze Preistoriche* XXX : 3-177.

PALMA DI CESNOLA, A. (éditeur)

1983 *La position taxonomique et chronostratigraphique des industries à pointes à dos autour de la Méditerranée européenne*, colloque international, Sienne (prétirages).

PARKINGTON, J.

1980 Time and Place : Some Observations on Spatial and Temporal Patterning in the Later Stone Age Sequence in Southern Africa. *South African Archaeological Bulletin* 35 : 84-111.

PAYNE, R.

à paraître Etude de l'industrie osseuse de Franchthi (titre exact non communiqué). Excavations at Franchthi Cave, Greece, T. W. Jacobsen, general editor. Indiana University Press, Bloomington and Indianapolis.

PAYNE, S.

1975 Faunal Change at Franchthi Cave from 20,000 B.C. to 3,000 B.C. In *Archaeozoological Studies*, edited by A. T. Clason, pp. 120-131. Elsevier, Amsterdam.

1976 Work on the Franchthi Cave animal bones - 1975. Ms. on file, Program in Classical Archaeology, Indiana University, Bloomington.

1982 Faunal Evidence for Environmental/Climatic Change at Franchthi Cave (Southern Argolid, Greece), 25,000 B.P. to 5,000 B.P. - Preliminary Results. In *Palaeoclimates, Palaeoenvironments and Human Communities in the Eastern Mediterranean Region in Later Prehistory*, edited by J. L. Bintliff et W. Van Zeist, pp. 133-136, BAR International Series 133. British Archaeological Reports, Oxford.

à paraître Etude des faunes de Franchthi (titre exact non communiqué). Excavations at Franchthi Cave, Greece, T. W. Jacobsen, general editor. Indiana University Press, Bloomington and Indianapolis.

PERLÈS, C.

1973 The Chipped Stone Industries. In T. W. Jacobsen, Excavations in the Franchthi Cave, 1969-1971. Part I. *Hesperia* XLII(1) : 72-82.

1979 Des navigateurs méditerranéens il y a 10.000 ans. *La Recherche* 96 : 82-83.

1981 Les industries lithiques de la grotte de Kitsos. In *La grotte préhistorique de Kitsos (Attique)*, sous la direction de N. Lambert, pp. 129-221. ADPF-Ecole Française d'Athènes, Paris.

1983 Circulation de l'obsidienne en Méditerranée orientale : peut-on appliquer les modèles ? Collège de France, Ethnologie préhistorique, séminaire sur les structures d'habitat, 1980, pp. 128-139.

1984a Débitage laminaire de l'obsidienne dans le Néolithique de Franchthi (Grèce) : Techniques et place dans l'économie de l'industrie lithique. In *Préhistoire de la pierre taillée, II : Economie du débitage laminaire*, pp. 129-137. Cercle de Recherches et d'Etudes Préhistoriques, Paris.

1984b Approach to Lithic Variability : A Preliminary Test on the Franchthi Palaeolithic Chipped Stones. Paper presented at the 49th Annual Meeting of the Society for American Archaeology, Portland, Oregon.

à paraître a Le Paléolithique moyen de Grèce. In *Dictionnaire de préhistoire*, sous la direction de A. Leroi-Gourhan. Presses Universitaires de France, Paris.

à paraître b Problèmes de limites de sites et représentativité du matériel étudié : L'exemple de Franchthi (Grèce). Séminaire de Préhistoire du L.A. 240, 1984.

à paraître c *Les Industries lithiques taillées de Franchthi*. Tome II : *Mésolithique et Néolithique initial*. Excavations at Franchthi Cave, Greece, T. W. Jacobsen, general editor. Indiana University Press, Bloomington and Indianapolis.

à paraître d *Les Industries lithiques taillées de Franchthi*. Tome III : *Néolithique céramique*. Excavations at Franchthi Cave, Greece, T. W. Jacobsen, general editor. Indiana University Press, Bloomington and Indianapolis.

PERLÈS, C., et P. VAUGHAN

1983 Pièces lustrées, travail des plantes et moissons à Franchthi, Grèce (Xème-IVème mill. B.C.). In *Traces d'utilisation sur les outils néolithiques du Proche Orient*, table ronde CNRS tenue à Lyon du 8 au 10 juin 1982, sous la direction de M.-C. Cauvin, pp. 209-224. Travaux de la Maison de l'Orient, n° 5. Maison de l'Orient, Lyon.

PERPÈRE, M.

1968 "Grattoirs carénés asymétriques" au gisement des Roches, commune de Pouligny-Saint-Pierre (Indre). *Bulletin de la Société Préhistorique Française* LXC (c.r.s.m. 9) : 237-240.

1972 Remarques sur l'Aurignacien en Poitou-Charentes. *L'Anthropologie* 76(5-6) : 387-425.

PHILLIPS, J. L., et E. MINTZ
1977 The Mushabian. In *Prehistoric Investigations in Gebel Maghara, Northern Sinai*, edited by O. Bar-Yosef and J. Phillips, pp. 149-183. Qedem 7, Monographs of the Institute of Archaeology. The Hebrew University of Jerusalem, Jerusalem.

PHILLIPS, J., et K. W. BUTZER
1973 A "Silsilian" Occupation Site (GS-2B-II) of the Kom Ombo Plain, Upper Egypt : Geology, Archaeology and Paleo-ecology. *Quaternaria* XVII : 343-386.

PLOG, F.
1974 *The Study of Prehistoric Change*. Academic Press, New York.

POPE, K. O., et Tj. H. VAN ANDEL
1984 Late Quaternary Alluviation and Soil Formation in the Southern Argolid : Its History, Causes and Archaeological Implications. *Journal of Archaeological Science* 11(4) : 281-306.

POPE, K. O., C. N. RUNNELS, et T.-L. KU
1984 Dating Middle Paleolithic Red Beds in Southern Greece. *Nature* 312(5991) : 264-266.

POPPER, K. R.
1972 *The Logic of Scientific Discovery*. 6th imp. Hutchinson, London.

REISCH, L.
1976 Beobachtungen an Vogelknochen aus dem Spätpleistozän der Höhle von Kephalari (Argolis, Griechenland). *Archäologisches Korrespondenzblatt* 6(4) : 261-265.

RENFREW, C.
1977 Alternative Models for Exchange and Spatial Distribution. In *Exchange Systems in Prehistory*, edited by T. K. Earle and J. E. Ericson, pp. 71-90. Academic Press, New York.
à paraître Aegean Obsidian and the Franchthi Cave. In *Les Industries lithiques taillées de Franchthi*. Tome II : *Mésolithique et Néolithique initial*, par C. Perlès. Excavations at Franchthi Cave, Greece, T. W. Jacobsen, general editor. Indiana University Press, Bloomington and Indianapolis.

RIGAUD, J.-Ph.
1978 The Significance of Variability Among Lithic Artifacts : A Specific Case of Southwestern France. *Journal of Anthropological Research* 34(3) : 299-310.
1982 *Le Paléolithique en Périgord : Les données du Sud-Ouest Sarladais et leurs implications*. Thèse de doctorat ès Sciences, département de géologie du Quaternaire, université de Bordeaux I, Bordeaux.

ROZOY, J. G.
1978 *Les derniers chasseurs : L'Epipaléolithique de France et de Belgique*. 3 vols. Publication de l'auteur, Charleville.

RUST, A.
1950 *Die Höhlenfunde von Jabrud (Syrien)*. Karl Wachholtz, Neumünster.

SACKETT, J. R.
1968 Method and Theory of Upper Paleolithic Archeology in Southwestern France. In *New Perspectives in Archeology*, edited by S. R. Binford and L. R. Binford, pp. 61-83. Aldine, Chicago.
1973 Style, Function and Artifact Variability in Palaeolithic Assemblages. In *The Explanation of Culture Change : Models in Prehistory*, edited by C. Renfrew, pp. 317-325. Duckworth, London.
1982 Approaches to Style in Lithic Archaeology. *Journal of Anthropological Archaeology* 1(1) : 59-112.

SCHMID, E.
1965 Die Seïdi-Höhle eine jungpaläolitische Station in Griechenland. *IVème colloque international de spéléologie : Athènes, 1963*, pp. 163-174. Société spéléologique de Grèce, Athènes.

ŞENYÜREK, M., et E. Y. BOSTANCI
1958a Prehistoric Researches in the Hatay Province. *Türk Tarih Kurumu, Belleten* 22(86) : 157-166.
1958b The Palaeolithic Cultures of the Hatay Province. *Türk Tarih Kurumu, Belleten* 22(86) : 191-210.

SHACKLETON, J. C., et Tj. H. VAN ANDEL
1980 Prehistoric Shell Assemblages from Franchthi Cave and Evolution of the Adjacent Coastal Zone. *Nature* 288(5788) : 357-359.

SHEEHAN, M.
1979 *The Post-glacial Vegetational History of the Argolid Peninsula, Greece*. Unpublished Ph.D. dissertation, Department of Biology, Indiana University, Bloomington.

SHEEHAN, M., et K. B. SHEEHAN
1982 Floristic Survey and Vegetational Analysis of the Argolid Peninsula, Southern Greece. Ms. on file, Program in Classical Archaeology, Indiana University, Bloomington.

SHEEHAN, M., et D. WHITEHEAD
1973 Pollen Analysis of Franchthi Cave Sediments : Preliminary Results. In T. W. Jacobsen, Excavations in the Franchthi Cave, 1969-1971. Part I. *Hesperia* XLII(1) : 68-72.

SIEGEL, S.
1956 *Nonparametric Statistics for the Behavioral Sciences*. McGraw-Hill, New York.

SONNEVILLE-BORDES, D. de
1965 Le Paléolithique en Grèce. *L'Anthropologie* 69(5-6) : 603-606.

SONNEVILLE-BORDES, D. de, et J. PERROT
1954-1956 Lexique typologique du Paléolithique supérieur. *Bulletin de la Société Préhistorique Française* 51 : 327-335; 52 : 76-79; 53 : 408-412 et 547-559.

SORDINAS, A.
1969 Investigations of the Prehistory of Corfu During 1964-1966. *Balkan Studies* 10 : 393-424.

SPAULDING, A.
1953 Statistical Techniques for the Discovery of Artifact Types. *American Antiquity* 18 : 305-313.

STAMPFUSS, R.
1942 Die ersten altsteinzeitlichen Höhlenfunde in Griechenland. *Mannus* 34 : 132-147.

STRAUS, L. G.
1978 Of Neanderthal Hillbillies, Origin Myths and Stone Tools : Notes on Upper Palaeolithic Assemblage Variability. *Lithic Technology* 7 : 36-39.
1983 From Mousterian to Magdalenian : Cultural Evolution Viewed from Vasco-Cantabrian Spain and Pyrenean France. In *The Mousterian Legacy*, edited by E. Trinkaus, pp. 73-111. BAR International Series 164. British Archaeological Reports, Oxford.

STYLES, B. M.
1981 *Faunal Exploitation and Resource Selection*. Northwestern University Archaeological Program, Evanston, Illinois.

TESTART, A.
1982 *Les chasseurs-cueilleurs ou l'origine des inégalités*. Société d'ethnographie, Paris.

THOMAS, D. H.
1978 The Awful Truth about Statistics in Archaeology. *American Antiquity* 43(2) : 231-244.

TIXIER, J.
1963 *Typologie de l'Epipaléolithique du Maghreb*. Mémoires du Centre de Recherches anthropologiques, préhistoriques et ethnologiques, 2. Arts et Métiers Graphiques, Paris.
1976 Fouilles à Ksar'Aqil, Liban (1969-1976). *Paléorient* 2(1) : 183-185.
1978 *Méthode pour l'étude des outillages lithiques*. Notice présentée en vue du grade de Docteur ès Lettres, département d'ethnologie, université de Paris X, Paris.

TIXIER, J., M.-L. INIZAN, et H. ROCHE
1980 *Préhistoire de la pierre taillée. 1 : Terminologie et technologie*. Cercle de Recherches et d'Etudes Préhistoriques, Paris.

TIXIER, J., et M.-L. INIZAN
1981 Ksar'Aqil. Stratigraphie et ensembles lithiques dans le Paléolithique supérieur. Fouilles 1971-1975. In *Préhistoire du Levant : Chronologie et organisation de l'espace depuis les origines jusqu'au VIe millénaire*, pp. 353-367. Colloques internationaux du CNRS, n° 598, organisé par J. Cauvin et P. Sanlaville. CNRS, Paris.

TORRENCE, R.
1983 Time Budgeting and Hunter-gatherer Technology. In *Hunter- gatherer Economy in Prehistory : A European Perspective*, edited by G. N. Bailey, pp. 11-23. Cambridge University Press, Cambridge.

TREUIL, R.
1983 *Le Néolithique et le Bronze ancien égéens*. De Boccard, Paris.

VAN ANDEL, Tj. H., T. W. JACOBSEN, J. B. JOLLY, et N. LIANOS
1980 Late Quaternary History of the Coastal Zone near Franchthi Cave, Southern Argolid, Greece. *Journal of Field Archaeology* 7(4) : 389-402.

VAN ANDEL, Tj. H., et J. C. SHACKLETON
1982 Late Palaeolithic and Mesolithic Coastlines of Greece and the Aegean. *Journal of Field Archaeology* 9(4) : 445-454.

VAN NOTEN, F. (éditeur)
1978 *Les chasseurs de Meer*. 2 vols. De Tempel, Brugge.

VERHEYE, W., et M. LOOTENS-DE MUYNCK
1974 A Study of the Present Landscape of the Fournoi Valley (Argolid, Greece) with Some Implications for Further Archaeological Research in the Area. *Bulletin de la Société Belge d'Etudes Géographiques* 43 : 37-60.

VILLA, P.
1983 *Terra Amata and the Middle Pleistocene Archaeological Record of Southern France*. University of California Press, Los Angeles.

VITALIANO, C., S. TAYLOR, W. FARRAND, et T. W. JACOBSEN
1981 Tephra Layer in Franchthi Cave, Peloponnesos, Greece. In *Tephra Studies*, edited by S. Self and R. Sparks, pp. 373- 379. D. Reidel, Netherlands.

WATSON, P. J., S. A. LeBLANC, et C. L. REDMAN
1971 *Explanation in Archaeology : An Explicitly Scientific Approach*. Columbia University Press, New York.

WHALLON, R., et J. A. BROWN (éditeurs)
1982 *Essays on Archaeological Typology*. Center for American Archaeology Press, Evanston, Illinois.

WIJMSTRA, T.
1969 Palynology of the First 30 Meters of a 120 Meter Deep Section in Northern Greece. *Acta Botanica Neerlandica* 18 : 511-527.

WINTERHALDER, B., et E. A. SMITH (éditeurs)
1982 *Hunter-gatherer Foraging Strategies. Ethnographic and Archaeological Analysis*. University of Chicago Press, Chicago.

COLLECTIF
1980 Préhistoire et technologie lithique. *Publications de l'URA 28, cahier 1*. CNRS, Paris.

CODE POUR L'ANALYSE DES CARACTÈRES DES LAMELLES À UN ET DEUX BORDS ABATTUS

Bord retouché :
  G : gauche
  D : droit
  G/D : gauche et droit
  Ind. : indéterminé

Sections :
  S1 : section 1
  S2 : section 2
  S3 : section 3
  S4 : section 4
  Ind. : indéterminée

Direction de la retouche
  Dir. : directe
  Inv. : inverse
  Croi. : croisée
  Alt. : alterne
  Ind. : indéterminée

Forme du bord abattu :
  Rect. : rectiligne
  Arq. : arqué
  Sin. : sinueux
  Dièd. : dièdre
  Ind. : indéterminé

Base :
  Non ret. : non retouchée
  Ret. : retouchée
  Cassé : cassée
  Ind. : indéterminée

Extrémité distale
  Les caractères morphologiques et technologique de l'extrémité distale sont indiqués par le classement même des lamelles.

LISTE DES ILLUSTRATIONS HORS-TEXTE

FIGURES

PLANCHES

PROVENANCE STRATIGRAPHIQUE
DES PIÈCES FIGURÉES

Figure 19 - F/A-S 221 : n° 1, F/A-S 227 : n° 7 et 8, F/A-S 227-221 : n° 2-6.

Figure 20 - H1-B 211 : n° 1, H1-B 210 : n° 4 et 9-12, H1-B 208 : n° 8, F/A-S 220 : n° 5, F/A-S 219 : n° 13 et 14, F/A-S 218 : n° 6, F/A-S 217 : n° 2, 3 et 7.

Figure 21 - H1-B 211 : n° 7, H1-B 210 : n° 1-6, 8.

Figure 22 - H1-A 219 : n° 3 et 15, H1-A 218 : n° 13, H1-A 217 : n° 14, H1-A 216 : n° 21, H1-B 207 : n° 1, H1-B 204 : n° 4, 11 et 17, H1-B 203 : n° 2 et 18, H1-B 202 : n° 16, H1-B 201 : n° 5-7, H1-B 198 : n° 8 et 20, H1°B 197 : n° 19, H1°B 194 : n° 9 et 10, F/A-S 212 : n° 12.

Figure 23 - H1-A 219 : n° 16, H1-A 218 : n° 9, H1-B 207 : n° 15, H1-B 203 : n° 6, 10 et 17, H1-B 202 : n° 7, H1-B 201 : n° 2, 3 et 13, H1-B 189 : n° 14, H1-B 188 : n° 1, H1-B 185 : n° 4, H1-B 184 : n° 5, F/A-S 215 : n° 11, F/A-S 212 : n° 12, F/A-S 209 : n° 8.

Figure 24 - H1-A 211 : n° 3, H1-A 210 : n° 2, H1-A 207 : n° 1, H1-A 206 : n° 14 et 15, H1-B 180 : n° 4, 9 et 12, H1-B 177 : n° 5, H1-B 174 : n° 6, 7 et 10, H1-B 172 : n° 8 et 11, H1-B 171 : n° 13.

Figure 26 - H1-A 203 : n° 3, H1-A 199 : n° 17, 18, 24-26, H1-A 198 : n° 10, 23, 29-31, H1-A 197 : n° 4, 22 et 28, H1-A 195 : n° 1, 2 et 8, H1-A 191 : n° 32, H1-B 168 : n° 19 et 27, H1-B 167 : n° 15, H1-B 166 : n° 5, 6, 11-14, 21, H1-B 164 : n° 7 et 20, H1-B 162 : n° 9 et 16.

Figure 27 - H1-A 200 : n° 22, H1-A 199 : n° 8, 11, 13, H1-A 198 : n° 4, 14, 17 et 18, H1-A 197 : n° 10, H1-A 196 : n° 2 et 3, H1-A 195 : n° 20 et 21, H1-A 190 : n° 1, 6 et 7, H1-B 166 : n° 5, H1-B 165 : n° 16, 23 et 24, H1-B 164 : n° 12 et 19, H1-B 162 : n° 9, H1-B 161 : n° 15.

Figure 28 - H1-A 199 : n° 6, 7 et 16, H1-A 198 : n° 1, 2, 8-10, H1-A 197 : n° 5, H1-A 195 : n° 15, H1-A 191 : n° 11, H1-A 190 : n° 12-14, H1-B 170 : n° 3, H1-B 166 : n° 4.

Figure 29 - H1-A 186 : n° 7, H1-A 183 : n° 10, 18, et 20, H1-A 182 : n° 6 et 9, H1-A 181 : n° 1, 8, 15, 16 et 21, H1-A 180 : n° 13 et 19, H1-B 160 : n° 4, 11 et 17, H1-B 159 : n° 2, 3, 5 et 14, H1-B 158 : n° 12.

Figure 30 - H1-A 183 : n° 3, 11, 13 et 14, H1-A 182 : n° 7 et 12, H1-A 181 : n° 5, H1-A 180 : n° 4, H1-B 160 : n° 8 et 9, H1-B 159 : n° 6 et 10, H1-B 158 : n° 1 et 2.

Figure 36 - H1-A 175 : n° 24, H1-A 173 : n° 11, H1-A 172 : n° 10 et 25, H1-A 170 : n° 23, H1-A 169 : n° 26, H1-B 156 : n° 18 et 27, H1-B 155 : n° 17, H1-B 153 : n° 13, 16, 22 et 28, H1-B 152 : n° 2, H1-B 151 : n° 6, F/A-S 207 : n° 1, 7, 12 et 14, F/A-S 206 : n° 15, F/A-S 205 : n° 3-5, 8 et 9, F/A-S 204 : n° 19- 21.

Figure 37 - H1-A 173 : n° 20, H1-A 172 : n° 15, 16, 28 et 29, H1-A 170 : n° 4 et 19, H1-A 169 : n° 21, H1-B 157 : n° 9, H1-B 156 : n° 11, H1-B 155 : n° 13, 17, 22 et 23, H1-B 154 : n° 3, 12, 14 et 35, H1-B 153 : n° 10, 26 et 27, H1-B 152 : n° 8, H1-B 151 : n° 1 et 2, F/A-S 205 : n° 5, 6 et 24, F/A-S 204 : n° 30, 33 et 34, F/A-S 203 : n° 7, 18 et 25, F/A-S 200 : n° 31 et 32.

Figure 38 - H1-A 175 : n° 18, H1-A 174 : n° 16, H1-A 173 : n° 6, H1-A 170 : n° 7 et 13, H1-A 169 : n° 3, H1-B 156 : n° 8, 15 et 17, H1-B 153 : n° 4 et 5, H1-B 152 : n° 10, F/A-S 207 : n° 14, F/A-S 206 : n° 1, F/A-S 205 : n° 2, F/A-S 204 : n° 12, F/A-S 203 : n° 9 et 19, F/A-S 202 : n° 11.

Figure 39 - H1-A 174 : n° 12, H1-A 172 : n° 13, H1-A 170 : n° 7, H1-B 157 : n° 4, H1-B 153 : n° 8, F/A-S 206 : n° 5 et 9, F/A-S 205 : n° 10 et 11, F/A-S 204 : n° 1 et 3, F/A-S 203 : n° 2 et 6.

Pl. II - H1-B 210 : n° 1-3, H1-B 204 : n° 6, H1-B 203 : n° 8, H1-B 202 : n° 4 et 9, H1-B 201 : n° 5, 7 et 12, H1-B 184 : n° 11, H1-B 174 : n° 13 et 15, H1-B 172 : n° 14.

Pl. III - H1-A 199 : n° 12, 13 et 17, H1-A 198 : n° 1-11 et 14-16, H1- A 195 : n° 18.

Pl. IV - F/A-S 206 : n° 9, F/A-S 204 : n° 8, F/A-S 203 : n° 7, H1-B 159 : n° 1, 3 et 6, H1-B 158 : n° 2, 4 et 5, H1-B 157 : n° 19, 26 et 28, H1-B 156 : n° 11, 14, 15, 17, 20 et 27, H1-B 155 : n° 16, H1-B 154 : n° 12, 18 et 24, H1-B 153 : n° 10, 13, 21-23 et 25.

TABLE DES MATIÈRES

DEUXIÈME PARTIE
Les industries paléolithiques

PLANCHES

0   1 cm

0   1 cm

0   1 cm

Planche I : Pièces d'apparence Paléolithique moyen découvertes dans
des niveaux remaniés de surface.

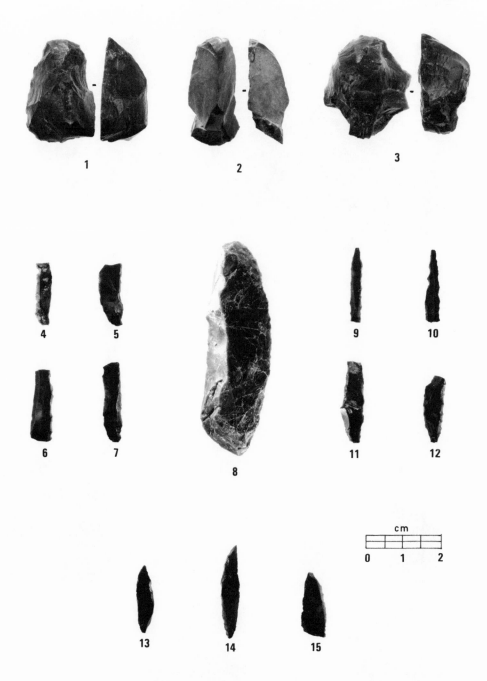

Planche II : Quelques éléments caractéristiques des phases lithiques I (n° 1-3), II (n° 4-12) et III (n° 13-15). 1-3 : grattoirs carénés. 4-7 : lamelles à un bord abattu. 8 : grattoir. 9-12 : fragments de lamelles à deux bords abattus. 13-15 : lamelles à un bord abattu pointues (clichés R. Heron).

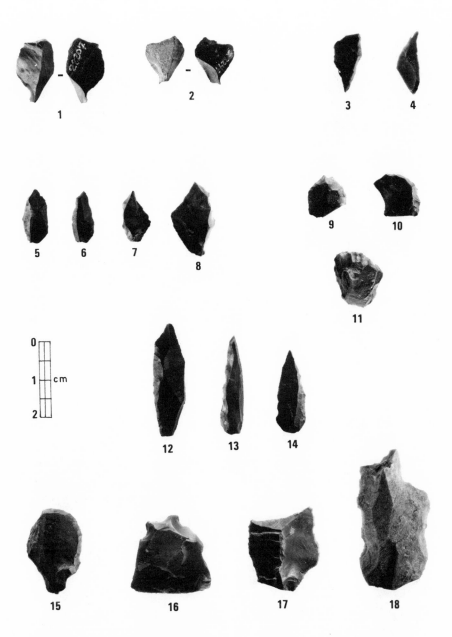

Planche III : Quelques éléments caractéristiques de la phase lithique IV. 1-2 : microburins. 3-4 : pièces à troncature très oblique. 5-6 : courtes lamelles à bord abattu et facette de piquant-trièdre. 7-8 : éclats à bord abattu et facette de piquant-trièdre. 9-11 : micrograttoirs. 12-14 : lamelles à bord abattu (n° 14 avec facette de piquant-trièdre). 15 : grattoir court. 16-17 : denticulés. 18 : bec à point émoussée (clichés R. Heron).

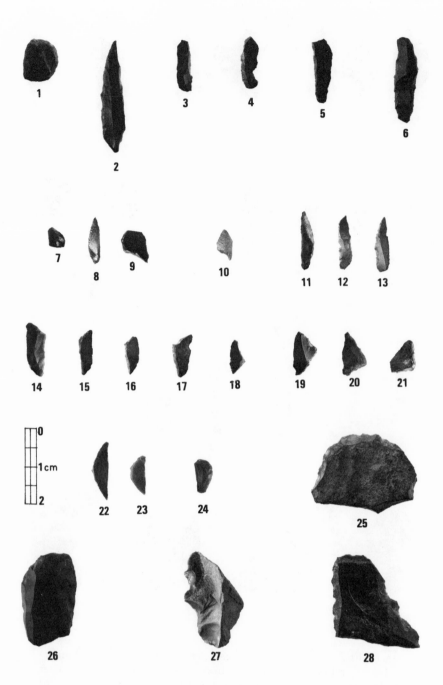

Planche IV : Quelques éléments caractéristiques des phases lithiques V (n° 1-6) et VI (n° 7-28). 1 : micrograttoir. 2, 6 : lamelles à deux bords abattus. 3-5 : lamelles à un bord abattu. 7 : esquille d'obsidienne. 8 : lamelle d'obsidienne retouchée utilisée en perçoir. 9 : microlithe d'obsidienne. 11-13 : lamelles à deux bords abattus. 14-15 : lamelles scalènes. 16-18 : triangles scalènes. 19-21 : triangles isocèles. 22-23 : segments. 24 : microlithe à extrémités arrondies. 25-26 : grattoirs. 27-28 : denticulés (clichés R. Heron).